1781

Yohanan Aharoni/Michael Avi-Yonah

DER BIBEL ATLAS

Die Geschichte des Heiligen Landes 3000 Jahre vor Christus
bis 200 Jahre nach Christus
264 Karten mit kommentierendem Text

Hoffmann und Campe

Ins Deutsche übertragen von Walter Hertenstein
und bearbeitet von Dr. Joachim Rehork
Die deutsche Ausgabe folgt der unter dem Titel
»The Bible Atlas«
im Verlag Macmillan Publishing Co. Inc., New York, N.Y.
erschienenen Ausgabe

CIP-Kurztitelaufnahme der Deutschen Bibliothek
Aharoni, Yohanan:
Der Bibelatlas: die Geschichte des Heiligen Landes
3000 Jahre vor Christus bis 200 Jahre nach Christus /
Yohanan Aharoni; Michael Avi-Yonah.
(Ins Dt. übertr. von Walter Hertenstein u. bearb. von
Joachim Rehork). – Hamburg: Hoffmann und Campe, 1981.
Einheitssacht.: The Macmillan Bible atlas «dt.»
ISBN 3-455-08779-5
NE: Avi-Yonah, Michael; Rehork, Joachim (Bearb.)

Umschlaggestaltung Jan Buchholz und Reni Hinsch
Fotosatz Hanseatische Druckanstalt GmbH, Hamburg
Druck und Bindung Carta Co. Ltd. Jerusalem
Printed in Israel

Inhalt

Vorwort

Dieser Atlas ist das Ergebnis der Zusammenarbeit zweier hebräischer Universitätsprofessoren und der kartographischen Anstalt Carta in Jerusalem. Professor Yohanan Aharoni redigierte den Teil über das Alte Testament (Karten 1 bis 171), Professor Michael Avi-Yonah den Teil über die spätere Periode (Karten 172 bis 264). Die kartographischen und technischen Vorarbeiten leistete Emanuel Hausman. Die beiden Teile wurden ursprünglich in zwei hebräischen Bänden von Carta, Jerusalem, hergestellt, gedruckt und publiziert.

Vorliegender Atlas bezweckt – soweit wie möglich mit Karten zu jedem Ereignis –, Wandlungen und historische Prozesse im biblischen Land sichtbar zu machen. Im ersten Teil des Atlas bewegt sich das jüdische Volk hauptsächlich in dem engen Raum des Heiligen Landes. Zur Zeit des Bar Kochba-Aufstandes sind die Juden schon zum großen Teil unter alle Völker zerstreut. Die Verfasser ließen sich von den neuesten Erkenntnissen der biblischen, historischen und archäologischen Forschung sowie von modernen pädagogischen Konzepten leiten und bezogen einen ausgewogenen Standpunkt. In vielen Fällen, in denen erst zusätzliche Entdeckungen und weitere Forschungen klare Beweise erbringen können, mußte natürlich unter den einander widersprechenden Ansichten eine Entscheidung getroffen werden.

Im Mittelpunkt dieses Atlas steht das Heilige Land. Eines der Ziele war, es in den richtigen Bezug zu den umgebenden Ländern zu stellen, die in seiner Geschichte eine wichtige Rolle spielten. Deshalb zeigen viele Karten das Heilige Land als Teil des Alten Orients oder der griechisch-römischen Welt. Wir haben versucht, jeden Ort und jedes Ereignis, das im Zusammenhang mit der Bibel oder der Geschichte des biblischen Landes steht, kartographisch zu erfassen, und zwar auch dann, wenn sie in der Heiligen Schrift nicht speziell erwähnt werden. Es sei jedoch darauf hingewiesen, daß es sich hier nicht um einen Atlas des Alten Orients, der hellenistischen Welt oder des Römischen Reiches handelt; hinsichtlich der umliegenden Länder war es nicht möglich, sich genau festzulegen.

Was die Grenzen angeht, so besitzen wir in vielen Fällen nur allgemeine Informationen. Zwar kennen wir manche Grenzsiedlungen recht detailliert, aber über den Verlauf der eigentlichen Grenzlinie wissen wir wenig. In einem Text ist das ohne Bedeutung, denn es genügt in der Regel festzustellen, daß »die Grenze von A im Osten nach B an der Küste verläuft« und so weiter. Auf einer Karte hingegen muß man präzise sein, denn eine gezogene Linie läßt sich nicht ohne weiteres wieder rückgängig machen. Bei Feldzügen und Reisen, insbesondere bei Reisen der Persönlichkeiten aus dem Neuen Testament, sind wir, was die Route angeht, nicht selten auf Vermutungen angewiesen. Von den Grundlagen der modernen Wissenschaft ausgehend, fällt es in der Tat schwer, die geographischen Details der Evangelien und des ersten Teils der Apostelgeschichte für bare Münze zu nehmen. In vielen Fällen kennen wir nur den Ausgangspunkt der Reise und das Ziel nebst einigen Zwischenstationen. Die Details jeder Route oder Grenze, die von uns eingezeichnet wurden, beruhen auf topischer und topographischer Logik. In einem historischen Atlas müssen bisweilen Vermutungen die Tatsachen ergänzen.

Den Anstoß zu diesem Atlas lieferte der verstorbene Amnon Soferman, C. E., Mitgründer der kartographischen Anstalt Carta, Jerusalem, der ihn entwarf und ihm die letzten Monate seines Lebens widmete. Israel Eph'al, Professor an der Universität von Tel Aviv, und Dr. Shmuel Safrai, Dozent an der Hebräischen Universität Jerusalem, unterstützten die Vorbereitungsarbeiten für das vorliegende Werk. Unsere dankbare Anerkennung gilt Professor William D. Davies, Professor für wissenschaftliche Erforschung der Ursprünge des Christentums, Duke University, für seinen wertvollen Rat und seine Mitarbeit bei der Vorbereitung dieses Atlas.

Die Übersetzung der deutschen Ausgabe stammt von Walter Hertenstein, Zürich, und die sorgfältige fachliche Überarbeitung besorgte Dr. Joachim Rehork, Berlin.

Die Arbeit am Atlas wurde mit großer Sorgfalt vom Mitarbeiterstab von Carta, besonders von den Kartographen M. Sofer und A. Nur, der Grafikerin S. Zioni und dem Grafiker N. Karp, ausgeführt.

Die erste Ausgabe dieses Atlas erschien in acht Auflagen in insgesamt acht Jahren. Acht Jahre Forschungen und Ausgrabungen haben jedoch die Kenntnisse der biblischen Zeit bedeutend erweitert, so daß sich eine zweite Ausgabe von selbst anbot. Neuentdeckte Orte, deren Lage genau zu biblischen Beschreibungen paßte, verlangten nach einer Überprüfung älterer Theorien und führten zu Änderungen von Grenzen, Straßen und anderen Landmarken.

Gewisse bedeutsame Revisionen hängen mit Entdeckungen im alten Jerusalem zusammen. Im Verlaufe der letzten Jahre wurden in und um Jerusalem ausgedehnte Ausgrabungen durchgeführt. Die Fülle der Funde ermöglichte es, in der zweiten Ausgabe ein genaueres Bild Jerusalems in den verschiedenen Stadien seiner Entwicklung zu zeichnen.

Vorbemerkung zur deutschen Ausgabe

Die deutsche Fassung des vorliegenden Werkes versucht, einen Kompromiß zwischen den für den deutschen Sprachraum (allerdings wiederum *nur* für diesen) gültig gewordenen »Loccumer Richtlinien«, wie sie im *Ökumenischen Verzeichnis der biblischen Eigennamen nach den Loccumer Richtlinien* (Stuttgart 1971) niedergelegt sind, und der international üblichen (meist auf der englischen Transkription beruhenden) Namensschreibweise zu finden. Sie dürfte bei manchen biblischen Namen auch die dem Leser vertrautere sein. Daher wurde bei bekannteren Ortsnamen zum Teil die bisher übliche (beziehungsweise internationale) Schreibweise beibehalten, bei weniger bekannten dagegen wurden die »Loccumer Richtlinien« angewendet.

Berlin, im Oktober 1981 — Joachim Rehork

ZEICHENERKLÄRUNG

★	in den Quellenschriften zur Karte erwähnte Stadt
•	in den Quellenschriften zur Karte nicht erwähnte Stadt
	in den Quellenschriften zur Karte erwähnte Hauptstadt
	in den Quellenschriften zur Karte nicht erwähnte Hauptstadt
	in den Quellenschriften zur Karte erwähnte Bezirkshauptstadt
	in den Quellenschriften zur Karte nicht erwähnte Bezirkshauptstadt
	in den Quellenschriften zur Karte erwähnte Festung
□	in den Quellenschriften zur Karte nicht erwähnte Festung
	Lager
	Aufstand
	Schlachtfeld
	Angriff, Belagerung einer Stadt
	Eroberung einer Stadt
←	Feldzug, Angriff oder Reise
	Fluchtrichtung
——	Straße
•••••••	Grenze eines Königreichs, Staates oder Stammes
....	Bezirksgrenze
○	Quelle (Brunnen)

In den Karten werden weitere Zeichen verwendet.

BEMERKUNG ZUR ZEITRECHNUNG

Die Chronologie der Königreiche Assyrien, Neu-Babylonien und Persien ist bis auf zwei Jahre genau.
Die Chronologie von Israel gegen Ende der Zeit Salomons beruht auf Vermutungen. In der Zeit zwischen Rehabeam und Manasse ist sie innerhalb eines Spielraums von 20 Jahren genau. Von Josia bis zum Ende der Periode sind die Daten bis auf zwei Jahre genau. Die Chronologie Ägyptens im Neuen Reich basiert auf der »unteren« Chronologie (von Albright und andern), die von der »oberen« Chronologie (von Breasted und andern) um vierzehn Jahre abweicht. In den frühen Perioden sind wir sehr auf Vermutungen angewiesen. Wir haben uns aber auch hier eher an die »untere« Chronologie gehalten.
Die Chronologie der griechischen und römischen Periode ist ziemlich genau und bringt weiter keine Probleme mit sich. Die Daten der Ereignisse des Neuen Testaments wurden so weit als möglich dem allgemeinen chronologischen Rahmen angepaßt.

LEGENDE DER GEOGRAPHISCHEN NAMEN

	Biblisch	Zeitgenössisch Nicht biblisch	Nicht zeitgenössisch
Größere Stadt	**Jerusalem**	***Sepphoris***	
Stadt oder Dorf	Caesarea	*Philadelpheia*	*(Naqada)*
Land, Königreich, Staat oder Stamm	**J U D A**		
Berg, Fluß oder Region	*Jordantal*		

Namen in Klammern sind nicht zeitgenössisch oder modern; wo sie an einen andern Namen angefügt sind, können sie indessen zeitgenössische Varianten sein.

Namen in Rahmen sind Namen von bis jetzt unidentifizierten Orten, deren ungefähre Lage jedoch auf Grund der Quellen bekannt ist.

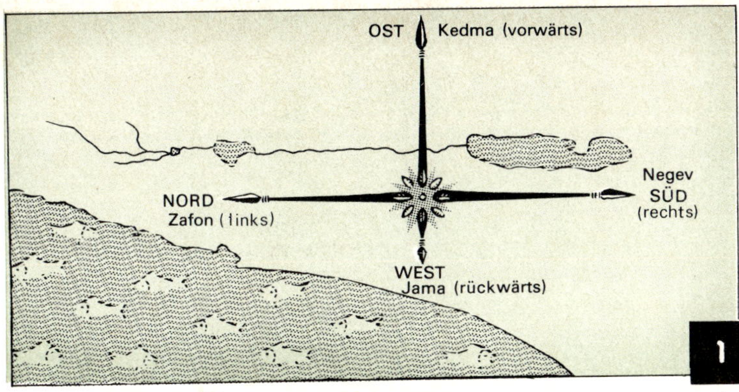

1

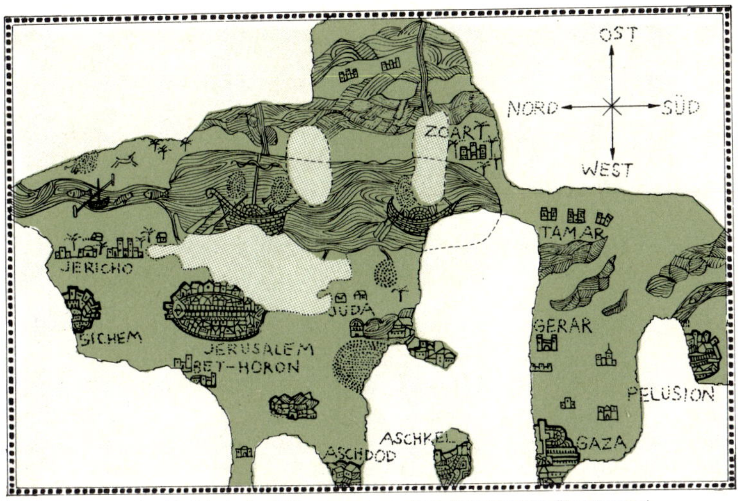

Ausschnitt aus der Madebakarte (Ortsnamen aus dem Griechischen übertragen)

"... sprach der Herr zu Abraham: Hebe deine Augen auf und schaue von der Stätte, da du stehst, gegen Mitternacht und gegen Mittag, gegen Morgen und gegen Abend. Denn das ganze Land, das du siehst — dir will ich es geben und deinen Nachkommen für ewige Zeiten" (Genesis [1. Mos.] 13, 14–15).

DIE VIER »WINDE DES HIMMELS« UND IHRE NAMEN

Im Norden die winterlichen, schneebedeckten Berge des Libanon, im Süden der unfruchtbare Negev, im Osten die weite Wüste, im Westen das »Große Meer« – das sind die natürlichen Grenzen Palästinas. Und in diesem Land hat sich die Geschichte Israels abgespielt – von den Tagen der Patriarchen bis heute. Wir können diese Geschichte erst richtig verstehen, wenn wir die Landkarte studieren, uns die Straßen, die einstigen Siedlungen und die Länder vor Augen führen, die das Heilige Land umgaben.

Wir besitzen keine alte Karte aus der biblischen Periode Palästinas. Wenn wir eine solche hätten, müßten wir sicherlich feststellen, daß sie nach Osten ausgerichtet wäre. In der hebräischen Bibel bedeutet nämlich »vorwärts« auch »Osten«, »hinten« dagegen »Westen«, »rechts« bedeutet »Süden« und »links« »Norden«. Benjamin (»Der Sohn der Rechten«) ist der am meisten südlich angesiedelte Stamm der Stämme Rahels; vom Toten Meer wird im Hebräischen auch als dem »vorderen (= östlichen) Meer« gesprochen, und das Große Meer, das heutige Mittelmeer, heißt »hinteres (= westliches) Meer«.

Eine der ältesten Karten, die es gibt, ist die Madebakarte. Es handelt sich dabei um einen Mosaikboden aus dem 6. Jahrhundert n. Chr., der sich in einer Kirche in Madeba, östlich des Toten Meeres, befindet. Diese Karte sollte das Heilige Land der Bibel zeigen und war nach Osten ausgerichtet. In der Mitte sehen wir das Tote Meer, auf dem zwei Boote segeln. Da das Mosaik aber mehr als tausend Jahre nach der Zerstörung des Ersten Tempels geschaffen wurde, ist es für die Lokalisierung der alten Stätten nur von begrenztem Wert.

"... so will ich sie senden, daß sie sich aufmachen, im Lande umherziehen und es entsprechend ihrem Erbbesitz aufzeichnen..." (Josua 18, 4).

DER WEG NACH SCHILO

Die Bibel gibt in der Regel nicht viele Beschreibungen von Niederlassungen, von ihrer Lage und ihrer Beschaffenheit – diese Gegebenheiten wurden damals als selbstverständlich hingenommen. Am bemerkenswertesten ist die Beschreibung der Lage Schilos in der Erzählung vom Frauenraub der Benjaminiten: »Dann sprachen sie: Alljährlich findet ja das Fest des Herrn in Schilo statt, das nördlich von Bet-El (Bethel) liegt und östlich der Straße, die von Bet-El (Bethel) nach Sichem führt, desgleichen südlich von Lebana« (Richt. 21, 19). Genauer kann man es nicht sagen. Warum hat wohl der biblische Autor die Lage eines Ortes vom Bekanntheitsgrad Schilos in der damaligen Zeit so genau beschrieben? Vermutlich, weil Schilo von den Philistern zerstört worden war und in der frühen Periode des Königreichs, als die Geschichte niedergeschrieben wurde, in Trümmern lag.

Im Gegensatz zu Schilo werden die meisten Orte in der Bibel nur recht vage beschrieben. Wenn wir also einen historischen Bibelatlas zeichnen wollen, müssen wir uns auf vier Faktoren stützen:

1. Analyse der Geschichte, der besonderen Kennzeichen und der allgemeinen Topographie der einzelnen Orte im Lichte der verfügbaren Quellen.
2. Identifizierung in späteren Quellen.
3. Bewahrung der alten Namen mit möglichen Modifizierungen bei der Übersetzung aus dem Hebräischen ins Aramäische und Arabische und
4. Archäologische Ausgrabungen an den betreffenden Orten unter Berücksichtigung der oben genannten Punkte.

RICHTER 21, 19

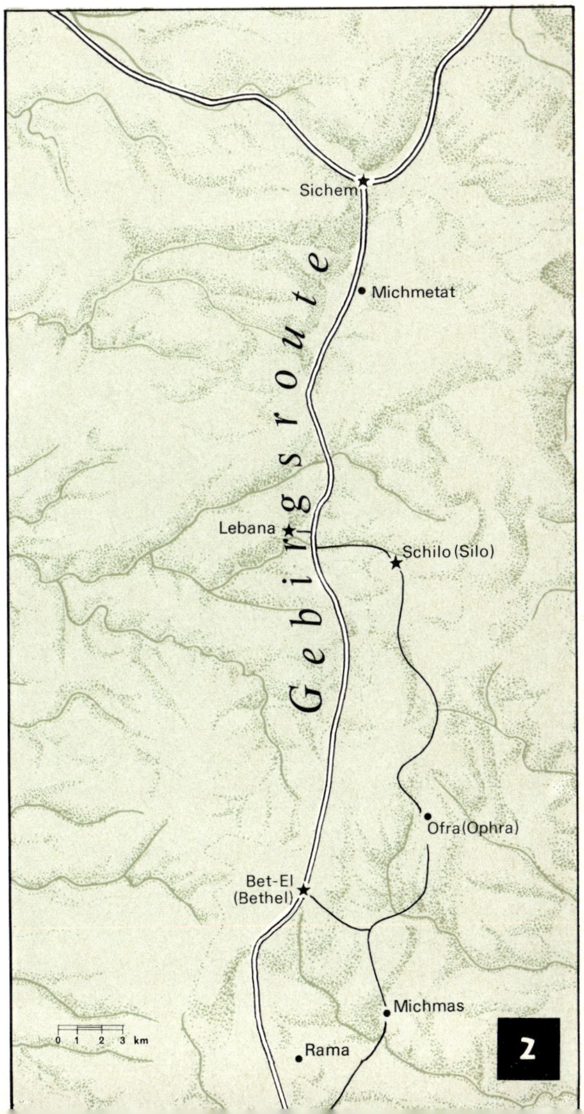

"Von der Wüste an und dem Libanon... bis an den großen Strom, den Euphratstrom, das ganze Land der Hethiter und bis an das große Meer im Westen soll euer Gebiet reichen" (Josua 1, 4).

Die Archäologie ist in unserer Zeit im Sturmschritt vorwärtsgeschritten, und über viele Details der historischen Landkarte des Heiligen Landes herrscht heute Übereinstimmung. Ausschlaggebend für die Geschichte Palästinas ist seine Lage im äußersten Südwesten des besiedelten Gebietes des Nahen Ostens. Dieses Gebiet reicht, einem Halbmond gleich, vom Persischen Golf bis zur Halbinsel Sinai: der sogenannte »Fruchtbare Halbmond«. Im Westen grenzt er ans Mittelmeer, im Norden und Osten ist er umgeben von fast unübersteigbaren Gebirgen: Amanus, Taurus, Ararat und Sagros. Im Süden liegt die ausgedehnte Syrische Wüste, die sich im Westen bis zur Halbinsel Sinai erstreckt. Diese, auch Wüste Paran genannt, trennt das Heilige Land von Ägypten.

Heute ist der »Fruchtbare Halbmond« aufgeteilt unter Iraq, Syrien, Libanon, Jordanien und Israel. Seine Fruchtbarkeit hat zwei Ursachen: flaches Land und viel Wasser. Dies gilt vor allem für die unter dem griechischen Namen Mesopotamien bekannte Gegend »zwischen den zwei Flüssen«, den fruchtbarsten Teil des »Fruchtbaren Halbmondes«, dessen weite Ebenen von zwei gewaltigen Strömen, dem Tigris und dem Euphrat, bewässert werden. In der Bibel ist der Euphrat »der Fluß« schlechthin. Syrien und Palästina sind eher Stiefkinder der Natur, denn sie liegen im kleineren, bedürftigeren Teil des »Fruchtbaren Halbmondes«. Von den beiden Ländern ist Palästina das kleinere und ärmere. Die Flüsse sind unbedeutend und nicht schiffbar, sie haben tiefe Flußbetten, und in früheren Zeiten gab es wenig Möglichkeiten, ihr Wasser zur Bewässerung zu verwenden. Das Land ist zerklüftet, zwischen den Bergketten finden sich nur engbegrenzte Ebenen. Der Regen fällt in der Regel nur während einer bestimmten Jahreszeit. Je weiter man nach Süden kommt, desto geringer werden die Niederschläge.

Auch wenn Palästina sozusagen nur ein kleines und armes Randgebiet des »Fruchtbaren Halbmondes« ist, so hat es doch in geopolitischer Hinsicht Bedeutung als Brücke zwischen den Ländern des »Fruchtbaren Halbmondes« und Ägypten, dem Land des Nils. Mesopotamien einerseits und Ägypten andererseits waren Länder mit großen Strömen, und hier wie dort wurden gegen Ende des vierten Jahrtausends die Fundamente der Zivilisation gelegt. Ähnliche geographische und ökonomische Voraussetzungen begünstigen die Entwicklung beider Gebiete: ausgedehnte Ebenen, deren Fruchtbarkeit von den Riesenströmen, die sie durchfließen, abhängig ist. In beiden Ländern ist ein Fluß die Lebensader: Er dient als Verkehrsweg und bewässert das Land. Selbstverständlich wären Ägypten wie Mesopotamien ohne einen Regierungsapparat, der für Ordnung, Friede und Sicherheit sorgte und die nötigen Arbeitskräfte für den Bau von Dämmen und Kanälen in großem Stil bereitstellte, nie zu Macht und Wohlstand gelangt. Diese Voraussetzungen ließen die ersten mächtigen Königreiche entstehen, die nicht nur im eigenen Land für Recht und Ordnung sorgten, sondern auch bei entsprechendem Organisationstalent ihrer Machthaber über ihre Grenzen hinaus expandieren konnten. In diesem Entwicklungsstadium des »Fruchtbaren Halbmondes« erschienen nacheinander Sumer, Akkad, Mitanni, Hethiter und später dann die Aramäer auf der Bildfläche, die dem Nordteil Mesopotamiens den Namen gaben: Aram Naharaim. Im Gegensatz zu diesen Reichen entwickelte sich Ägypten homogen im Bereich seiner Grenzen, und nur die verschiedenen Dynastien folgten einander über die Jahrhunderte hinweg, vom Alten Reich über das Mittlere zum Neuen Reich und zur Spätzeit. Der Verbindungsweg zwischen Ägypten und dem »Fruchtbaren Halbmond« führte zwangsläufig über Palästina, dem so die Funktion einer Landbrücke zukam. Feldzüge brausten wieder und wieder über das Land hinweg, das in manchen Zeiten zur Provinz der einen oder anderen Großmacht wurde, dafür aber auch an jeder wesentlichen kulturellen Entwicklung dieser Staaten Anteil hatte.

DER ALTE ORIENT – GELÄNDEVERHÄLTNISSE

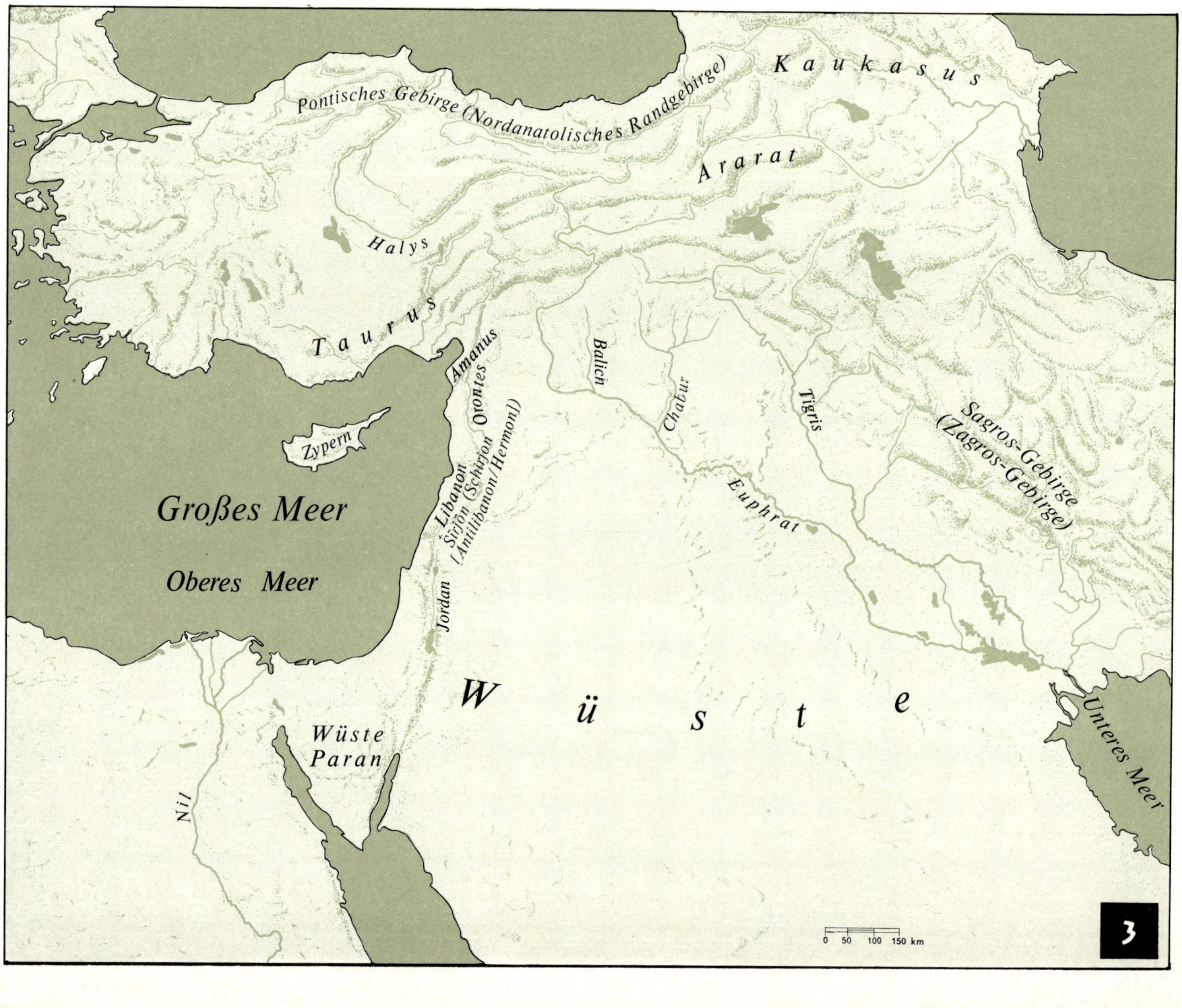

DER »FRUCHTBARE HALBMOND« – ANTIKE REICHE

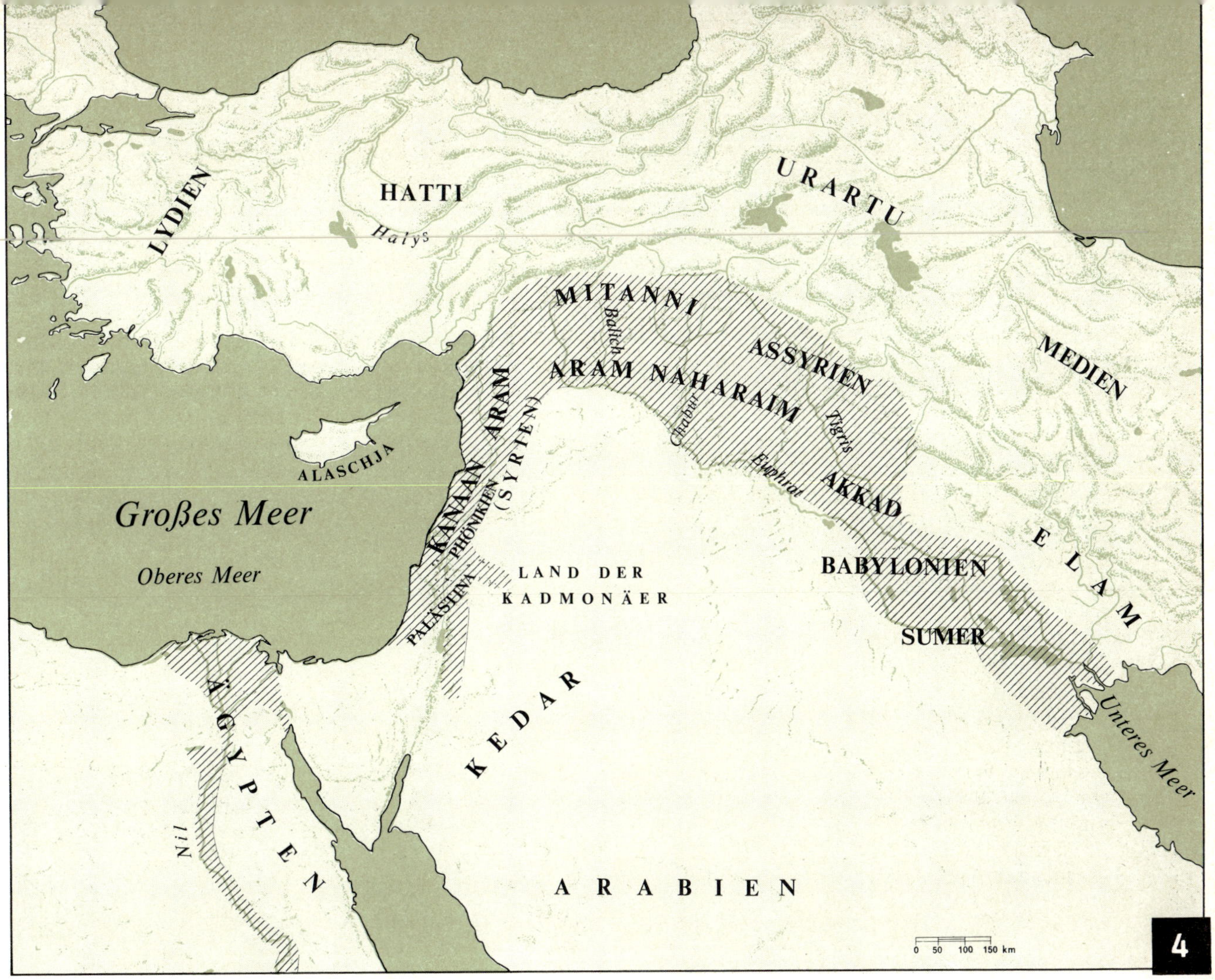

Fruchtbares Land

heutige Staatsgrenzen

DER »FRUCHTBARE HALBMOND« – HEUTIGE STAATEN

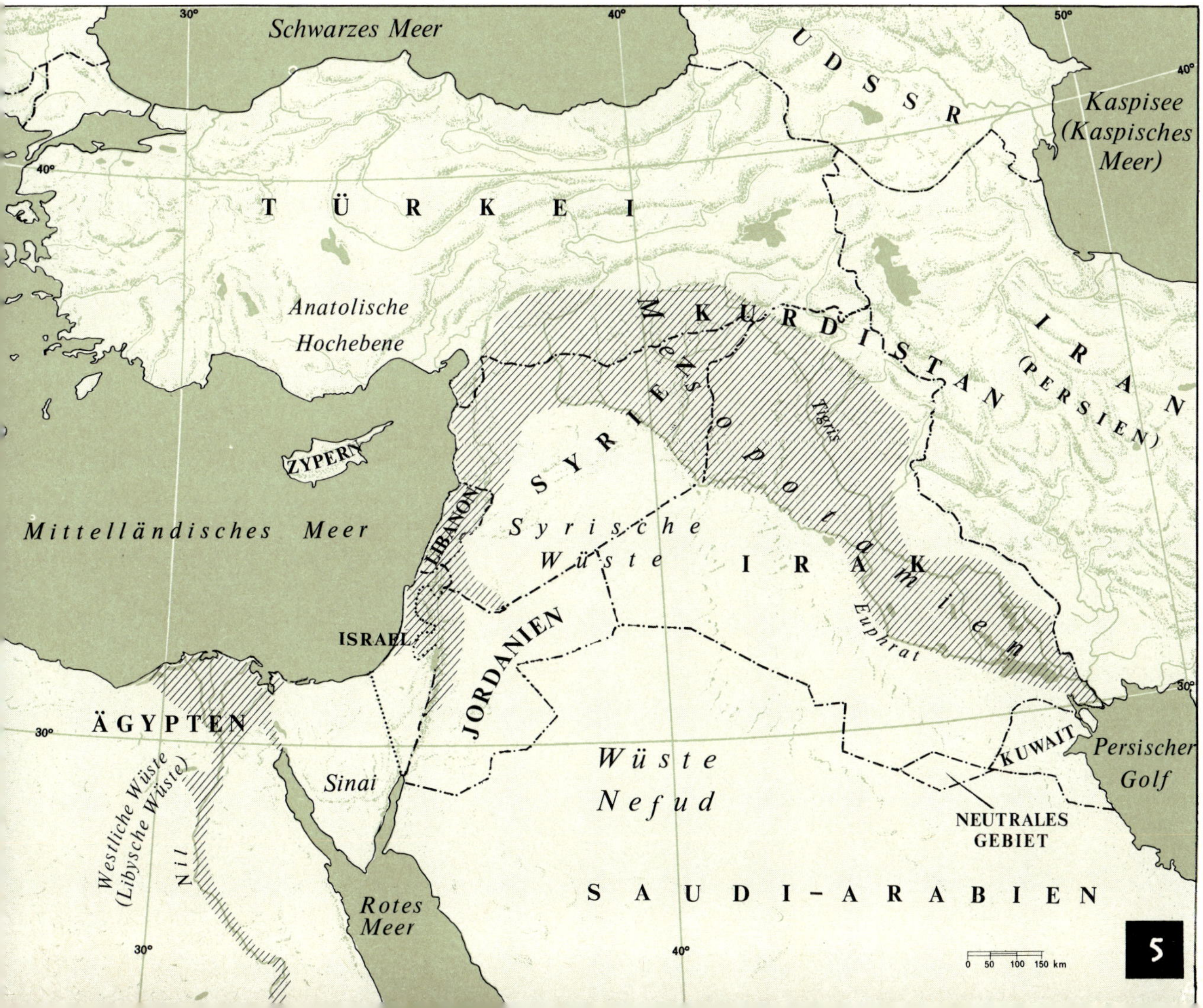

Ein Schöpfwerk fördert Wasser aus einem Fluß in einen Kanal (Relief aus dem Palast des Sanherib [Sennacherib] zu Ninive)

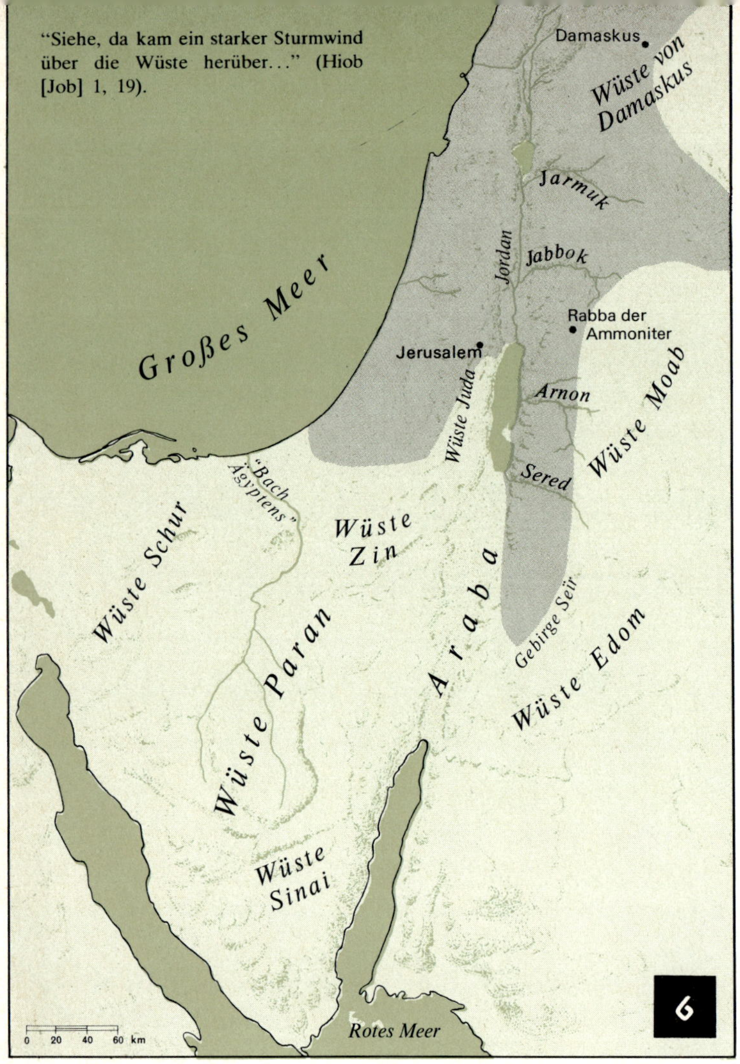

Besiedeltes Gebiet

DIE WÜSTEN RINGS UM PALÄSTINA

Das Heilige Land liegt zwischen Meer und Wüste, die beide seine Beschaffenheit beeinflussen. Der Westwind bringt lebensspendenden Regen, der Ostwind nur die Hitze und Trockenheit der Wüste. Je höher ein Ort liegt oder je näher am Meer, desto feuchter sein Klima.
Der südliche Teil Palästinas liegt mitten in einer unfruchtbaren Trockenzone, die sich rings um den ganzen Erdball zieht. Die ausgedehnten Wüstenregionen begrenzen das Heilige Land im Süden wie im Osten, und der hochragende Berg Seïr weist wie ein ausgestreckter Zeigefinger in die Wüste hinein. Keine natürliche Grenze trennt die besiedelten Gebiete von den Wüstenregionen. Hungrige Nomaden haben seit Urzeiten an die Tore des Heiligen Landes geklopft. Das Wissen um die Wüste und um ihre Auswirkungen zieht sich durch die ganze biblische Geschichte.

PALÄSTINA – GEOGRAPHISCHE REGIONEN

Die von Region zu Region recht erheblichen Klimaunterschiede bestimmen das Antlitz des Heiligen Landes. Sein Hauptzug ist der tiefe Graben, der von Nordsyrien durch das Libanontal, das Jordantal, die Araba und den Golf von Elat hinunter zur Südostküste Afrikas führt. Dieser Einschnitt teilt Palästina in die »Westbank« und »Transjordanien« (Ostjordanland). Innerhalb ganz kurzer Strecken gibt es enorme Höhenunterschiede. Die Entfernung zwischen Hebron und den Bergen Moabs beträgt in der Luftlinie nicht mehr als 58 km. Geht man aber zu Fuß, so geht es von 900 m über N. N. bis 390 m unter dem Meeresspiegel hinab, und dann wieder steil bis auf über 900 m Höhe bergan. Diese Gegensätze prägen die aride Araba mit ihren zerklüfteten Abhängen am Rande der Wüste Juda gegenüber den fruchtbaren, gut bewässerten Ebenen Transjordaniens. Der abrupte Wechsel von Landschaftscharakter und Klima bedingt auch das uneinheitliche Besiedlungsmuster in Palästina, das in den meisten Perioden entsprechende Unterschiede des politischen »Landschaftsbildes« zur Folge hatte.
An verschiedenen Stellen der Bibel werden die unterschiedlichen Hauptgebiete des Heiligen Landes nach Topographie und Klima klar abgegrenzt und aufgezählt. (Deut. 1, 7; Jos. 10, 40; 11, 16; Richt. 1, 9 ff.)
Selbst bei der geographisch-administrativen Klassifikation der Städte Judas wird nach vier Hauptgebieten unterschieden: es sind dies der Negev (der Süden), die Schefela (die Niederungen), die Hügelregion und die Wüste. (Jos. 15, 21, 33, 48, 61).

"... ein Land mit Bergen und Tälern, das vom Regen des Himmels Wasser trinkt" (Deuteronomium [5. Mos.] 11, 11).

PALÄSTINA – GEBIRGE UND FLÜSSE

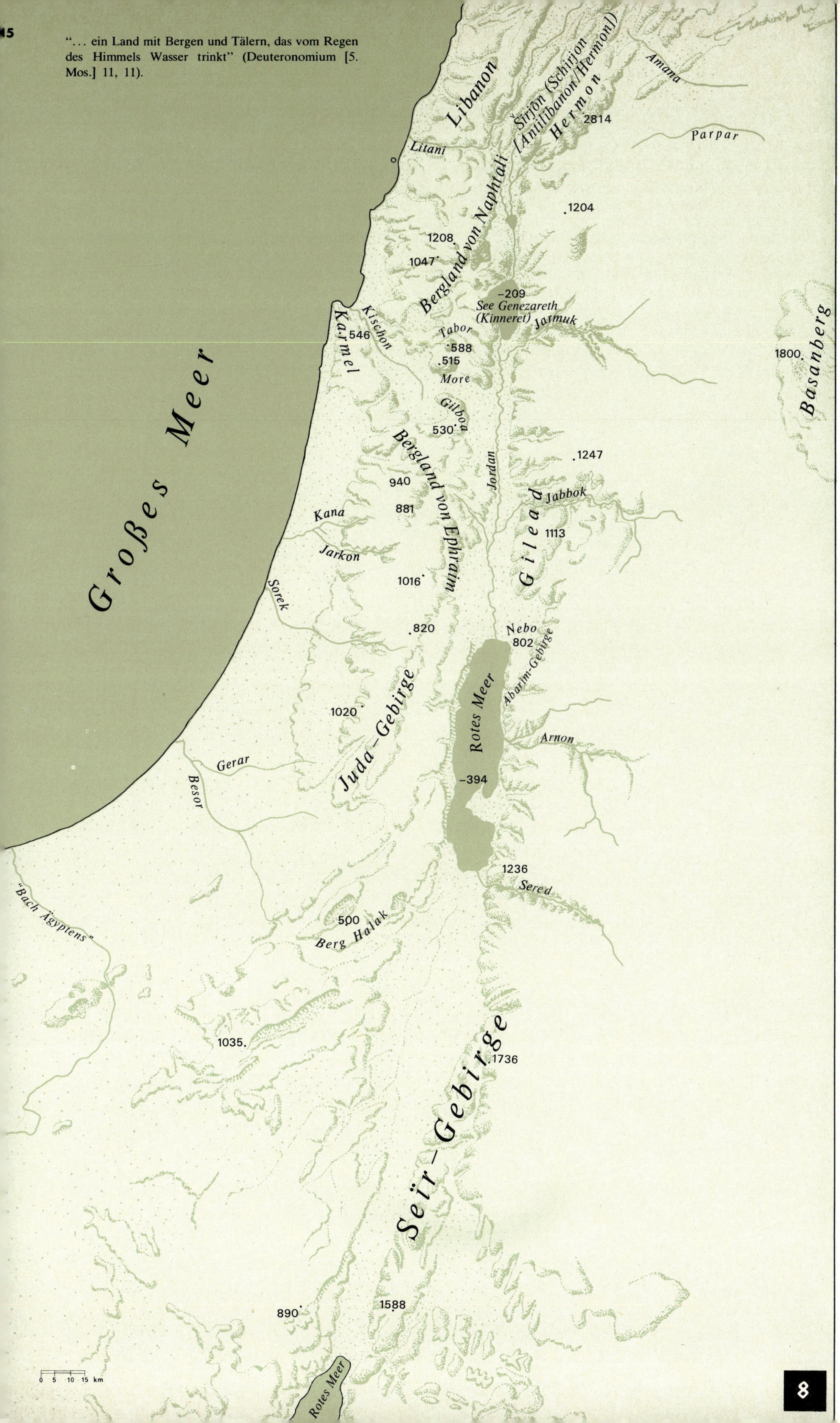

500 - Höhen in Metern

ALTER ORIENT – INTERNATIONALE VERKEHRSWEGE

Eine wesentliche Rolle in der Geschichte des Heiligen Landes spielten seine Hauptverkehrswege. Die Siedlungen Palästinas liegen an den Kreuzungspunkten des Alten Orients. Die wichtigste Verbindung war die Straße von Mesopotamien nach Ägypten. Tatsächlich entstanden hier die bedeutenden politischen Zentren. Seit frühesten Zeiten zogen hier Handelskarawanen mit all ihren Erzeugnissen, Kostbarkeiten und Luxusgütern entlang. Und wer die Bedürfnisse der Karawanenhändler befriedigte und ihnen Sicherheit garantierte, hatte eine sichere Einkommensquelle. Diese Straßen waren aber leider keine reinen Handelswege. Vielmehr zogen Scharen von Eroberern im Verlaufe der Geschichte über sie dahin, Zerstörung und Verwüstung hinterlassend. Zu fast allen Zeiten wurde das Heilige Land von fremden Mächten beherrscht, die es hauptsächlich auf die Kontrolle seiner Verkehrswege abgesehen hatten.

Palästinas Gebirgsnatur bestimmte den Verlauf dieser Straßen. Die internationale Hauptroute war »Der Weg nach dem Meer« (Jes. 8, 23), später Via Maris genannt. Sie führte von Ägypten entlang der Küste nordwärts, dann durch die Jesreel-Ebene nach Hazor und Damaskus. In der südlichen Küstenebene gabelte sie sich in zwei Straßen, die in der Scharon-Ebene wieder zusammenkamen und am Fuße der Hügel weiterliefen. Von der Scharon-Ebene führte die Hauptstraße durchs Wadi Ara, den Aruna-Paß und dann zum zentralen Ort der Jesreel-Ebene, nach Megiddo.

Die Königsstraße (Num. [4. Mos.] 21, 22) war die zweite internationale Handelsroute. Sie lief am Rande der Wüste durch das Hügelgebiet von Transjordanien. Sie ist die zweitwichtigste Route von Damaskus nach Ägypten, und ihre Bedeutung lag darin, daß von ihr die Straßen nach Arabien abzweigten. Natürlich gab es noch diverse andere Wege von geringerer Bedeutung, solche, die hauptsächlich dem Lokalverkehr dienten, aber in Notzeiten auch von internationalen Handelskarawanen benutzt wurden. Die Karten zeigen nur die bedeutenderen Straßen, vor allem die, die in der Bibel namentlich erwähnt werden.

"Auf der gebahnten Straße wollen wir hinaufziehen, und wenn wir und unsere Herden von eurem Wasser trinken, wollen wir es bezahlen" (Numeri [4. Mos.] 20, 19).

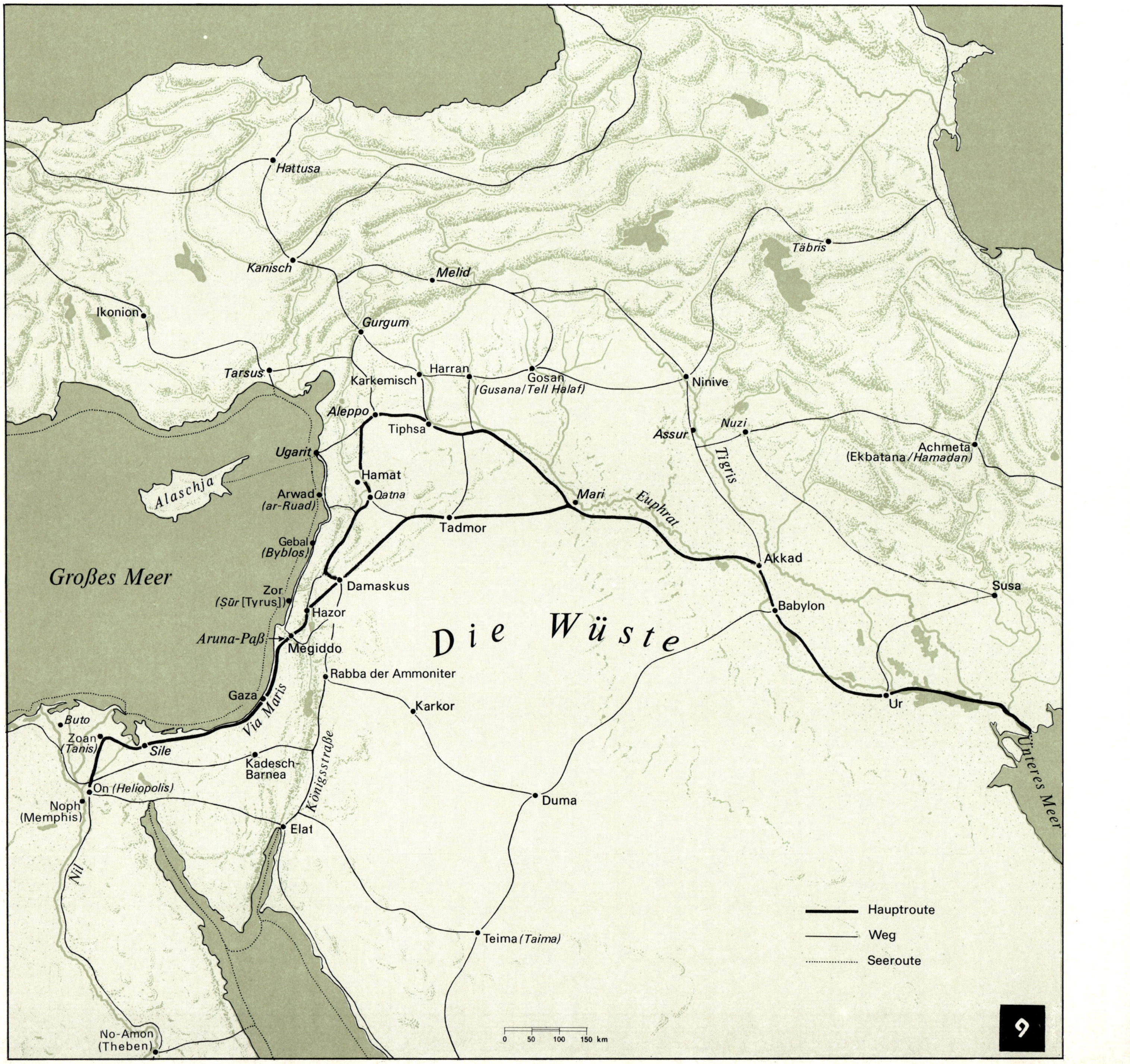

STRASSEN UND WEGE IN PALÄSTINA

"Bahnet dem Volk den Weg, bauet, ja bauet die Straße, macht sie von Steinen frei!" (Jesaja [Isaias] 62, 10).

1 *Straße zur Orakeleiche*
2 *Straße nach Ofra (Ophra)*
3 *Straße durch die Wüste Juda*
4 *Straße zur Jordansenke*

Bedeutendere Überlandroute
Landstraße von örtlicher Bedeutung

"Wer seinen Acker bebaut, hat Brot in Fülle" (Sprüche 12, 11).

DIE WIRTSCHAFT DES ALTEN ORIENTS

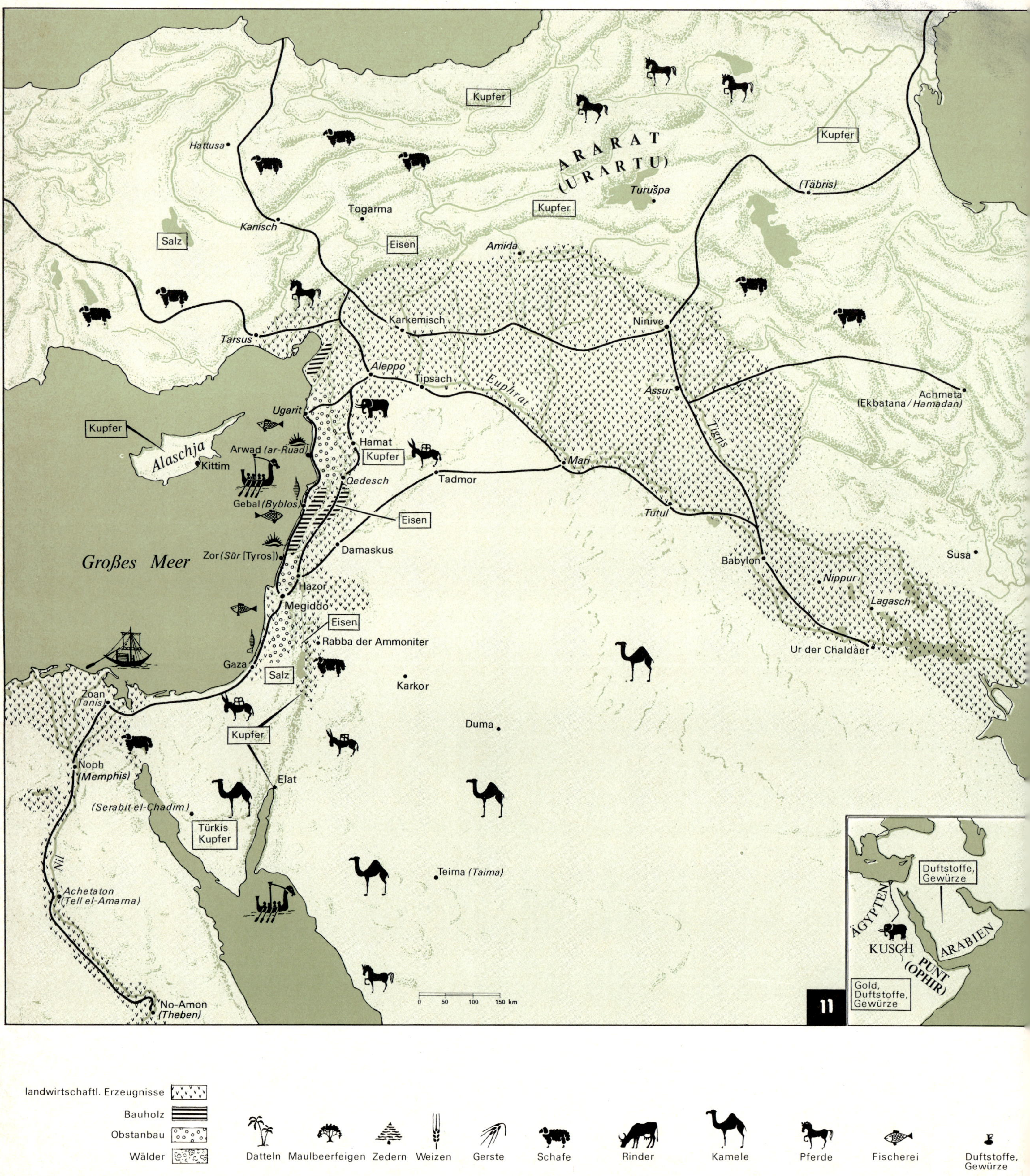

DIE WIRTSCHAFT PALÄSTINAS

"... ein Land mit Weizen und Gerste, mit Reben, Feigen und Granatbäumen, ein Land mit Oliven und Honig... ein Land, dessen Steine Eisen sind und wo du Erz aus den Bergen hauest" (Deuteronomium [5. Mos.] 8, 8–9).

Die Basis der Wirtschaft des Alten Orients war die Nahrungsmittelproduktion. Die Ernährung war eintönig, bei weitem nicht so abwechslungsreich wie heute, in den einzelnen Gebieten beschränkte man sich vor allem auf die lokalen Nahrungsquellen. Wenn es auch Orte gab, wo Getreide und andere Nahrungsmittel verkauft wurden, so war die Reichweite eines solchen Handels doch sehr begrenzt. Der Weizenanbau war im Alten Orient an Flußgegenden gebunden. In den Randgebieten, der Wüste und den nördlichen Ebenen finden wir Schafzucht, in bestimmten Gebieten auch Rinder- und Pferdezucht. Kamelzucht größeren Stils begann erst am Ende des zweiten Jahrtausends vor allem in der Arabischen Wüste. Zuvor war der Esel das bevorzugte Lasttier. In Palästina wurde auch Weizen angebaut, aber Viehzucht und Gartenbau herrschten vor.

Ein anderer Hauptzweig der Wirtschaft im Alten Orient waren Metallgewinnung und -verarbeitung. Im Lande Punt lagen ergiebige Goldvorkommen. Dieses Land im Süden Ägyptens ist vielleicht das biblische Ophir, zu dem Salomos Schiffe segelten (1. Kön. 10, 11 ff.). Die beiden bekanntesten Metalle, die für Waffen und Werkzeuge verwendet wurden, waren Kupfer und Eisen. Sie kamen hauptsächlich aus Kleinasien und dem Kaukasus, aber auch aus Zypern. Der Bibel zufolge gewann man Eisenerz und Kupfer in den Bergen des Heiligen Landes (Deut. [5. Mos.] 8, 9), hier wird offensichtlich auf die wenigen Bergwerke in den Randgebieten verwiesen: in der Beqaʿa-Talebene, im südlichen Gilead und zu beiden Seiten der Araba. Die Berge des Libanons und des Antilibanons (Širjōn) hatten reiche Bestände an Zedern und anderen Baumarten. Sie lieferten nicht nur für Syrien und Palästina, sondern auch für Ägypten und Mesopotamien Bauholz. Die Wälder des Hauran und vom Berge Seïr (Edom) deckten vermutlich nur den lokalen Bedarf.

Die Küstenstädte wurden zu Zentren der Textilindustrie, dies zum Teil wohl, weil das Meer reichlich Purpurschnecken lieferte, aus denen der »tyrische Purpur« gewonnen wurde, ein Farbstoff für kostbare Stoffe. Die griechische Bezeichnung Kanaans, *Phoinike* (worauf der im Deutschen gebräuchliche Landesname Phönikien zurückgeht), hängt mit *phoinix* (= »Purpur«) zusammen, und auch der Name Kanaan selbst bedeutet wohl »Purpurland«.

Aus Dokumenten des 14. Jahrhunderts v. Chr., die in Ugarit, einer Hafenstadt an der Küste Nordsyriens gefunden wurden, geht hervor, daß man Stoffe aus Aschdod, Akko und Aschkelon einführte. Sowohl in den Dokumenten aus Ugarit als auch in späteren akkadischen Quellen werden Aschdod und wohl auch Aschkelon als Zentren des Fischexports erwähnt. Wir dürfen also annehmen, daß in den südlichen Küstenstädten eine Pökelfischindustrie bestand. »Ir-Melach«, die Salzstadt, am westlichen Ufer des Toten Meeres, lieferte Salz aus dem Toten Meer und vom Dschebel Usdum. Das Klima in der Gegend des Toten Meeres war der Kultivierung verschiedener aromatischer Harze zur Parfümherstellung förderlich, aber das Zentrum der Duftstoffproduktion befand sich in Südarabien.

Die verschiedenen handwerklichen Techniken blieben das Geschäftsgeheimnis einzelner Familien, Sippen und Gemeinschaften innerhalb bestimmter Gebiete. Die Herstellung von Metallwerkzeugen bei Sukkot (1. Kön. 7, 46) war eine Besonderheit des Jordantales, wie archäologische Ausgrabungen am Tell Dēr 'Alla' bewiesen. In Tell Beit Mirsim (Aschan), an der Grenze der Schefela, legte man das »Färberviertel« der einstigen Ansiedlung frei.

Ein florierendes Kunsthandwerk in Kanaan war die Elfenbeinschnitzerei, mit deren Produkten die Reichen, insbesondere Könige und deren Verwandte, Bauwerke und Mobiliar schmückten. Das Rohmaterial, Elefantenstoßzähne, bezog man aus Kusch (Nubien) und dem Lande Ni in Nordsyrien. Die Zentren dieser Industrie lagen zur Kanaanäerzeit an der Küste, während der israelitischen Periode dann in Damaskus, Hamat und vielleicht auch Samaria.

So hatte also der Handel relativ große Bedeutung für Palästinas Wirtschaft; dies gilt besonders für die Gebiete längs der Haupthandelsstraßen.

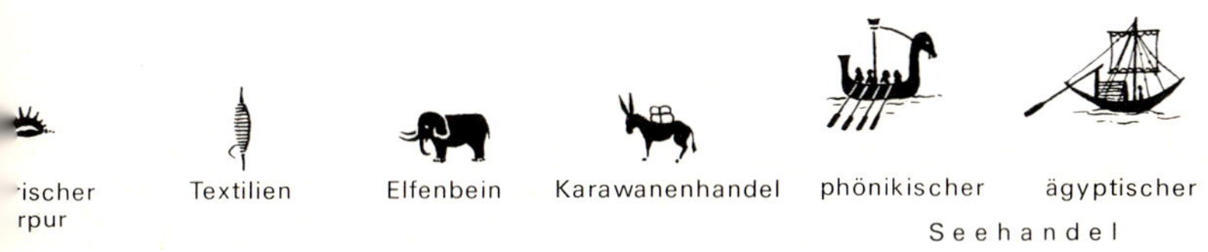

"... das du nach der Aussaat mit Tretmühlen bewässern mußt wie einen Gemüsegarten" (Deuteronomium [5. Mos.] 11, 10).

VERGLEICHENDE ZEITTAFEL DER FRÜHEN KULTUREN

Kulturstufe	*Zeit*	*Mesopotamien*	*Syrien-Palästina*	*Ägypten*
	5000			
		Jarmo (Dscharmo)	Jericho IX	
Neolithikum (Jungstein-zeit)		Tell Hassuna Ninive I	Byblos A	
			Ras Schamra V (Ugarit)	El-Faijûm A
		Samarra Ninive II		
			Amuq	
	4000			
			Megiddo XX Hamat L Jarmuk (Schaar Ha-Golan)	Deïr Tasa (Dêr Tasa)
Chalkolithi-kum (Kupfer-steinzeit)		Tell Halaf	Jericho VIII	
				El-Badari (Badari-Kultur)
	3500			
		Tell al-Ubaid (el-Obeïd)	Teleilat (Tuleilat) el-Ghassul (Ghassulium)	El-Amra (Amratien bzw. Amratium [=Negade bzw. Naqâda I])
		Erech (Uruk)	Beerscheba	
	3150			
Frühbronze-zeit		Dschemdet Nasr (Djemdet Nasr)	Frühkanaanäi-sche Periode I	El-Gerzeh (Gerzéen bzw. Gerzium [=Negade bzw. Naqâda II])
	2850			

DIE FRÜHEN KULTUREN DES MITTLEREN OSTENS

Die Entwicklung der Nahrungsmittelproduktion (Landwirtschaft) sowie die Gründung von Städten und organisierten Siedlungen stehen am Anfang menschlicher Hochkultur. Erste Ansätze fanden sich schon in der Mittleren Steinzeit vor rund 10000 Jahren. Soviel wir bis heute wissen, ist Jericho die älteste Stadt der Welt. Schon im siebten Jahrtausend v. Chr. war es von einer massiven Stadtmauer umgeben. Jarmo im nördlichen Mesopotamien ist ungefähr gleich alt, scheint aber nicht mehr als ein Dorf gewesen zu sein. Erst zukünftige Untersuchungen werden zeigen, ob Jericho wirklich die älteste Stadt, damit seinerzeit einzig in seiner Art, war, und ob dem Jordantal, dem schmalsten Tal im »Fruchtbaren Halbmond«, wirklich der Name »Wiege städtischer Hochkultur« gebührt.

Während des fünften Jahrtausends (Jungsteinzeit [Neolithikum]) und im vierten Jahrtausend (Kupfersteinzeit [Chalkolithikum]) sind überall im »Fruchtbaren Halbmond« Fortschritte zu verzeichnen. Mesopotamien liegt zu dieser Zeit von seiner Entwicklung her an der Spitze, aber auch in Ägypten sowie in den zwischen Ägypten und Mesopotamien liegenden Gebieten (Palästina und Syrien) lief die Entwicklung parallel. Heute pflegt man die betreffenden frühen Kulturen nach jenen Stätten zu bezeichnen, wo man erstmals auf ihre Spuren stieß. Nebenstehende Tabelle zeigt die bedeutendsten dieser Kulturen in chronologischer Abfolge.

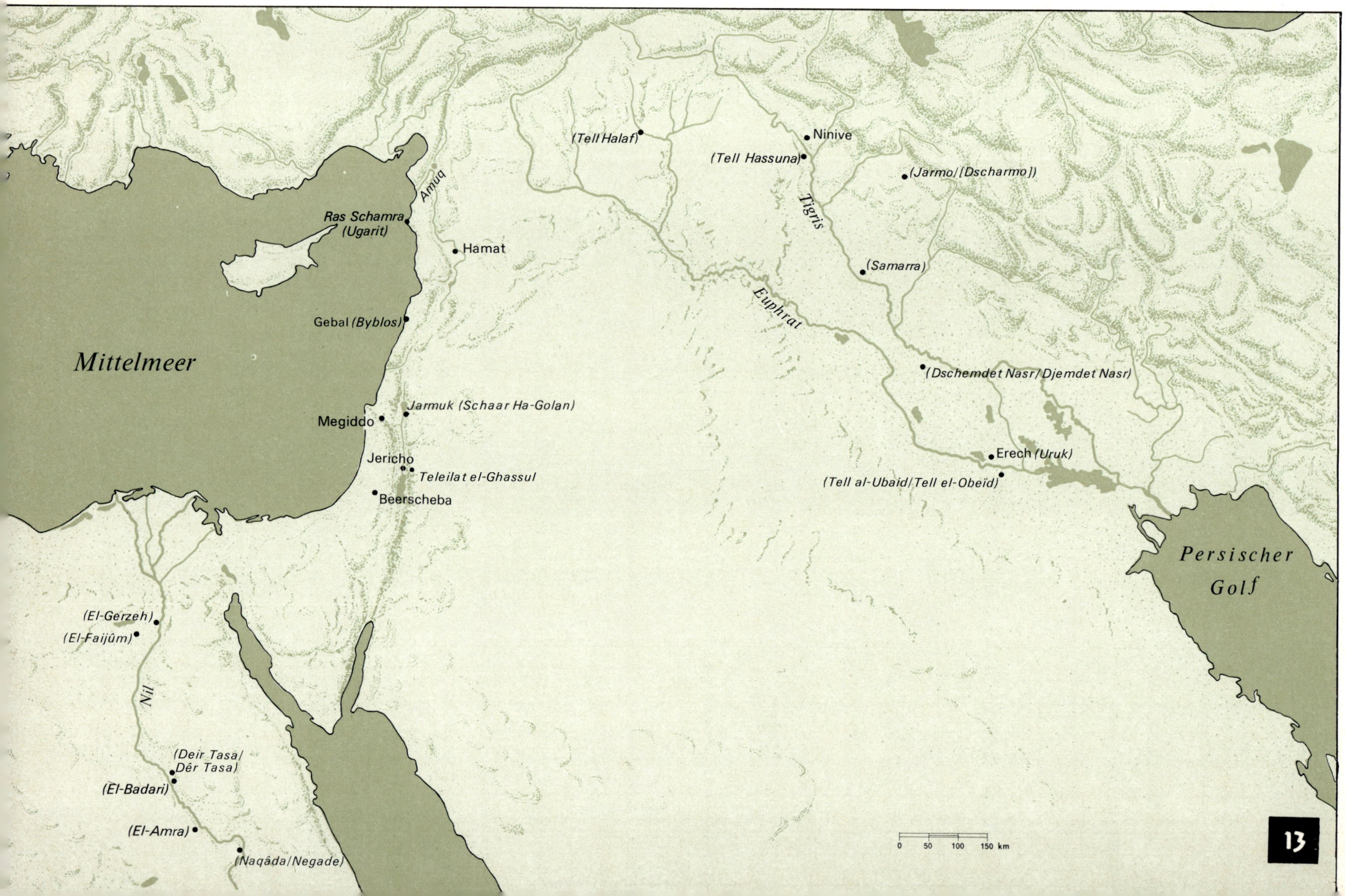

"Ein Strom entsprang in Eden, um den Garten zu bewässern, und danach teilte er sich in vier Arme" (Genesis [1. Mos.] 2, 10).

DIE STRÖME DES GARTENS EDEN

Wo befinden sich nach der Bibel die Mittelpunkte der alten Zivilisation? Eine Antwort auf diese Frage ist in der Beschreibung der vier Flüsse angedeutet, die dem Garten Eden entspringen. Es ist nur natürlich, daß die Alten glaubten, die Flüsse des Gartens Eden seien die wasserreichsten – jedenfalls gilt dies für die Ströme Mesopotamiens, den Tigris und den Euphrat. Pischon und Gihon wurden nicht identifiziert. Möglicherweise handelt es sich bei ihnen um rein mythische Ströme. Da der Pischon aber im Zusammenhang mit Chawila steht (Gen. [1. Mos.] 2, 10-11) der Gihon laut Gen. (1. Mos.) 2, 13 ganz Kusch umfließt und auch Chawila seinerseits mit Kusch in Verbindung gebracht wird, könnten wir es hier aber auch mit dem Blauen und Weißen Nil zu tun haben.

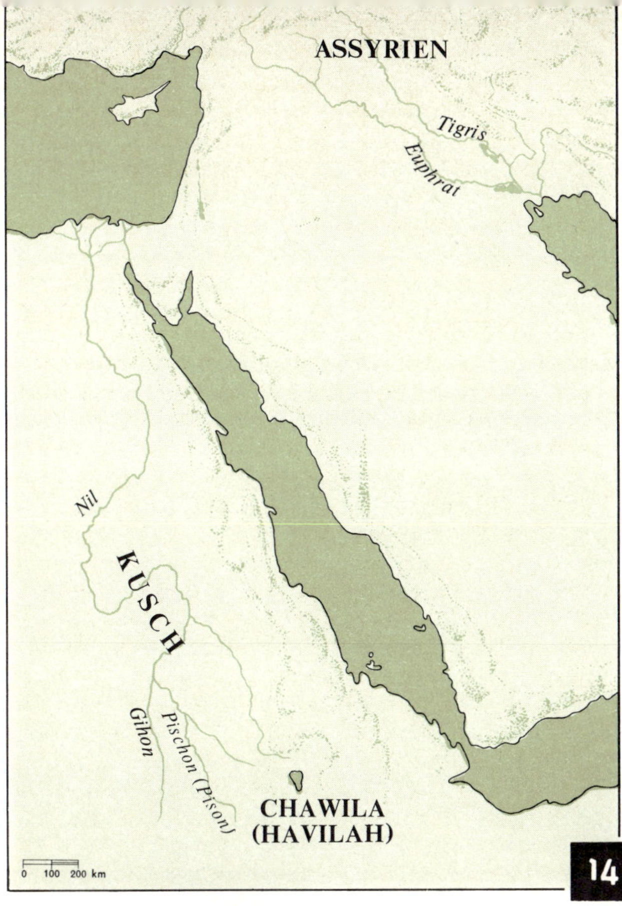

GEN. (1. MOS.) 2, 10–14

"... von ihnen zweigten sich die Inselvölker ab nach ihren Ländern, ihren Sprachen, ihren Geschlechtern, ihren Völkerschaften" (Genesis [1. Mos.] 10, 5).

DIE BIBLISCHE VÖLKERTAFEL

Die Bibel überliefert eine einmalige Liste, wie sich die Israeliten die Verteilung der Menschen (in biblischer Sicht: der »Nachkommen der Söhne Noahs«) vorstellten. Länder und Völker werden in drei Hauptgruppen eingeteilt: die Söhne Sems in Mesopotamien und Arabien, die Söhne Hams in Ägypten und den angrenzenden Gebieten seiner Einflußsphäre sowie die Söhne Jafets (Japhets) in den Ländern des Nordens und Westens. Die Liste berücksichtigt auch Stadtstaaten und bedeutende Zentren im »Fruchtbaren Halbmond«, sofern sie im Lande Schinear (Südmesopotamien) und in Kanaan liegen. Wenn sich auch nicht alle Orte mit Bestimmtheit identifizieren ließen – einige der Namen bleiben gänzlich unidentifizierbar –, so ist doch die allgemeine Einstellung klar: drei Gruppen von Ländern und Völkern, die im Heiligen Land zusammentreffen.

Japhet — Kreterin (Fresko aus Knossos [um 1500–1450 v. Chr.])

Ham — Königin Teje von Ägypten (Anfang 14. Jh. v. Chr.)

Sem — Assyrer (Relief aus dem Palast Sargons in Chorsabad)

GEN. (1. MOS.) 10;
1. CHRONIK 1, 4–23

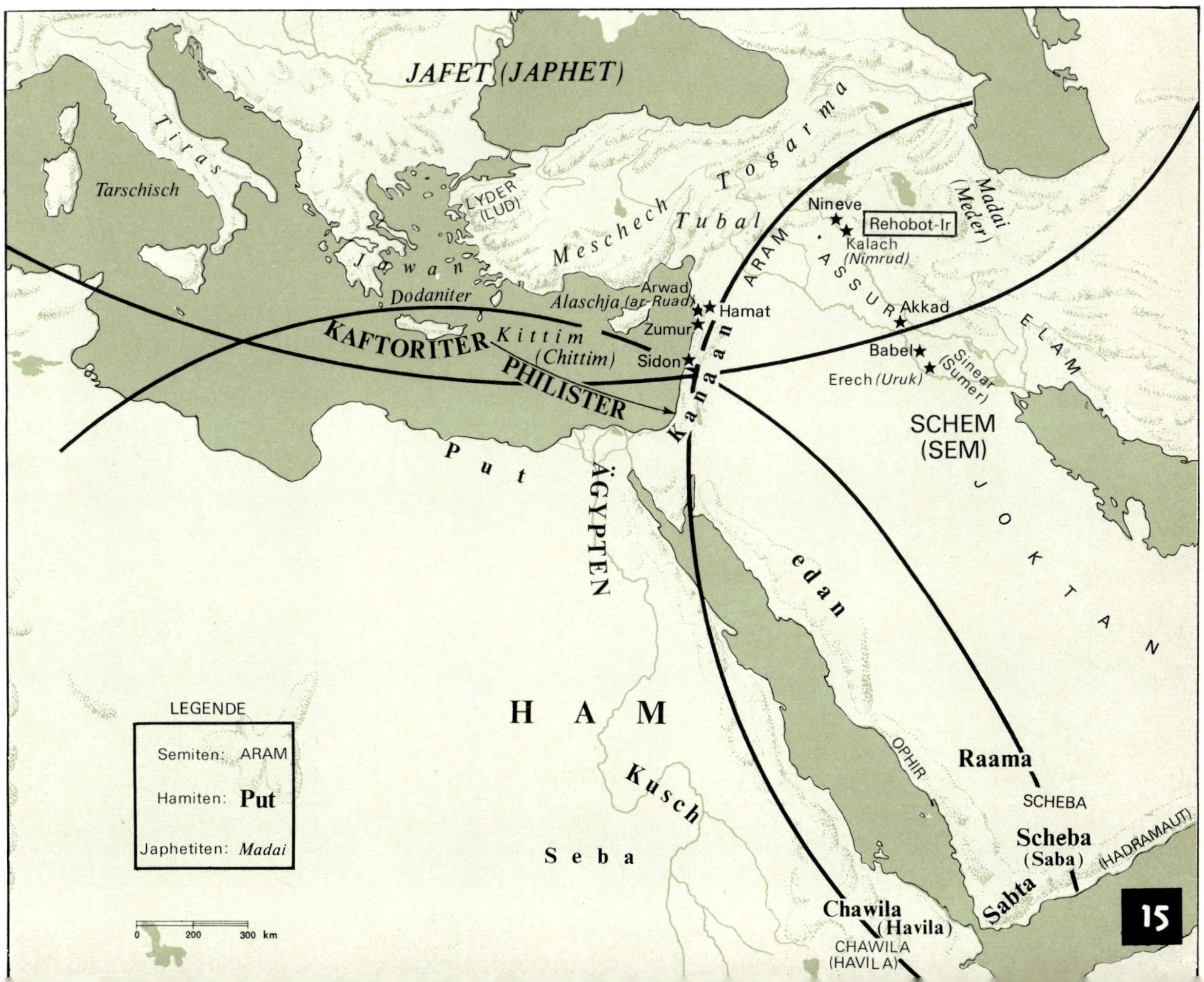

In unserem Jahrhundert – vor allem in den letzten fünfzig Jahren – wurden bei vielen Tells archäologische Ausgrabungen vorgenommen. Dabei kamen Überreste von Städten ans Licht, die jeweils Schicht um Schicht auf den Trümmern ihrer Vorgängerstädte errichtet waren. Das arabische Wort *tell* (hebräisch *tel*) bezeichnet einen flachen »Kulturhügel« bzw. Schutthügel aus den schichtweise übereinanderlagernden Trümmern einstiger Ansiedlungen. In den Ebenen des Mittleren Ostens findet man derartige Tells auf Schritt und Tritt. In kanaanäischer und israelitischer Zeit änderten die bedeutenderen Städte ihre Lage nicht. Man baute immer wieder auf derselben Stelle. Ursprünglich legte man Siedlungen auf leicht zu verteidigenden Hügeln an, wo es Quellen gab, Felder in erreichbarer Nähe waren und man die nächstgelegenen Straßen zu kontrollieren vermochte. Wurde eine solche Stadt zerstört, so legte sich eine Trümmerschicht auf den Hügel. Darauf errichtete man eine neue Stadt, bis auch diese in Trümmer sank usw. So häufte sich auf dem Tell eine Schuttlage (*stratum,* Mehrzahl: *strata*) auf die andere.
Bei heutigen Ausgrabungen spielt die Untersuchung dieser Schichtverhältnisse (Stratigraphie) eine große Rolle. Die Einordnung selbst des scheinbar unbedeutendsten Splitters in das Schichtenprofil ist wichtig. Die Schichten unterscheidet man meist anhand der in die einzelnen Schuttlagen eingeschlossenen Tonscherben. Scherben sind hierfür geradezu ideal: Zerbrochene werden als wertlos weggeworfen und vergessen. Das Material der Fragmente zerfällt jedoch nicht weiter, und deshalb enthält jede Erdschicht Tonscherben in Hülle und Fülle. Vergleiche der Schichtenprofile verschiedener Grabungsstätten ermöglichten immer genauere Zeitansätze einzelner Schichten. Wertvolle Hinweise ergeben sich aus der systematischen Untersuchung der Gefäßtypen (Typologie) und ihrer Abfolge sowie aus datierten Inschriften, Münzen oder anderen Dokumenten innerhalb der *Strata.*

Die ältesten Kulturen im Heiligen Land sind uns nur aus archäologischen Ausgrabungen bekannt. Die jüngsten Entdeckungen im Jordantal beweisen, daß schon im späten Pleistozän, also vor etwa 500 000 Jahren, noch bevor sich das Jordantal so tief gesenkt hatte wie heute, Menschen in Palästina lebten. Menschenskelette aus dem Paläolithikum kamen bei Ausgrabungen in Höhlen des Karmel-Massivs sowie in Galiläa zum Vorschein. Sie gleichen dem in Europa entdeckten Neandertaler, sind aber etwas weiter entwickelt. Der wissenschaftliche Name für diesen Typus lautet: *Palaeanthropus Palaestinensis* (»Palästina-Altmensch«). Die letzte Phase der Höhlenbewohner im Mesolithikum (10 000 bis 8000 v. Chr.) fällt mit dem Ende der letzten Eiszeit in Europa zusammen. Um diese Zeit begann die erste eigentliche Besiedlung Palästinas. Seitdem fanden auch keine wesentlichen klimatischen Veränderungen mehr statt. Die früheste Kulturstufe bezeichnet man als *Natoufien* (Natufium), dies nach dem Wadi en Natuf westlich des zentralen Berglandes. Das *Natoufien* war eine Übergangsphase, in der der Mensch vom Jagen und Sammeln zu primitivem Ackerbau und zur Viehzucht überwechselte.
Die epochemachende Entwicklung des palästinensischen Menschen vom Höhlenbewohner zum Stadtgründer ist am deutlichsten in Jericho festzustellen, der einzigen Stadt aus damaliger Zeit, die den Fähigkeiten ihrer Erbauer ein außerordentliches Zeugnis ausstellt und deutlich von den üblichen Freilandsiedlungen im offenen Kulturlande absticht.
Die Entwicklung der frühen Hochkulturen ging nicht immer friedlich vor sich. Eroberer vertrieben ansässige Einwohner oder ließen sich in ihrer Mitte nieder. Im Chalkolithikum (dem 4. Jt. v. Chr.) entstanden Niederlassungen, vor allem in den fruchtbaren Tälern, aber auch am Rand der Wüste. Neben Steinwerkzeugen kamen auch solche aus Kupfer in Gebrauch. Die spätere Phase wird nach einer kleinen Hügelgruppe (Teleilat el-Ghassul) im südlichen Jordantal als *Ghassulium* bezeichnet. Hier wies

CHALKOLITHIKUM (KUPFERSTEINZEIT) 4. JAHRTAUSEND V. CHR.

KANAANÄISCHE PERIODE (BRONZEZEIT) 3150–1200 V. CHR.

ISRAELITISCHE PERIODE (EISENZEIT) 1200–587 V. CHR.

• Suchgrabung oder unbedeutendere Funde   △ Ausgrabung   ▲ Bedeutende Grabungsstätte

man die betreffende Kultur zuerst nach, später auch an mehreren Fundstätten in der Umgebung von Beerscheba. Die zugehörigen unbefestigten Siedlungen waren über das Land verteilt. Ihre Bewohner betrieben Landwirtschaft, Viehzucht und Heimindustrien, einschließlich Kupferbearbeitung. Ihre Kunstfertigkeit war bemerkenswert. In der »Schatzhöhle« in der Wüste Juda entdeckte man ein Versteck mit Kupfergegenständen, die sowohl an handwerklicher Qualität als auch an Formschönheit alles übertreffen, was damals an vergleichbaren Stücken im Orient geschaffen wurde. Unter den Ländern mit früher Zivilisation hatte Palästina bis zum Ende des vierten Jahrtausends eine beachtliche Stellung inne.

PERSERZEIT, HELLENISTISCHE PERIODE UND RÖMERZEIT

SCHEMATISCHER QUERSCHNITT DURCH EINEN TELL

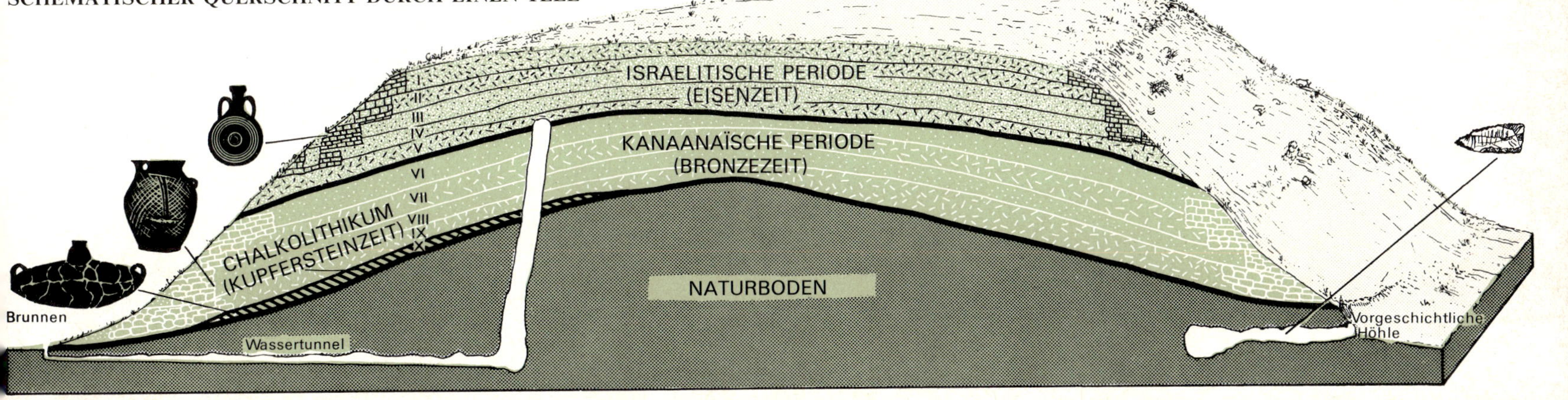

"Den Anfang seines Reiches bildeten Babel, Erech (Uruk), Akkad und Kalne (Nippur?) im Lande Sinear (d. h. Südmesopotamien)" (Genesis [1. Mos.] 10, 10).

Die ersten bedeutenden Königreiche des Alten Orients entstanden zu Beginn des dritten Jahrtausends v. Chr. In Südmesopotamien finden wir die mächtigen Stadtstaaten Kisch, Larak, Lagasch, Umma, Erech (Uruk) und Ur. Dieses Land, das die Bibel später als das Land Schinar (Sinear) bezeichnet, hieß damals Sumer. Sumerische Kultur war das Fundament der Hochkulturen des Mittleren Ostens, und ihr Einfluß verbreitete sich über das »Westland« (Syrien und Palästina) bis hinab nach Ägypten.

Ägypten war damals durch seine frühesten Herrscher (I. Dynastie, Thinitenzeit) geeint worden. Von nun an blieb Ägypten eine bedeutende Großmacht, und selbst in seiner Frühzeit reichte sein Einfluß weit nach Norden: Narmer, wie es scheint, der erste König, dem es gelungen war, das Land zu einen, drang etwa um die Mitte des 29. Jahrhunderts v. Chr. bis Palästina vor. Dies geht aus der berühmten Narmerpalette sowie daraus hervor, daß man seinen Namen auch auf einer Tonscherbe fand, die bei Ausgrabungen in Tell Erani nahe dem heutigen Kiriat-Gat ans Tageslicht kam. Die gigantischen Pyramiden, die die Könige der dritten bis fünften Dynastie errichten ließen, bezeugen eindrucksvoll, wie man im frühen Ägypten zu organisieren verstand und was man zu leisten vermochte.

Im 24. Jahrhundert v. Chr. verlagerte sich das politische Zentrum von Sumer im Süden zum semitischen Akkad im Norden, dessen genaue Lage noch nicht bestimmt worden ist. Sargon I. gründete das Reich von Akkad und brachte nicht nur Sumer und Dilmun (Bahrein) im Süden unter seine Gewalt, sondern eroberte auch die Gegend von Subartu, nördlich Assur; ja er erreichte sogar das Amanusgebirge und das »Obere Meer« (Mittelmeer).

Das Mesopotamien und das Ägypten des dritten Jahrtausends sind uns aus zahlreichen schriftlichen Dokumenten bekannt. Palästina dagegen befindet sich noch im vorgeschichtlichen Stadium – jedenfalls sind noch keine schriftlichen Belege seiner damaligen Geschichte bekannt. Allerdings können derartige Urkunden eines Tages durchaus ans Licht kommen, denn bei Ausgrabungen hat sich gezeigt, daß es gerade während des dritten Jahrtausends (d. h.: in der Frühbronzezeit) in Palästina reiche und mächtige Stadtstaaten gab. Manche dieser Städte hatten 10–20 Hektar Grundfläche und waren – so beispielsweise Megiddo und Bet-Jerach – von 7,6–9 m dicken Wehrmauern umgeben (Karte 21 zeigt nur die bedeutenderen Städte). Auch wenn die Geschichte dieser Phase noch weitgehend unbekannt ist, besteht doch kein Zweifel, daß Palästina und Syrien an der kulturellen Entwicklung der damaligen Zeit aktiv Anteil hatten.

DER ALTE ORIENT IM DRITTEN JAHRTAUSEND V. CHR.

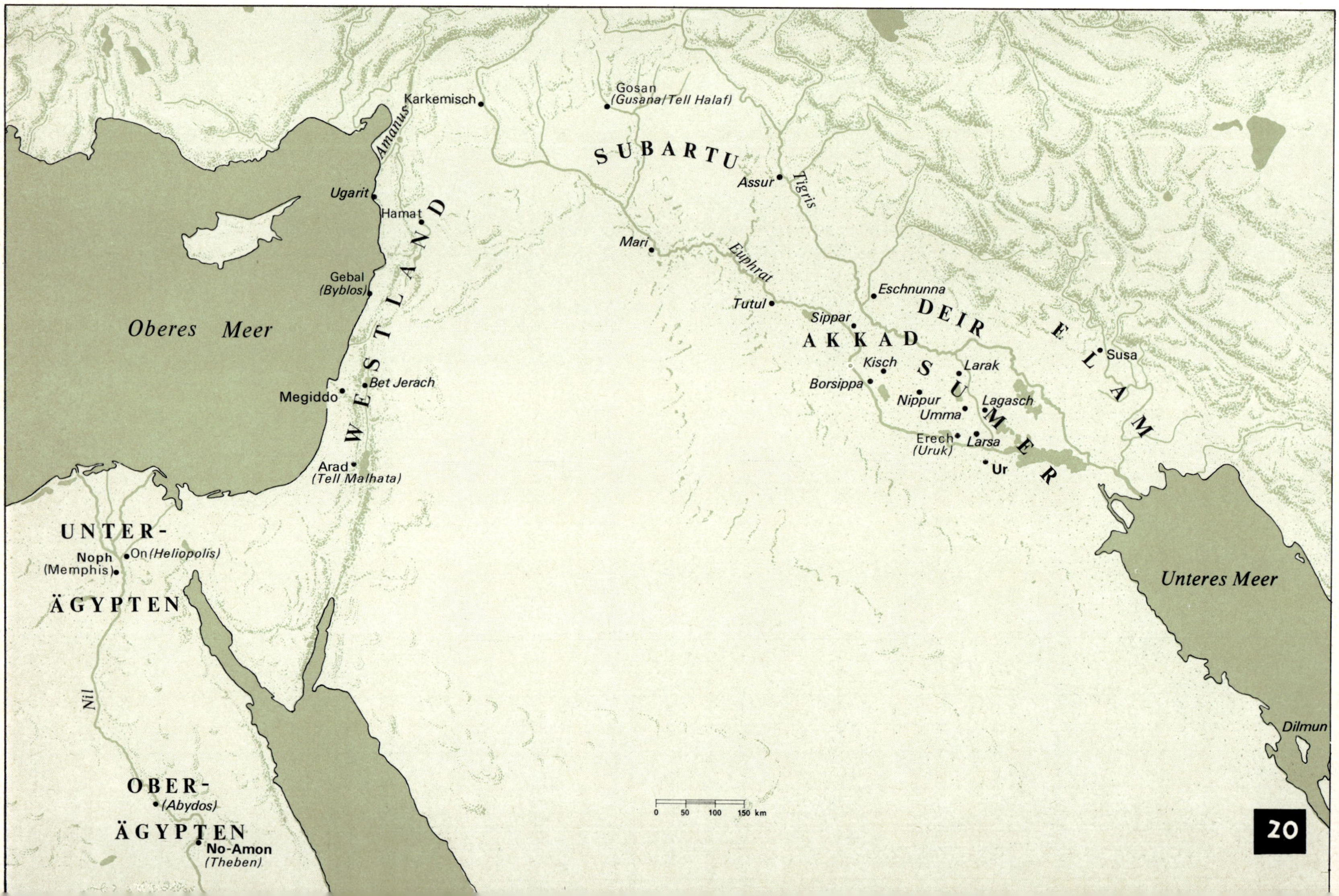

21

PALÄSTINA IN FRÜHKANAANÄISCHER ZEIT DRITTES JAHRTAUSEND V. CHR.

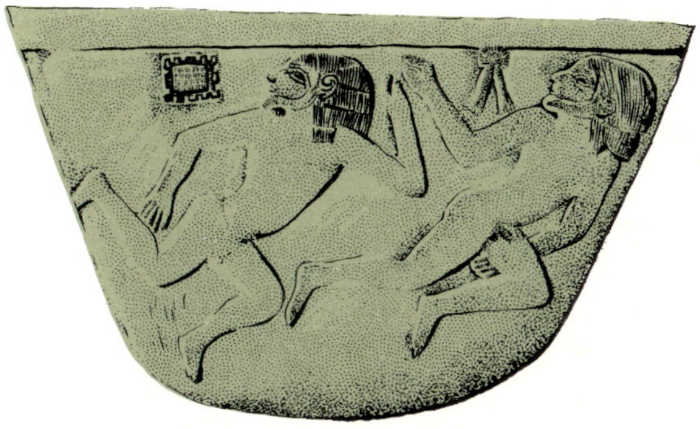

Unterworfene Feinde und Festungsplan (Narmerpalette [Schminkpalette des altägyptischen Königs Narmer; Reichseinigungszeit, um 3000 v. Chr.])

DER FELDZUG PHIOPS' I. UM 2250 V. CHR.

Die einzige schriftliche Geschichtsquelle über das frühbronzezeitliche Palästina ist eine ägyptische Inschrift: die Grabschrift des Uni aus Abydos, heute in Kairo (neben dieser schriftlichen Quelle gibt es auch noch Abbildungen von der Erstürmung [palästinensischer?] Dörfer in anderen Gräbern der damaligen Zeit), in der von fünf Feldzügen König Phiops' I. (Mitte des 23. Jahrhunderts v. Chr.) in das »Land der Sandbewohner« (so nannten die Altägypter die Gebiete östlich Ägyptens) die Rede ist. Ein Feldzug wird eingehender beschrieben. Und zwar griffen die Ägypter zu Lande und zu Wasser an. Die Flotte kam dem Heer zuvor und landete an der »Nase des Antilopen- (bzw. Gazellen-)Kopfes« (wohl der Berg Karmel). Bei dem eroberten Land handelte es sich vermutlich um die Ebene von Akko, einen Teil der Jesreel-Ebene. Die Ägypter zerstörten Festungen, brannten Dörfer nieder und plünderten. In dieser anschaulichen Schilderung wird vorausgesetzt, daß es im fraglichen Gebiet (vor allem an der Küste) blühende Siedlungen gab, die Uni und seine Leute vorfanden.

"Ich landete hinter dem hohen Gebirge im Norden des Landes der Sandbewohner" (Grabinschrift des Uni).

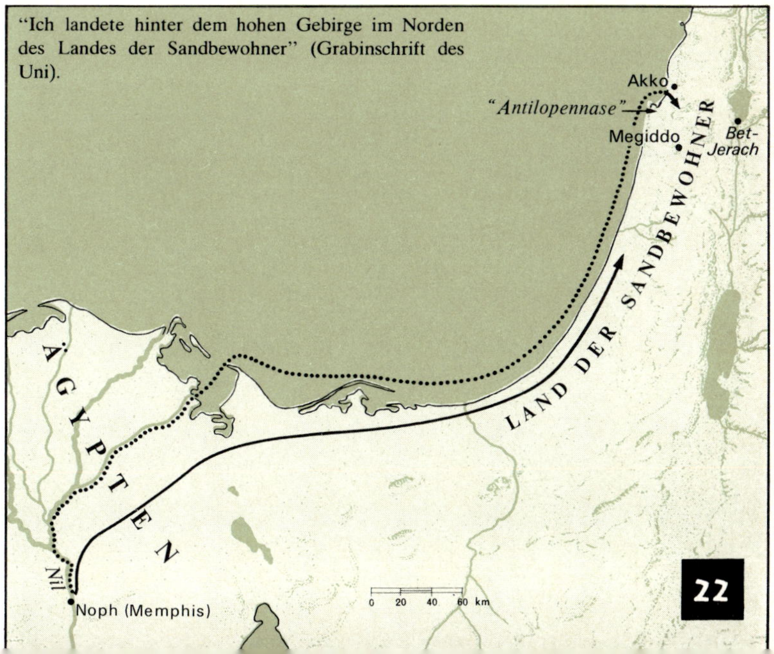

22

GRABINSCHRIFT DES UNI, DES BEFEHLSHABERS DER TRUPPEN PEPIS I. (ABYDOS/ÄGYPTEN)

—— Landroute

······· Seeroute

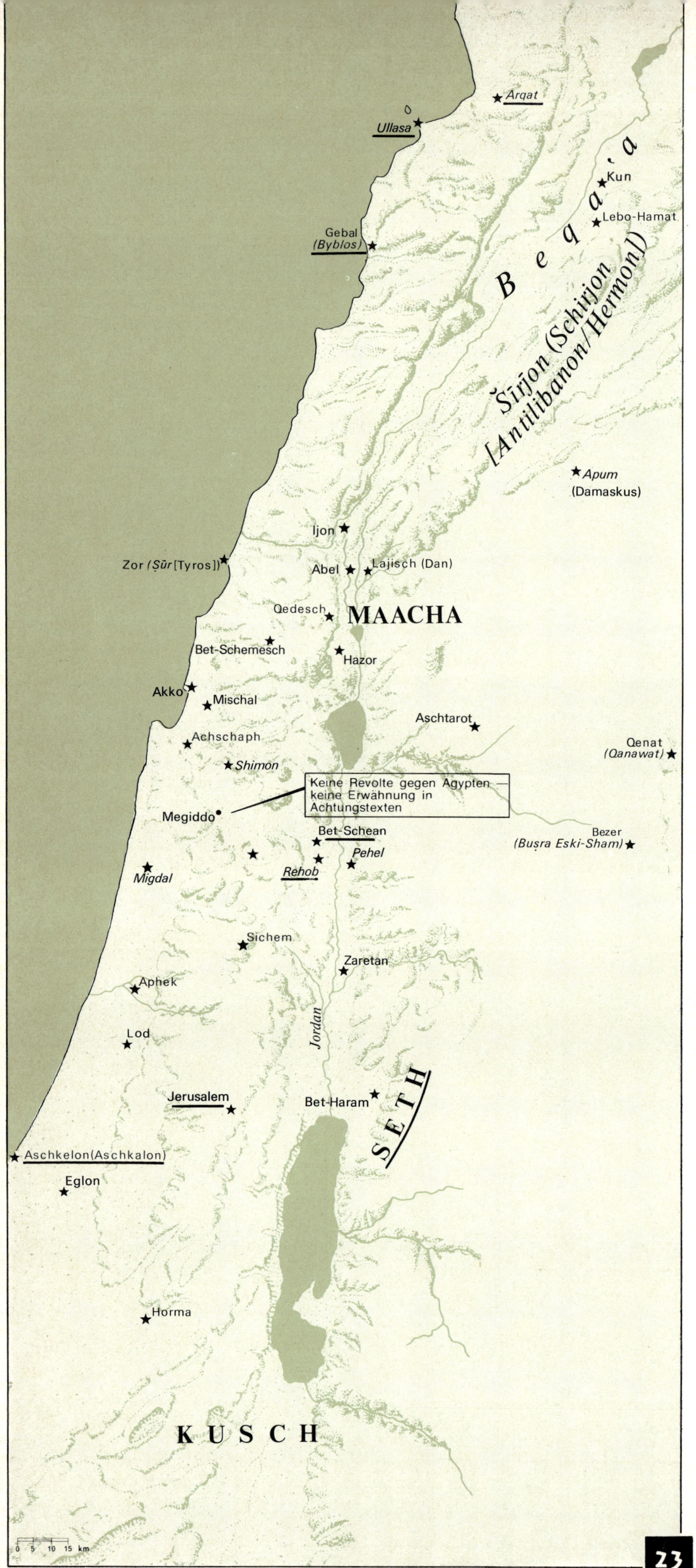

★ Erwähnung in den jüngeren Achtungstexten

Gebal Erwähnung auch in den älteren Achtungstexten

PALÄSTINA IN DEN ÄCHTUNGSTEXTEN 20. BIS 19. JH. V. CHR.

In den letzten Jahrhunderten des dritten Jahrtausends rollte eine Welle von Nomaden, die eine westsemitische Sprache sprachen, über die Hauptstädte des »Fruchtbaren Halbmonds« hinweg. In akkadischen Dokumenten werden sie als die »Völker von Amurru« (»Völker aus dem Westen«) bezeichnet. In der Bibel hießen sie Amoriter. Kein Königreich widerstand ihnen. Zu Beginn des zweiten Jahrtausends begründeten sie neue Königreiche. Diese wiederum wurden um die Mitte des 18. Jh.s v. Chr. von Hammurapi, dem bedeutendsten Herrscher der ersten, ihrerseits amoritischen Dynastie Babylons, dem Königreich Babylon einverleibt.

In Palästina bietet sich ein ähnliches Bild: Alle politischen Zentren der frühkanaanäischen Periode wurden zerstört, und im ganzen Lande finden sich Spuren aus dem Norden kommender Nomaden, die neue Verfahren der Kupferbearbeitung und der Töpferei mit sich brachten. Dies war die früheste Phase der mittelkanaanäischen Periode. Auf den meisten Tells kamen Überreste von Nomadensiedlungen und Grabstätten zum Vorschein. Am häufigsten sind diese jedoch im Hochland von Transjordanien und im Negev, die beide bisher noch unbewohnt waren. Woher diese Nomaden kamen und wohin sie schließlich zogen, ist noch immer umstritten; doch, wie es scheint, verschwanden sie im 20. Jahrhundert v. Chr., und Amoriter, die einen westsemitischen Dialekt sprachen, nahmen ihren Platz ein. Von nun an waren diese Niederlassungen bis zur Landnahme durch die Israeliten fast ununterbrochen besiedelt.

Im 20. und 19. Jahrhundert v. Chr. regierte in Ägypten die XII. Dynastie. Damals breitete sich Ägypten aus und erreichte einen Höhepunkt seiner Entwicklung und Macht. Seine Herrschaft erstreckte sich über einen Teil Palästinas und die phönikische Küste. Aus dieser Zeit stammen die ältesten Schriftzeugnisse, die sich näher mit Palästina befassen. Am bedeutendsten sind die »Ächtungstexte«, beschriftete Tonscherben und Tonfiguren, die Gefangene darstellen. Die Texte auf ihnen bedenken Rebellen und Feinde Ägyptens mit Flüchen und Verwünschungen. Außerdem werden namentlich Städte und Stämme im Bereich der Einfluß- und Machtsphäre Ägyptens genannt. Man unterscheidet zwei Gruppen derartiger Texte: die erste stammt aus der Mitte des 20. Jahrhunderts, die zweite vom Ende des 19. Mit Ausnahme von Jerusalem und Aschkelon (Aschkalon) bringt sie nur wenige, meist unidentifizierbare Namen. Bei jedem der Orte, von denen die Rede ist, erfahren wir außerdem die Namen von drei bis vier lokalen Machthabern. Die zweite Gruppe gibt die Namen von 64 Städten, von denen die meisten anhand späterer Quellen identifiziert werden konnten. Sie folgen im allgemeinen auf den Namen eines einzigen Herrschers. Dieser Unterschied weist auf einen Wandel der Siedlungsstruktur und der sozialen Ordnung im Palästina des 20. und 19. Jahrhunderts hin. Dies ist die Zeit des Übergangs vom Nomadentum zum seßhaften Leben, von den Patriarchen- und Stammesfürstentümern der Amoriter zum Stadtstaat. Die Namen der Herrscher haben eindeutig westsemitischen Charakter, zusammengesetzt aus theophorischen Elementen wie -am, -ab, -ah, -el, -hadad usw. Diese Namen waren seinerzeit sehr verbreitet und sind den Namen der biblischen Patriarchen recht ähnlich.

ÄCHTUNGSTEXTE — THEBEN, SAQQÂRA (ÄGYPTEN)

NAMENSLISTE DER SPÄTEREN ÄCHTUNGSTEXTE

	Ort	Herrscher
1)	*Horma**	Atamar-ab
2)	Aschkelon*†	*Mry*
3)	Aschan*† (Bet-Schean)	Niqmepa
4)	(Bet-)Haram*	Yittin-hadad
5)	Migdal*	Abi-rafi
6)	Sichem*	Ibisch-hadad
7)	Kun*	Asaph-hadad
8)	Pehel*	*Apr-anu*
9)	Aphek*	*Yanka*
10)	Any(ayin)	*Atalim*
11)	Achschaph*	*Yaprn*
12)	Asaph	*Apr*-asaph
13)	Mischal*	*Yri*
14)	Rehob*†	Yakmis-am
15)	Hazor*	*Gs*
16)	(Qede)sch*(?)	Zabilu-hadad
17)	*Sapm*	Hauron ab(um)
18)	Ijon*	Ki-schahar-ab
19)	Zr(m) (Ziri-baschan)	Yanzum-hadad
20)	Beqa'a*	Samar-har
21)	Ara	Lavi-la-hadad
22)	*Schrmry*	Amu-tile
23)	Südliche *Mrschky*	*Y...kir*

	Ort	Herrscher
24)	Nördliche *Mrschky*	*Ranna* (?)
25)	Asch(ta)rot*	Ya...l
26)	*Ahmut*†	*Kar*
27)	Bezer*	*Imr*
28)	.....	*Apr-rny*
29)	*Msh*	*Sqr* (?)
30)	Šīrjōn*	*Apr-y...mut*
31)	Lebo*	*Apr-...*
32)	Qenat (Qanawat)*	*Apr-b...*
33)	Südliches Apum*	.....
34)	Nördliches Apum	Ahu-Kabkabu
35)	Zoı (Tyros)*	.....*ru*
36)	*Yanqa*†	...*a*
37)	*Mky** (Maacha)	Schemesch
38)	...*ryn*	.....
39)	Südliche *Qrhm*†	*Hmy*
40)	Nördliche *Qrhm*†	Yasar-kuna
41)	Zaretan*	Ammu-lubu
42)	Ophr..a	Ammu
43)	*Ybly*	Schemesch-*apilim*
44)	Lod*	...*pa*...
45)	Jerusalem*†	...
46)	...*ry*	...-hadad
47)	Abel*	.....
48)	*Asnas*	*Thrs*
49)	Akko*	Tar-am
50)	Kuschitenstämme*	...*ay*
51)	Kuschitenstämme*	...*y*
52)	Obere Schutu*†	Schum-ab
53)	Untere Schutu*†	*Yk...m*
54)	Arqa(ta)*†	*Ammu-hr...*
55)	Schimon*	Abrahan
56)	*Qrqrm*	*Abu...*
57)	Schusu	Yakmis-am
58)	Eglon* (?)	Yarpa-el
59)	Lajisch*	Hauron-*ab...*
60)	Bet-Sche(mesch)*(?)	*Ytpr*
61)	Stamm der Arqa(ta)*†	—
62)	Häuptlinge der *Mky**	(Maacha?)
63)	Stämme von Gebal (Byblos)*†	—
64)	Sämtliche Herrscher von *Yanka*†	

Ullasa*† (auf einer weiteren Liste)

* Auf der Karte aufgeführt

† Schon in den älteren Ächtungstexten erwähnt

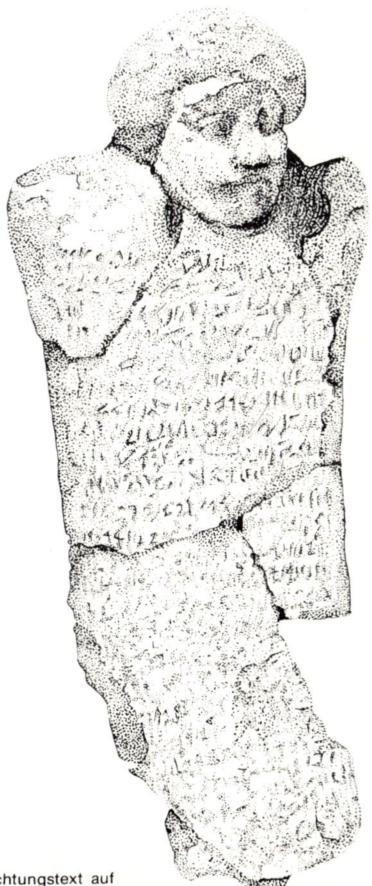

Achtungstext auf Tonfigürchen aus Saqqâra

DIE FELDZÜGE DER KÖNIGE DES NORDENS 20. JH. V. CHR.

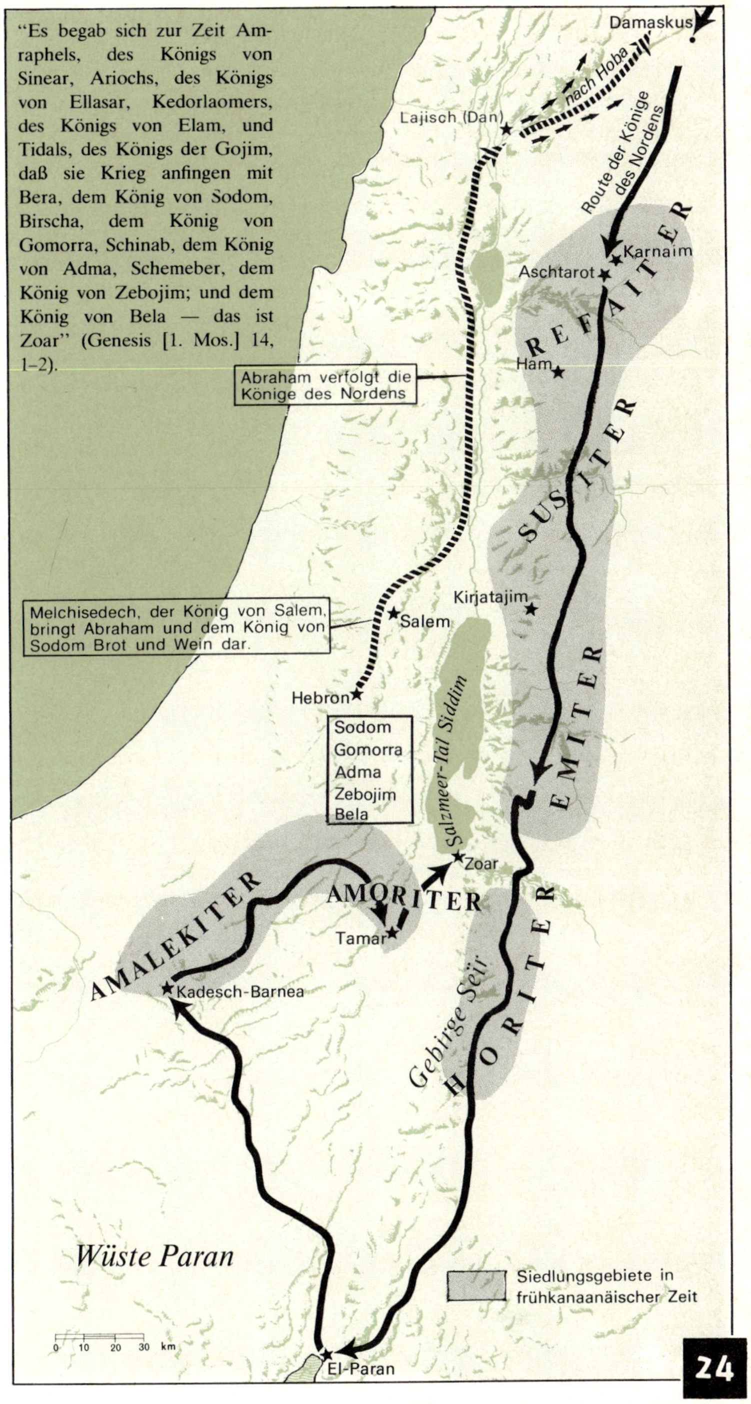

24

Das früheste historische Ereignis der Bibel ist der Krieg der vier Könige des Nordens gegen die Könige aus dem Tal des Toten Meeres. Zweifellos handelt es sich hier um sehr altes Überlieferungsgut, denn viele der angeführten Ortsnamen waren, als die Erzählung ihre schriftliche Fassung erhielt (zur Zeit der israelitischen Monarchie), nicht mehr geläufig. Daher glaubte man, diese Ortsnamen durch Hinzufügung späterer Namen erklären zu müssen. So heißt es beispielsweise: »Tal Siddim (das ist das Salzmeer)«, »Bela (das ist Zoar)« und – ähnlich – »Schaveh(-Kirjatajim)«, »Hazezon(-Tamar)«. Untersuchungen ergaben, daß die Besiedlung Transjordaniens und des Negev – jener Landesteile, durch die die Könige gezogen sein sollen – spätestens Ende des 20. Jahrhunderts v. Chr. aufhörte. Die Namen der Könige aus dem Tal des Toten Meeres sind amoritisch und gehören zur Gruppe jener Namen, denen wir auch in der biblischen Patriarchentradition und in den altägyptischen Ächtungstexten begegnen. Allerdings konnte nicht einer der erwähnten Könige identifiziert werden, und der historische Kern der Erzählung bleibt dunkel. Auch wissen wir nicht genau, wo sich die Städte des »Siddim-Tales« befanden. Da die späte schriftliche Fassung der Erzählung sie an das südliche Ende des Toten Meeres verlegte, setzte man Bela mit Zoar gleich.

GEN. (1. MOS.) 14

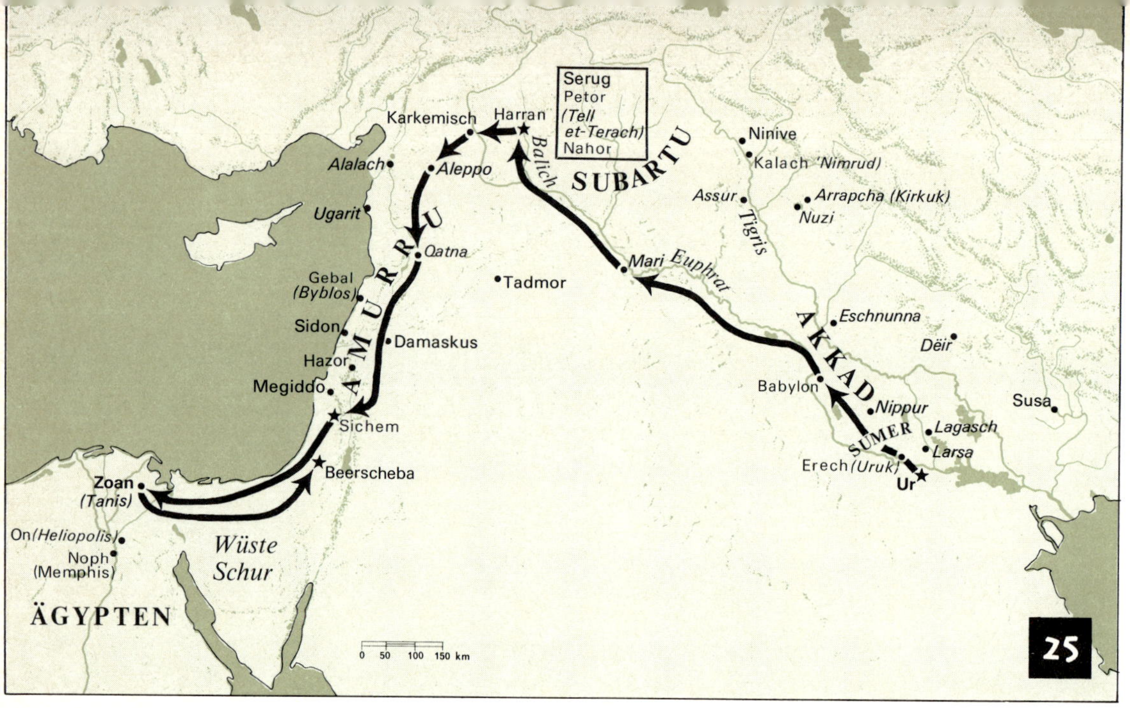

"Ziehe hinweg aus deinem Lande, deiner Verwandtschaft und deinem Vaterhause in das Land, das ich dir zeigen werde" (Genesis [1. Mos.] 12, 1).

DIE ÜBERLIEFERUNG ÜBER ABRAHAMS WANDERUNGEN FRÜHES ZWEITES JAHRTAUSEND V. CHR.

GEN. (1. MOS.) 11, 31–13, 1

Die Erzählungen von den Wanderungen der biblischen Patriarchen fügen sich gut in das Bild der historischen Realität des frühen zweiten Jahrtausends v. Chr., die Zeit der Ausbreitung der Amoriterstämme über die Länder des »Fruchtbaren Halbmonds«. Für Dokumente des 2. Jahrtausends v. Chr. bilden Syrien und Palästina eine geographische Einheit: Sie bilden zusammen »Amurru« (den »Westen«), d. h. das Gebiet westlich des Euphrats (das Land der biblischen »Amoriter«). Nach der Patriarchentradition reicht dieses Land »vom ›Bach Ägyptens‹... bis zum großen Fluß, dem Euphrat, desgleichen von der Wüste und vom Schilfmeer bis zum Meer der Philister« (Gen. [1. Mos.] 15, 18; Ex. [2. Mos.] 23; Deut. [5. Mos.] 1, 7; 11, 24; Jos. 1, 4).
Als Abrahams Herkunftsort wird Ur angegeben (die Formulierung »Ur der Chaldäer« ist ein Anachronismus, denn Chaldäer gab es in Ur erst seit dem 11. Jh. v. Chr.). Wir kennen Ur als wichtiges Zentrum im Land der Sumerer. Es erreichte den Höhepunkt seiner Entwicklung unter den Königen der dritten Dynastie von Ur, die in den Jahren von 2060 bis 1950 v. Chr. zum letzten Mal die alte sumerische Kultur wiederbelebten. Die Namen verschiedener Verwandter Abrahams sind auch Namen von bekannten Städten: Abrahams Vater *Terach*, der Sohn *Nahors* und Enkel *Serugs* zog nach *Harran* in Nordmesopotamien, und von dort brach Abraham ins Gelobte Land auf. Rebekka, Isaaks Frau, kam aus der Stadt *Nahor*, und Laban der *Aramäer*, Jakobs Schwiegervater, stammte aus der Stadt *Harran* in Padan-*aram*. Bei all dem handelt es sich um Ortsnamen aus dem Gebiet des Balich-Flusses in Nordmesopotamien. Harran und Nahor werden oft erwähnt, so in den Maridokumenten aus dem 18. Jahrhundert v. Chr., und die Städte Tell et-Terach sowie Serug sind aus späteren assyrischen Quellen bekannt.

GEN. (1. MOS.) 12, 6–35, 29

ABRAHAM UND ISAAK IM LANDE KANAAN FRÜHES ZWEITES JAHRTAUSEND V. CHR.

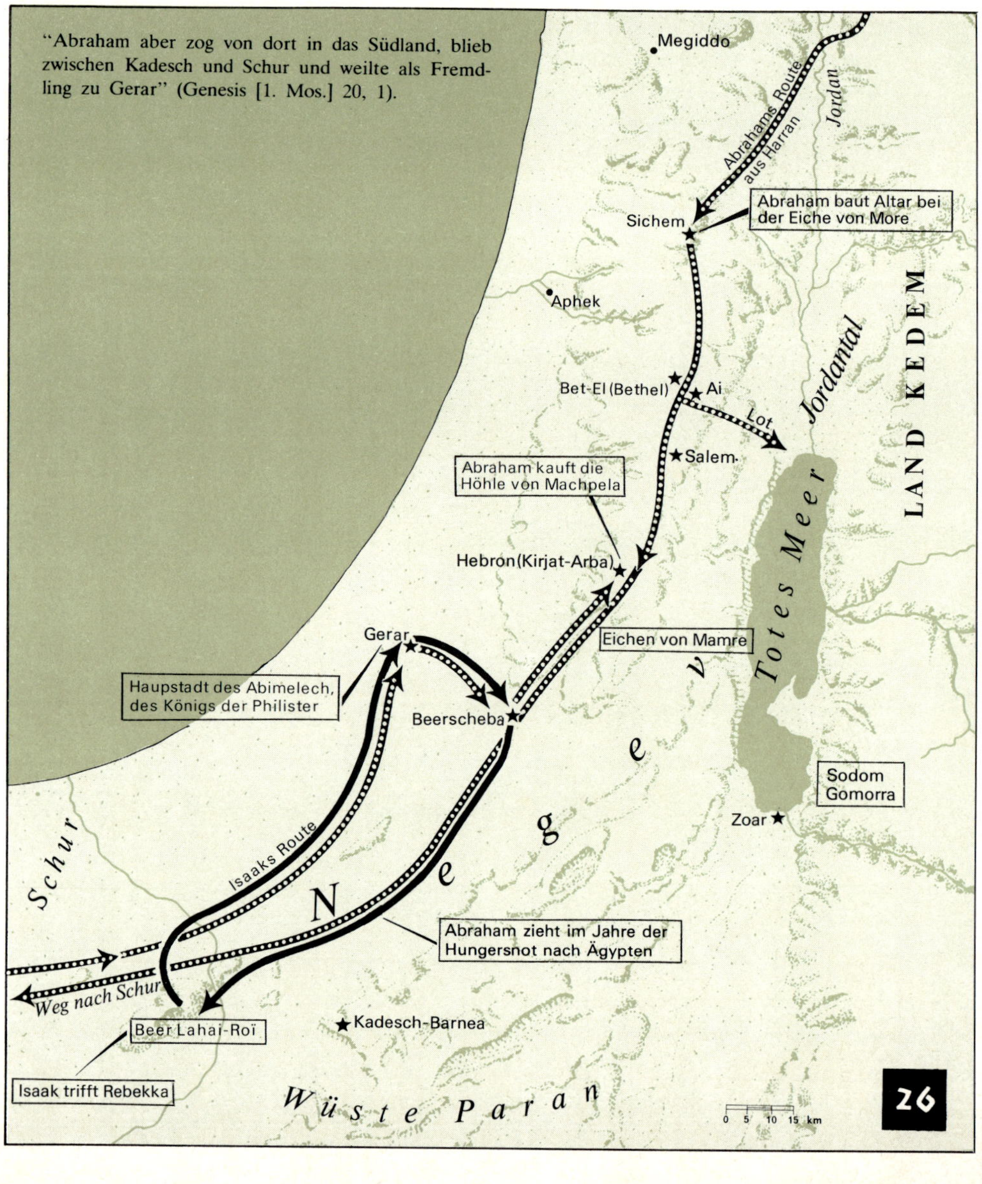

27

GEN. (1. MOS.) 31–35

"Noch in derselben Nacht erhob er sich, nahm seine beiden Frauen, seine beiden Mägde und seine elf Kinder und zog durch die Furt des Jabbok" (Genesis [1. Mos.] 32, 23).

JAKOBS WANDERUNGEN IM LANDE KANAAN MITTE 2. JAHRTAUSEND V. CHR.

Die palästinensischen Ortschaften aus den Erzählungen der Patriarchen liegen an der Bergstraße von Sichem nach Hebron und zum Negev. Was Jakob widerfuhr, spielte sich im mittleren Teil von Gilead ab. Diese Gegenden waren damals spärlich besiedelt, und so gab es außerordentlich viel Weideland zwischen den Wäldern und den umliegenden Dürregebieten. Schon früh existierten in dieser Gegend städtische Zentren wie Sichem und Jerusalem, die wir bereits aus den Ächtungstexten kennen. Der Überlieferung zufolge soll Hebron einige Jahre früher als Zoan (Tanis), die hyksoszeitliche Hauptstadt Ägyptens, gegründet worden sein (Num. [4. Mos.] 13, 22). Die Patriarchen lebten im allgemeinen in Frieden am Rande dieser Städte, deren Bewohner es gewöhnt waren, daß vor ihren Stadttoren Nomaden lagerten.

Die wirklich bedeutenden Ansiedlungen Palästinas bleiben in den biblischen Patriarchenerzählungen unerwähnt. Sie lagen zum großen Teil im Norden und in den Tälern, fern vom Lebensraum der »Patriarchen«. Zwischen dem 20. und 18. Jahrhundert v. Chr. entstanden hier – meist auf den Ruinen älterer Städte – zahlreiche Stadtstaaten. Sie entwickelten sich rasch und bereicherten die materielle Kultur Palästinas mit neuen Errungenschaften. Unter der XIII. Dynastie ging es mit der Macht Ägyptens rapide bergab, und um 1720 v. Chr. fiel ein großer Teil Ägyptens in die Hände asiatischer Machthaber aus Palästina und Syrien. Der folgenden 150 Jahre – der Hyksosperiode – erinnerten sich die Ägypter später nur mit Abscheu. Der Name Hyksos bedeutet im Altägyptischen »Fremdherrscher«, »Herrscher der Fremdvölker« – mit einem anderen Wort: »Barbaren«.

Gabenbringer auf der "Friedensseite" der sog. "Standarte von Ur"

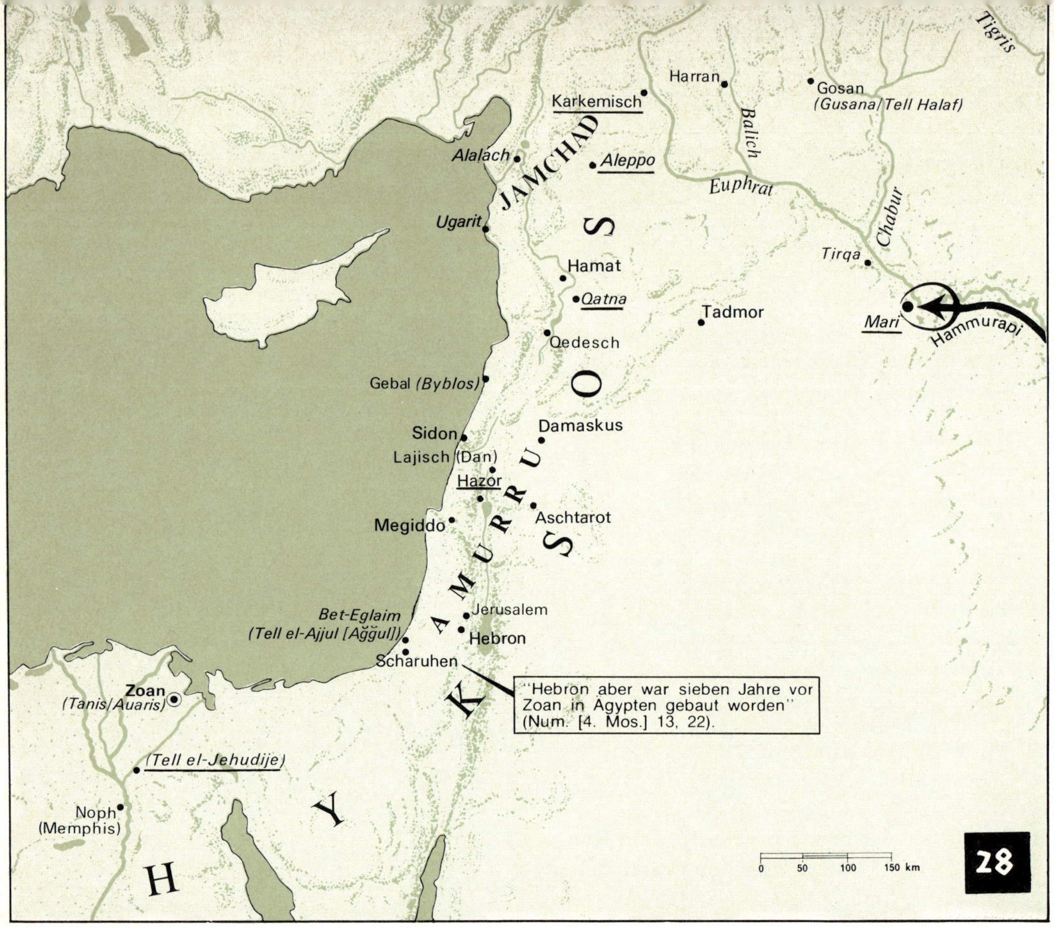

"Und aus den Gebieten im Osten kamen ganz unerwartet Männer von geringer Geburt. Sie hatten die Frechheit, einen Feldzug in unser Land zu unternehmen, das sie mit Leichtigkeit unterwarfen" (Manetho nach Josephus, *Contra Apionem* 1, 14).

DAS REICH DER HYKSOS 17. BIS MITTE 16. JH. V. CHR.

Mari Städtisches Zentrum

INSCHRIFT AUS DEM GRAB DES AHMOSE, DES SOHNES DER IBANA (ABINA), DES KOMMANDANTEN DER RUDERER KÖNIG AHMOSES, ZU ELKÂB (OBERÄGYPTEN)

Wenig wissen wir von der Zeit der Hyksos und ihren Herrschern. Ihre Hauptstadt in Ägypten war Zoan (Tanis) im nordöstlichen Nildelta, und ihre Macht reichte über Palästina und Syrien bis ins Euphratgebiet. Die ersten Hyksosherrscher trugen semitische Namen, jedoch finden sich im Lauf der Zeit auch Träger hurritischer (churritischer) Namen. Darstellungen der altägyptischen Geschichte stellen diese Periode stets als eine Niedergangs- und Verfallszeit hin, doch sie brachte dem Nahen und Mittleren Osten Fortschritt und Wohlstand. Die Luxuswaren (Ausgrabungsfunde) zeugen von regem Handel. Die Stärke der Hyksos war eine technische Neuerung, der Streitwagen, der sich zur schlagkräftigen Waffe der Armeen des Alten Orients entwickelte. Die Hyksos umgaben ihre wichtigsten Städte mit massiven Wällen und Glacis aus gestampfter Erde, um die ein Graben lief. Derartige Befestigungswerke sollten wohl in erster Linie größere Areale für Pferde und Streitwagen schützen. Ein solcher Schutzwall, der ein Gebiet von mehr als 70 Hektar umschloß, umgab die Stadt Hazor, die aber – auf einem Hügel gelegen – selbst nur etwa 5–7 Hektar groß war. Im Laufe der Zeit füllte sich dann das mauerumgebene Gelände mit Häusern. Ähnlich massive Wehrmauern fand man bei Tell el-Jehudije (in Ägypten), bei Qatna (im Libanon) und bei Karkemisch (am Euphrat). Zweifellos hat man diese riesigen Städte als Machtzentren der Hyksos anzusehen. Hazor war damals die Hauptstadt Amurrus (Palästinas). Neben Lajisch ist es die einzige palästinensische Stadt, von der in den Archiven von Mari die Rede ist. Mari war eine bedeutende Stadt am Euphrat, die im 18. Jh. v. Chr. von Hammurapi von Babylon erobert wurde. Von Hazor heißt es in den Urkunden aus Mari, es liege an der internationalen Handelsroute, die durch Aleppo (das »Land von Jamchad«) und Qatna gehe. Der biblische Hinweis: »Hazor war nämlich vor Zeiten die Hauptstadt all dieser Königreiche« (Jos. 11, 10) dürfte sich auf diese Periode beziehen.

Um 1560-1550 v. Chr. vertrieb Aahmose I., der Begründer der XVIII. Dynastie, die Hyksos aus Ägypten. Aus dem einzigen Dokument, das von ihrer Vertreibung berichtet, geht hervor, daß die Ägypter, nachdem sie Zoan erobert hatten, die Hyksos nach Palästina verfolgten und nach dreijähriger Belagerung Scharuhen einnahmen.

Die XVIII. Dynastie begründete in Ägypten das Neue Reich. Während dieser Periode imperialistischer Machtentfaltung versuchten Könige aus Altägypten, in Palästina und Syrien bis zu den Grenzen des einstigen Hyksosreiches vorzustoßen. Diese Gebiete hießen in damaligen ägyptischen Quellen Retenu und Churru (Land der Churri bzw. Hurriter [biblisch: Horiter], die ein wesentliches Element der Führungsschicht palästinensischer Städte bildeten). Während dieser Zeit wurde das Reich von Mitanni, in ägyptischen Quellen Naharina (= Naharaim) genannt, Ägyptens Hauptrivale im Norden. Von Hurritern bewohnt, lag sein Zentrum zwischen dem Chabur und dem nördlichen Euphrat. Vielleicht war Harran die Hauptstadt. Dieses Königreich herrschte über Assur und übte auf Syrien und Palästina starken Druck aus.

"Zoan (Tanis/Auaris) wurde erobert... Man belagerte Scharuhen drei Jahre lang" (Inschrift im Grab des Ahmose, Sohn der Ibana [Abina]).

DIE VERTREIBUNG DER HYKSOS UM 1550 V. CHR.

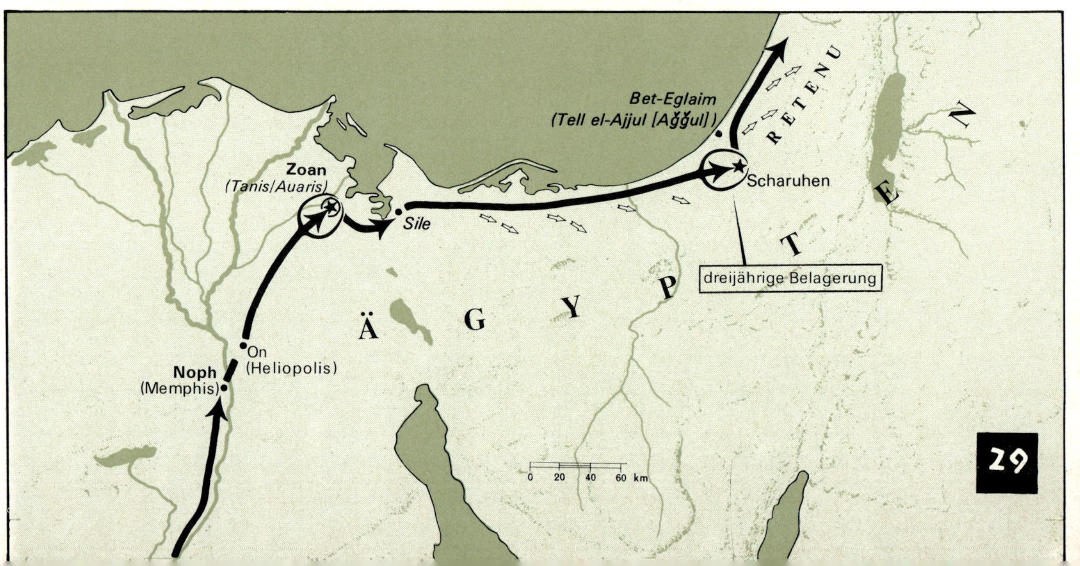

Ägyptische Streitkräfte

zurückweichende Hyksos

DER MITTLERE OSTEN UM DIE MITTE DES ZWEITEN JAHRTAUSENDS V. CHR.

Kanaanäischer Streitwagen (Goldschale aus Ugarit)

INSCHRIFTEN THUTMOSIS III. IN KARNAK,
DSCHEBEL BARKAL UND ARMANT/HERMONTHIS (ÄGYPTEN)

DER TRUPPENAUFMARSCH VOR DER SCHLACHT VON MEGIDDO

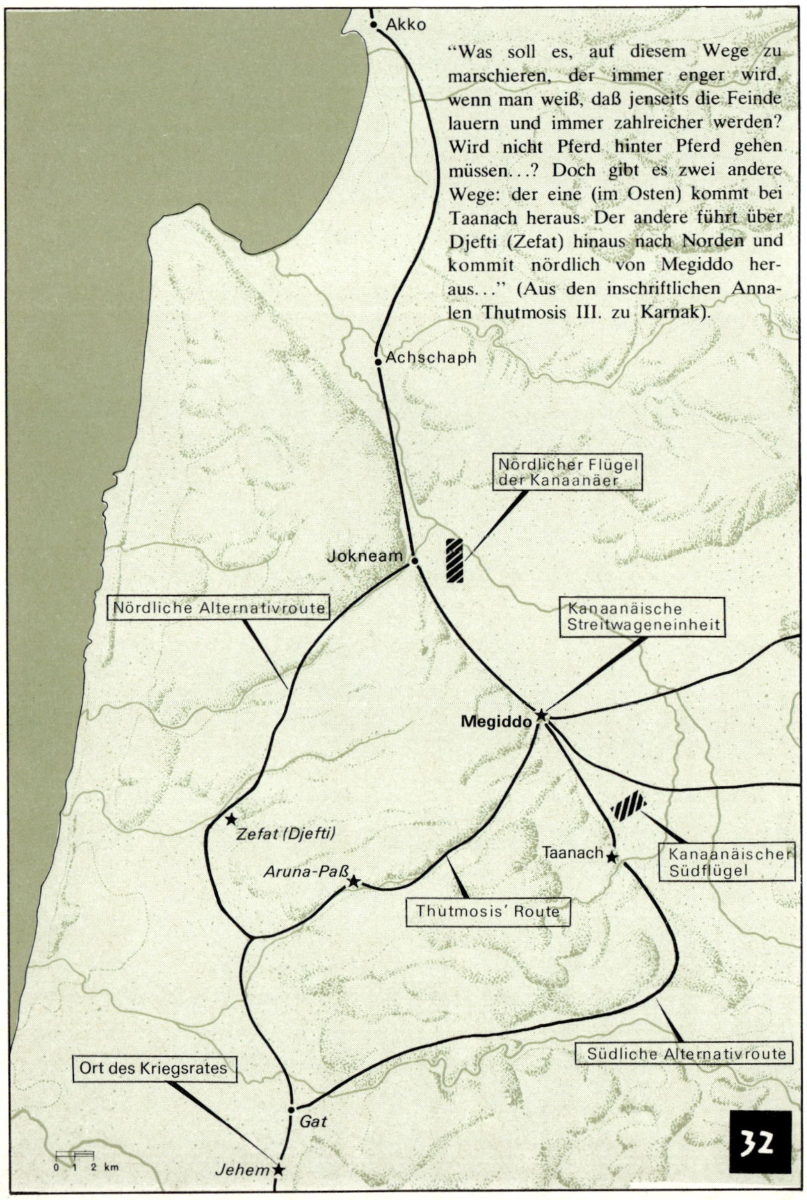

DER FELDZUG THUTMOSIS' III. 1468 V. CHR.

Thutmosis III., König von Ägypten, festigte die ägyptische Herrschaft im Lande Retenu durch mehrere Feldzüge. In seinem ersten Feldzug gelang ihm ein entscheidender Sieg über eine Koalition kanaanäischer Könige in einer Schlacht bei Megiddo. Diese Schlacht ist die erste der Geschichte, die in allen Einzelheiten aufgezeichnet wurde. An der Spitze der verbündeten aufständischen Städte standen die Könige von Qadesch am Orontes und Megiddo. Die ägyptische Armee marschierte in zehn Tagen von Sile, der bedeutenden Grenzfestung in Schur, der »Mauer Ägyptens«, bis nach Gaza, der Basis Ägyptens in Kanaan, die damals »des Herrschers Kriegsbeute« genannt wurde. Elf Tage danach waren die Ägypter in Jehem in der Scharon-Ebene. Dort hielt Thutmosis mit seinen Offizieren Kriegsrat. Es gab drei Möglichkeiten, aus der Scharon-Ebene nach Megiddo zu gelangen. Die Route über Aruna war die kürzeste, da sie aber durch einen Engpaß führte, auch die gefährlichste. Es blieben die bequemeren, aber längeren Wege; im Süden der über Taanach, im Norden der über Zefat. Die Offiziere, die der Falschmeldung glaubten, daß die Kanaanäer im Engpaß von Aruna den Ägyptern auflauerten, rieten dem König zu einer der vermeintlich gefahrlosen Routen. Thutmosis schlug ihren Rat aber in den Wind, zog an der Spitze seines Heeres durch den engen Aruna-Paß und erreichte das Qinatal südlich von Megiddo, ohne auf kanaanäischen Widerstand zu stoßen. Schließlich stellte sich heraus, daß der Südflügel der kanaanäischen Infanterie bei Taanach postiert war, während der nördliche Flügel im Norden von Megiddo stand, vermutlich bei Jokneam.

Durch die Teilung ihrer Streitkräfte ließen die Kanaanäer den natürlichen Lagevorteil Megiddos ungenutzt. Der Grund, warum sie nicht am Ausgang des Engpasses auf die Ägypter warteten, dürfte in der üblichen Taktik gelegen haben. Sie verließen sich nicht auf ihre Fußtruppen, sondern operierten vor allem mit Überraschungsangriffen ihrer Streitwagen. Wären die Ägypter über Taanach oder Jokneam gekommen, hätten die Kanaanäer einen Rückzug vorgetäuscht. Ihr vermutlich bei Megiddo im Hinterhalt liegendes Streitwagenkorps wäre plötzlich über den durch die Ebene ziehenden Feind hergefallen.

Am Morgen nach der Ankunft der Ägypter in der Megiddo-Ebene kam es zur Schlacht. Die kanaanäischen Streitwagen griffen die in drei Flügeln aufgestellte ägyptische Armee an, wurden zurückgeschlagen und völlig besiegt. Die Ägypter waren den fliehenden Kanaanäern so dicht auf den Fersen, daß Megiddos Einwohner sich fürchteten, die Stadttore zu öffnen und lieber ihre Kameraden an Seilen über die Mauern hinaufzogen. Hätten die Ägypter nicht, wie wir aus ägyptischen Quellen wissen, durch Plündern Zeit vergeudet, wäre ihnen Megiddo noch am selben Tage in die Hände gefallen. Doch immerhin erbeuteten sie unter anderem 924 Streitwagen.

Megiddo fiel nach einer Belagerung von sieben Monaten. Und nur acht Jahre später eroberte Thutmosis III. in seinem sechsten Feldzug Qedesch (Qadesch) am Orontes. In späteren Kriegszügen stieß er bis Mitanni (Naharina) vor und unterwarf damit abermals ganz Palästina und Syrien.

Nach einem siegreichen Feldzug pflegten ägyptische Könige »topographische Listen« eroberter Städte in ihren Tempeln anbringen zu lassen. Die besiegten Könige ziehen in Reihen am Pharao vorbei. Unter jedem Gefangenen stand der Name seiner Stadt. Die Liste Thutmosis' III. ist die älteste dieser Art, und wir erfahren aus ihr sehr viel über die Städte Palästinas. Insgesamt enthält sie 119 Namen, von denen 65 ziemlich genau identifiziert werden konnten (sie sind in der Karte eingezeichnet). In manchen Fällen sind wohl eher Landstriche statt der zugehörigen Hauptorte gemeint – so zum Beispiel Negev (Gerar?), »das Tal« (Rehob?) und Galiläa (Qedesch?). Die Anordnung der Liste stimmte offensichtlich mit der administrativen Einteilung des Landes Kanaan durch die Ägypter überein, die das unterworfene Gebiet in drei Teilgebiete aufgegliedert hatten, Gaza, Sumur und Kumidi.

INSCHRIFTLICHE ANNALEN THUTMOSIS III. ZU KARNAK (ÄGYPTEN)

DIE SCHLACHT VON MEGIDDO

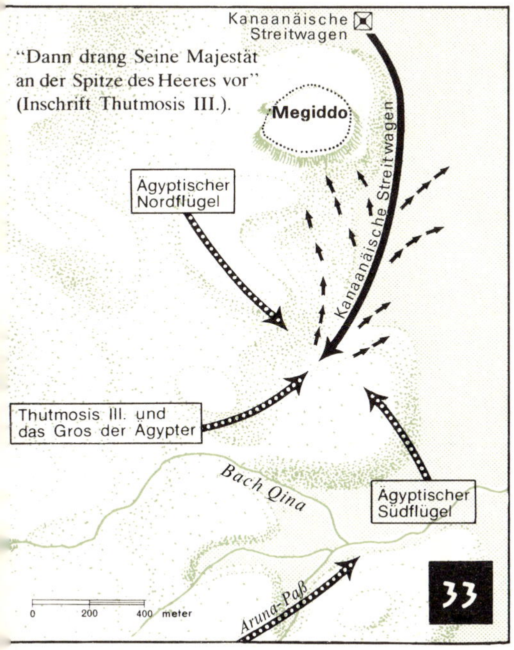

INSCHRIFTEN THUTMOSIS III.— KARNAK UND DSCHEBEL BARKAL (ÄGYPTEN)

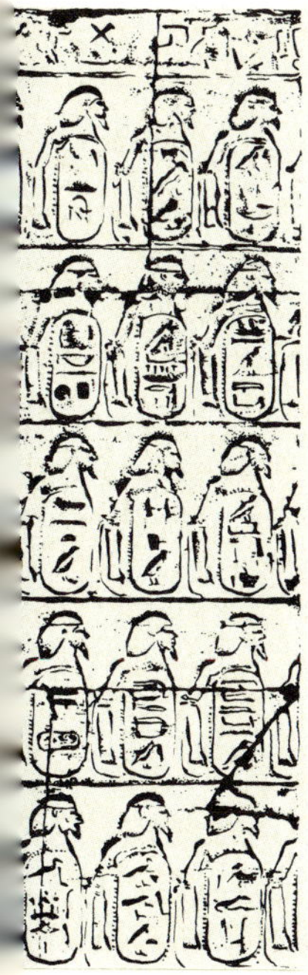

Teil des Verzeichnisses der von Thutmosis III. eroberten Städte (Relief im Amunstempel zu Karnak)

DIE STÄDTELISTE THUTMOSIS' III.

STÄDTEVERZEICHNIS THUTMOSIS III. — KARNAK (ÄGYPTEN)

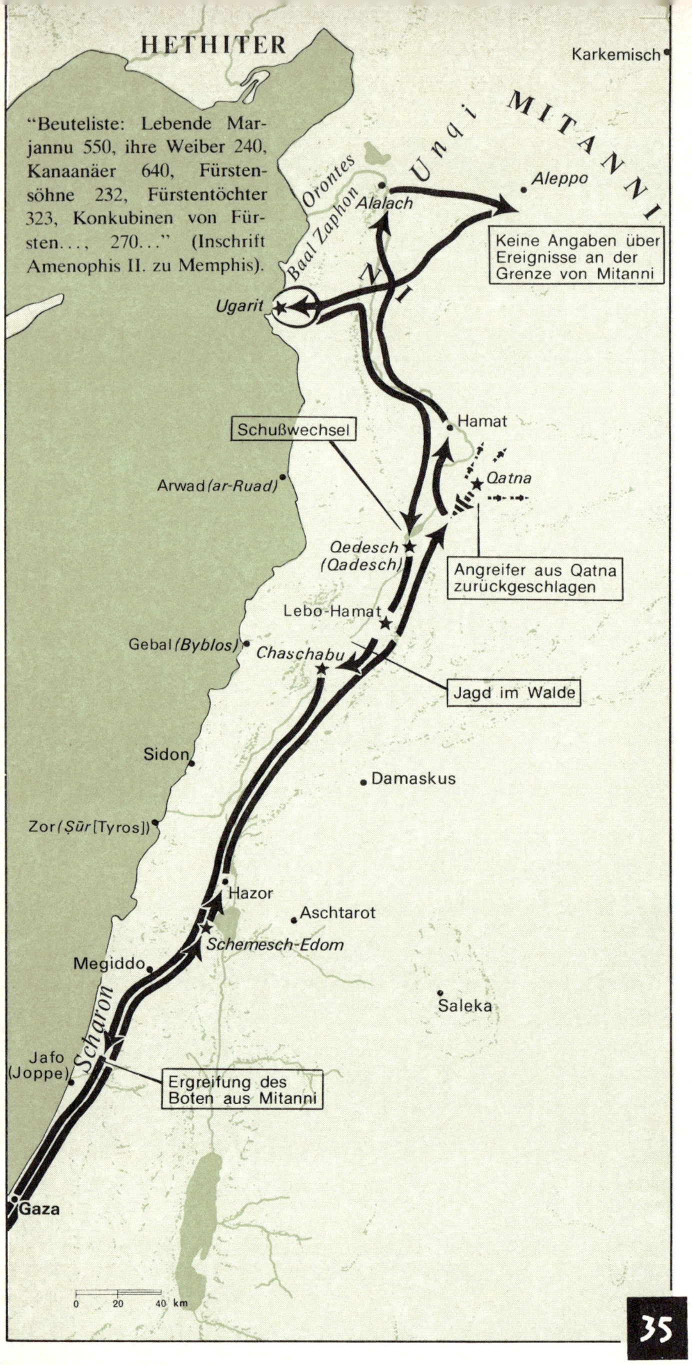

35

DER ERSTE FELDZUG AMENOPHIS' II. NACH SYRIEN 1437–1436 V. CHR.

Nach dem Sieg Thutmosis' III. war Ägyptens Herrschaft in Palästina für drei Jahrhunderte gesichert. Zu Gaza, Sumur und Kumidi kamen die Städte Jafo (Joppe), Bet-Schean und Ullasa als Stützpunkte hinzu. Solange die kanaanäischen Stadtstaaten Ägyptens Herrschaft akzeptierten, Tribut zahlten, für Sicherheit auf den Straßen ihres Landes sorgten sowie Streitwagen, Hilfstruppen, Proviant und alles Notwendige für die ägyptische Armee bereithielten, mischte Ägypten sich nicht in ihre inneren Angelegenheiten. Diese Art der Herrschaft ließ sich aber nur aufrechterhalten, solange Ägypten Macht hatte. Als das Land am Nil in innere Schwierigkeiten geriet, brach das System zusammen. Mitanni und – dies vor allem in der Amarnazeit, aber auch später – die Hethiter, Ägyptens mächtigste Rivalen in Syrien, schürten lokale Unruhen der kanaanäischen Bevölkerung.

Schon in den Tagen Amenophis' II., eines Sohns Thutmosis' III., zeigten sich Risse im Bau des Ägypterreiches. Zweimal hintereinander war der König gezwungen, einen Aufstand in Kanaan niederzuwerfen. Mehr als jeder andere Pharao ließ Amenophis Denkmäler errichten, um sich und seinen Mut zu verherrlichen. Die weniger schmeichelhaften Ereignisse seiner Feldzüge indessen, insbesondere die Niederlagen, pflegte er auszulassen. Wir können aber sehr gut zwischen den Zeilen lesen. Während seines ersten Feldzuges hatte der Aufstand Schemesch-Edom (später Adama in Naphtali) erreicht. Von dort versuchte Amenophis erfolglos in Mitanni einzudringen, wie aus der folgenden Anspielung geschlossen werden kann: »Seine Majestät wandte sich nach Süden und erreichte Ni (im nördlichen Orontestal).« Ugarit war die nördlichste Stadt, die Amenophis II. einnahm. Auf dem Rückmarsch durch die al-Beqaʿa-Talebene eroberte er Qedesch (Qadesch), jagte im Walde von Lebo (Lebo-Hamat) und bezwang Chaschabu. Als er durch die Scharon-Ebene zog, fiel ihm ein Bote des Königs von Mitanni (des »Fürsten von Naharina«) in die Hände. Dieser Bote trug an einer um seinen Hals geschlungenen Schnur einen Tontafelbrief. Zweifellos handelte es sich um eine schriftliche Mitteilung, die mit dem von Mitanni geschürten Aufstand zusammenhing.

STELEN AMENOPHIS II. ZU KARNAK, MEMPHIS, ELEPHANTINE (ÄGYPTEN) SOWIE IN AMADA (NUBIEN)

DER ZWEITE FELDZUG AMENOPHIS' II. 1429 V. CHR.

Aus der Tatsache, daß Amenophis II. zwei Jahre später schon wieder einen Feldzug zur Niederschlagung eines Aufstandes in der Scharon-Ebene und im Jesreeltal unternahm, können wir auf das Mißlingen seines ersten Kriegszuges schließen. Bei Kinneret fand sich das Fragment einer ägyptischen Inschrift aus der damaligen Zeit. Es spricht von einem ägyptischen Sieg über Fremde aus Mitanni. Dies könnte sich auf Amenophis' zweiten Feldzug beziehen und zeigt, wie weit offensichtlich der Aufstand in die ägyptische Provinz hineinreichte.

Die Beuteliste der beiden Feldzüge Amenophis' zeigt, wie damals die Bewohnerschaft des Heiligen Landes zusammengesetzt war. Die Einheimischen hießen Churru (Churri/Hurriter [biblisch: Horiter]) und wurden von Stadtkönigen, Adelsfamilien sowie einer Streitwagenkriegerkaste (den *Marjannu*) beherrscht, einen großen Teil der Bevölkerung aber machten halbnomadische Apiru-Habiru (= »Hebräer« [vgl. Karte 39]) sowie von Raub und Plünderung lebende Schasu-Beduinen aus. Unter »Kanaanäern« verstand man damals lediglich die herrschende Kaufmannsschicht der Küstenstädte. Erst später (vom 14. Jh. v. Chr. an) gab diese der gesamten Provinz ihren Namen, und ältere Namensformen wie Retenu oder Churru wurden verdrängt.

STELEN AMENOPHIS II. ZU KARNAK UND MEMPHIS (ÄGYPTEN)

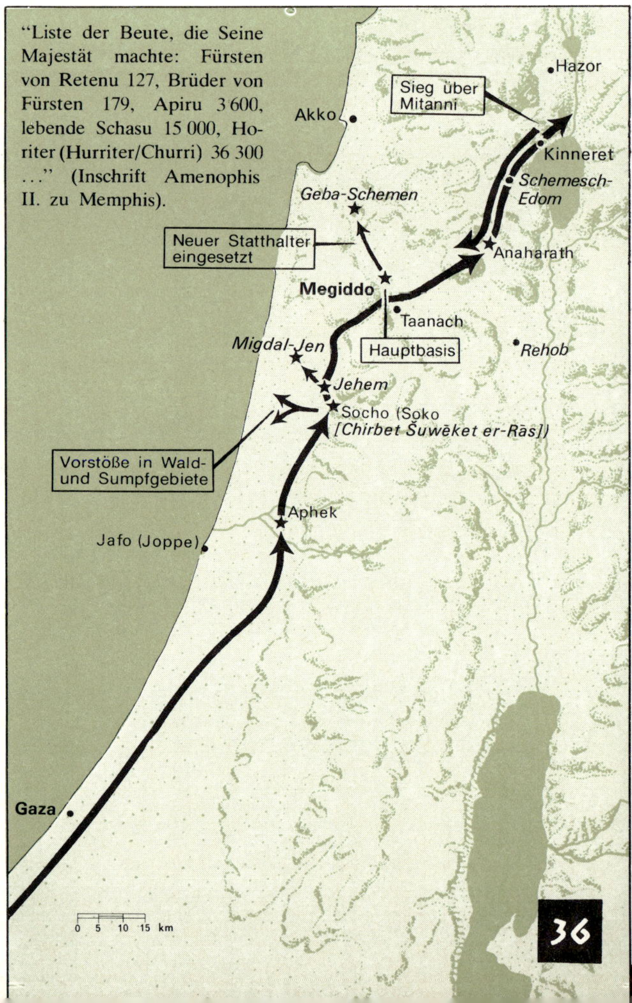

36

ÄGYPTEN IN DER AMARNAZEIT

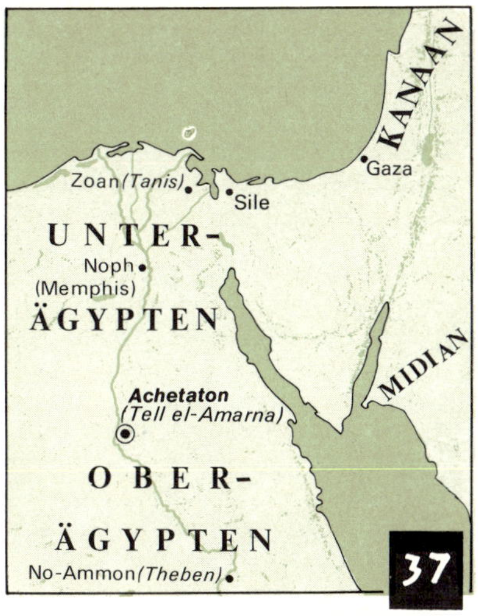

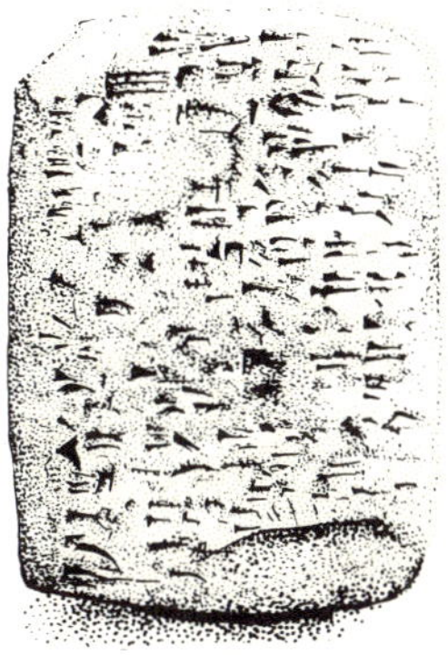

Einer der Amarnabriefe

KANAAN UND SEINE FÜRSTENTÜMER IN DER AMARNAZEIT ETWA 1400–1350 V. CHR.

Eine ergiebige Informationsquelle über Kanaan sind die »Amarnabriefe« aus dem königlichen Archiv von Achetaton (Tell el-Amarna [Mittelägypten]), der Residenz Amenophis' IV. (Echnatons). Es handelt sich um rund 350 Tontäfelchen mit akkadischen Keilschrifttexten (Akkadisch war die »Diplomatensprache« jener Zeit), und zwar etwa zur Hälfte um Briefe kanaanäischer Herrscher an Echnaton (Amenophis IV.) und seinen Vater (Amenophis III.).

Damals herrschte zwischen Ägypten und Mitanni Frieden. Mitanni war mit Kriegen im Norden beschäftigt, Echnaton mit seinen religiösen Reformen. Für Ägypten bestand keinerlei Anlaß, Strafexpeditionen durchzuführen. Solange die ägyptische Herrschaft in der Provinz unangetastet blieb, kümmerten sich Ägyptens Pharaonen wenig um Kanaans Angelegenheiten. Die Briefe der kanaanäischen Herrscher sind voll gegenseitiger Verdächtigungen und Anklagen bei Beteuerung eigener Unschuld und Loyalität. Sie zeigen das Bild rivalisierender Stadtstaaten, die ihr unbedeutendes Territorium jeweils auf Kosten der Nachbarstadt zu vergrößern suchten. Ägyptens Einfluß war nur im mittleren Syrien bedroht, und zwar durch die Hethiter, die Mitannis Nachfolge angetreten hatten und nun als neue Anwärter auf die Macht auftraten. In den Bergen des Libanon tauchte unter dem alten Namen Amurru ein neues Königreich auf, das seine Herrschaft über die Städte der kanaanäischen Küste von Sumur bis Gebal (Byblos) ausbreitete. Im Lauf der Zeit geriet es jedoch in Abhängigkeit vom Hethiterreich.

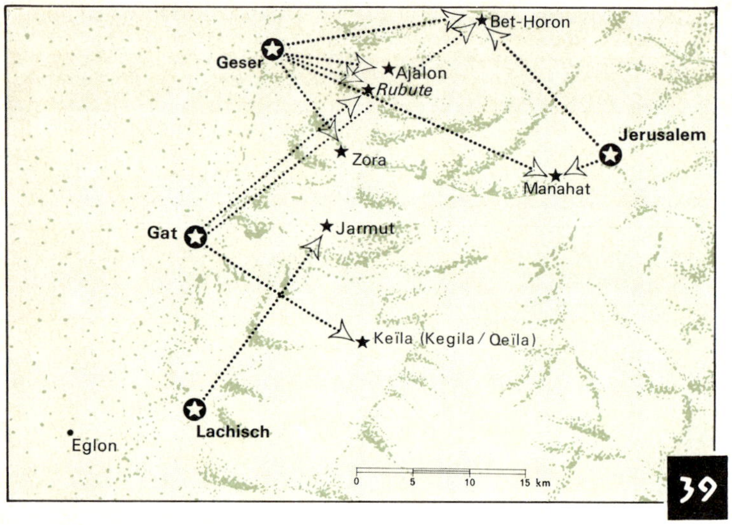

39

AMARNABRIEFE

"Und nun ist sogar eine Stadt namens Betlehem (Bethlehem) im Lande Jerusalem, die dem König gehört, zu den Leuten von Keïla übergelaufen... ohne Bogenschützen wird das Land des Königs in die Hände der Apiru fallen" (Der Stadtfürst von Jerusalem an den Pharao, Amarnabriefe).

JERUSALEM UND DIE STÄDTE DER SCHEFELA (SCHEPHELA) IN DEN AMARNABRIEFEN ETWA 1400 BIS UM 1350 V. CHR.

Stadtfürstentümer mit relativ ausgedehntem Territorium entwickelten sich vor allem im Hügelgebiet, wo Ansiedlungen spärlich waren. Bei ihren kriegerischen Auseinandersetzungen wandten sie sich an die Apiru-Habiru um Hilfe, halbnomadische Stämme, die Palästinas Sicherheit bedrohten. Das südliche Hügelland gehörte zum Königreich Jerusalem. Dessen Hauptrivalen in der Schefela waren Geser, Gat und Lachisch. In einem seiner Briefe beschuldigte Abdi-Chepa, König von Jerusalem, den König von Geser, Milkilu, und den König von Gat, Schuwardata, Rubute (Bet-Schemesch?) unterworfen zu haben und Bet-Ninib zu bedrohen (eine Stadt im Gebiet von Jerusalem [vermutlich Bet-Horon]).

Stadtstaat nach dem Zeugnis der Amarnabriefe

Verbindungen zwischen den einzelnen Städten nach dem Zeugnis der Amarnabriefe

SICHEM UND SEINE NACHBARN IN DEN AMARNA-BRIEFEN UM 1400 BIS ETWA 1350 V. CHR.

Der Machtbereich Labajus, des Königs von Sichem, erstreckte sich nicht allein über das gesamte Ephraim-Gebirge, sondern engte auch die Territorien Jerusalems und Gesers ein, ja er dehnte sich bis hin zur Scharon- und Jesreel-Ebene. Einem der Amarna-Schriftstücke zufolge soll Labaju Schunem zerstört haben. Die ägyptischen Behörden setzten seinem Treiben ein Ende und befahlen, ihn nach Ägypten zu bringen. Unterwegs von Megiddo nach Akko, von wo er zu Schiff nach Ägypten gebracht werden sollte, entkam er seinen Bewachern bei Hannaton. Doch die Bewohner von Gina erschlugen ihn auf der Flucht. Vermutlich geschah dies bei der »Steige von Gur« zwischen Jibleam und Bet-Haggan, wo mehr als 500 Jahre später Jehu König Achasja von Juda tötete (2. Kön. 9, 27 [vgl. Karte 134]).
Schunem wurde nicht wieder aufgebaut, aber die Ägypter sorgten dafür, daß die Felder der Stadt weiter gepflügt und bebaut wurden, um der Staatskasse weiterhin diese Einnahmequelle zu sichern. Die betreffenden Arbeiten ließ der König von Megiddo durch Fronarbeiter aus Japhia (an der Südgrenze Untergaliläas) durchführen. Zur Zeit der israelitischen Landnahme gehörte Schunem zu den Städten Issachars, und Japhia war Grenzstadt des Stammes Zebulon (Jos. 19, 12 u. 18). Wie sich der Stamm Issachar im Schutz der kanaanäischen Stadtstaaten der Jesreel-Ebene einrichtete, deutet Jakobs Segensspruch an: »Issachar ist ein knochiger Esel, der es sich beim Herd bequem gemacht hat. Und da er sah, daß die Ruhe so schön sei und das Land so lieblich, beugte er seinen Rücken zum Tragen und wurde Fronknecht« (Gen. [1. Mos.] 49, 14–15).

AMARNABRIEFE

"Wisse der König, was seinen Diener und dessen Stadt betrifft. Ich pflügte das (Land von Schunem)... Ich allein bringe Fronknechte aus Japhia" (Der König von Megiddo an den Pharao, Amarnabrief Nr. 248a).

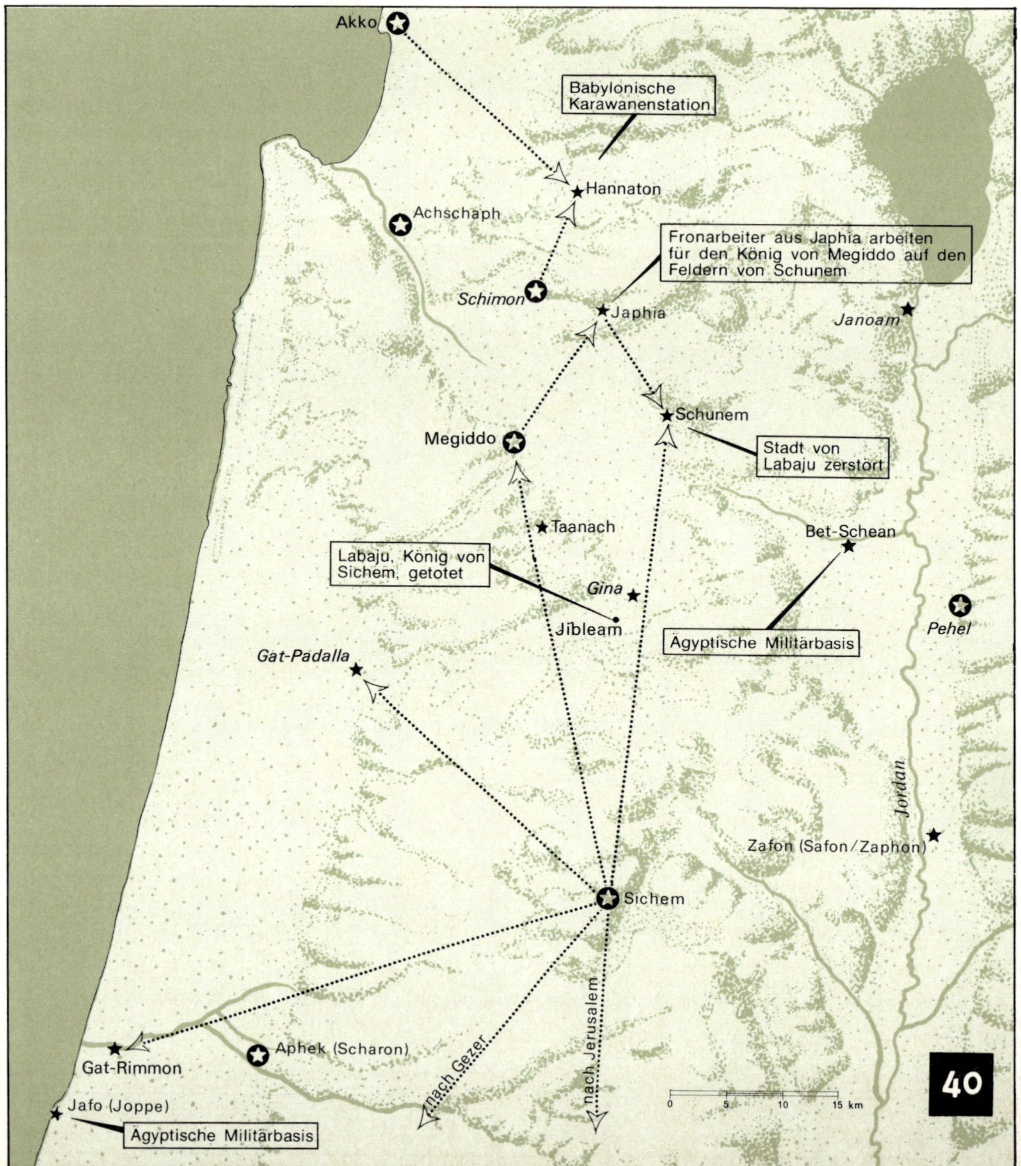

40

37 "Erstes Jahr. Die Zerstörung, die der starke Arm Seiner Majestät — Leben, Gesundheit, Wohlstand (sei ihm) — von der Festung Sile bis Pi-Kanaan bei den Schasu-Feinden hervorrief" (Inschrift in Karnak).

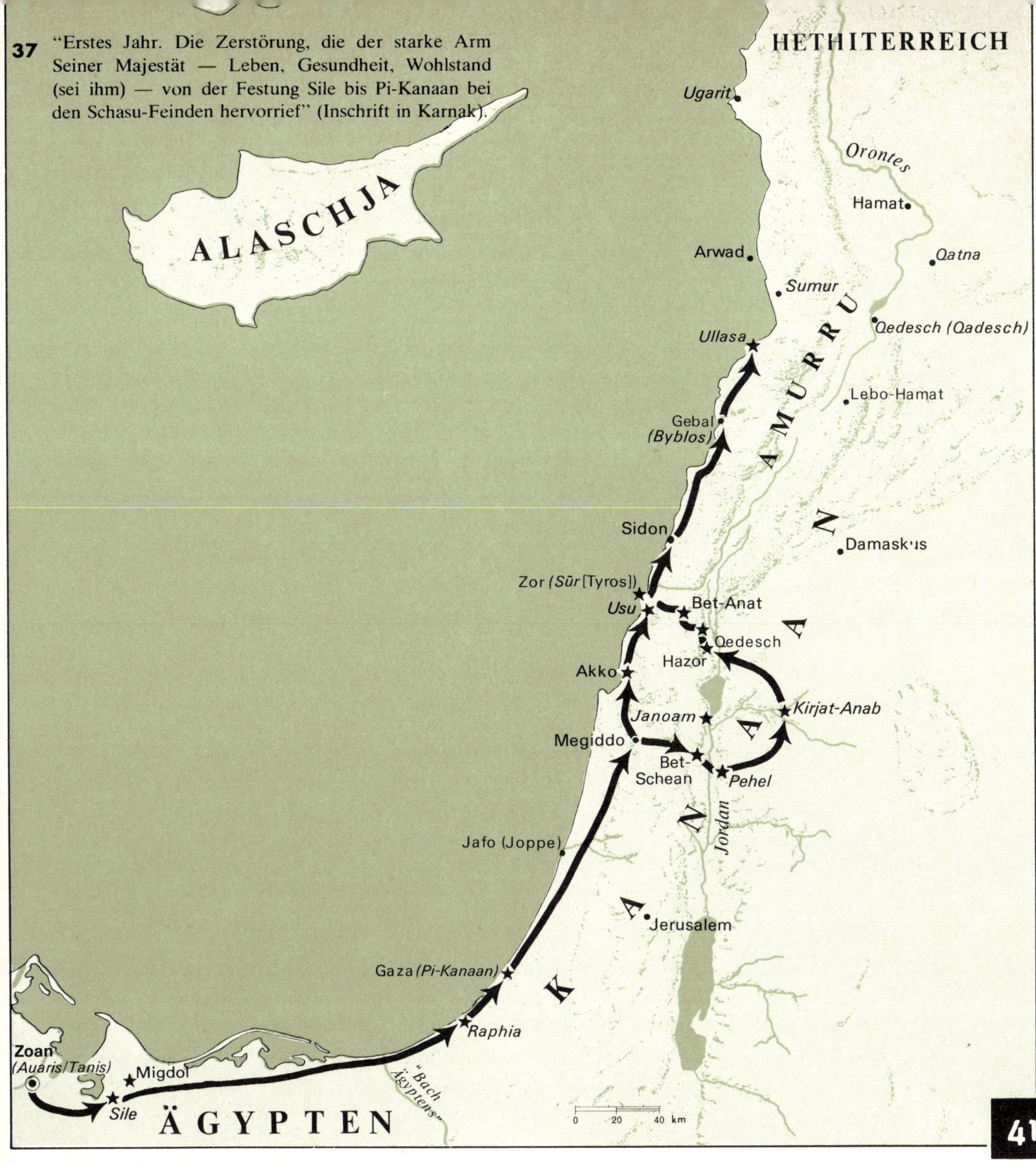

41

DER ERSTE FELDZUG SETHOS' I. IN DAS LAND KANAAN 1303 V. CHR.

Ägypt. Streitkräfte

Kanaanäische Streitkräfte

STELE SETHOS I. AUS BET-SCHEAN; RELIEFS IN KARNAK (ÄGYPTEN). IN ÄGYPTEN AUCH MEHRERE STÄDTELISTEN

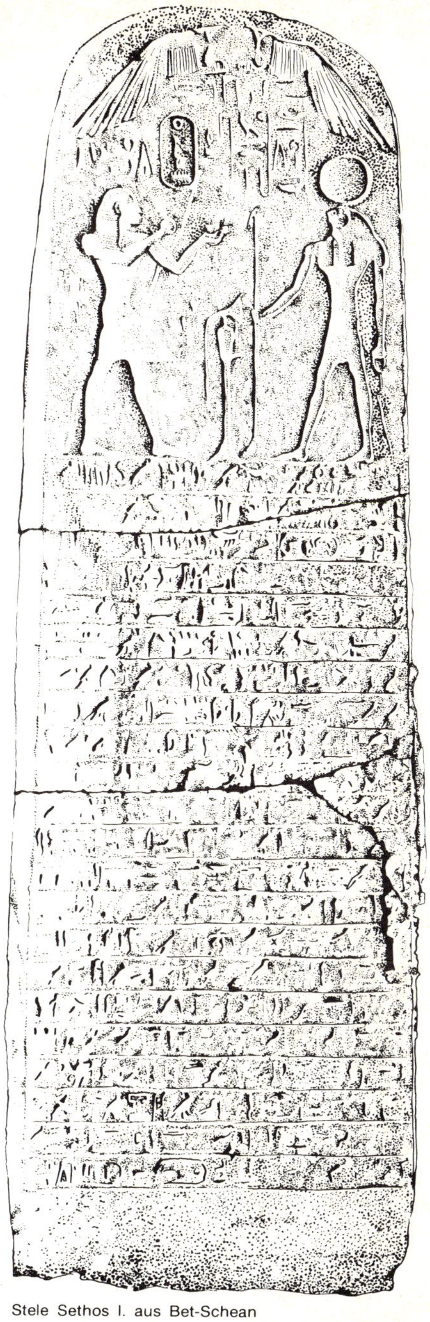

Stele Sethos I. aus Bet-Schean

"An diesem Tage meldete man Seiner Majestät: 'Der elende Feind in der Stadt Hamat... hat zusammen mit seinem Verbündeten, Elah von Pehel, die Stadt Bet-Schean eingenommen. Er gestattet dem Fürsten von Rehob nicht, seine Stadt zu verlassen'" (Stele Sethos I. aus Bet-Schean).

DIE OPERATIONEN SETHOS' I. IM BEREICH BET-SCHEAN 1303 V. CHR.

Im 14.–13. Jahrhundert v. Chr. unternahmen die der XIX. Dynastie zugehörenden Pharaonen Sethos I., Ramses II. und Merenptah bedeutende Anstrengungen, um Ägyptens Herrschaft über Kanaan zu sichern. Im ersten Jahr seiner Herrschaft kam Sethos I. im Norden bis nach Ullasa, der wichtigen Hafenstadt an der libanesischen Küste. Eine Siegesstele, die bei Bet-Schean gefunden wurde, beschreibt einen Teil des Feldzuges in der Gegend des dortigen ägyptischen Stützpunktes. Ein anderes Monument, gleichfalls aus Bet-Schean, berichtet vom Sieg Sethos' I. über Apiru beim Berge Jarmuta (in der Bibel: Jarmut oder Remet [Jos. 19, 21; 21, 29]). Während des ausgehenden 14. Jahrhunderts v. Chr. lebten Apirustämme überall im Hügellande verstreut.
Sethos' Tempelreliefs zeigen Städte Kanaans mit topographischen Details, die die Identifikation erleichtern. Beispielsweise ist Janoam von einem Fluß umgeben, sicherlich dem Jordan.

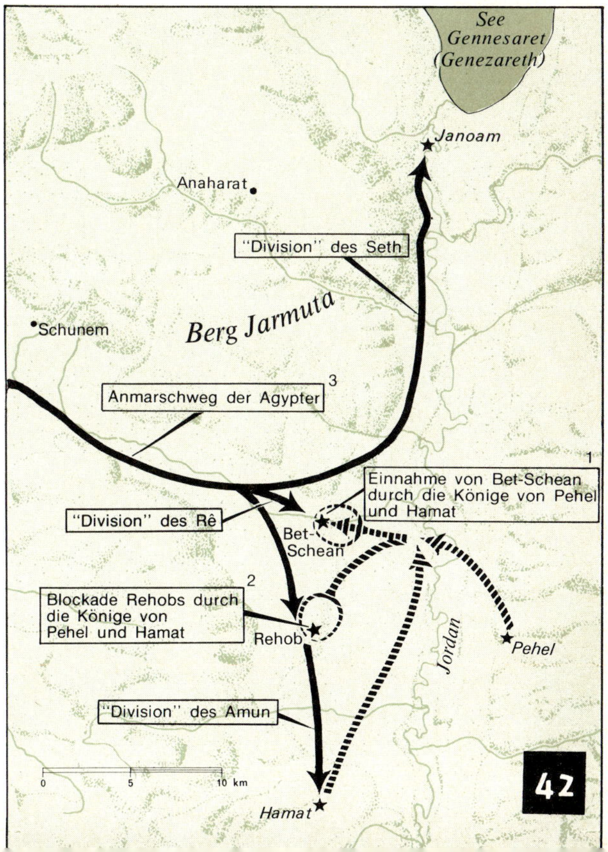

42

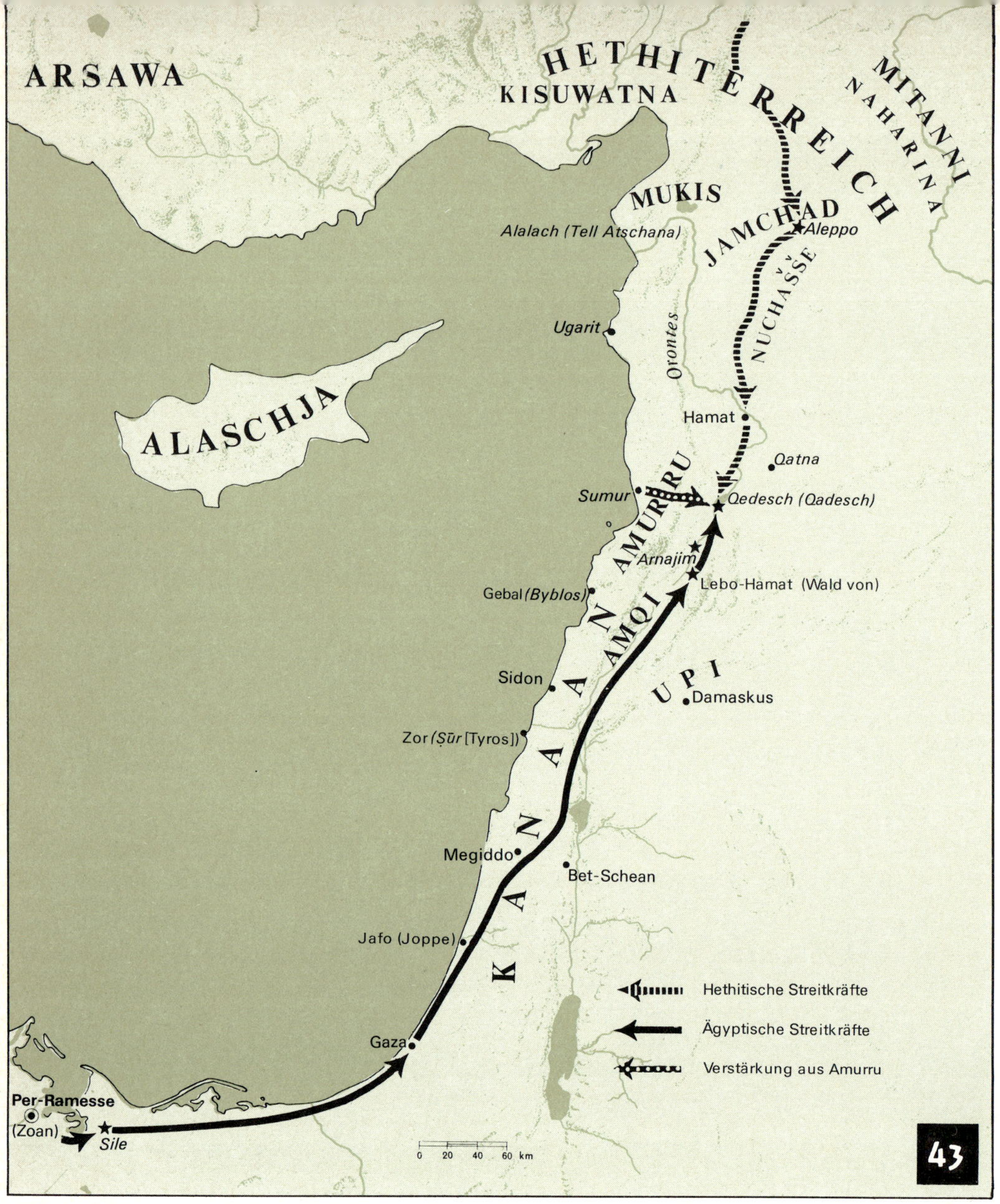

"Und jetzt lagen die elenden Feinde aus Hatti und viele fremde Völker verborgen und zur Schlacht bereit nordöstlich von Qadesch" (Aus dem sogenannten "Qadesch-Gedicht").

DER ZUG RAMSES' II. NACH QADESCH UM 1285 V. CHR.

Die entscheidende Auseinandersetzung zwischen Ägypten und den Hethitern um die Herrschaft in Syrien fand im fünften Jahr der Regierungszeit Ramses' II. statt. Die Armee der Hethiter lag hinter dem Hügel von Qadesch am Orontes verborgen. Ramses fiel auf die Falschmeldung zweier Beduinen herein, derzufolge sich das Hethiterheer angeblich weit im Norden bei Aleppo befand. Kaum hatte er jedoch mit einer seiner »Divisionen« Lager geschlagen, fiel das hethitische Streitwagenkorps über die nachrückende zweite »Division« her. Die beiden anderen »Divisionen« befanden sich zu diesem Zeitpunkt noch auf der anderen Seite des Flusses. Die Hethiter begannen sogleich mit der Plünderung des ägyptischen Lagers. Der Pharao und seine Leibgarde leisteten mit dem Rücken zum Fluß unerschrocken und hartnäckig Widerstand. Dennoch war die Schlacht so gut wie verloren, als die Ägypter unverhofft Verstärkung erhielten. Ein »Kommando« aus Amurru erschien, vertrieb die beutegierigen Hethiter und gab dem Pharao damit Gelegenheit, seine Armee zu reorganisieren. Zum Schluß fanden sich die Hethiter zwischen zwei ägyptischen Einheiten »eingeklemmt« und zogen sich rasch nach Qadesch zurück. Alle diese Einzelheiten verdanken wir Ramses, der die Schlacht als großartigen ägyptischen Sieg betrachtete. Die Tatsachen sprechen dagegen. Er mußte große Verluste einstecken und konnte von Glück sagen, daß er sich mit seiner mehr oder minder intakten Armee herauswinden konnte. Qadesch blieb in hethitischer Hand, ebenso unter hethitischer Oberhoheit blieb auch das im Westen gelegene Königreich Amurru.

RELIEFS IN THEBEN (LUXOR) UND ABU SIMBEL; INSCHRIFTEN IN THEBEN

DIE SCHLACHT VON QADESCH UM 1285 V. CHR.

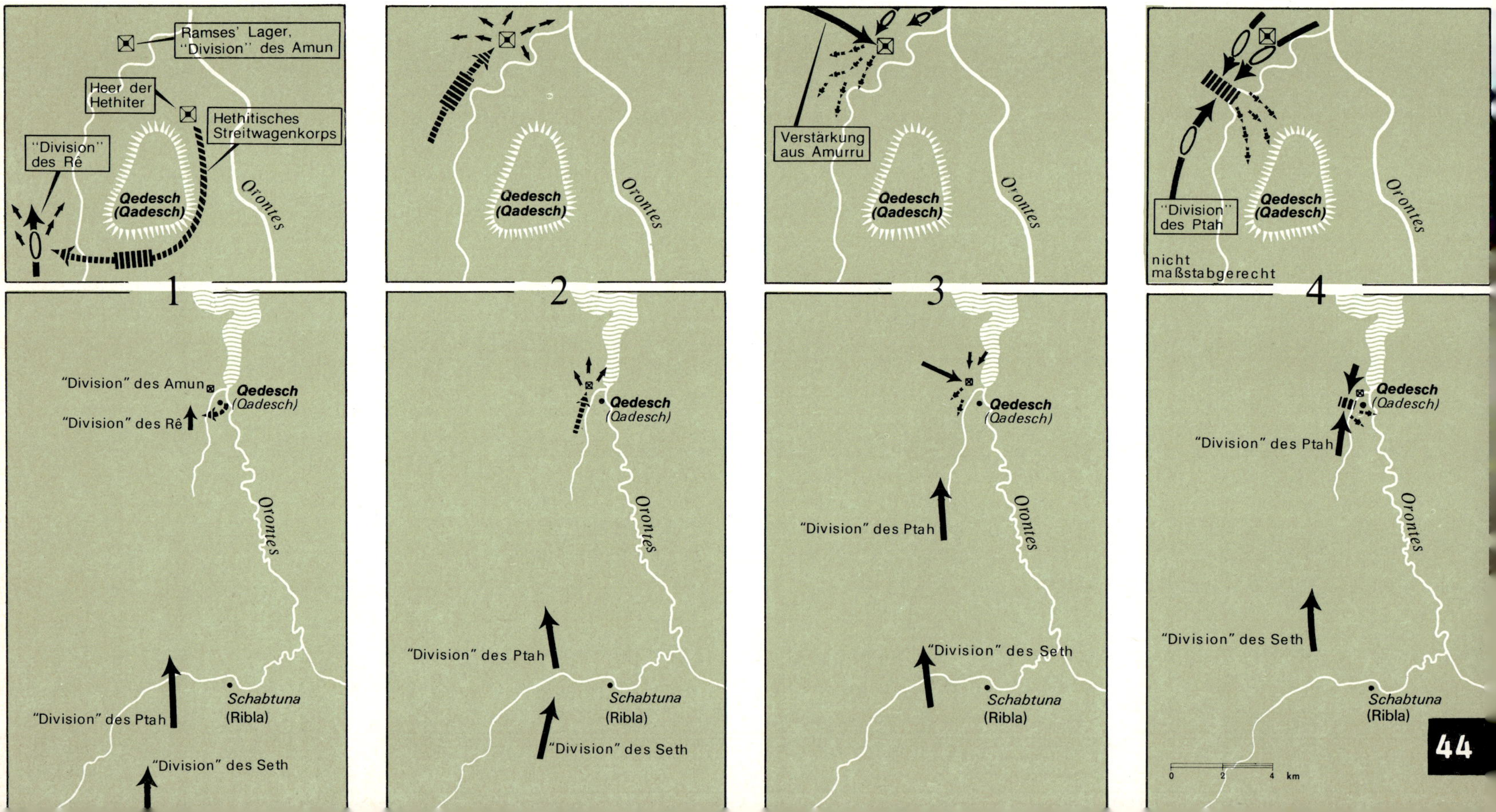

"Ich habe dir geschildert, was ein *mahir* (etwa: Auslandskurier [semitisches Lehnwort]) ist, ich habe dir die Straßen der fremden Länder skizziert, und ich habe dir die Fremdländer sowie ihre Städte in der richtigen Reihenfolge aufgezählt" (Papyrus Anastasi I.).

45

PAPYRUS ANASTASI I — ÄGYPTEN

DAS LAND KANAAN ZUR ZEIT RAMSES' II. VOR 1270 V. CHR.

Spätere Kriege schwächten beide Mächte, und im 21. Jahr der Regierungszeit Ramses' II. (ungefähr 1270 v. Chr.) wurde ein Friedensvertrag unterzeichnet, der den Grenzverlauf in Mittelsyrien (südlich von Qadesch) festlegte. Dies zeigen die in der Bibel (Num. [4. Mos.] 34, 1–12) überlieferten Grenzen des Landes Kanaan (vgl. Karte 50!).
Eine satirische Darstellung aus den Tagen Ramses' II. (Papyrus Anastasi I) läßt uns all die Mißhelligkeiten miterleben, die einem erfolglosen Schreiber auf Kanaans Straßen widerfahren. Wir erhalten ein instruktives Bild von den Zuständen auf den Hauptstraßen und in den Hauptstädten jener Zeit. Eine besonders aufschlußreiche Passage enthält eine Beschreibung des Engpasses von Aruna. Es ist von der Hinterhältigkeit feindlicher Beduinen die Rede. An dieser Stelle wird auch der »Häuptling« des Stammes Aser erwähnt. Und wenn auch eine genaue Angabe der Wohnsitze dieses Stammes fehlt, so ist es sicher kein blinder Zufall, daß der betreffende israelitische Stammesname im Zusammenhang mit einem Engpaß im Hügelland auftaucht.
Außerdem nennen die Inschriften Ramses' II. erstmals Dibon und eine weitere Moabiterstadt sowie verschiedene Stämme in Seïr – ein Beweis, daß Moab und Edom besiedelt waren. Zudem zeigten Ausgrabungen bei Timna, daß dort eine ägyptische Kupfermine in Betrieb war, in der die Bewohner der Umgebung (einschließlich der Midianiter) Zwangsarbeit leisten mußten.

Gaza — ägyptischer Truppenstützpunkt
★ — im Papyrus Anastasi I erwähnte Stadt
—— — bedeutendere Straße
← — im Papyrus Anastasi I beschriebene Route

"Kanaan wurde von jeglichem Übel betroffen, Aschkelon erobert, Gezer eingenommen, Janoam ist nicht mehr, *Jasir'ira* (=Israel) ist verwüstet, sein Samen (=seine Nachkommenschaft) dahin" (Israelstele des Merenptah).

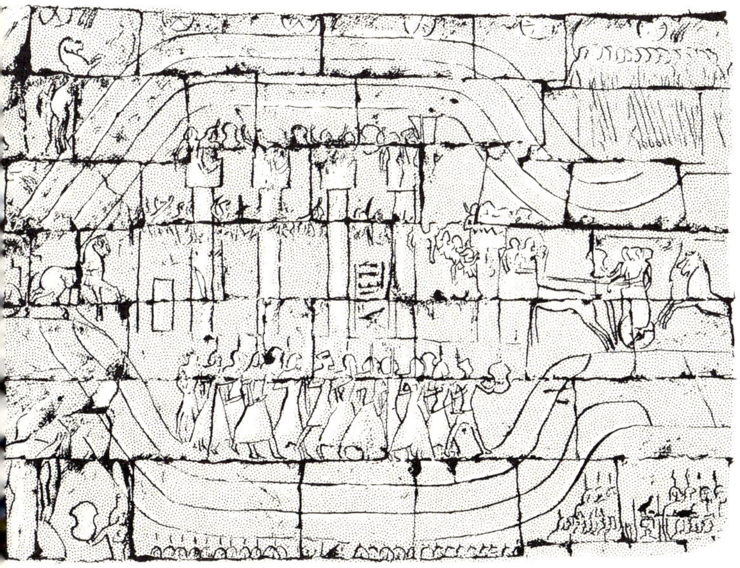

Qadesch am Orontes (Relief Ramses II. in Luxor [Theben], Ägypten)

DER FELDZUG MERENPTAHS UM 1220 V. CHR.

Wir besitzen keine Informationen über Palästinas weiteres Schicksal unter Ramses II. Hingegen unternahm sein Sohn Merenptah einen Feldzug nach Kanaan. In seiner Siegesinschrift erscheint zum ersten und einzigen Mal der Name Israel auf einem ägyptischen Denkmal. Diese Inschrift (die sogenannte »Israelstele«) ist ein zwingender Beweis dafür, daß im Lande Kanaan um 1200 v. Chr. Israeliten lebten.

SOGENANNTE "ISRAEL-STELE" MERENPTAHS

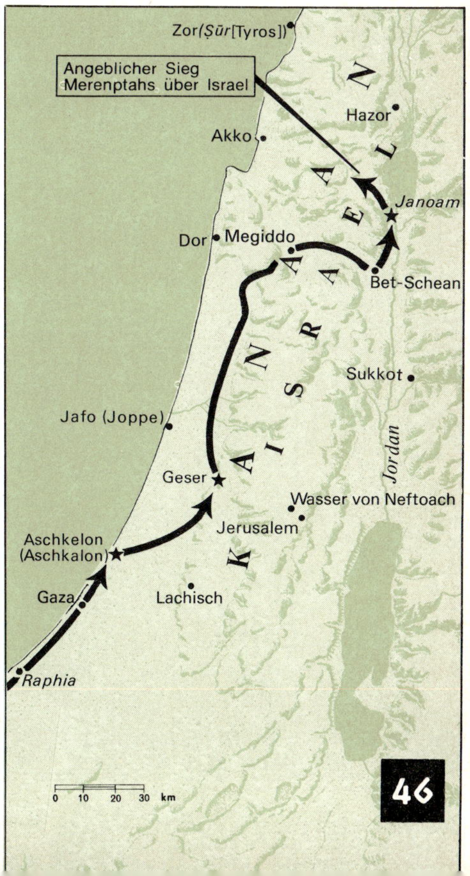

46

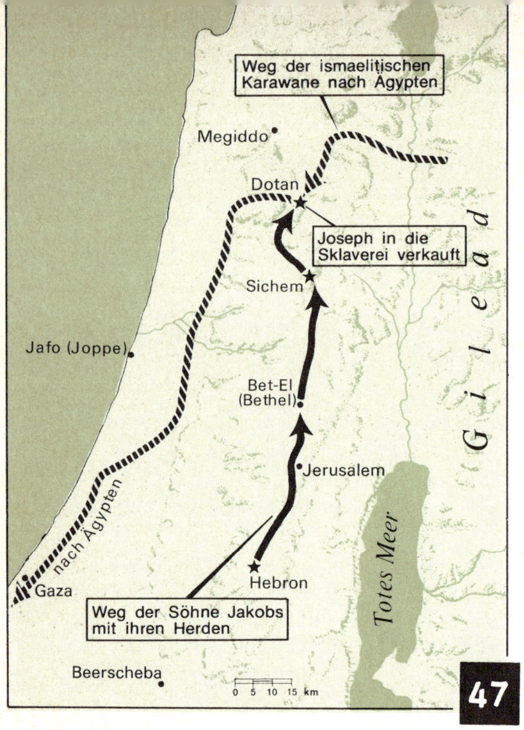

"Siehe, da kam eine Karawane von Ismaelitern aus Gilead. Ihre Kamele waren mit Gummi, Balsam und Harz beladen, und sie waren auf dem Wege nach Ägypten..." (Genesis [1. Mos.] 37, 25).

JOSEPH WIRD VERKAUFT 14. JH. V. CHR.

GEN. (1. MOS.) 37

Die beiden Hauptereignisse zu Beginn der Geschichte der Juden sind der Auszug aus Ägypten und der Aufenthalt in der Wüste Sinai. Die Josephserzählung dient dazu, die Wanderung des Volkes Israel nach Ägypten zu erklären. Wanderungen von Nomadenstämmen in Dürrejahren waren normal. Die Stämme brauchten Weideland für ihre Herden, wenn sie überleben wollten, und wir hören auch in altägyptischen Dokumenten von derartigen Wanderungen. Die ägyptischen Grenzfestungen werden in der Bibel als »Schur (wörtlich: Mauer) Ägyptens« bezeichnet. Uneinig ist man, was den Zeitpunkt der israelitischen Einwanderung in Ägypten angeht. Manche Gelehrte verlegen ihn – wie schon Flavius Josephus – in die Hyksoszeit, doch kann man sich kaum vorstellen, daß die israelitischen Stämme so lange in Ägypten geblieben sein sollen. Außerdem geht aus der Josephslegende klar hervor, daß sie keineswegs als Eroberer kamen. Vielmehr weisen der Verlauf der Reise von Joseph und seinen Verwandten nach Ägypten sowie die Ansiedlung seiner Familie im Lande Goschen (Gosen) eher in die Amarnazeit oder in deren Nähe.

Die Bibelstelle: »Da kam ein neuer Pharao, der wußte nichts von Joseph« (Exodus [2. Mos.] 1, 8), bezieht sich anscheinend auf Ramses II., in dessen Regierungszeit das Volk Israel Ägypten verließ. Ramses II. (1290–1224 v. Chr.) ist die herausragende Herrschergestalt der XIX. Dynastie. An der Stelle des alten Zoan (Tanis) ließ er von Zwangsarbeitern eine neue Hauptstadt – Per Ramesse (»Haus Ramses'«) – errichten. Vielleicht profitierten die Israeliten von Ramses' Schwächung durch die Niederlage von Qadesch. Doch die uns vorliegenden Informationen sind zu spärlich, um irgendeine Festlegung zu erlauben.

Die Israeliten nahmen nicht die kurze Via Maris, die in der Bibel »Route ins Land der Philister« genannt wird (der Name stammt aus späterer Zeit), weil sie den zahlreichen ägyptischen Posten und Festungen an dieser Straße ausweichen wollten. Migdol und Baal-Zafon, die zu Beginn des Auszugs erwähnt werden (Exodus [2. Mos.] 14, 2; Num. [4. Mos.] 33, 7), sind aus ägyptischen Quellen als Festungen am Nordostrand des Deltagebietes bekannt. Daraus geht hervor, daß der Exodus im Norden begann und daß Jam Suph (das »Schilfmeer«) dort zu suchen ist (später bezeichnete der Name allerdings den Golf von Elat [so z. B. 1. Kön. 9, 26 und anderswo]).

Die zahlreichen Lagerplätze der Kinder Israels (Num. [4. Mos.] 33, 8–34) lassen sich nicht mehr genau bestimmen, und die Ortsangaben auf unserer Karte beruhen auf Vermutungen. Fest steht lediglich, wo sich Kadesch-Barnea (Qadesch-Barnea) befand – eine quellenreiche Gegend am Südrand des Landes Kanaan. Diese Oase war Mittelpunkt israelitischer Niederlassungen in der Wüste. Hier vereinigten sich Israels Stämme zu einer Nation mit einer alle verbindenden Vision. Im übrigen verteilen sich die Lagerplätze des Wüstenmarsches über die ganze Halbinsel Sinai (in der Bibel: »Wüste Paran«). Der Überlieferung zufolge ist der Berg Sinai einer der Granitberge im Süden der Halbinsel, wo die alten Ägypter Türkis und Kupfer gewannen.

EXODUS UND AUSZUGSROUTE FRÜHES 13. JH. V. CHR.

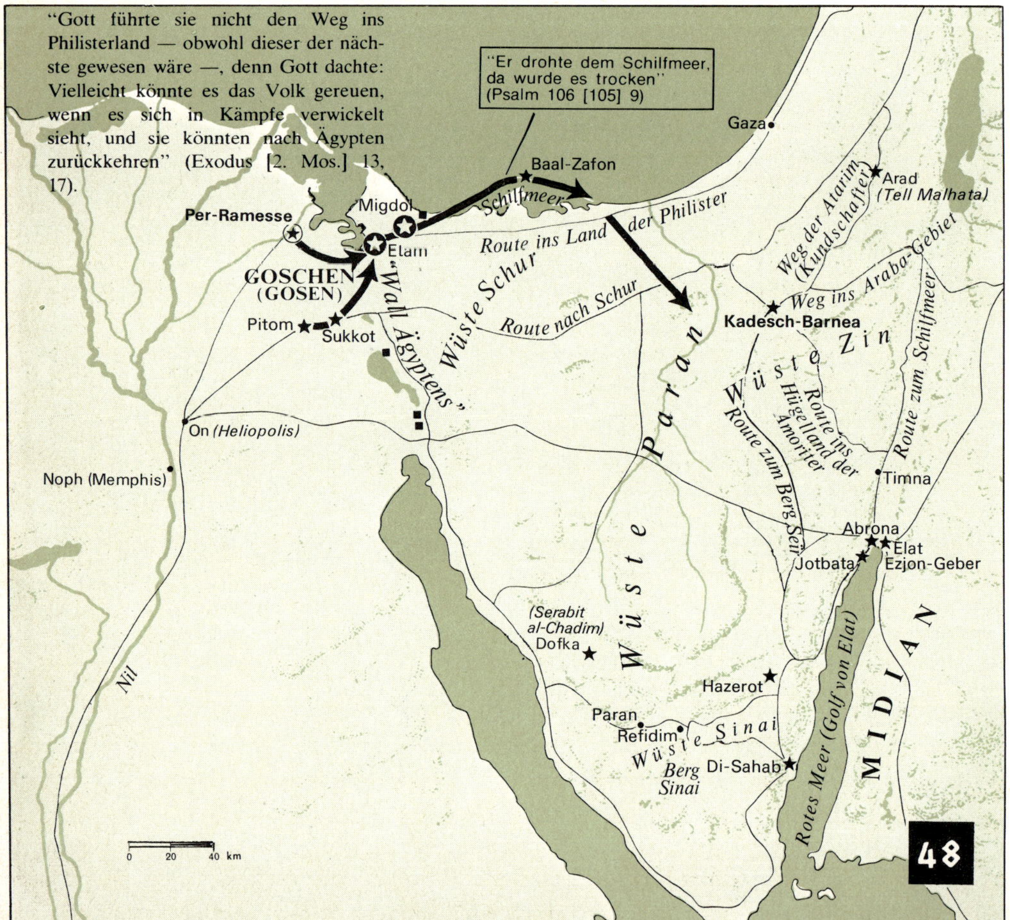

EX. (2. MOS.) 12, 27–19, 1; NUM. (4. MOS.) 10, 11–12; 33, 1–36

Hauptstadt
Grenzfestung
Stadt und Grenzfestung
Bedeutendere Route

KADESCH-BARNEA (QADESCH-BARNEA) FRÜHES 13. JH. V. CHR.

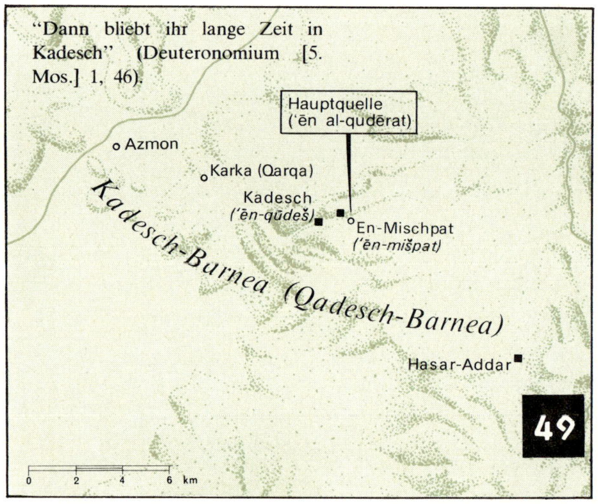

NUM. (4. MOS.) 20, 13; DEUT. (5. MOS.) 1, 19–46

"So zogen sie hinauf und kundschafteten das Land aus von der Wüste Zin bis Rehob bei Lebo-Hamat" (Numeri [4. Mos.] 13, 21).

DIE AUSSENDUNG DER KUNDSCHAFTER UND DIE GRENZEN DES LANDES KANAAN FRÜHES 13. JH. V. CHR.

Alle Versuche, in das Land Kanaan vorzudringen, begannen bei Kadesch-Barnea. Hier sandte Moses seine Kundschafter aus. Die Kundschafter-Erzählung erwähnt hauptsächlich Hebron und Kaleb, die sich dort in der Nähe niedergelassen hatten, aber das eigentliche Interesse der Israeliten galt Lebo-Hamat (dem »Zugang zu Hamat«) ganz im Norden von Kanaan. Die Grenzen des Landes Kanaan, das die Stämme begehrten, werden in Numeri (4. Mos.) 34, 1–12 genau umrissen. Demnach beginnt die Grenze am Südostufer des Toten Meeres und führt über Kadesch-Barnea zum »Bach Ägyptens«. Im Norden geht sie bis Lebo-Hamat, dem ehemaligen Lebo, das später zum neohethitischen Königreich Hamat gehören sollte (daher »Lebo-Hamat«). Von dort verläuft sie über Wüstensiedlungen weit im Osten von Damaskus nach Süden und wendet sich hierauf nach Westen zum See von Kinneret (Gennesaret). Dann läuft sie durch das Jordantal zurück zum Toten Meer. Diese Grenze deckt sich nie mit den wirklichen Grenzen des israelitischen Siedlungsgebietes, vielmehr dürfte es sich hier um die ägyptische Provinz Kanaan handeln, wie sie im ägyptisch-hethitischen Vertrag nach der Schlacht von Qadesch festgelegt worden war. Das war also das Land Kanaan, wie es die israelitischen Stämme bei ihrer Ankunft vorfanden.

Grenze
mutmaßliche Grenze
Weg der Kundschafter
Fortsetzung der Route bis zur Grenze Kanaans

NUM. (4. MOS.) 13 UND EBENDA 34, 1–12; JOSUA 13, 4; EZECHIEL (HESEKIEL) 47, 19

50

"Als aber der Kanaanäerkönig von Arad, der im Südland wohnte, vernahm, daß Israel auf dem Kundschafterwege heranrückte, griff er Israel an..." (Numeri [4. Mos.] 21, 1).

DIE NIEDERLAGE BEI HORMA FRÜHES 13. JH. V. CHR.

Die Israeliten versuchten zunächst, von Süden her einzudringen, was ihnen aber wegen des starken Widerstandes der im Negev wohnenden Kanaanäer und Amelekiter mißlang, die ihnen den Weg durch den Ost-Negev zum judäischen Bergland versperrten. Der Bibel zufolge beherrschte der König von Arad dieses Gebiet. Der Ortsname Horma (hebr. *herem* = Zerstörung) erinnert an die Niederlage der Israeliten.

NUM. (4. MOS.) 14, 44–45; 21, 1–3; 33, 40; DEUT. (5. MOS.) 1, 41–44

Ziegelherstellung (Grabmalerei in Theben, 15. Jh. v. Chr.)

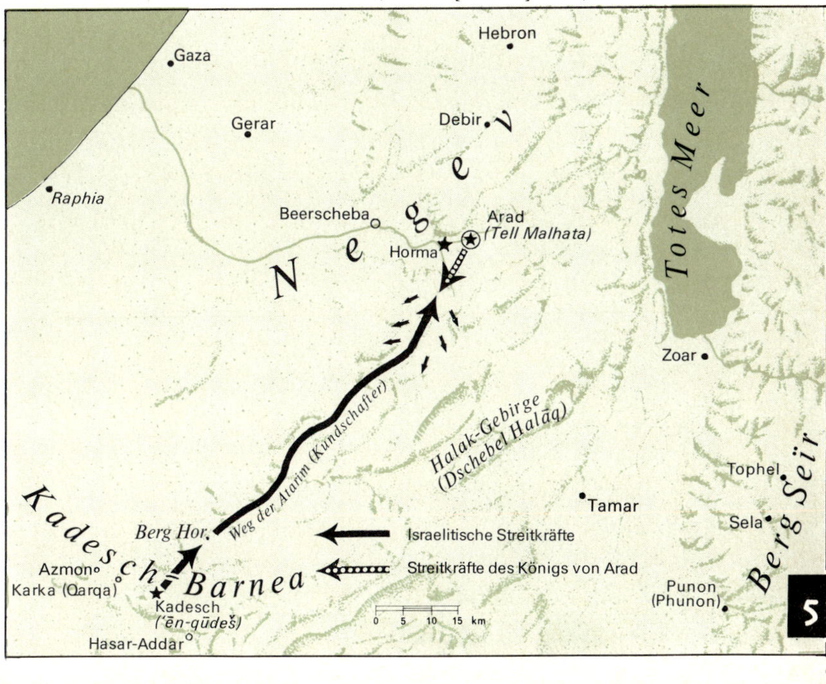

51

"Kommt nach Heschbon! Gebaut und befestigt werde Sichons Stadt!" (Numeri [4. Mos.] 21, 27).

DAS VORDRINGEN DURCH DAS OSTJORDANLAND MITTE 13. JH. V. CHR.

Die Landnahme der Israeliten begann im östlichen Transjordanien außerhalb der Grenzen Kanaans in einer spärlich besiedelten Gegend mit viel Weideland (Num. [4. Mos.] 21, 10ff.). In den südlichen Teilen Transjordaniens hatten sich schon Stämme niedergelassen, die mit den Israeliten verwandt waren, und Königreiche gegründet – Edom, Moab und Ammon. Das amoritische Königreich Heschbon lag zwischen Moab und Ammon. Sein Herrscher Sichon führte gegen den ersten Moabiterkönig Krieg und eroberte die ganze Ebene von Moab bis zum Flusse Arnon (Num. [4. Mos.] 21, 26). Moses nutzte dies und bat die Könige von Moab und Edom, den Israeliten auf der Königsstraße den Durchzug durch ihr Land ins Gebiet Sichons zu gestatten (Num. [4. Mos.] 20, 14–21; Richt. 11, 17). Als man ihm dies verweigerte, wandte er sich südwärts nach Elat, umging Edom und Moab und drang aus der südlichen Wüste (der Wüste Kedemot) in Sichons Territorium ein. Seither betrachtete man den Arnon als traditionelle Grenze zwischen den israelitischen Stämmen und Moab, obwohl Moab diese Grenze nie akzeptierte und jede Gelegenheit ergriff, die Herrschaft über »die Ebene« nördlich des Arnon wieder an sich zu reißen.

Im Gegensatz hierzu aber ergibt sich aus der Liste der Lagerplätze eine direkte Route mitten durch Moab und Edom zur »Ebene von Moab« gegenüber Jericho (Num. [4. Mos.] 33, 37–49). Zahlreiche Gelehrte sind der Ansicht, daß diese Aufzählung von einer früheren Einwanderungswelle zeugt, die bereits vor der Gründung der ostjordanischen Königreiche stattfand. Auch was die Bibel vom Lager bei Abel-Schittim sowie von den erbitterten Kämpfen gegen die Midianiter zu berichten weiß, wird mit dieser früheren Einwanderungswelle in Verbindung gebracht, die man ins 14. Jahrhundert v. Chr. zu weisen pflegt.

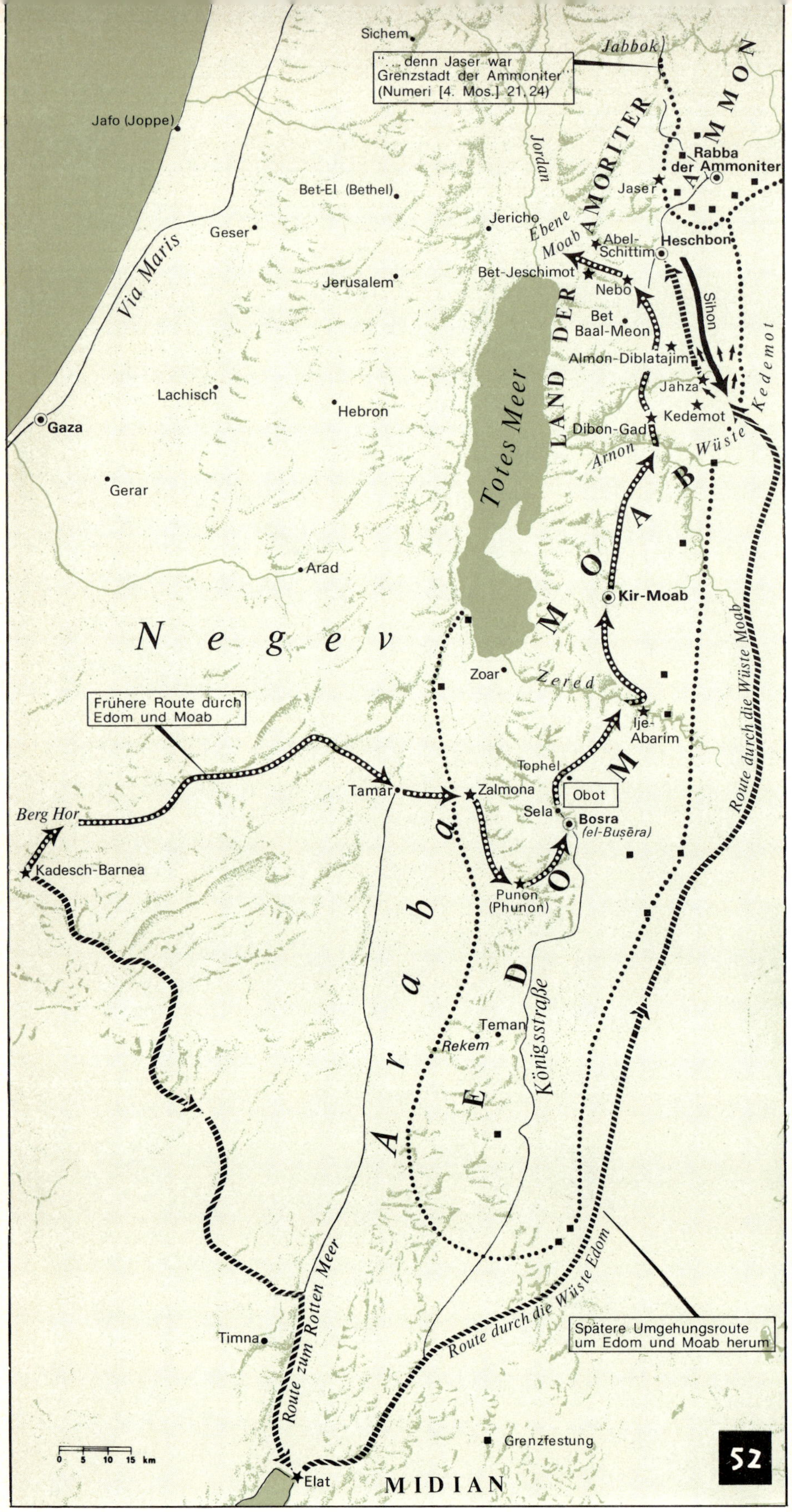

NUM. (4. MOS.) 20, 14–21, 30; 33, 37–49

DEUT. (5. MOS.) 34, 1–3

Bogenschütze, Felszeichnung (Stil IV) aus Har Oded (Ĝebel [Dschebel] Ideid [Negev])

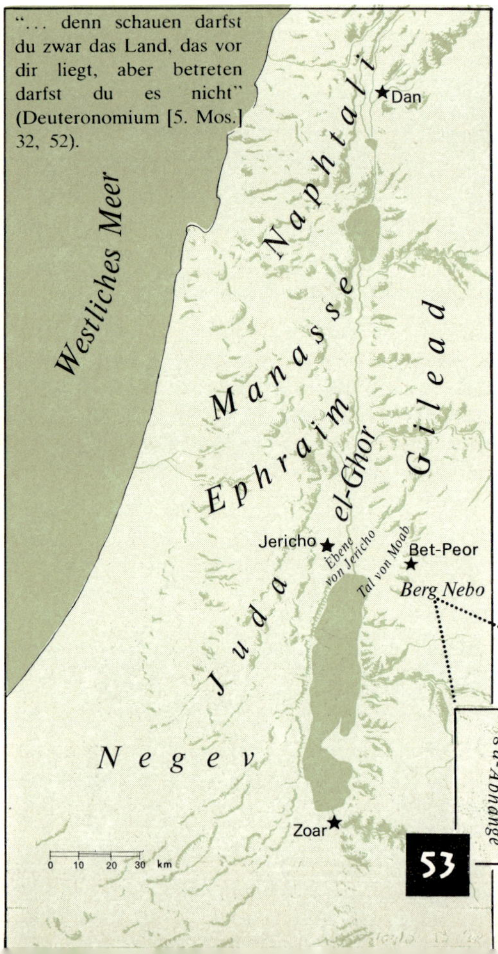

DER AUSBLICK VOM BERGE NEBO

Moses' Wirken finde sein Ende in der Ebene von Moab. Voller Dramatik schildert die Bibel wie Israels hochbetagte Anführer das Gelobt Land erblickt: Transjordanien, Galiläa, das Gebirge Ephraim, das judäische Bergland, de Negev, das Jordant und am Fuß des Berge Nebo das Tote Mee Dies alles sollte künft Israel gehören.

"Dann brannte Josua Ai nieder und machte es für immer zum Schutthaufen, so daß es noch heute in Trümmern liegt" (Josua 8, 28).

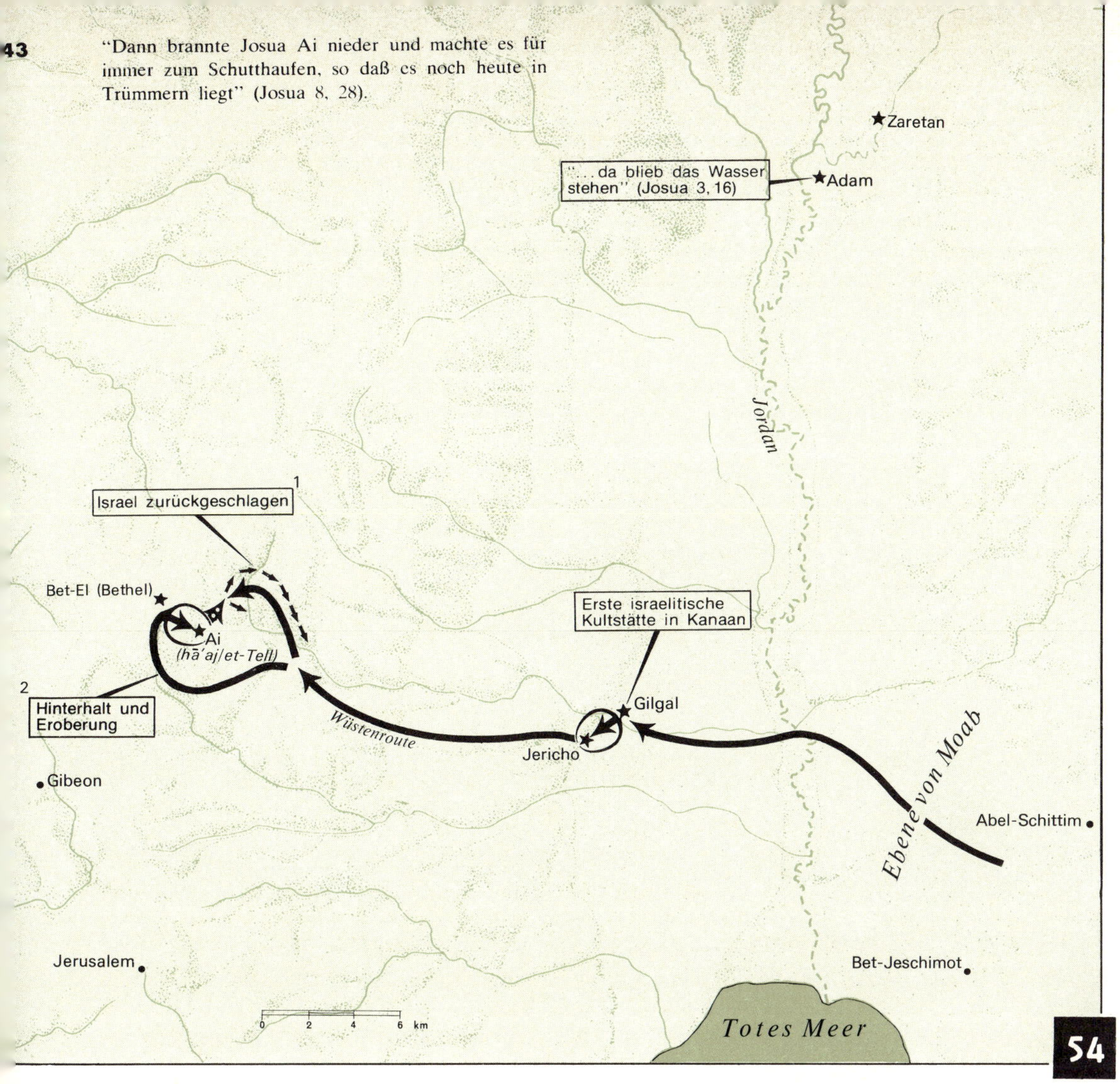

54

JOSUA 3–8, 29

DIE LANDNAHME IN KANAAN NACH BIBLISCHER DARSTELLUNG

Die Eroberung des Landes Kanaan beginnt mit der Überschreitung des Jordans. Als erstes erreichten die Stämme Gilgal, östlich von Jericho (Jos. 4, 19). Gilgal war offensichtlich die erste heilige Stätte im Lande Kanaan und diente den israelitischen Stämmen eine Zeitlang als Kultzentrum. Gewiß war es kein Zufall, daß man Saul, Israels ersten König, ausgerechnet in Gilgal zum König salbte (1. Sam. 11, 15). Mit Gilgal verknüpft sind die Geschichten der Eroberung von Jericho und Ai. Diese Erzählungen, die so manches Legendenhafte enthalten, sind in vieler Hinsicht unklar. Die Archäologie hat bisher für eine Eroberung von Jericho und Ai zur traditionellen Landnahmezeit noch keine Beweise gefunden. Ai bietet ein besonderes Problem, denn diese Stadt scheint tausend Jahre vor Josua völlig zerstört worden zu sein, so daß die Israeliten dort allenfalls Ruinen vorfanden. Einige Gelehrte sind der Ansicht, daß in der Bibel Ai für das in der Nähe gelegene Bet-El steht. Andere wieder glauben, die Quelle für die Legende von Ais Eroberung sei eine Volkssage, die sich um das Heiligtum von Gilgal rankte und dazu diente, die dort verstreuten Ruinen zu erklären (tatsächlich heißt hebräisch *ha'aj* »die Ruine«). Andererseits wurde die Eroberung von Bet-El, wie sie im Buch der Richter (1, 22–26) beschrieben ist, durch archäologische Ausgrabungen erhärtet.

"... dann sollst du den Segen auf den Berg Garizim, den Fluch aber auf den Berg Ebal legen" (Deuteronomium [5. Mos.] 11, 29).

UMGEBUNG VON SICHEM

Aus der Fortsetzung des Landnahmeberichtes erfahren wir, daß Josua auf dem Berg Ebal einen Altar errichtete. Wir dürfen also annehmen, daß nach der Eroberung des Hügellandes das israelitische Baumheiligtum – die »Orakeleiche« im »Hain Morea« bei Sichem – zur zentralen Kultstätte der israelitischen Stämme wurde. Sichem war von altersher Hauptort des Berglandes Ephraim. Schon in der Amarnazeit wohnten im dortigen Gebiet Apiru-Stämme. Das erklärt Sichems zentrale Rolle in der Phase der Seßhaftwerdung.

DEUT. (5. MOS.) 11, 26–32 UND 27;
JOSUA 8, 30–35

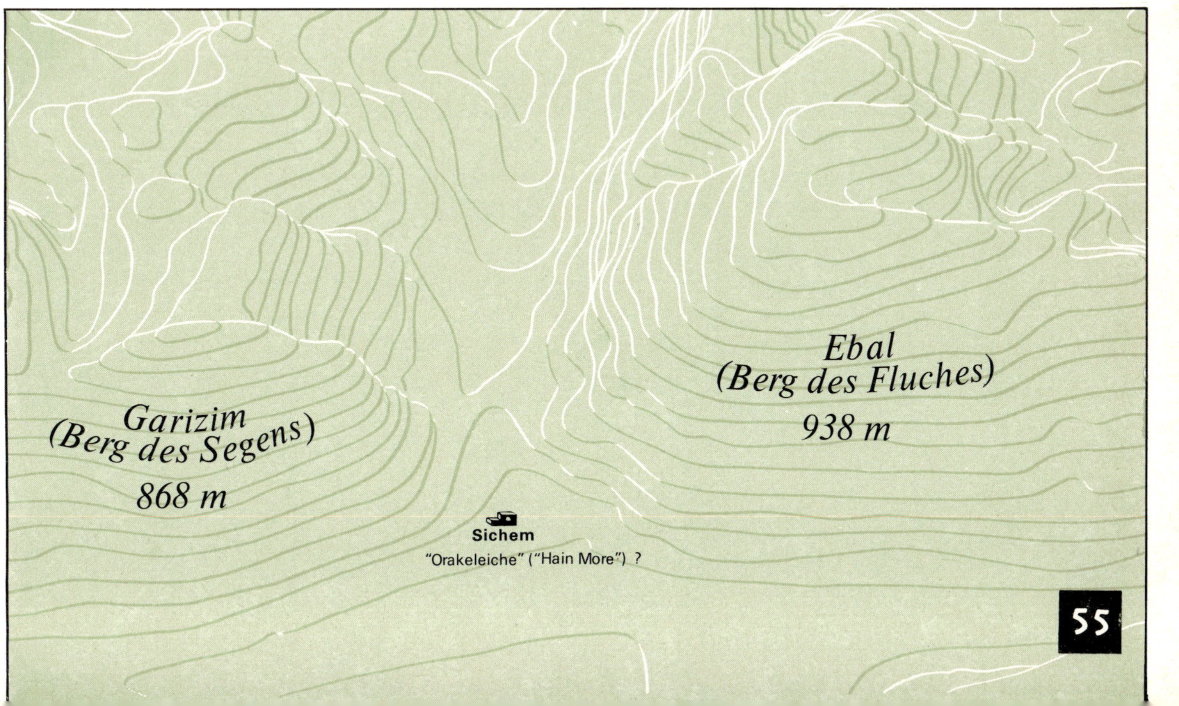

55

Bei der Rekonstruktion der israelitischen Landnahme müssen wir uns vor Augen halten, daß die Bibel lediglich einzelne ausgewählte Ereignisse beschreibt. Zweifellos gab es weit mehr Schlachten und Kämpfe, die unerwähnt bleiben und von denen wir allenfalls »zwischen den Zeilen« erfahren. Andererseits besteht die Tendenz, ganz Israel mit Ereignissen in Zusammenhang zu bringen, die nur für einzelne Stämme Bedeutung hatten. So werden Josua viele Siege zugeschrieben, obwohl die Familie des Beria, zu der er gehörte, in den Hügeln von Bet-El zwischen Naaran und Bet-Horon lebte (1 Chron. 7, 23–27) und seine militärische Aktivität sich vermutlich auf die Schlacht bei Gibeon beschränkte. Diese Tendenz zeigt sich ganz offensichtlich in den Geschichten von der Eroberung Hebrons und Debirs, die zuerst Kaleb und Kenas (bzw. Kenas' Neffen Otniel) zugeschrieben wird (Jos. 15, 13–19; Richt. 1, 12–15), hierauf Juda (Richt. 1, 10–11), schließlich aber Josua und dem ganzen Volk Israel (Jos. 10, 36–39). Die Taten, die man Josua zuschrieb, findet man im Buch Josua, während das Buch der Richter schildert, was Israels übrige Stämme tatsächlich oder angeblich vollbrachten. So ist es oft schwierig, den chronologisch richtigen Ablauf der Ereignisse festzustellen. Im ersten Kapitel des Buches der Richter finden sich Hinweise auf die Eroberung der verschiedenen Stämme. Es besteht kein Grund, an ihrer Richtigkeit zu zweifeln, nur weil sie sich nicht in das Gesamtbild einzufügen scheinen.

Am meisten entsprach in Lachisch der archäologische Befund dem biblischen Bericht. In der Schicht mit den Zerstörungsspuren, die vom Ende der kanaanäischen Stadt zeugen, fand sich eine Schale, die nach Ausweisung ihrer altägyptischen Inschrift aus dem vierten Regierungsjahr eines nicht genannten Pharaos stammt. Der früheste Pharao, auf den sich diese Inschrift beziehen könnte, ist Merenptah (1224–1214 v. Chr.). Somit kann als gesichert gelten, daß Lachisch nicht vor 1220 v. Chr. in den Besitz der Israeliten gelangte. Die Ausgrabungen bei Eglon (Tell el-Hesi) und Aschan (Tell Beit-Mirsim) unweit von Lachisch zeigen gleichfalls bei kanaanäischen Städten einen Zerstörungshorizont aus dem ausgehenden 13. Jh. v. Chr. Wir können deshalb bei der Eroberung dieses südlichen Teils des Landes Kanaan drei Phasen unterscheiden:

1. Die Schlacht bei Gibeon. Hier scharten sich die Israeliten um Josua, um vier gibeonitischen Städten zu Hilfe zu eilen, die von einer südkanaanäischen Fünfstädteliga unter Jerusalems Führung angegriffen worden waren. Aus der Flucht der Kanaanäer über die »Steige von Bet-Horon« wurde eine Niederlage. Dies berichtet ein Siegeslied, von dem in der Bibel nur ein Bruchstück erhalten ist.

2. Das Eindringen der Südstämme als Folge der vorangegangenen Siege. Juda kam vermutlich von Norden und eroberte nach einem Sieg bei Besek Jerusalem. Der Stamm besetzte aber die Stadt nicht, sondern wandte sich südwärts in das Bergland von Juda und in die Schefela. Später setzten sich die Jebusiter in Jerusalem fest. Woher sie kamen bleibt im dunkeln. Die Sippen der Kalebiten und Keniter kamen sicher aus dem Süden, und sie besetzten die Gegend von Hebron und Debir. Kenitenclans ließen sich in der Gegend von Arad nieder. Sie waren aus der »Palmenstadt« gekommen (hier nicht Jericho, sondern Zoar oder Tamar). Der Stamm Simeon, der vermutlich mit Juda aus dem Norden kam, besiedelte die Gegend um Beerscheba und eroberte Horma von dort aus.

3. Die Eroberung der Städte der südlichen Schefela, deren Zentrum Lachisch war, bedeutete die letzte Seßhaftwerdungs-Phase der Südstämme. Selbst die Unterstützung durch den König von Gezer konnte die Stadt nicht vor dem israelitischen Ansturm retten. Auch Makkeda, eine unidentifizierte Stadt in der Gegend von Lachisch, wurde damals erobert. Diese Eroberungen begannen zur Zeit des Niedergangs der XIX. ägyptischen Dynastie, am Ende der Regierungszeit Merenptahs, als die Kanaanäer den Schutz der Großmacht Ägypten verloren hatten.

DIE SCHLACHT BEI GIBEON MITTE 13. JAHRHUNDERT V. CHR.

JOSUA 10, 1–15

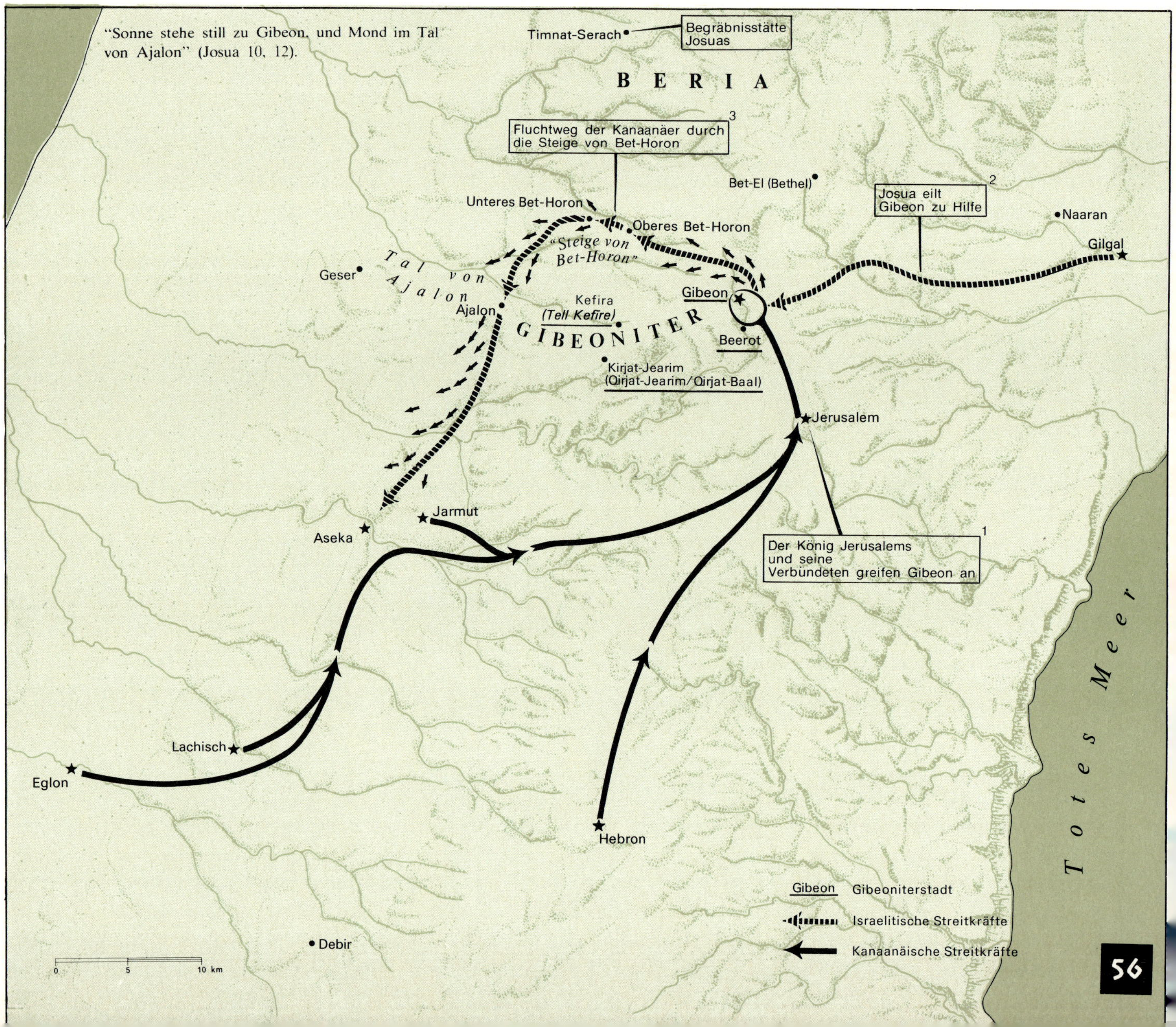

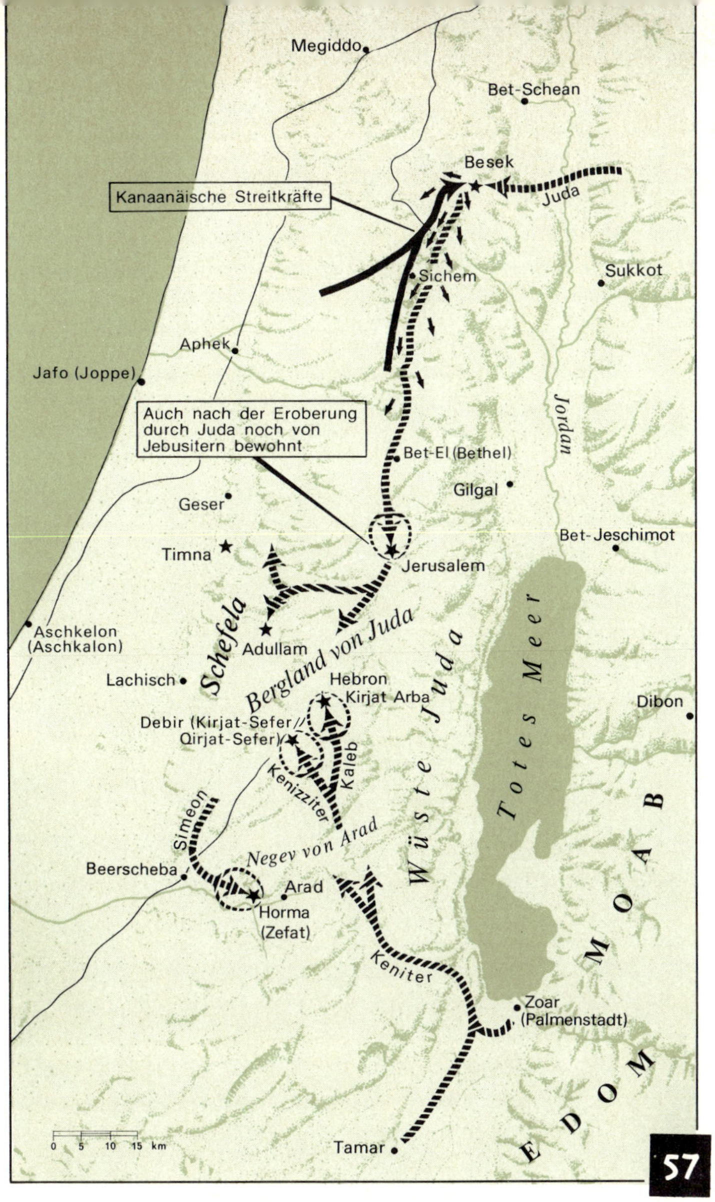

57

"Als die Judäer auszogen, gab der Herr die Kanaanäer und die Perizziter in ihre Gewalt. Sie schlugen sie bei Besek..." (Richter 1, 4).

DER AUFSTIEG JUDAS UND DER STÄMME DES SÜDENS SPÄTES 13. JAHRHUNDERT V. CHR.

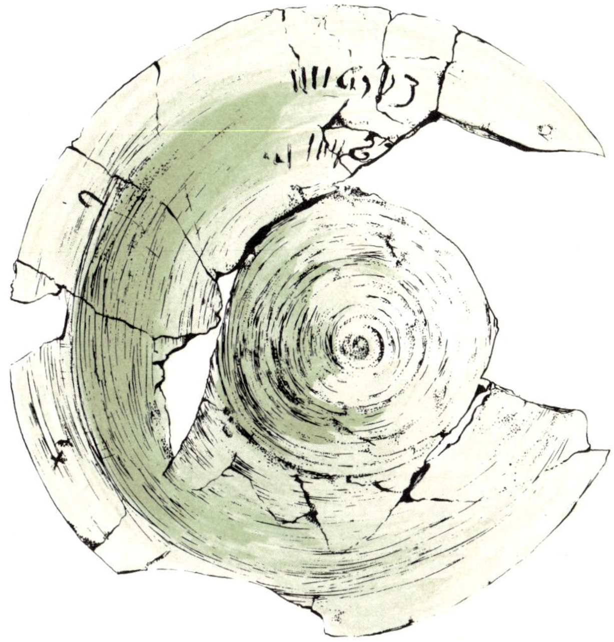

Steuerliste in hieratischer ägyptischer Schrift aus Lachisch (Ende der Kanaanäerzeit)

JOSUA 10, 36–39; RICHTER 1, 1–20; GEN. (1. MOS.) 38; 1. CHRONIK 2, 4

DIE EROBERUNG DER SCHEFELA-STÄDTE ENDE DES 13. JAHRHUNDERTS V. CHR.

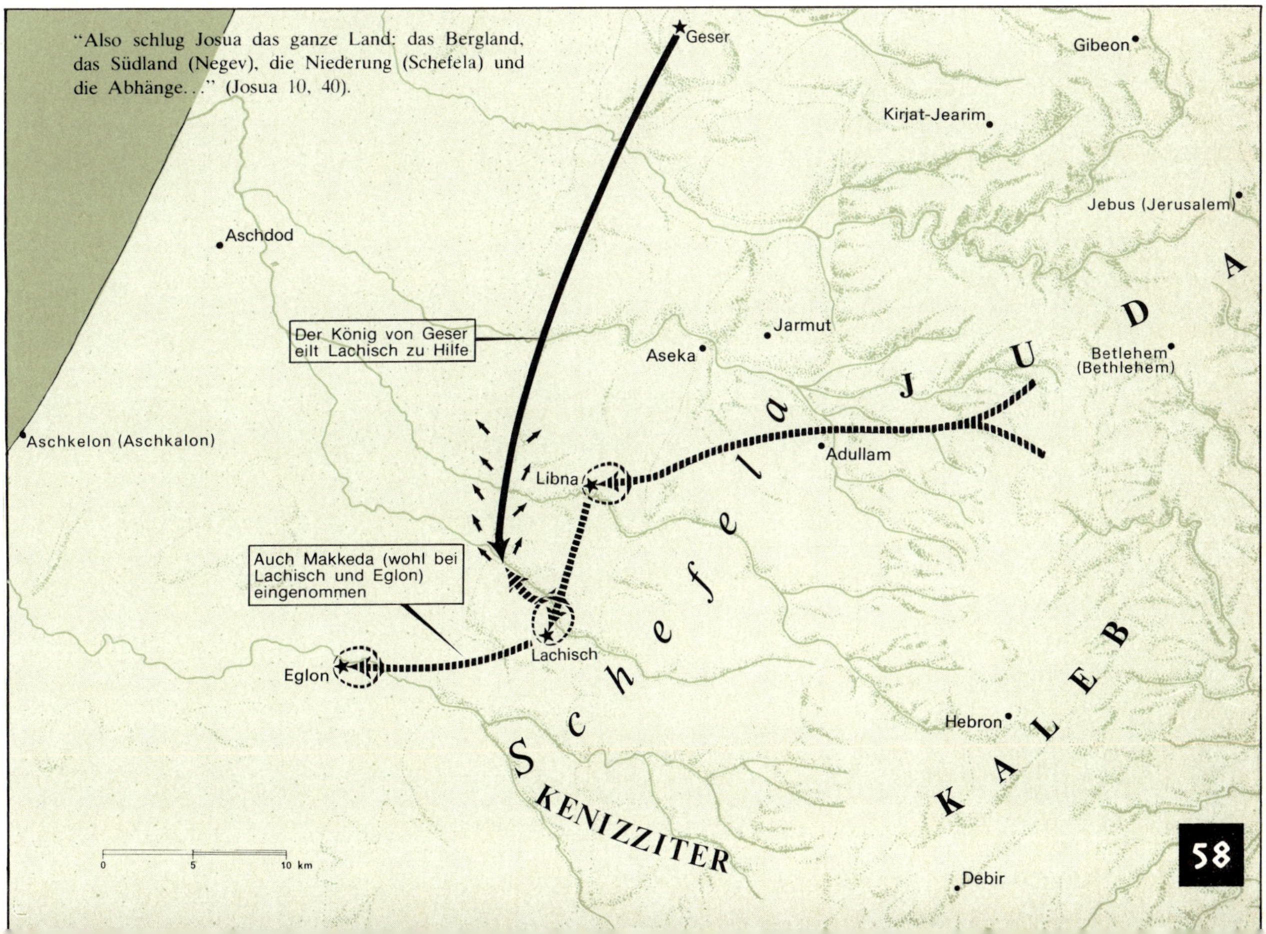

58

Israelitische Streitkräfte

Kanaanäische Streitkräfte

JOSUA 10, 28–35

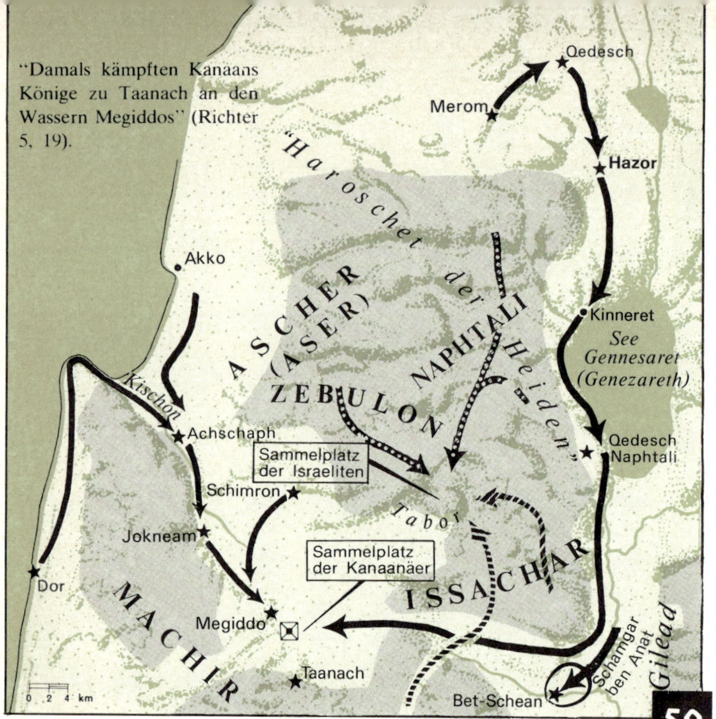

JOSUA 12, 19–23; RICHTER 4–5

DER KAMPF DER DEBORA – DER AUFMARSCH DER STREITKRÄFTE ENDE DES 13. ANFANG DES 12. JH. V. CHR.

Von einem Pfeil verwundeter kanaanäischer Wagenlenker (Darstellung am Streitwagen Thutmosis IV.)

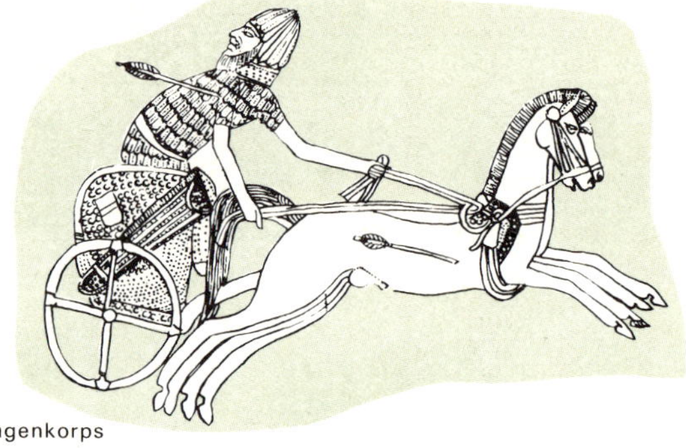

Israelitische Streitkräfte

Kanaanäische Streitkräfte

Israelitische Freiwillige

Lager des kanaanäischen Streitwagenkorps

ständig von Israeliten besiedeltes Gebiet

DER KAMPF DER DEBORA – DIE STREITWAGENSCHLACHT AM KISCHON (SCHLACHT AM BERGE TABOR)

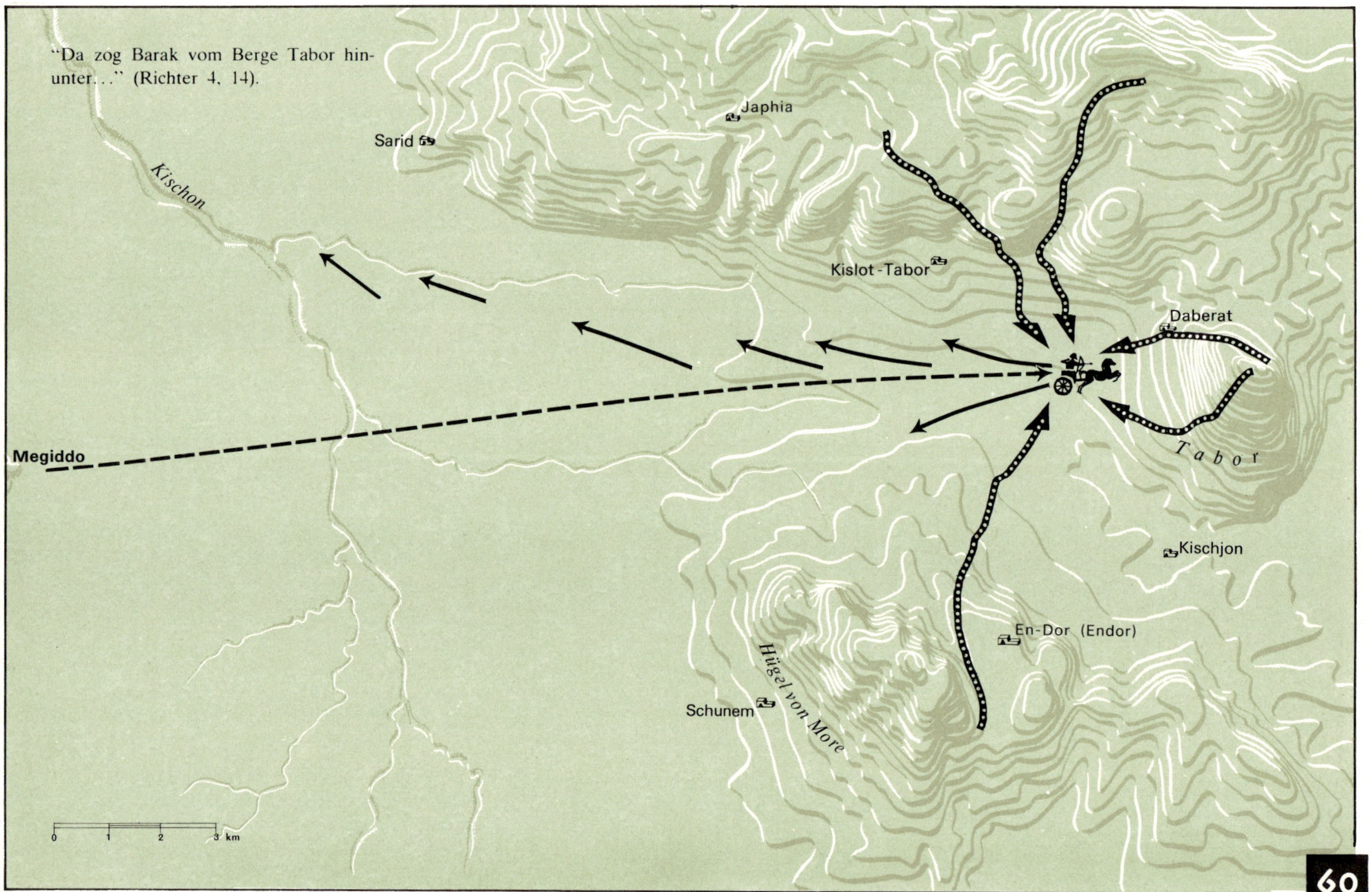

JOSUA 12, 19–23; RICHTER 4–5

SISERAS TOD

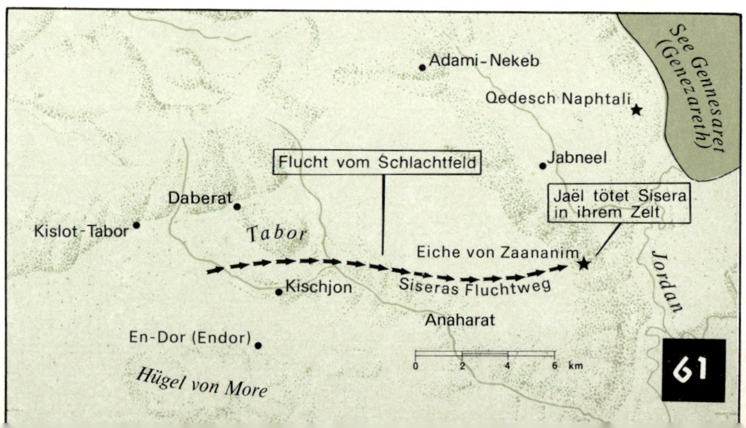

RICHTER 4, 17–22; 5, 24–30

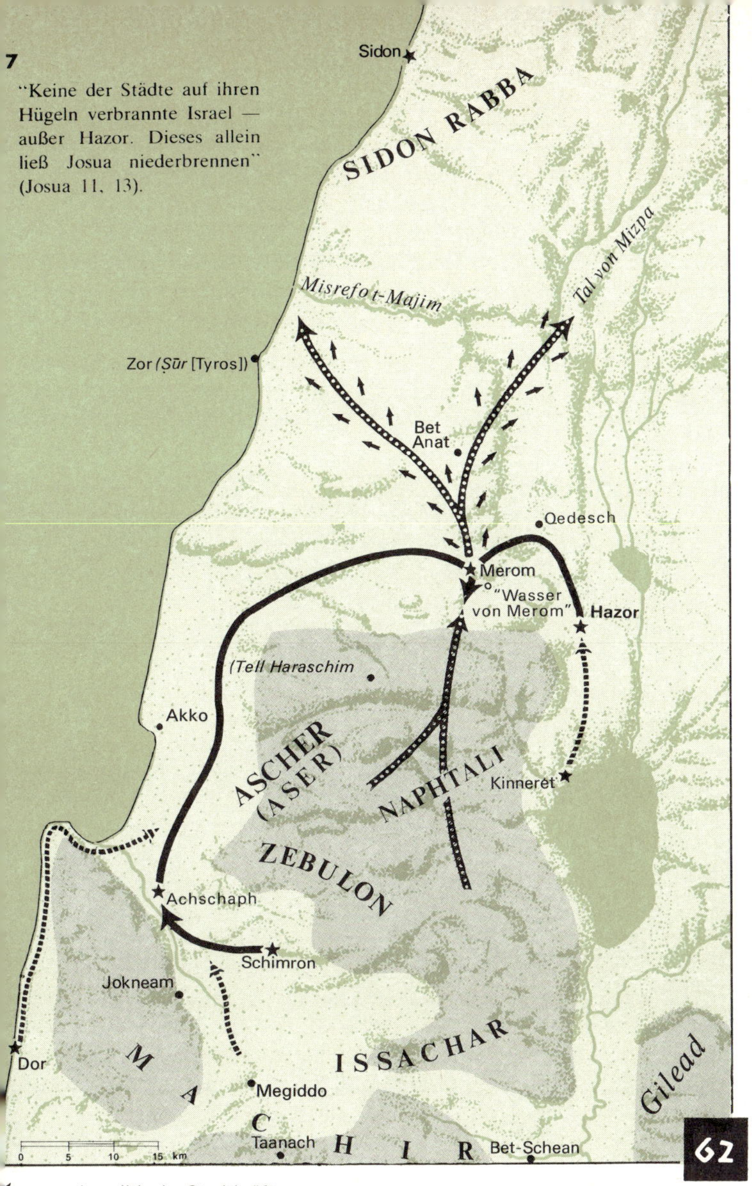

Israelitische Streitkräfte

Kanaanäische Streitkräfte

Kanaanäische Hilfstruppen

ständig von Israeliten besiedeltes Gebiet

JOSUA 11, 1–15

Die Bibel erwähnt zwei kriegerische Ereignisee, bei denen die Israeliten die Kanaanäer im Norden des Heiligen Landes besiegten: Die »Schlacht an den Wassern von Merom« und den Kampf der Prophetin Debora. In beiden Fällen führte Jabin, König von Hazor, die vereinigten kanaanäischen Königreiche an. So werden die Auseinandersetzungen meist in die gleiche Zeit verlegt. Deboras Sieg ließ zwar die Macht des Kanaanäerkönigs Jabin schwinden (Richt. 4, 24), aber die Zerstörung Hazors wird mit der Schlacht an den Wassern von Merom in Verbindung gebracht (Jos. 11, 10–11). So glauben einige Wissenschaftler, daß Deboras Sieg dieser Schlacht vorausging, die nur deshalb im Buch Josuas Erwähnung fand, weil man sie später Josua zuschrieb. Andere wieder sind der Ansicht, Sisera, der zu Beginn des Kampfes gegen Debora an der Spitze der Kanaanäer stand, stamme eher aus Haroschet-ha-Gojim, und die Tradition, wonach er »Feldherr von Hazor« war, habe sich erst später herausgebildet. Tatsächlich kennen weder biblische noch außerbiblische Quellen eine Stadt Haroschet-ha-Gojim, und die diversen Ortsansätze, die man in der Hinsicht versuchte, sind völlig aus der Luft gegriffen. Vorsicht ist schon deshalb geboten, weil alle anderen an der Koalition beteiligten Städte wie Hazor, Megiddo und Schimron aus unterschiedlichen Quellen sehr gut bekannt sind. Es scheint daher kaum glaubhaft, daß eine unbekannte Stadt an der Spitze eines Bundes all dieser Städte gestanden haben sollte, um anschließend von der Bildfläche zu verschwinden. Vielmehr spricht so manches dafür, daß es sich bei Haroschat-ha-Gojim und Galil-ha-Gojim um synonyme Bezeichnungen eines Landes waldiger Hügel (hebräisch: *haroschet*) handelt, die von verschiedenen Völkerschaften und Stämmen bewohnt waren und über die die Kanaanäer unter der Führung Hazors zu herrschen trachteten.

DIE »SCHLACHT AN DEN WASSERN VON MEROM«

Der Kampf der Prophetin Debora ist eines der wenigen in der Bibel geschilderten kriegerischen Ereignisse, deren Verlauf sich – dank zweier Berichte – fast bis ins letzte Detail rekonstruieren läßt. Der Schlacht war die Tat Samgars, des Sohns Anaths, vorausgegangen, der auf Anstiften Jaëls, der Frau des Keniters Heber, 600 Philister »mit einem Ochsenstekken« geschlagen hatte (Richt. 3, 31). Wir dürfen annehmen, daß er die ägyptischen Befestigungen in Bet-Schean schleifen ließ, wo eine Philister-Söldnertruppe als Besatzungsmacht stationiert war (s. Abb. S. 64). Dadurch waren die Kanaanäer und die Israeliten im Norden ohne Oberherrschaft, was zu weniger Sicherheit auf Handelsrouten führte (Richt. 5, 6). Nach einer Periode der Unterdrückung durch die Kanaanäer revoltierten die israelitischen Stämme und sammelten sich am Berge Tabor zur Entscheidungsschlacht. Dieser Berg war ein heiliger Ort, wo die Grenzen der drei Stämme Naphtali, Zebulon und Issachar zusammenstießen (Deut. 33, 18–19). Die isrealitischen Streitkräfte setzten sich zum großen Teil aus den galiläischen Stämmen Naphtali und Zebulon zusammen, die sehr unter Sisera gelitten hatten. Freiwillige kamen von Issachar und den drei Stämmen aus dem Gebirge Ephraim. Um diese Zeit lebte Machir noch im Süden von Jesreel. Später ging er nach Transjordanien, wo seine Sippe als Teil des Stammes Manasse betrachtet wurde (vgl. Karte 65). Auch das weist auf das frühe Datum der Schlacht hin. Kedesch in Naphtali, der Geburtsort des Abinoam-Sohnes Barak, ist nicht das kanaanäische Qedesch in Obergaliläa, sondern eher Chirbet Qedisch, eine ausgedehnte israelische Siedlung oberhalb des Sees Gennesaret, nur einige Wegstunden vom Berg Tabor entfernt.

Die Namen der beteiligten kanaanäischen Könige finden sich im Buch Richter nicht. (Die meisten stehen vermutlich am Ende der Liste der besiegten Könige in Josua 12, dort, wo von Galiläa und den nördlichen Tälern die Rede ist). Sisera versammelte die kanaanäische Streitwagenmacht »zu Taanach an den Wassern Megiddos« (Richt. 5, 19). Nachdem er den Fluß Kischon überschritten hatte, näherte er sich dem Berg Tabor. Die Kanaanäer verließen sich auf das Überraschungsmoment und ihre Streitwagen, denen die Israeliten nichts entgegenzusetzen hatten. Die Streitwagen blieben aber am Berg Tabor sowie in Galiläas bewaldeten Hügeln stecken. Nun ergriff Barak die Initiative. Der Angriff erfolgte an einem Regentag, und die Niederlage der Kanaanäer verwandelte sich in eine Katastrophe, da der Kischon Hochwasser führte und so eine Flucht unmöglich machte.

Sisera verließ seinen im Morast steckengebliebenen Streitwagen und floh zu Fuß durch die Hügel Niedergaliläas ins Jordantal. Im Zelt von Jaël, der Frau des Keniters Heber, fand er den Tod. Hebers Familie stammte von Chobab (Moses' Schwiegervater) ab. Ihr Lager bei Elon (Eiche von) Zaanannim, an der Grenze zwischen Naphtali und Issachar (Jos. 19, 33), war offensichtlich ein heiliger Ort, wie der Name sagt (vgl. Elon More, »die Eiche des heiligen Steins zu Sichem«). Dies wird durch die Entdekkung eines israelischen Heiligtums bei Arad unterstützt, wo Chobabs Sippe schon zur Landnahmezeit wohnte (Richt. 1, 16). Vermutlich war Jaël eine hochangesehene Priesterin, sowohl Kanaanäern als auch Israeliten bekannt. Sisera suchte offensichtlich Schutz in ihrem Heiligtum.

In dem Bericht von der »Schlacht an den Wassern von Merom« werden lediglich vier kanaanäische Städte genannt. Im Fall von Madon, das ansonsten unbekannt ist, haben wir vielleicht (mit dem gr. Text der Septuaginta) »Merom« zu lesen. Hier und bei den in der Nähe gelegenen »Wassern« war der Sammelplatz der Kanaanäer. Von der eigentlichen Schlacht, die unweit von Hazor stattfand, wissen wir wenig. Es scheint, daß sie der letzte Versuch der Kanaanäer war, Obergaliläa zu verteidigen. Weiter im Süden entstanden zu Beginn der israelitischen Periode zahlreiche israelitische Niederlassungen (wie Tell-Haraschim bei Pekiin), und diese dürften starken Druck auf die Kanaanäer ausgeübt haben, so daß sich die Lage bis zum Kampf bei den Wassern von Merom zuspitzte.

Ausgrabungen in Hazor zeigten, daß die Stadt gegen Ende des 13. Jh. zerstört wurde. Auf ihren Ruinen ließen sich nach Zeugnis der vorgefundenen Keramik Siedler aus den erwähnten israelitischen Dörfern Galiläas nieder. Aus Hazors Zerstörung schließen die Archäologen, daß die Kriege im Norden tatsächlich zur Zeit des Niederganges der XIX. ägyptischen Dynastie stattfanden, als sich Kanaan nicht mehr so fest in ägyptischer Hand befand. Erst dies ermöglichte die entscheidende Auseinandersetzung zwischen Israel und Kanaan.

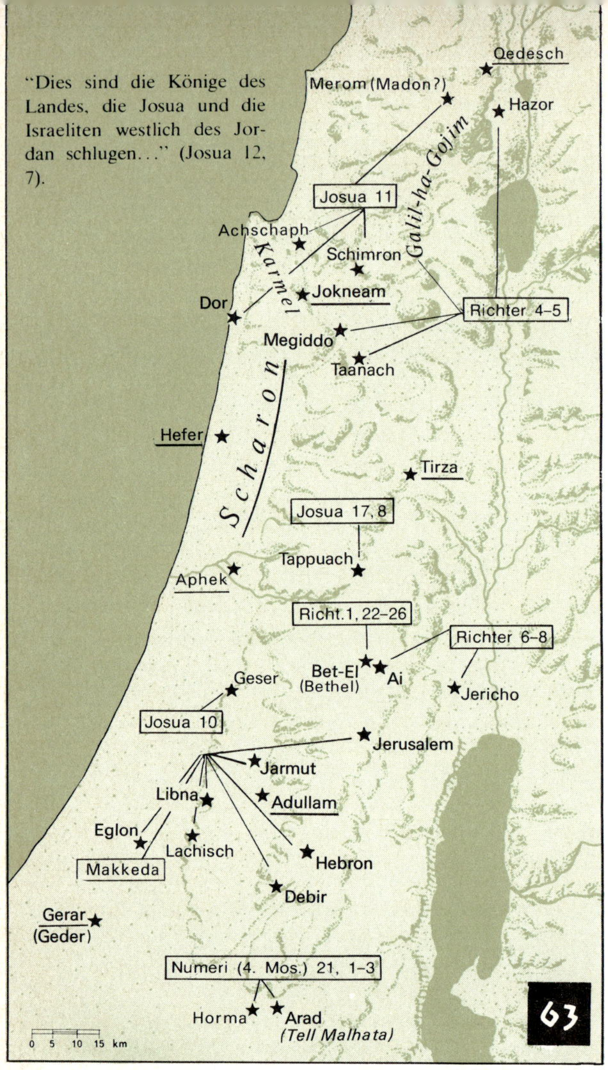

"Dies sind die Könige des Landes, die Josua und die Israeliten westlich des Jordan schlugen..." (Josua 12, 7).

Qedesch im biblischen Landnahmebericht nicht erwähnte Stadt oder Landschaft

JOSUA 12, 7–24

DIE LISTE DER KÖNIGE KANAANS 12. JAHRHUNDERT V. CHR.

Die Liste der besiegten Kanaanäerkönige stellt eine Art Abriß der im Buch Josua sowie im Buch der Richter enthaltenen Landnahme-Schilderungen dar. Ihre Hauptbedeutung liegt darin, daß sie Städtenamen enthält, die in den Berichten selbst nicht vorkommen, und so gewisse Lücken im Bild der Eroberungskriege ausfüllt. Außer den Königen des Nordens führt sie Städte aus dem Gebirge Ephraim und der Scharon-Ebene, Adullam in der Schefela sowie den »König der Fremdvölker (oder Heiden [Gojim]) in Gilgal« bzw. – der Septuaginta zufolge – den »König der Gojim in Galiläa« (vermutlich Galil-ha-Gojim) an.

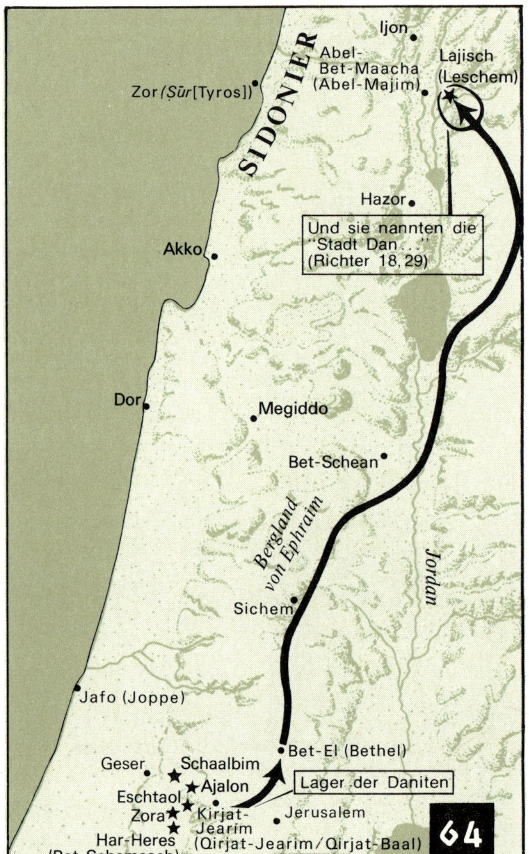

"So brachen also 600 zum Kampf gerüstete Männer der Danitensippe in Zora und Eschtaol auf" (Richter 18, 11).

DIE WANDERUNGEN DES STAMMES DAN FRÜHES 12. JAHRHUNDERT V. CHR.

Nicht allen Stämmen gelang es, zu Beginn der Seßhaftwerdung ihren »Erbbesitz« zu ergreifen. Ein Beispiel sind die Wanderungen des Stammes Dan aus der Schefela (Richt. 1,34–35; die Philister werden noch nicht erwähnt!) zur kanaanäischen Stadt Lajisch im Norden. Obwohl Lajisch in der Einflußsphäre von Sidon lag (Richt. 18, 7), erhielt es zur Zeit der größten Bedrängnis von Sidon keinerlei Hilfe (Richt. 18, 28). Die Daniten zogen plündernd durch das Ephraim-Gebirge, das israelitisches Gebiet war, ließen sich nach der Eroberung in Lajisch nieder und »tauften« die Stadt nach ihrem Stammvater »Dan«.

RICHTER 17–18; JOSUA 19, 47

MACHIR, DER SOHN MANASSES 12. JAHRHUNDERT V. CHR.

Wir erfahren auch von Wanderungen anderer Stämme und Sippen, und gleiche Sippen- wie auch Ortsnamen tauchen im Zusammenhang mit unterschiedlichen Stämmen auf. So läßt sich aus der Geschlechterliste Manasses Machirs Wanderung ins nördliche Gilead herauslesen. Zur Zeit der Prophetin Debora lebte Machir im Nordabschnitt des Berglandes von Ephraim (Richt. 5, 14). Später wurde er zum »Vater« Gileads (Bewohner des dortigen Landes), während Manasse seinen Platz westlich des Jordans einnahm. Damit erklärt sich das Phänomen, daß Sippen aus dem Nordteil des Ephraim-Gebirges, die auch zur Zeit des Königreiches Israel noch dort lebten (vgl. Karte 137), in den Geschlechtsregistern als Söhne Machirs und Gileads aus dem Ostjordanland geführt wurden.

NUM. (4. MOS.) 32, 39–40;
JOSUA 17, 1–6; 1. CHRONIK 7, 14–19

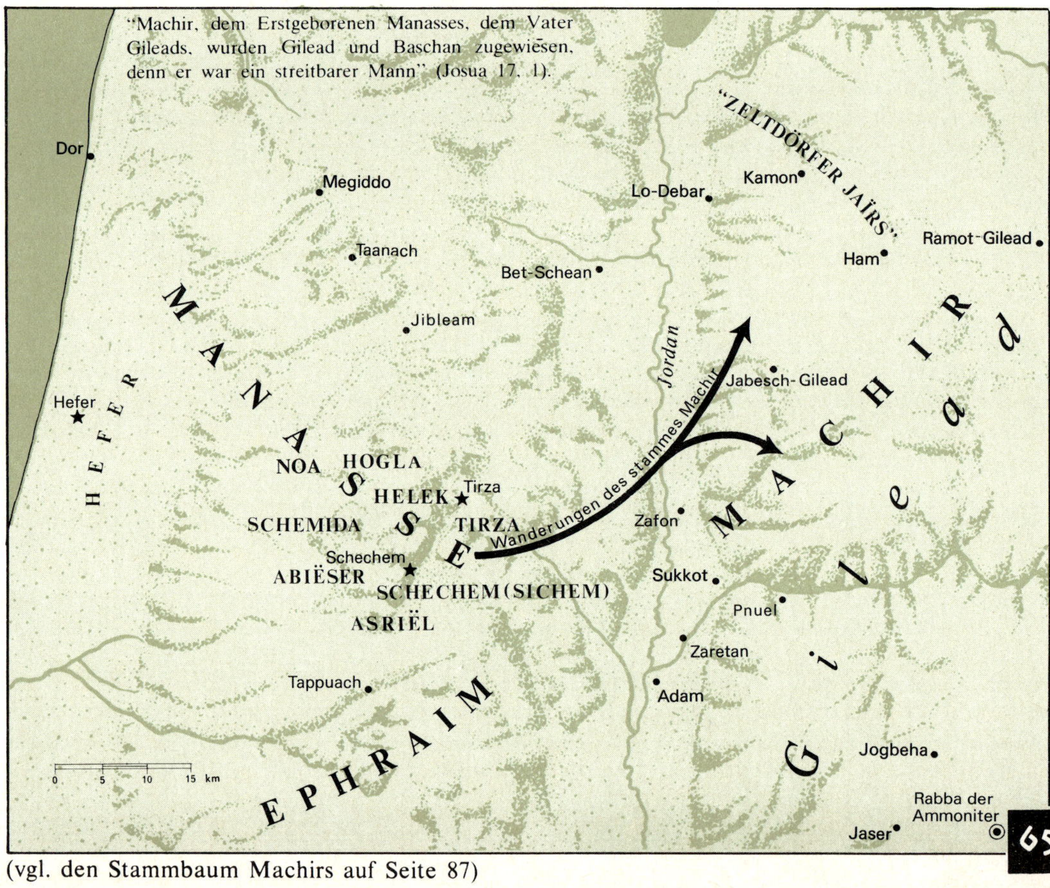

(vgl. den Stammbaum Machirs auf Seite 87)

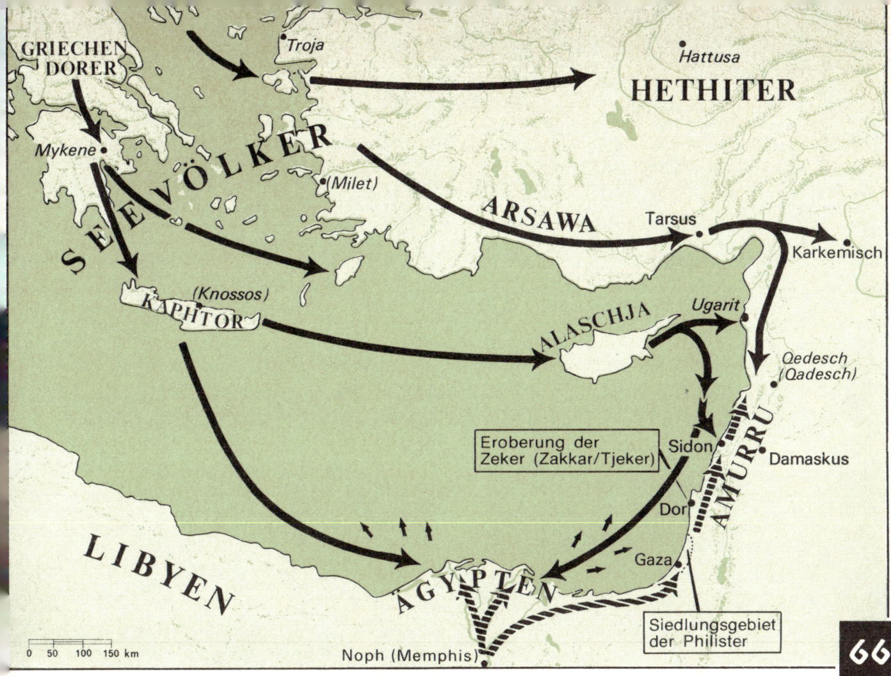

66

"Habe ich nicht Israel ebenso aus dem Lande Ägypten geführt wie die Philister aus Kaphtor und die Aramäer aus Kir?" (Amos 9, 7).

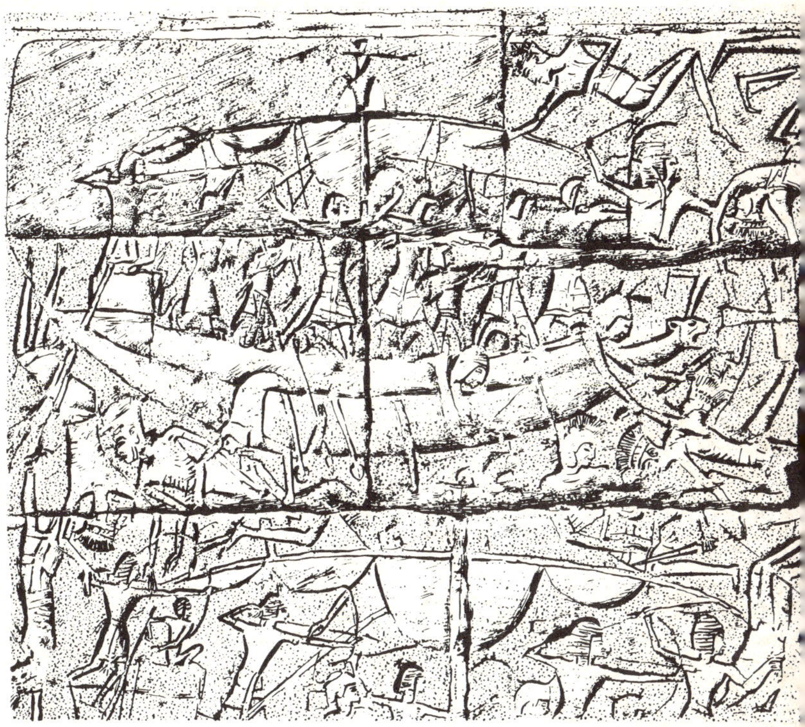

Sieg Ramses' III. über die Seevölker (Relief in Medinet Habu)

DIE SEEVÖLKER UM 1219 UND CA. 1186 V. CHR.

Ägyptische Streitkräfte

Seevölker

RELIEFS UND INSCHRIFTEN IN MEDINET HABU (ÄGYPTEN). DESGLEICHEN PAPYRUS HARRIS I

DIE REISEN DES WEN-AMUN XXI. DYNASTIE, 11. JH. V. CHR.

Im Verlauf des zwölften Jahrhunderts fanden zwei entscheidende Ereignisse statt, die miteinander zusammenhingen und die Geschichte des Heiligen Landes wesentlich beeinflußten: das Auftauchen der Seevölker und der Niedergang der Herrschaft Ägyptens. Bei den Seevölkern handelte es sich um Indoeuropäer von den Ägäischen Inseln und aus Kleinasien, die dem Druck der Dorer nachgegeben und sich ostwärts gewandt hatten. Schon im 13. Jahrhundert hatten sie sich bemerkbar gemacht, doch die Hauptinvasion, die die Königreiche des Alten Orients stürzte, fand ca. 1186 v. Chr. statt, das heißt im 8. Jahr der Regierungszeit Ramses' III. (1193–1162 v. Chr.), des zweiten Herrschers der XX. Dynastie. Ramses stellte die Ordnung in Ägypten wieder her und versuchte, Ägyptens Oberhoheit erneut auf Palästina auszudehnen. Nach seinen eigenen Worten taten sich »die fremden Mächte auf ihren Inseln ... zusammen ... Kein Land konnte ihnen widerstehen. Chatti, Kode (?), Karkemisch, Arsawa (Arzawa), Alaschja – ein Königreich nach dem anderen fiel. In Amurru schlugen sie Lager. Sie schlachteten die Menschen ab und verwüsteten das Land. Sie gelangten nach Ägypten, Feuer ging ihnen voran. Ihr Bündnis umfaßte Philister, Zeker (Zakkar/Tjeker), Danuna und Aqaiwascha ...« Ramses rühmt sich, daß es ihm gelungen sei, den Angriff dieser Völker zurückzuschlagen. Wie aus seinen Reliefs ersichtlich wird, kämpfte er nicht nur zu Lande, sondern auch zu Wasser gegen die Eindringlinge. Allerdings hinderte Ramses' angeblicher Sieg die zu den Seevölkern gehörenden Philister nicht, sich in der südpalästinensischen Küstenebene niederzulassen und die Kontrolle über Gaza, Ägyptens Verwaltungszentrum in Kanaan, zu erlangen. Offensichtlich war es mit Ägyptens Herrschaft in Palästina vorbei.

Dies spiegelt auch eine ägyptische Erzählung des 11. Jahrhunderts wider. Wen-Amun, ein Priester des Amuntempels zu Karnak, segelt nach Gebal (Byblos), um für Amuns heilige Barke Holz zu kaufen. Die Beschreibung seiner abenteuerlichen Reise ist voll von Anspielungen auf das Schwinden der ägyptischen Macht an den Küsten Palästinas und Phönikiens. Aus dem Abschnitt, der von seinem Aufenthalt in Dor erzählt, wissen wir, daß diese Gegend von einem der Seevölker, den Zekern, bewohnt war. Außerdem geht aus der Wen-Amun-Erzählung hervor, daß die Seevölker damals einen blühenden Handel im Mittelmeer trieben.

REISEBERICHT DES WEN-AMUN (PAPYRUS HEUTE IN MOSKAU)

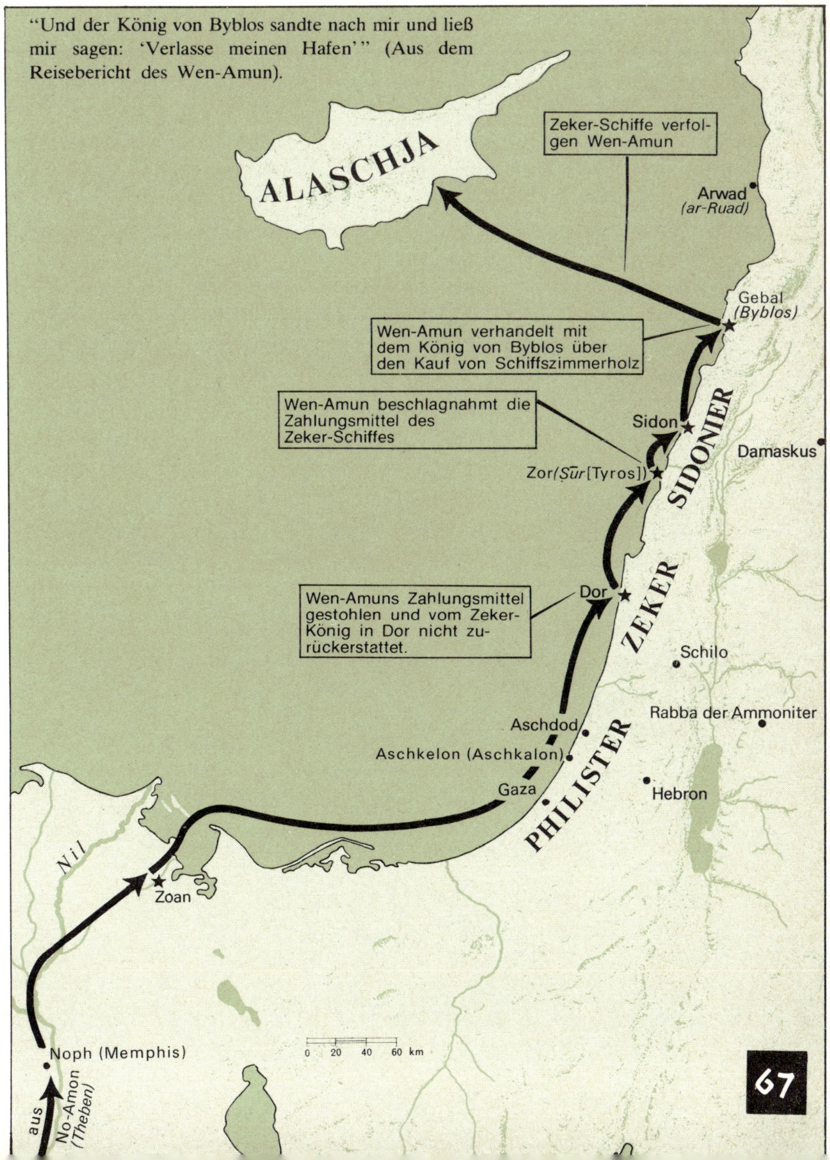

67

DIE GRENZEN DES ISRAELITISCHEN MACHTBEREICHES 12. JAHRHUNDERT V. CHR.

Im 12. Jahrhundert v. Chr. hatten sich die Hauptrivalen im palästinensischen Raum in ihren jeweiligen Teilgebieten häuslich eingerichtet: die Israeliten im Bergland, die Kanaanäer seit altersher in den Tälern und Ebenen des Nordens, schließlich die Philister in der südlichen Küstenebene. Dies trug dieser Küstenlandschaft den Namen Philistäa (»Philisterland«) ein – ein Name, der später, zu »Palästina« verballhornt, auf das gesamte Gebiet überging. Mehreren Bibelstellen zufolge brachten es die Israeliten nicht fertig, die stark befestigten Kanaanäerstädte in den Ebenen einzunehmen, denn sie – die Kanaanäer –, so hieß es, »sind stark und haben eiserne Wagen« (Jos. 17, 18). Doch auch die nicht eroberten Kanaanäerstädte zählte man zum Erbbesitz der Stämme Israels (Jos. 15, 63; 17, 11–13). Eine Zusammenfassung all dieser Städte findet sich im Buch der Richter (1, 21–35). Mit Ausnahme von Jebus-Jerusalem, Geser und den benachbarten Amoriterzentren lagen die betreffenden Städte samt und sonders im Norden, in der Jesreel-Ebene sowie an der phönikischen Küste.

Einige dieser Städte machten die Israeliten später tatsächlich fronpflichtig (Richt. 1, 28 sowie ebd. 30, 33 u. 35). Mancherorts aber lebten Kanaanäer mitten unter den Israeliten (Richt. 1, 29), so wie umgekehrt davon die Rede ist, daß der Stamm Aser im Gebiet um Akko und an der phönikischen Küste mitten unter Kanaanäern wohnte (Richt. 1, 32). Im Lauf der Zeit konnten sich die Herrschaftsverhältnisse in den einzelnen Regionen selbstverständlich ändern. So wurden die Amoriterstädte, die die Daniten bedrängt hatten, dem Haus Joseph fronpflichtig (Richt. 1, 35). Weiterhin heißt es, daß Manasse auf dem Stammesgebiet von Issacher und Aser Dor sowie die Städte der Jesreel-Ebene erhielt (Jos. 17, 11) – mit anderen Worten: Man hatte diese zunächst den Stämmen Issachar und Aser zugewiesen, bis schließlich Manasse die Oberhand gewann und eigene Ansprüche durchsetzen konnte. Nur sechs Stammesnamen (Benjamin, Manasse, Ephraim, Zebulon, Aser und Naphtali) werden im ersten Kapitel des Buches der Richter erwähnt, in dem von Israels Stammesgebieten die Rede ist, und diese sechs Stämme waren es, die sich später, wie wir noch sehen werden (vgl. Karte 71), zum Bund der Nordstämme um das Heiligtum Schilo zusammenschlossen.

JOSUA 15, 63; 16, 10; 17, 11–18;
RICHTER 1, 21–35

Israelitischer Machtbereich

Geser nach Richter 1 nicht eroberte kanaanäische Stadt

Bet-Anat (Relief Ramses' II. in Theben)

»DAS LAND, DAS NOCH ÜBRIGGEBLIEBEN IST«

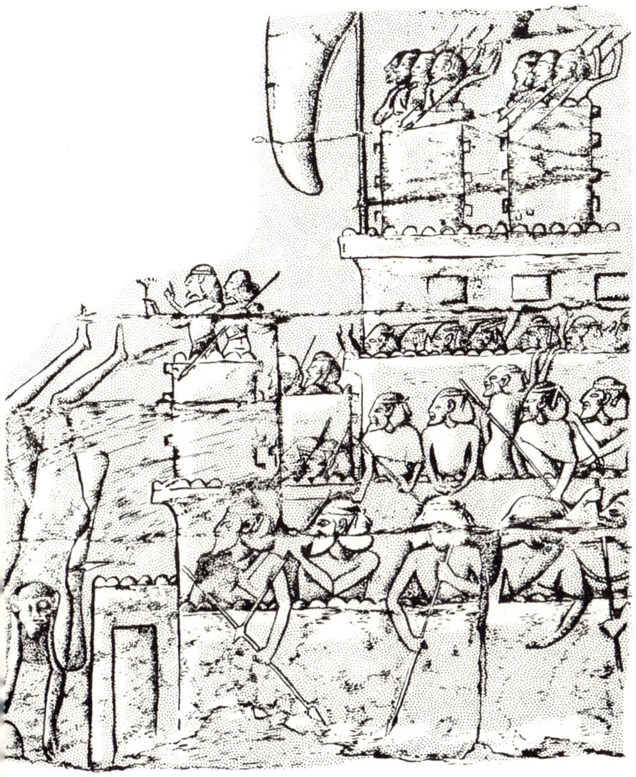

Belagerung einer Stadt im Lande Amurru
(Relief Ramses' III. in Medinet Habu)

JOSUA 13, 1–6; RICHTER 3, 1–3

"das Land, das noch übriggeblieben ist"

Aphek — nach Richter 1 nicht eroberte kanaanäische Stadt

•••••• Grenze des Landes Kanaan

Neben den kanaanäischen Enklaven gibt es »...das Land, das noch übriggeblieben ist« (Jos 13, 1–6; Richt. 3, 1–3). Damit meint die Bibel Philistäa im Süden, die phönikisch-sidonische Küste bis hinauf nach Gebal (Byblos), den Libanon bis zur Grenze der Amoriter, und die Beqa'a-Talebene von Baal-Gad am Fuße des Berges Hermon bis nach Lebo-Hamat im Norden. Das Gebiet schloß Teile des Landes Kanaan ein (vgl. Ex. 34, 1–12; Karte 50), wohin Stämme Israels nie vorgedrungen waren. Diese Gegenden befanden sich meist außerhalb der Siedlungsgrenzen Israels, und dies sogar in späteren Perioden; lediglich in der expansiven Phase des israelischen Königreiches kamen einige von ihnen unter israelitische Herrschaft. Die Formulierung »Grenze der Amoriter« bezieht sich auf das amoritische Königreich Amurru im Libanon, das wir aus ägyptischen Quellen sehr gut kennen.

Die israelitischen Siedlungen beschränkten sich mithin hauptsächlich auf die Hügelregion und auf das Ostjordanland. Der Druck der »Alteingesessenen« spornte die Neusiedler ungeheuer an: Sie rodeten Wälder und errichteten Siedlungen in Einöden und Steppen. Durch archäologische Ausgrabungen gelang der Nachweis ihrer Aktivitäten ebenso im Ephraim-Gebirge wie in Juda, im Ostjordanland und in Galiläa. Der Trend, der sich hierbei beobachten läßt, bewirkte die bedeutendste Veränderung des Siedlungsmusters in der alten Geschichte Palästinas. Zuvor unbewohnte Gegenden wurden zum erstenmal bevölkert, die Einwohnerzahl verdoppelte sich, und im Landesinnern entstanden neue Städte. Die Niederlassungen der Israeliten veränderten die Landkarte radikal, und während der israelitischen Monarchie wurde erstmals eine Kontinuität der Besiedlung erzielt, die eine der Hauptvoraussetzungen für die Verwandlung des Heiligen Landes in ein geeintes Königreich bildete.

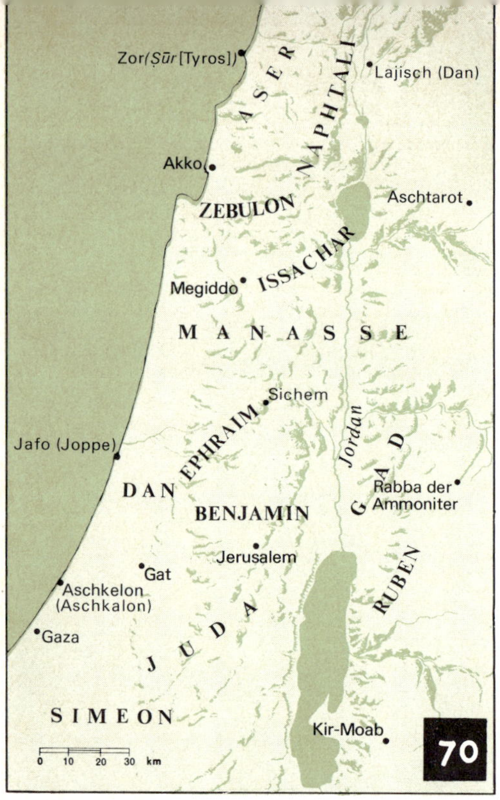

DIE STÄMME ISRAELS 12. JAHRHUNDERT V. CHR.

JOSUA 13–19

"Dies sind die Gebiete, die die Israeliten in Kanaan zum Erbbesitz erhielten" (Josua 14, 1).

"Da machten sich die Männer auf und zogen davon. Josua gab ihnen, als sie aufbrachen, die Weisung, das Land schriftlich aufzuzeichnen, und sprach: 'Geht, zieht im Lande umher, nehmt es schriftlich auf und kehrt dann zu mir zurück, so will ich euch dann vor dem Angesichte des Herrn zu Schilo das Los werfen'" (Josua 18, 8).

Mesopotamischer Grenzstein (etwa 12. Jh. v. Chr.)

DIE GRENZEN DER STAMMESGEBIETE 12. BIS 11. JAHRHUNDERT V. CHR.

JOSUA 15–16

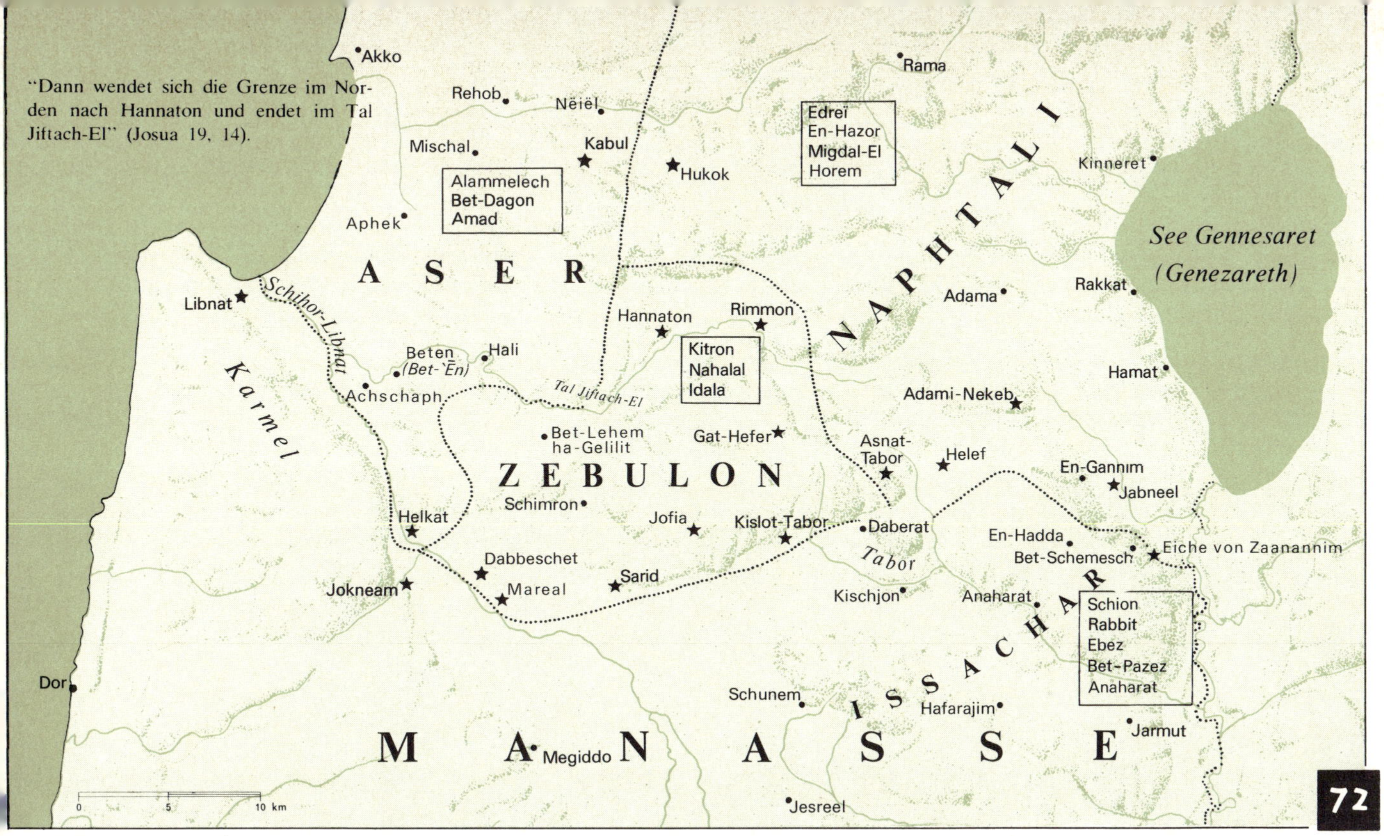

DIE STAMMESGRENZEN IN GALILÄA 12. BIS 11. JAHRHUNDERT V. CHR.

72 JOSUA 19, 10–39

Die Beschreibung der Stammesterritorien (Jos. Kap. 13–19) ist aus zwei Quellen kompiliert: einer Beschreibung der Grenzen der Stämme und einer Aufzählung ihrer Städte. Die meisten Forscher glauben, daß die Städteliste die Situation einer späteren Periode widerspiegelt, als das Königreich schon in Verwaltungsbezirke eingeteilt war. Sicherlich trifft dies auf die Städte Judas zu, die – je nach ihrer geographischen Lage – zu Gruppen zusammengefaßt sind (vgl. Karte 130). Andererseits stammt die Beschreibung der Grenzen vermutlich aus der Zeit der Richter, in der die klare Grenzziehung zwischen den einzelnen Stämmen von lebenswichtiger Bedeutung war. Jede Grenze wird durch Grenzpunkte bestimmt, die in geographischer Reihenfolge aufgezählt sind. Charakteristische Landschaftsmerkmale wie Berge, Abhänge, Quellen, Bäche etc. dienen als Markierungen. Die Liste ist drastisch gekürzt. In der vorliegenden Form behielt man die ursprünglich detailliertere Beschreibung nur für Orte von besonderem Interesse bei, wie in der Umgebung von Jerusalem.

Für Issachar, Dan, Simeon und die transjordanischen Stämme werden nur Städtelisten und allgemeine topographische Markierungen gegeben. Die Beschreibung der Grenze Judas fehlt gänzlich: Seine Südgrenze, wie sie angegeben ist, ist die des Landes Kanaan (siehe Karte 50), und der größte Teil der Nordgrenze ist identisch mit der Südgrenze von Benjamin. Nur zwei Grenzabschnitte weichen vom Gebiet israelitischer Niederlassungen zur Zeit der Richter ab – die Nordwestgrenzen von Juda und Aser. Dies war der Grenzverlauf unter David, dessen Reich an Philistäa und Zor (Tyros) grenzte (vgl. 2. Sam. 24, 5–7; Karte 104), und offenbar sind die betreffenden Angaben als Ergänzung zu den anderen Beschreibungen zu verstehen. Mithin überliefert die Bibel von nur sechs Stämmen den genauen Grenzverlauf – es sind die Stämme in Galiläa und im Gebirge Ephraim, die in der Liste der unbezwungenen kanaanäischen Städte erscheinen (Karte 68). Hierbei muß es sich um den Bund der Nordstämme handeln, die sich um das Kultheiligtum Schilo versammelten und denen man, um sie von Juda zu unterscheiden, den Namen Israel gab. Zur Zeit der Richter war das Band zwischen den Nord- und Südstämmen eher locker, und die beiden Volksgruppen unternahmen keinen gemeinsamen Krieg (vgl. den Kampf der Debora oder den Krieg Gideons). Es ist wohl anzunehmen, daß sich die Südstämme zu einem ähnlichen Bund zusammengeschlossen hatten, dessen Zentrum das Kultheiligtum bei Hebron bildete. Dieser Bund hätte Juda, Simeon, Kaleb, Kenas, Jerachmeel und die Keniter umfaßt. Im Laufe der Zeit bildeten sich immer stärkere Gegensätze zwischen Juda und Israel heraus, so daß die beiden Volksgruppen gegen Ende der Richterzeit als zwei voneinander getrennte Gebilde existierten, die nicht einmal das vereinigte Königreich unter David und Salomon mehr zu integrieren vermochte.

DIE GRENZEN DES STAMMES BENJAMIN UND SEINER NACHBARSTÄMME

JOSUA 15–18

"Dann zieht sich die Grenze aufwärts ins Tal der Söhne Hinnoms südlich des Berghanges der Jebusiter, das ist Jerusalem. Weiter steigt sie zum Berggipfel westlich über dem Hinnom-Tal am Nordende der Rephaiter-Ebene empor" (Josua 15, 8).

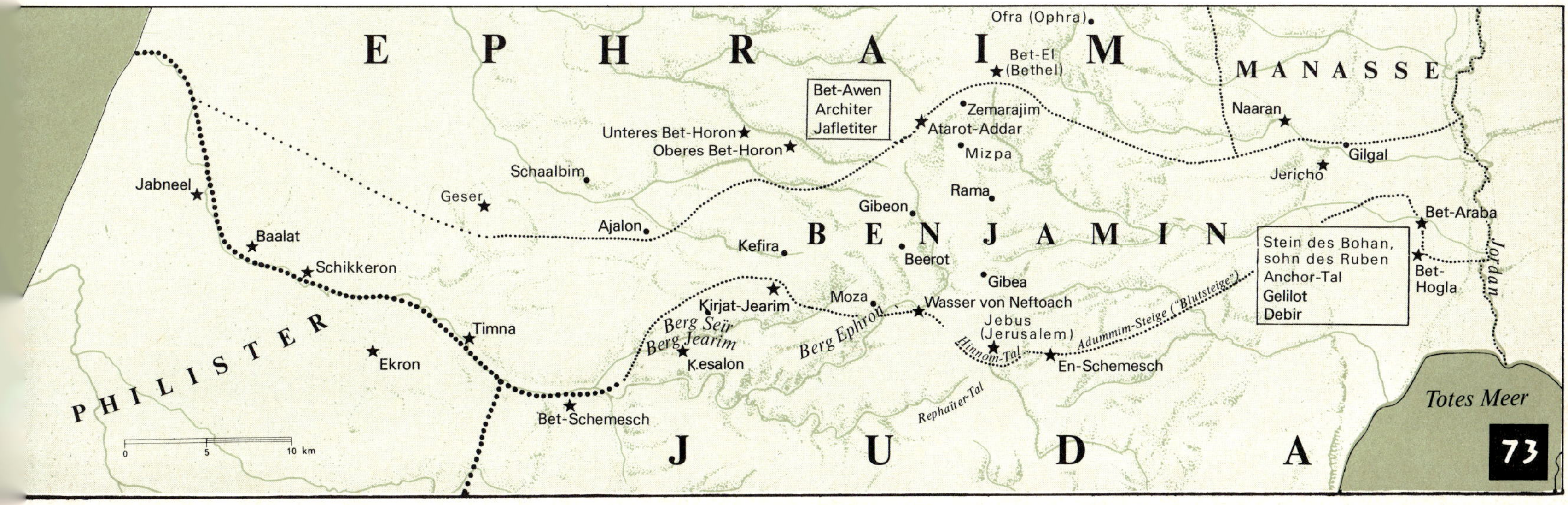

73

"Und die Israeliten waren 18 Jahre lang Eglon, dem König von Moab, untertan" (Richter 3, 14).

DER KRIEG DES EHUD 12. BIS 11. JAHRHUNDERT V. CHR.

RICHTER 3, 12–30

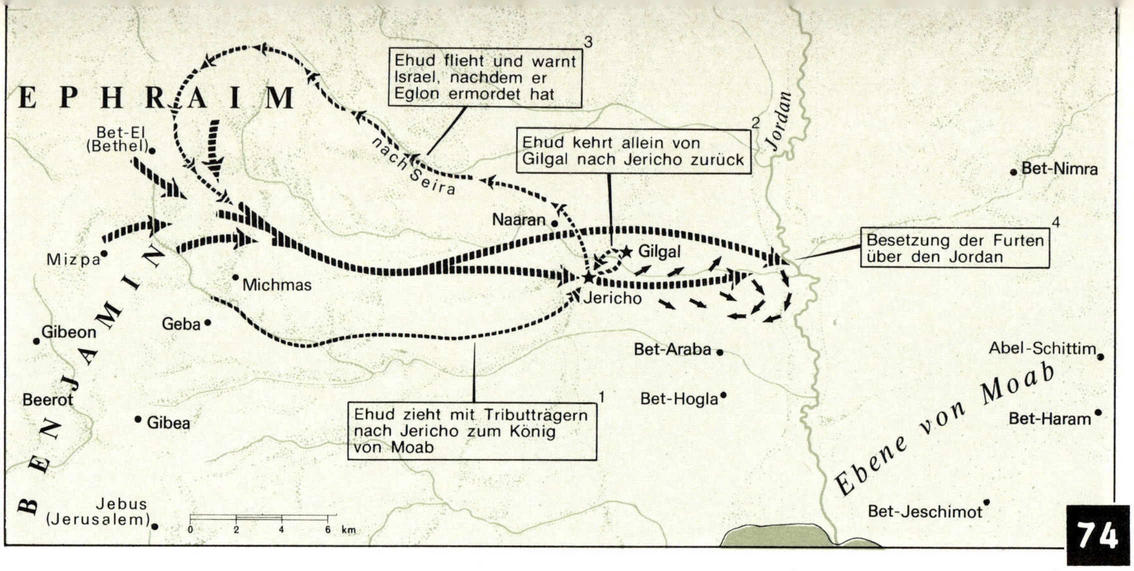

Israelitische Streitkräfte

Moabiter

"Immer, wenn die Israeliten gesät hatten, zogen die Midianiter, die Amalekiter und die Völker des Ostens gegen sie in den Krieg" (Richter 6, 3).

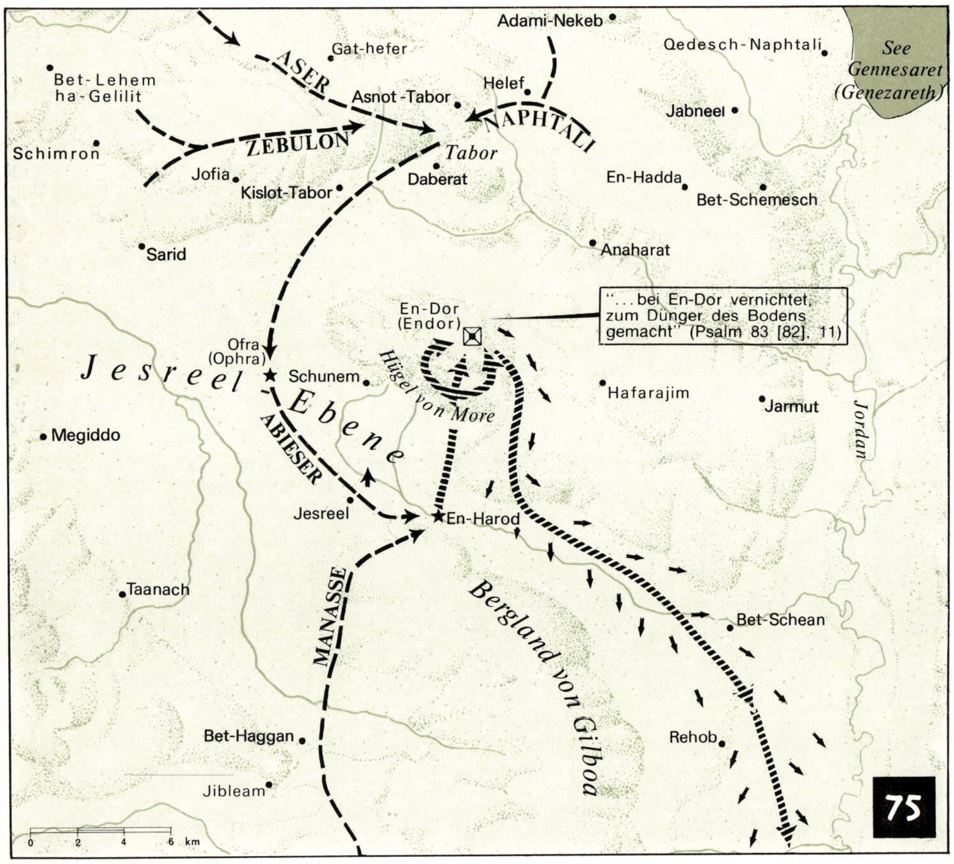

Arabische Kamelreiter im Kampf
(Relief aus dem Palast Assurbanipals in Ninive)

DER KRIEGSZUG GIDEONS 12. JAHRHUNDERT V. CHR.

RICHTER 6–8; PSALMEN 83, 10–11

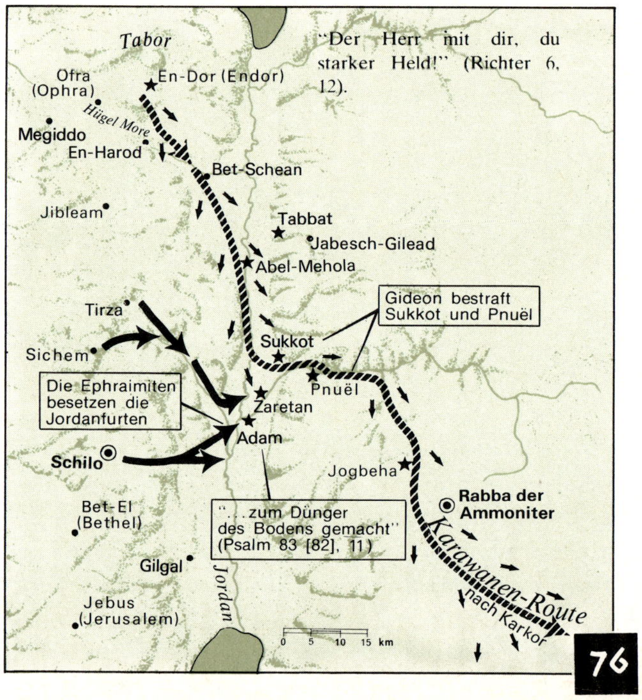

DIE VERFOLGUNG DER MIDIANITER 12. JAHRHUNDERT V. CHR.

RICHTER 7–8

Israelitische Streitkräfte

Lager der Midianiter

Sammelplatz des israelitischen Heeres

Flucht der Midianiter

DAS REICH DES ABIMELECH 12. JAHRHUNDERT V. CHR.

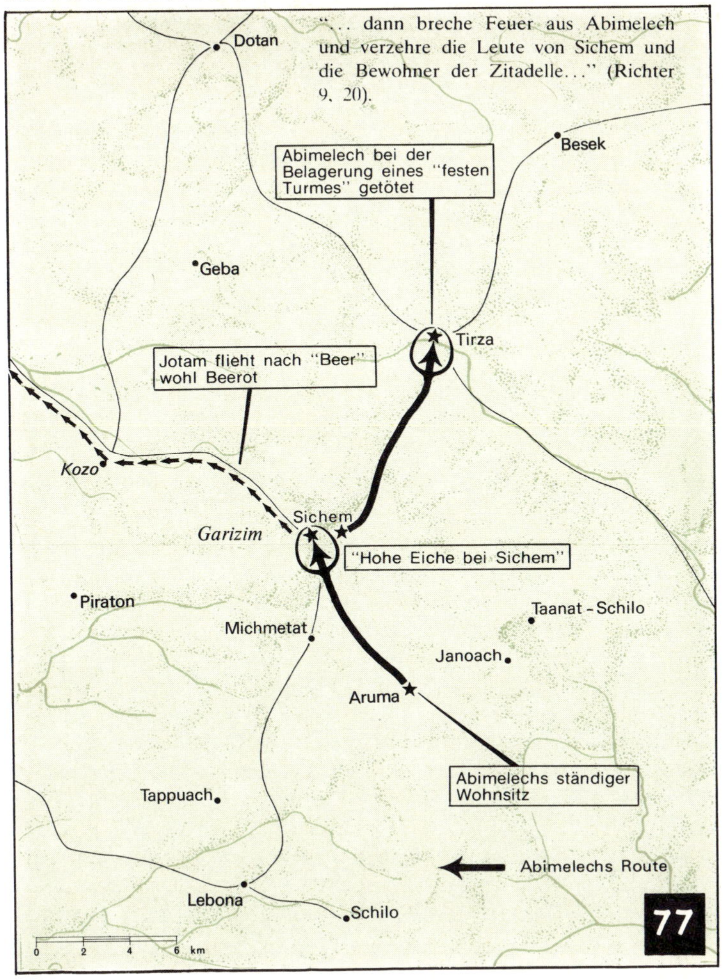

RICHTER 8, 30–9, 57

Die Festsetzung der Stämme in den verschiedenen Regionen nahm während des 12. Jh. ihren Fortgang, und in den relativ ruhigen Zeiten lockerte sich die Verbindung zwischen ihnen. Kein Feind bedrohte die israelitischen Bauern. Hier nun zeigt sich der Nachteil eines historischen Kartenwerkes: Es ist viel leichter, die Karte einer kurzen kriegerischen Epoche zu zeichnen, als ganze Generationen bei friedlicher Arbeit »kartographisch zu erfassen«, die doch die Grundlage für das Gedeihen eines Landes ist.
Bei den in der Bibel beschriebenen Kämpfen ging es gegen Nachbarn und Eindringlinge aus der Wüste. Bei Gefahr erhoben sich auf den Hilferuf der Stämme Führer – die von Gott inspirierten »Richter«. In der Regel behielten sie auch nach dem jeweiligen Befreiungskrieg die Führung inne. Die Zahl ihrer Kämpfer war gering, und es wurden auch nur Männer des eigenen Stammes oder benachbarter Stämme aufgeboten. Schon Gruppen von wenigen hundert Mann konnten unter entschlossener Führung den Feind, dessen Streitkräfte ja ihrerseits nur aus unorganisierten Banden bestanden, durch Überraschungsangriffe besiegen.
Nur einer der »Richter«, Otniel, der Sohn des Kenas, kam aus einem Südstamm. Wir wissen nichts über die historischen und geographischen Umstände des Krieges, den er führte. Ehud kam aus dem Stamm Benjamin und handelte mit Unterstützung der Leute aus dem südlichen Ephraim-Gebirge. Sein tollkühner Einsatz wird in der Bibel beschrieben. Wie der König von Moab mit Hilfe der Ammoniter und Amalekiter in Jericho, der »Palmenstadt«, eindringen konnte, ist nicht überliefert. Gideon gehörte dem Stamm Manasse an, und seine Familie, die des Abieser, lebte bei Ofra (Ophra). Die Lage Ofras kennen wir nicht. Da sich Gideons Aktivitäten aber in der Ebene Jesreel abspielten und sein Bruder am Berge Tabor getötet wurde (Richt. 8, 18–19), lag es vermutlich in der dortigen Gegend. Vielleicht ist es identisch mit Affule, wo sich ein Tell (Trümmerhügel) mit Siedlungsüberresten befindet, desgleichen mit dem »Ophel« der Städteliste Thutmosis' III. (vgl. Karte 34). Abiesers Familie war wohl eine jener Sippen des Stammes Manasse, die in das Gebiet von Issachar eindrangen (Jos. 17, 11). Der Stamm Issachar bleibt in der Geschichte vom Kampf Gideons unerwähnt, obwohl die Schlacht auf seinem Gebiet stattfand. Die Feinde, gegen die Gideon ins Feld zog, waren räuberische Beduinen auf Kamelen. Sie kamen aus der Wüste, machten sich mit Herden und Zelten in den Tälern breit und stellten eine ständige Bedrohung der in offenen Siedlungen wohnenden Israeliten dar. Gideon gab sich mit einem Angriff auf das Lager der Eindringlinge nicht zufrieden, sondern jagte sie in die Wüste hinaus. Jephte war ein Gileaditer. Er befreite die israelitischen Niederlassungen im Ostjordanland vom Druck der Ammoniter. Ausdrücklich hebt der Bericht über seine Feldzüge seine hohen »Führungsqualitäten« hervor. Bemerkenswert ist auch der extreme Gegensatz zwischen den Stämmen diesseits und jenseits des Jordans, der sogar unterschiedliche hebräische Dialekte hervorbrachte (Richt. 12, 6).
Die Herrschaft Abimelechs, des Sohns Gideons, stellt eine besondere Episode in der Zeit der Richter dar: den Versuch, die Führerschaft auf erblicher Basis weiterzugeben – eine Monarchie zu gründen. Abimelech wurde von den alteingesessenen kanaanäischen Bewohnern Sichems unterstützt, die ihn wegen seiner Abstammung mütterlicherseits als einen der ihren ansahen. »Und sie gaben ihm siebzig Lot Silber aus dem Tempel des Bundesbaals« (Richt. 9, 4). Die Überreste dieses auch als *Betmillo* bezeichneten Tempels des *Baal-berit* (des »Bundesbaals«) wurden bei Sichem ausgegraben. Abimelech lehnte es jedoch ab, sich den Herrschern Sichems unterzuordnen, und machte Aruma (zwischen Sichem und Schilo) zu seiner Hauptstadt. Kurz darauf brachen die Beziehungen vollständig ab, da die Kanaanäer von Sichem Abimelech nicht als israelitischen König akzeptierten (Richt. 9, 28). Abimelech zerstörte Sichem, ja er versuchte, seine Herrschaft auf die kanaanäischen Städte im Territorium Manasses im Ephraim-Gebirge auszudehnen. Er fiel bei der Belagerung der Festung Tebez, und so endete seine kurze »Herrschaft«. Tebez' Lage ist unbekannt. Die Gleichsetzung des Ortes mit Tubaz ist zweifelhaft. Vielleicht ist »Tebez« eine Verballhornung des Namens Tirza (kanaanäische Stadt unweit von Sichem [Jos. 12, 24]).

JEPHTES KRIEG ENDE DES 12. JH. V. CHR.

RICHTER 11–12, 7

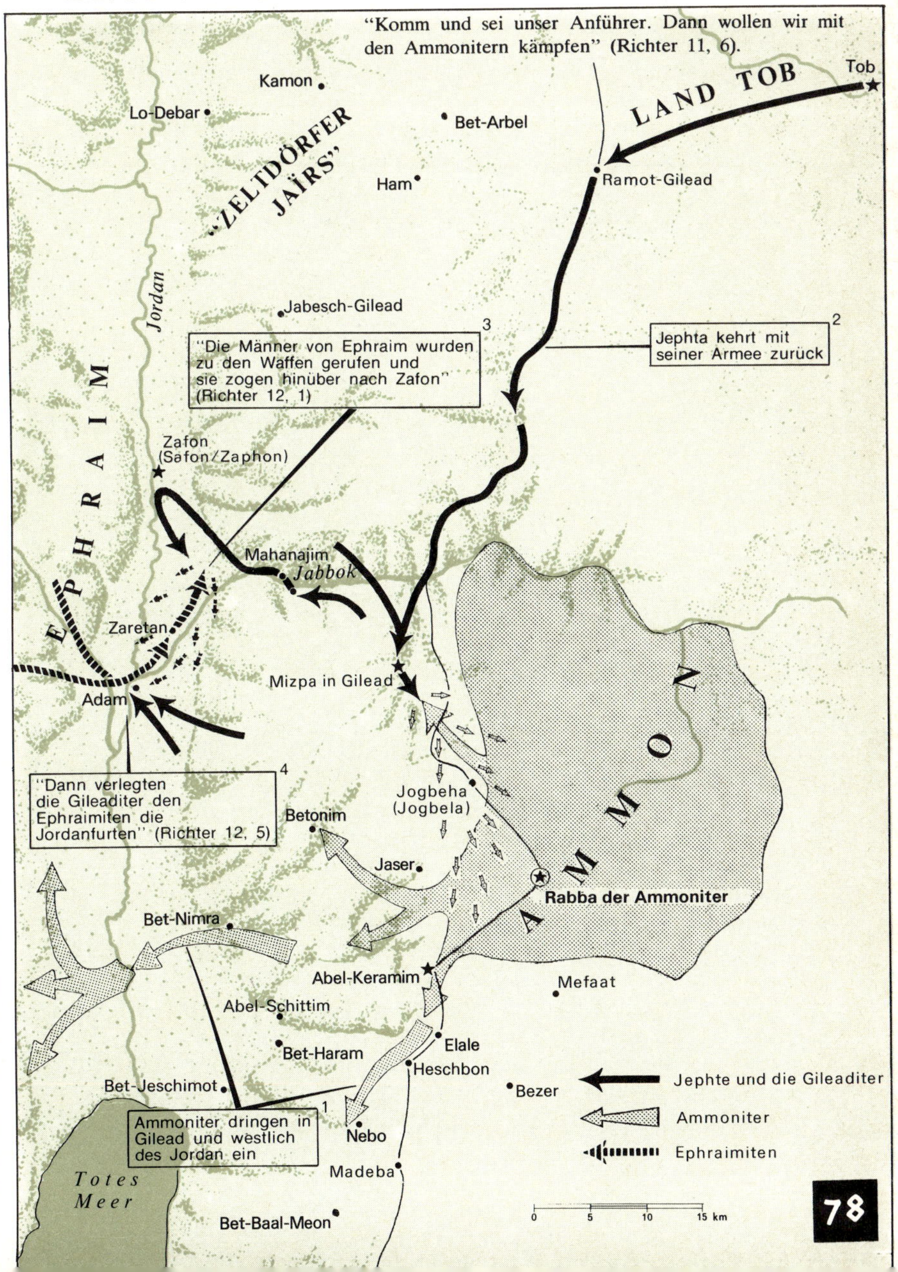

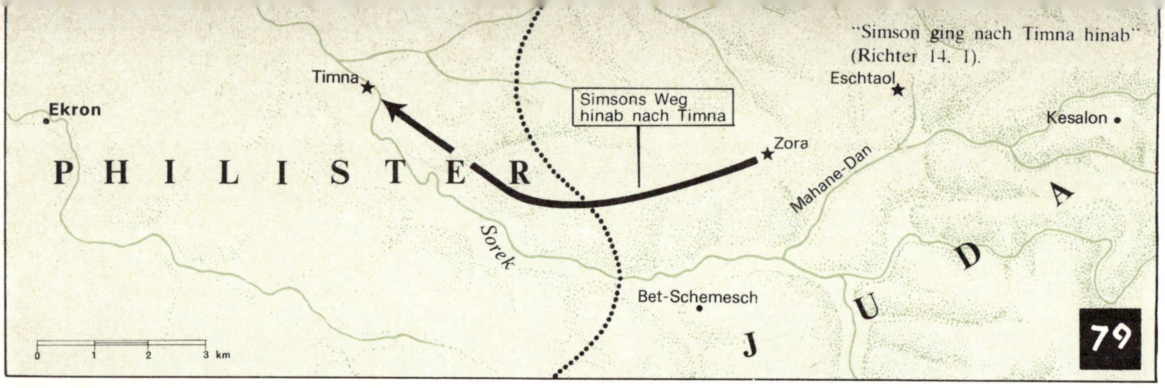

DIE TATEN SIMSONS FRÜHES 11. JAHRHUNDERT V. CHR.

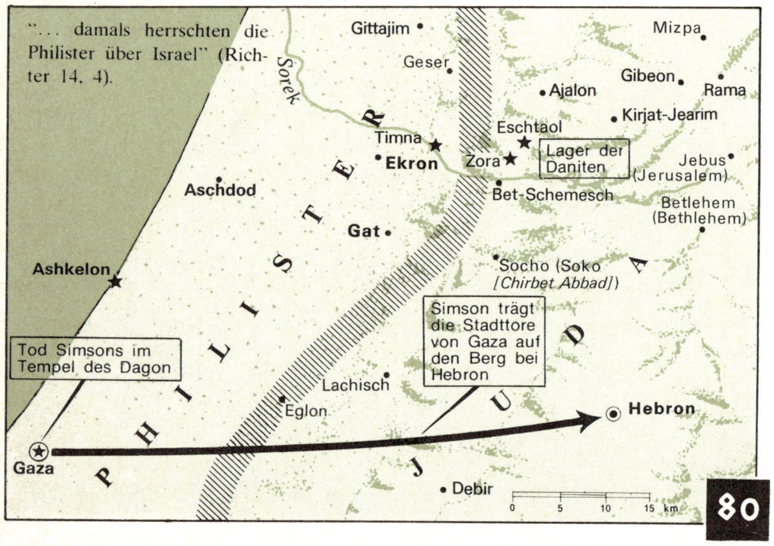

RICHTER 13–16

Grenzgebiet zwischen Juda und dem Philisterland

Verzierte Schüssel der Philister

JUDA UND DAS PHILISTERGEBIET ZUR ZEIT SIMSONS

Der Kampf gegen die Philister, Israels mächtigste Gegner, bildet den Hintergrund der Simson-Überlieferung.

Die Philister kamen im 12. Jahrhundert, einige Generationen nach den Israeliten, nach Kanaan (Karte 66). Sie ließen sich im südlichen Küstengebiet, nördlich des Me-Jarkon, nieder und gruppierten sich um drei große Städte: Gaza, Aschkelon (Aschkalon) und Aschdod – bedeutende Küstenstädte, bereits aus kanaanäischer Zeit wohlbekannt. Im Landesinnern, im Siedlungsgebiet der Philister in der Schefela, entwickelten sich die beiden Städte Ekron und Gat. Gat war schon zur Kanaanäerzeit eine wichtige Stadt, aber Ekron ist offensichtlich eine philistäische Gründung. Zu Beginn des 11. Jahrhunderts schlossen sich fünf Philisterstädte zum Zwecke gegenseitiger militärischer Unterstützung zu einem Bund zusammen. Ihr Territorium erstreckte sich über die südliche Küstenebene. Der philistäische Krieger war schwer bewaffnet, wie zum Beispiel der Goliath aus Gat (1. Sam. 17, 5–7; vgl. Karte 91). Die Philister verstanden sich darauf, Eisen zu verarbeiten, und behielten auf diesem Gebiet das absolute Monopol bis zu den Tagen des Königs Saul (1. Sam. 13, 19–22). Die schwarzrote »Philisterkeramik«, deren Dekor an mykenische Ware erinnert, macht es leicht, die Überreste ihrer Siedlungen als philistäisch zu identifizieren.

Die Grenze zwischen Juda und dem Philisterland lief mitten durch die Schefela. Hier begegneten die beiden Völker einander in Frieden und Krieg. Die Geschichten von Simson beschreiben das Leben in der nördlichen Schefela im Gebiet um den »Bach Sorek«. Ort der Handlung ist die Gegend zwischen dem israelitischen Zora und dem philistäischen Timna, einer Tochtergründung Ekrons. Die eine Stadt liegt hoch auf einem Kamm, die andere tief im Tal. Einst hatte der Stamm Dan versucht, sich in dieser Gegend niederzulassen. Simson war mit einer der Danitenfamilien verwandt, die dort wohnen geblieben waren. Zu seiner Zeit hatten die Philister die Oberhand gewonnen und herrschten auch über Teilgebiete Judas (Richt. 15, 11). Die Erzählungen über den starken Helden, der an den tyrannischen Philistern Rache nahm, waren in den israelitischen Siedlungen zweifellos sehr beliebt. Dennoch bestanden zwischen den israelitischen Niederlassungen und den Philistern in den äußersten Randbezirken ihres Gebietes gute Beziehungen, wovon die Ausgrabungen im israelitischen Bet-Schemesch zeugen. Tatsächlich kam dort reichlich »Philister-Ware« (Keramik des für die Philister charakteristischen Typs) zum Vorschein.

DER RACHEKRIEG FÜR DIE IN GIBEA ERMORDETE NEBENFRAU 12. JAHRHUNDERT V. CHR.

Das Buch der Richter endet mit der Geschichte des Bürgerkriegs zwischen Benjamin und den andern israelitischen Stämmen. Männer aus Gibea hatten die Nebenfrau eines Leviten vergewaltigt, und die Frau war umgekommen. Die Erzählung spiegelt die Sitten der Richterzeit. »Zu jener Zeit gab es noch keinen König in Israel; ein jeder tat, was ihm recht dünkte« (Richt. 21, 25). Wenn Israel damals auch noch kein Rechtsstaat war, so gab es doch einen Stämmeverband, der sich ähnlich den griechischen Amphiktyonien um ein Kultheiligtum gruppierte. Verletzte nun ein Stamm ein Gottesgebot, so trat der Verband zusammen, um ein Urteil zu sprechen. Allerdings sind die näheren Umstände des Krieges der Stämme Israels gegen Benjamin in Dunkel gehüllt. Vielleicht hatte er auch schon früher stattgefunden, denn gegen Ende der Richterzeit war Benjamin ein blühender Stamm, und Gibea wurde unter Saul Israels erste Hauptstadt. Eine frühere Ansiedlung bei Gibea wurde vor der Mitte des 12. Jh. zerstört, um die gleiche Zeit wurden auch andere Siedlungen in der Gegend verlassen.

RICHTER 19–20

"... und die Gemeinde versammelte sich wie ein Mann zum Herrn nach Mizpa, von Dan bis Beerscheba und auch aus dem Lande Gilead" (Richter 20, 1).

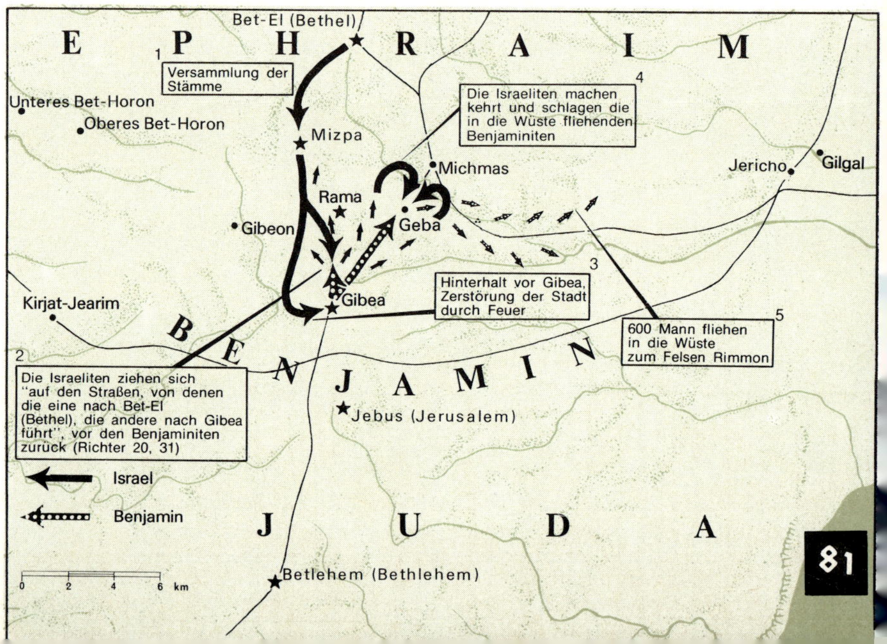

DIE RICHTER UND IHRE STÄMME 12. BIS 11. JAHRHUNDERT V. CHR.

Verzierter Krug der Philister

Neben den »großen Richtern«, die Israel aus Feindeshand befreiten, erwähnt das Buch der Richter auch mehrere »kleine Richter« (Richt. 10, 1–5; 12, 8–15), die das Volk von ihren Geburtsorten aus richteten. Die Schrift erwähnt für gewöhnlich ihren Reichtum. Von Kriegen, die unter ihrer Führung stattgefunden hätten, erfahren wir nichts. »Richter« standen vielleicht an der Spitze des Stämmebundes (oder möglicherweise zweier Stammesbünde), wobei abwechselnd jeder Stamm für eine gewisse Zeit den Amtsträger zu stellen hatte. In Friedenszeiten war ihre Autorität sehr beschränkt. Wir wissen von fünf »kleinen Richtern«, und es ist sicher kein Zufall, daß die Gesamtzahl der im Richterbuch erwähnten »Richter« zwölf beträgt, so daß auf jeden Stamm ein »Richter« entfällt. Fraglich ist, ob die namentlich überlieferten »kleinen Richter« die einzigen waren. Vielleicht wählte man ihre Namen nur aufgrund ihrer Stammeszugehörigkeit, damit jeder Stamm wenigstens einen »Richter« hatte, wenn schon nicht jeder seinen großen Volksbefreier aufwies.

"Israel wurde von den Philistern geschlagen" (1. Samuel 4, 2).

In der Mitte des 11. Jahrhunderts spitzten sich die Ereignisse zu, und es kam zwischen Israel und den Philistern zur Entscheidungsschlacht um die Vorherrschaft über Kanaan. Dieser Konflikt ließ das »Philisterreich« entstehen, das aber nur kurze Zeit dauerte, später dann das israelitische Königreich, das in seiner Weise Israels Antwort auf den Druck seitens der Philister war.

Wir besitzen über diesen dramatischen Kampf nur fragmentarische Informationen, und die überlieferten Volkslegenden lassen uns nur gleichsam den Schatten der Ereignisse sehen. Die entscheidende Schlacht fand zwischen Aphek und Eben-Eser statt. Das alte Aphek an der Quelle des Flusses Jarkon war eine Grenzstadt am Nordrand Philistäas. Die genaue Lage von Eben-Eser ist nicht bekannt, und wir können nur vermuten, daß der Schauplatz der Ereignisse östlich von Aphek lag. Der Kampf endete mit einer völligen Niederlage des israelitischen Stämmebundes, und Schilo selbst wurde zerstört, wie wir durch die Ausgrabungen wissen. Dies erklärt die Tatsache, daß Schilo künftig nie mehr als israelitisches Kultheiligtum in Erscheinung trat, ja, daß Saul die Nachkommen der Priesterschaft Schilos in Nob bei Jerusalem ansiedelte (1. Sam. 21, 2 ff.). Desgleichen erklären sich so auch alle späteren Anspielungen auf das Schicksal der Stadt (Jer. 7, 12–14; 26, 6–9; Ps. 78 [77], 60).

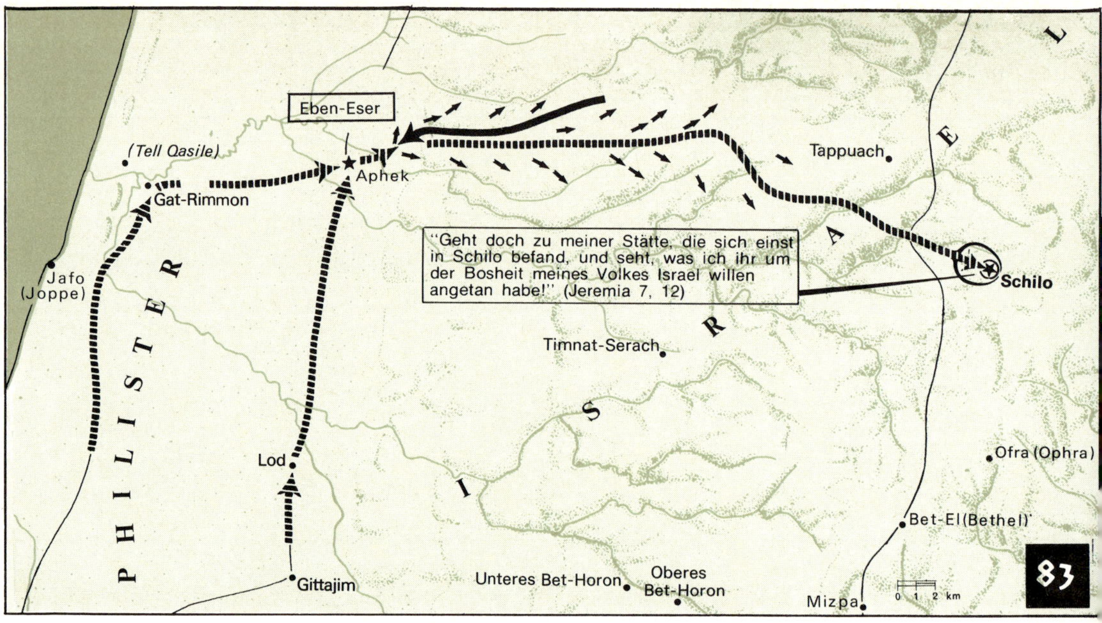

1. SAMUEL 4

DIE SCHLACHT VON EBEN-ESER CA. 1050 V. CHR.

Israelitische Streitkräfte
Streitkräfte der Philister

Ochsenkarren der Seevölker (Relief Ramses' III. aus Medinet Habu)

Die Bundeslade, die aus Schilo auf das Schlachtfeld getragen worden war, fiel in die Hände der Philister. Die wunderbare Geschichte ihrer Wanderung und ihrer Rückkehr gestattet uns einen Blick in das Leben der größeren Städte des nördlichen Philisterlandes und ihrer umliegenden Gebiete. Aus Ekron im Philisterland brachte man die Bundeslade nach Bet-Schemesch in Juda, wo die Bevölkerung im Tal Weizen schnitt. Es handelt sich um das Sorek-Tal bei Timna, wo Simson auf den Feldern seine Füchse losgelassen hatte (Richt. 15, 1–5). Die Leute von Bet-Schemesch übergaben die Bundeslade den Leuten von Kirjat-Jearim, die sie in das Haus Abinadabs auf dem Hügel brachten (1. Sam. 7, 1; 2. Sam. 6, 3–4; vgl. auch Jos. 18, 28). Kirjat-Jearim ist die frühe hivvitisch-gibeonitische Stadt an der südlichen Grenze Benjamins, die auch den am weitesten südlich gelegenen Grenzpunkt der Nordstämme bildet. Dort blieb die Bundeslade, bis David sie holte und nach Jerusalem zurückbrachte, da es kein Kultheiligtum gab, das Schilos Platz hätte einnehmen können. Zunächst aber war noch Samuel Israels geistiger Führer in diesen Tagen größter Gefahr. Er reiste Jahr um Jahr zu sämtlichen Stammes- und Kultzentren im Grenzbereich der Stämme Benjamin und Ephraim.

Die Bibel berichtet von einem weiteren Krieg zur Zeit Samuels. Auch dieser Krieg soll bei Eben-Eser ausgetragen worden sein, und nun schlugen, so heißt es, die Israeliten die Philister (1. Sam. 7, 7–14). Danach fielen die zuvor von den Philistern besetzten Städte von Ekron bis Gat an Israel zurück, und nach dem Sieg wurde ein Friedensvertrag zwischen Israel und den Städten der Amoriter unterzeichnet, die in der Vergangenheit die Daniten bedrängt hatten (Richt. 1, 34–35). Dies wird bestätigt durch archäologische Ausgrabungen bei Tell Qasile, einer Hafenstadt an den Ufern des Jarkon gegenüber von Gat-Rimmon, die in der Mitte des 11. Jahrhunderts v. Chr. zerstört worden war (Stratum XI). Die betreffende Zerstörungsschicht könnte mit dem israelitischen Sieg in den Tagen Sauls in Zusammenhang stehen. Aus der Fortsetzung der Erzählung im Buch Samuel geht jedoch hervor, daß die Philister nicht aufhörten, die Israeliten zu belästigen, sondern ihre Übergriffe noch steigerten, und daß Geba, eine Stadt Benjamins nahe der Grenze zu Ephraim, die auch »Gibea Gottes« genannt wurde (1. Sam. 10, 5; 13, 3), einen philistäischen Statthalter erhielt.

Israels Beziehungen zu den Philistern müssen demnach ein einziges Hin und Her feindseliger Handlungen und bewaffneter Vergeltungsschläge gewesen sein. Der überraschende Sieg der Israeliten zur Zeit Samuels dürfte die Kräfte der Philister verstärkt mobilisiert haben. Sie drangen nun ins Zentrum der israelitischen Niederlassungen im Hügelland vor und sicherten ihre Herrschaft durch Besatzungstruppen.

Die israelitischen Stammesbünde fielen in der zweiten Hälfte des 11. Jahrhunderts v. Chr. auseinander, und die Zeit war reif für die Monarchie. Saul, der erste der israelitischen Könige, erschien in einer Zeit verstärkten Drucks seitens der Philister auf der Bildfläche. Er kam aus Gibea in Benjamin, nahe dem jebusitischen Jerusalem. Die Stadt Gibea wurde Sauls Hochburg und die erste Hauptstadt des geeinten Königreiches Israel. Man nannte es fortan »Sauls Gibea«. Seine Lage auf einem vorspringenden Hügel an einer Hauptstraße nahe der Grenze zwischen Israel und Juda wurde durch Ausgrabungen bestätigt. Die biblische Erzählung vom Weg, den Saul ging, als er auszog, seines Vaters Eselinnen im Gebirge Ephraim zu suchen, ist ein gutes Beispiel dafür, wie genau diese Art von Volksüberlieferung topographische Einzelheiten bewahrt und weitergibt.

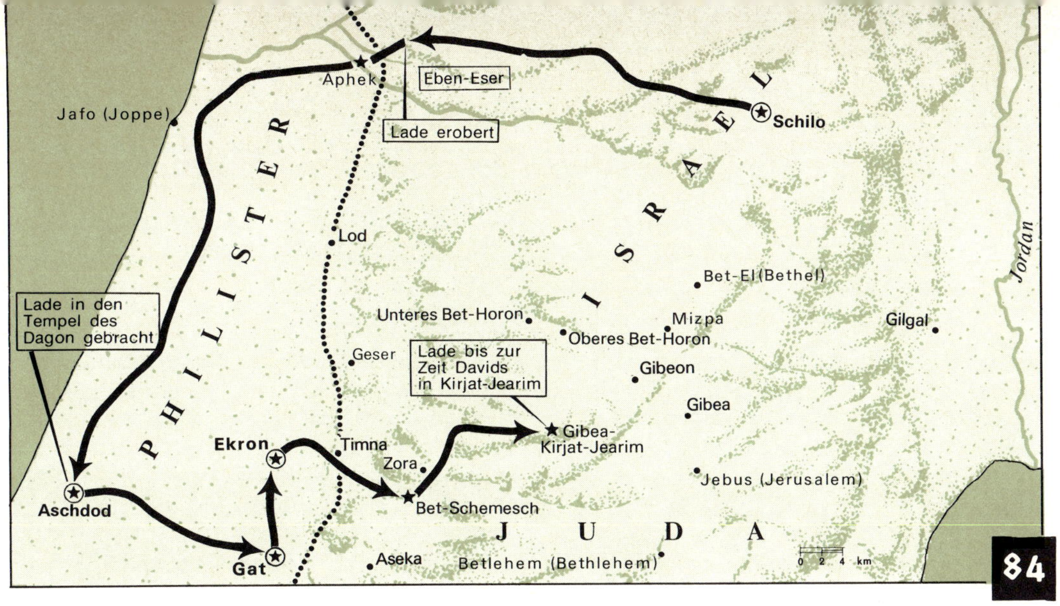

"Die Lade des Herrn blieb sieben Monate im Lande der Philister" (1. Samuel 6, 1).

DIE WANDERUNGEN DER BUNDESLADE CA. 1050 V. CHR.

Route der Lade

1. SAMUEL 5–7, 1

"Jahr um Jahr zog er umher nach Bet-El (Bethel), Gilgal und Mizpa... regelmäßig kehrte er nach Rama zurück" (1. Samuel 7, 16–17).

DIE STÄDTE SAMUELS CA. 1030 V. CHR.

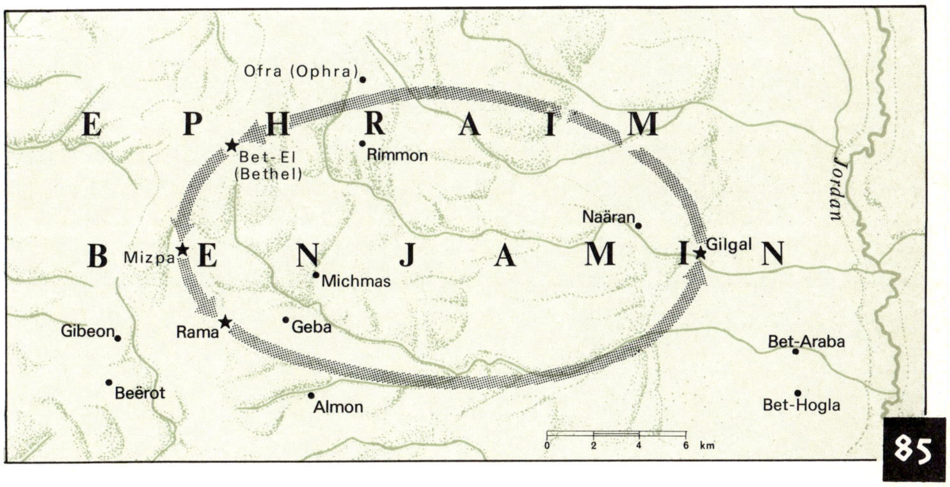

1. SAMUEL 7, 16–17

"Einst hatten sich die Eselinnen Kischs, des Vaters Sauls, verlaufen" (1. Samuel 9, 3).

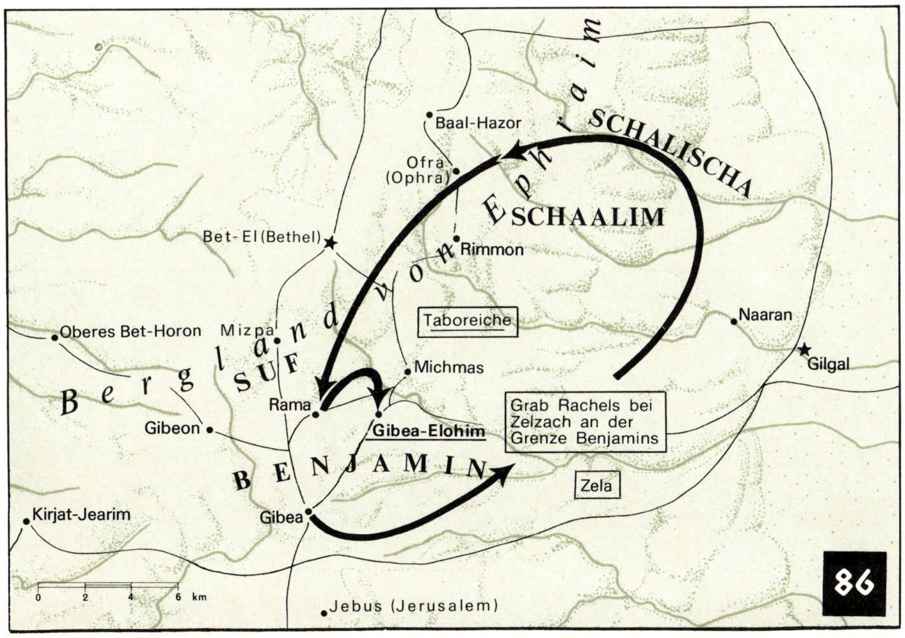

SAUL AUF DER SUCHE NACH DEN ESELINNEN CA. 1025 V. CHR.

Gibea-Elohim Sitz eines philistäischen Gouverneurs

Weg Sauls

1. SAMUEL 9–10, 16

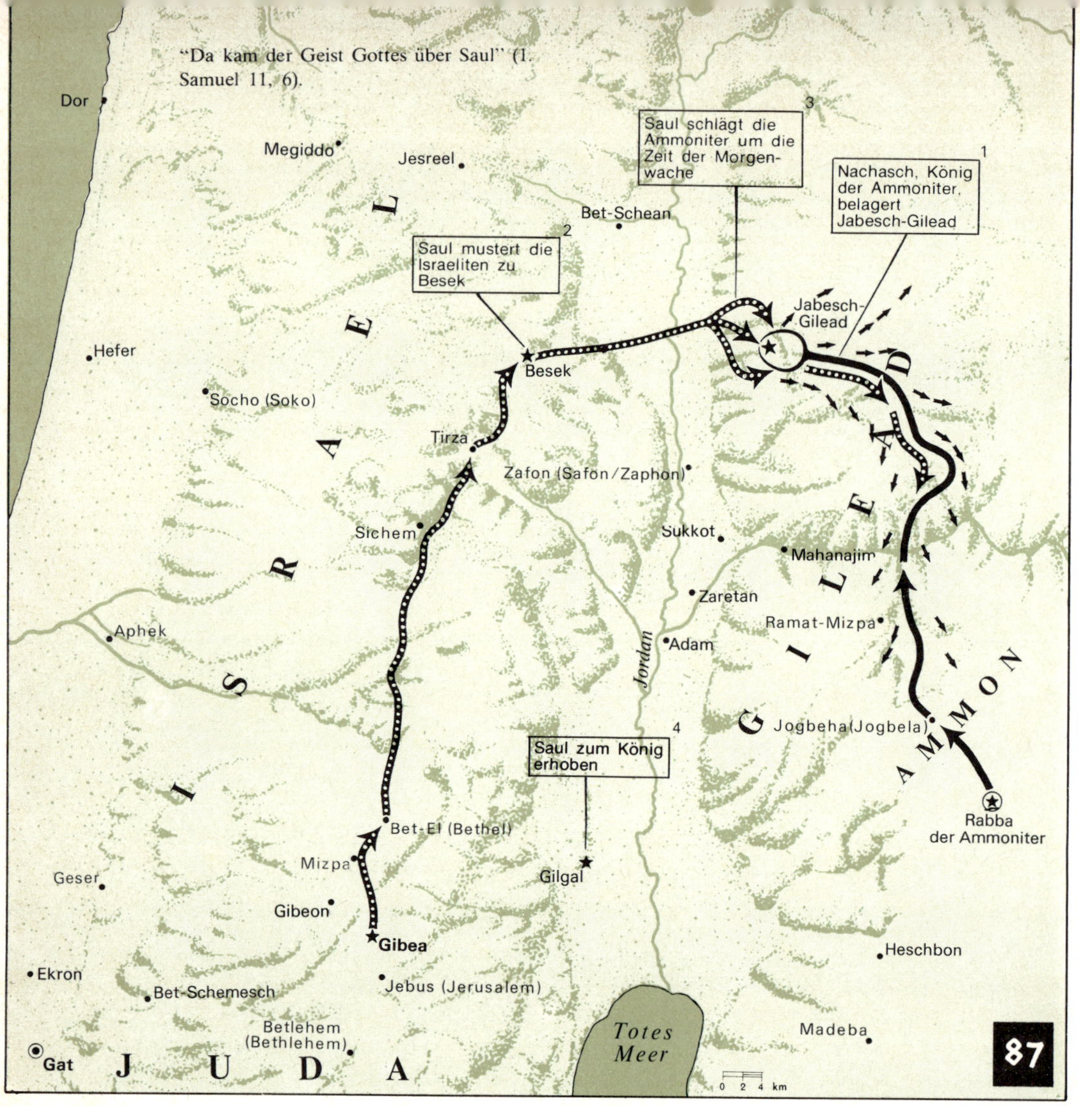

1. SAMUEL 11

Israel
Ammon

DIE BEFREIUNG VON JABESCH-GILEAD UM 1025 V. CHR.

Sauls Aufstieg zum Königtum gleicht dem der »großen« Richter und Volksbefreier. Nachasch, der König von Ammon, hatte Jabesch-Gilead belagert. Saul machte sich in Besek auf und entsetzte durch einen Überraschungsangriff auf die Ammoniter die israelitische Stadt. Danach aber entließ Saul die Truppen, die er um sich geschart hatte, nicht. Samuel salbte ihn in Gilgal »vor Gott« zum König. Es dürfte kaum Zufall sein, daß das Königreich am Ort der ersten israelitischen Kultstätte im Lande Kanaan gegründet wurde.

Die Ausrufung der Monarchie bedeutete natürlich offene Rebellion gegen die Philisterherrschaft. Saul zog mit 2000 Mann hinauf nach Michmas und in den Südteil des Gebirges Ephraim. Sein Sohn Jonathan sammelte 1000 Mann bei Gibea in Benjamin und marschierte nach Geba, wo er den Statthalter der Philister tötete. Die Philister reagierten prompt und griffen mit beträchtlichen Streitkräften an. Saul zog sich nach Gilgal zurück und vereinigte sich später mit dem Rest seiner Leute bei Geba mit Jonathan und seinem Heer. Die Philister standen auf der andern Seite des tiefen Wadi Suweinit bei Michmas. Die Israeliten konnten den Sieg erringen, weil die zu selbstsicheren Philister, die den Sieg schon in der Tasche zu haben glaubten, ihre Kräfte nicht auf die Entscheidungsschlacht konzentrierten, sondern sich in diversen Strafexpeditionen gegen aufständische Israelitengruppen verzettelten. Einen bedeutenden Anteil am Sieg hatte auch Jonathan in seiner Tollkühnheit, der die Philister ganz unvermutet aus dem engen Wadi heraus angriff. Aus der Verwirrung wurde eine entsetzliche Niederlage, und Sauls Truppen verjagten die Philister ins Tal von Ajalon.

SAULS AUFSTAND GEGEN DIE PHILISTER

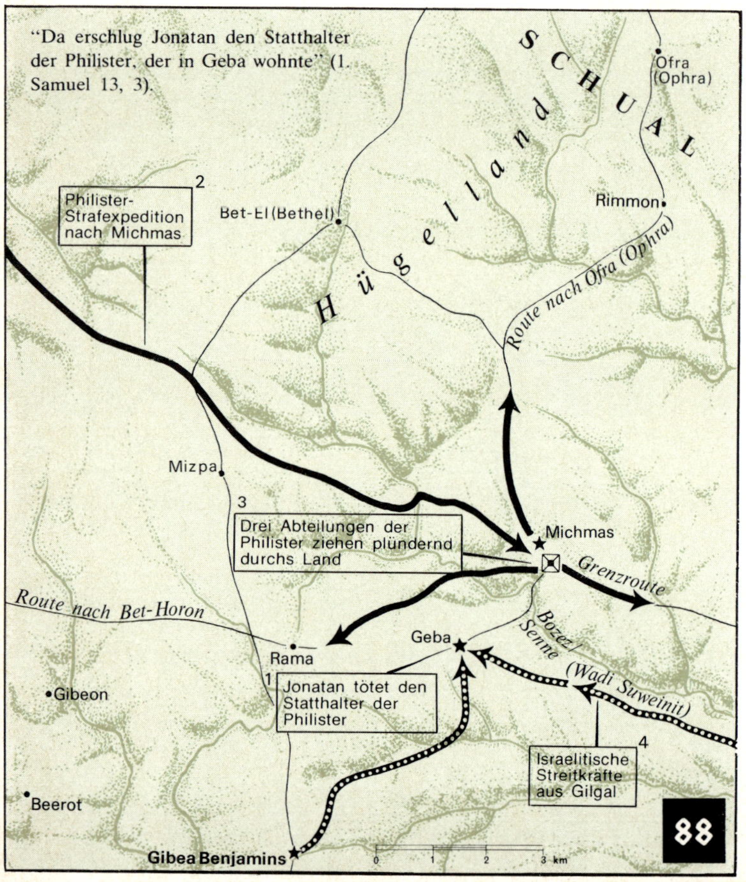

1. SAMUEL 13, 1–18

Israel
Philister

DIE NIEDERLAGE DER PHILISTER BEI MICHMAS

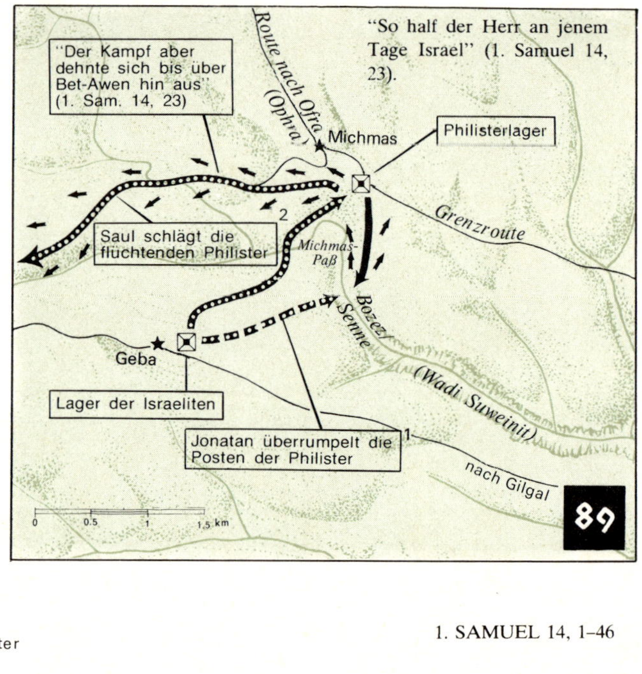

1. SAMUEL 14, 1–46

DAS KÖNIGREICH SAULS UM 1025 BIS 1006 V. CHR.

Saul war der letzte »Richter« und gleichzeitig der erste König Israels. Nicht nur, daß er die Israeliten vom Joch der Philister befreite, vielmehr führte er auch Krieg gegen alle anderen Feinde ringsum und »rettete Israel aus der Hand seiner Ausbeuter« (1. Sam. 14, 48). Die Erzählung von der Herrschaft des Saul-Sohnes Eschbaal (Ischbaal bzw. Ischboschet) zählt fünf Teilgebiete seines Reiches als »ganz Israel« auf (2. Sam. 2, 9). Es handelt sich um folgende fünf Regionen, die reich an israelitischen Ansiedlungen sind: Gilead im Ostjordanland, Aser (inkorrekt übermittelt als »Asuriter«) in Galiläa, die Jesreel-Ebene (so nach der Hauptstadt des Stammes Issachar benannt), Ephraim im zentralen Hügelland und Benjamin. Hinzu kommt Juda, das ebenfalls zu Sauls Reich gehört hatte, aber »in den Tagen Eschbaals« an David fiel.
Die Einbeziehung Jesreels in diese Liste zeigt, daß die Jesreel-Ebene innerhalb der Reichsgrenzen lag. Dies bestätigen auch die Ausgrabungen bei Megiddo und Taanach, die den Nachweis erbrachten, daß beide Städte in der zweiten Hälfte des 12. Jahrhunderts an Israel fielen. Die Grenzen des Königreichs Israel in den Tagen Sauls waren identisch mit denen des israelitischen Siedlungsraumes. Saul unternahm keinen Versuch, die verschiedenen kanaanäischen Enklaven zu erobern. Auch das heidnische Jebus, das sehr nahe bei seiner Hauptstadt lag, ließ er in Ruhe. Die Aufgabe, das gesamte Heilige Land unter einem einzigen israelitischen König zu vereinigen, blieb seinem Nachfolger David überlassen.

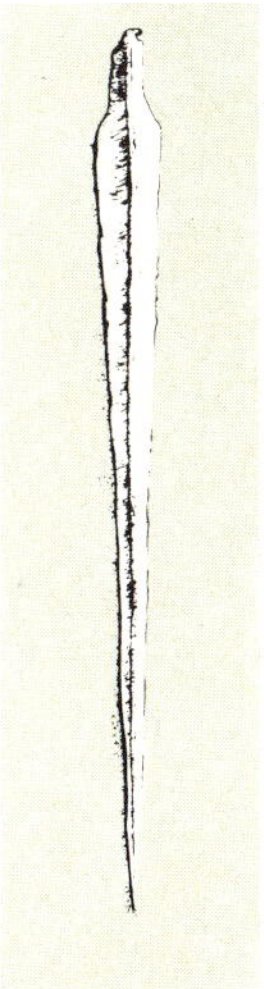

Philisterschwert

Sauls Feldzüge nach 1. Samuel 14, 47-48

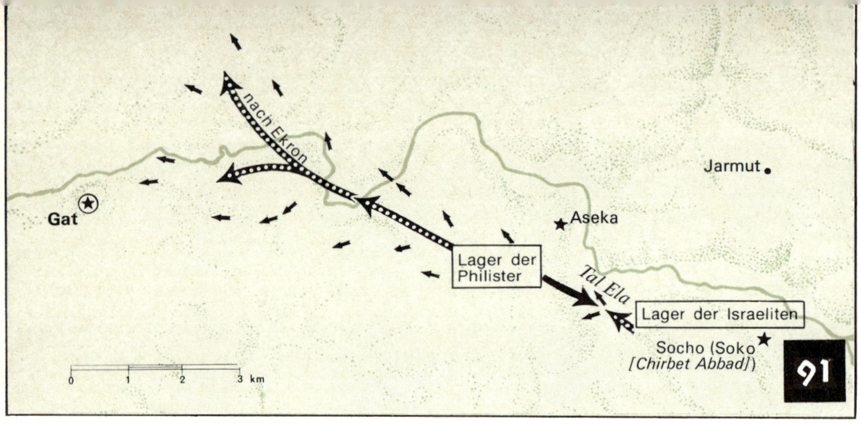

"Und lagerten... zwischen Socho (Soko) und Aseka" (1. Samuel 17, 1).

1. SAMUEL 17

DER KAMPF ZWISCHEN DAVID UND GOLIATH UM 1010 V. CHR.

David stammte aus Bet(h)lehem, der bedeutendsten Stadt Judas. Intelligent, tapfer und stark, machte er am Hofe Sauls rasch Karriere. Er wurde »Befehlshaber über tausend Mann« (1. Sam. 18, 13) und Schwiegersohn des Königs (1. Sam. 18, 17–30). Vermutlich suchte Saul durch diese Heirat Juda fester an sich zu binden.

Davids Kampf mit dem Riesen Goliath war Teil einer langen Auseinandersetzung mit den Philistern während Sauls Regierungszeit. Goliaths schwere Bewaffnung war, von gewissen Übertreibungen der biblischen Schilderung abgesehen, charakteristisch für Krieger des Seevölker-Typs. David trat ihm entgegen mit nichts als Mut, Geschicklichkeit und einer Steinschleuder bewaffnet. Der Kampf zwischen Israel und den Philistern zog sich durch alle Niederlassungen am Rande der Schefela. Die Philister, die schon Aseka in ihrem Besitz hatten, wollten auch Socho (Soko) auf der andern Seite des Ela-Tales erobern.

DIE ÜBERLIEFERUNGEN VON DAVIDS FLUCHT UND SEINEM UMHERWANDERN UM 1008 V. CHR.

Binnen kurzer Zeit wurden die Beziehungen zwischen David und Saul gespannt. Immer häufiger prallten die beiden starken Persönlichkeiten aufeinander. David floh. Zuerst versteckte er sich in den Höhlen und Festungen der Schluchten in der Wüste Juda. Dort sammelte er Unzufriedene um sich, die mit den Verhältnissen im Lande nicht einverstanden waren, und terrorisierte mit ihrer Hilfe die judäischen Siedlungen am Rande der Wüste. Saul verfolgte ihn sogar bis in diese abgelegene Region. Daß beide Rivalen trotz allem Patrioten blieben, zeigt diese Verfolgungsjagd dennoch sehr deutlich: Trotz seines mörderischen Hasses auf David wandte sich Saul sofort gegen die Philister, als er von einem Angriff hörte, und gab David so Gelegenheit zu entkommen (1. Sam. 23, 27–28). David seinerseits nahm verschiedene Gelegenheiten, Saul zu schaden, aus Respekt vor dem Gesalbten des Herrn nicht wahr (1. Sam. 24; 26). Erst als schließlich Saul gesiegt hatte, sah David keine andere Möglichkeit mehr, als bei Achisch, dem König von Gat, einem Feind der Israeliten, Schutz zu suchen.

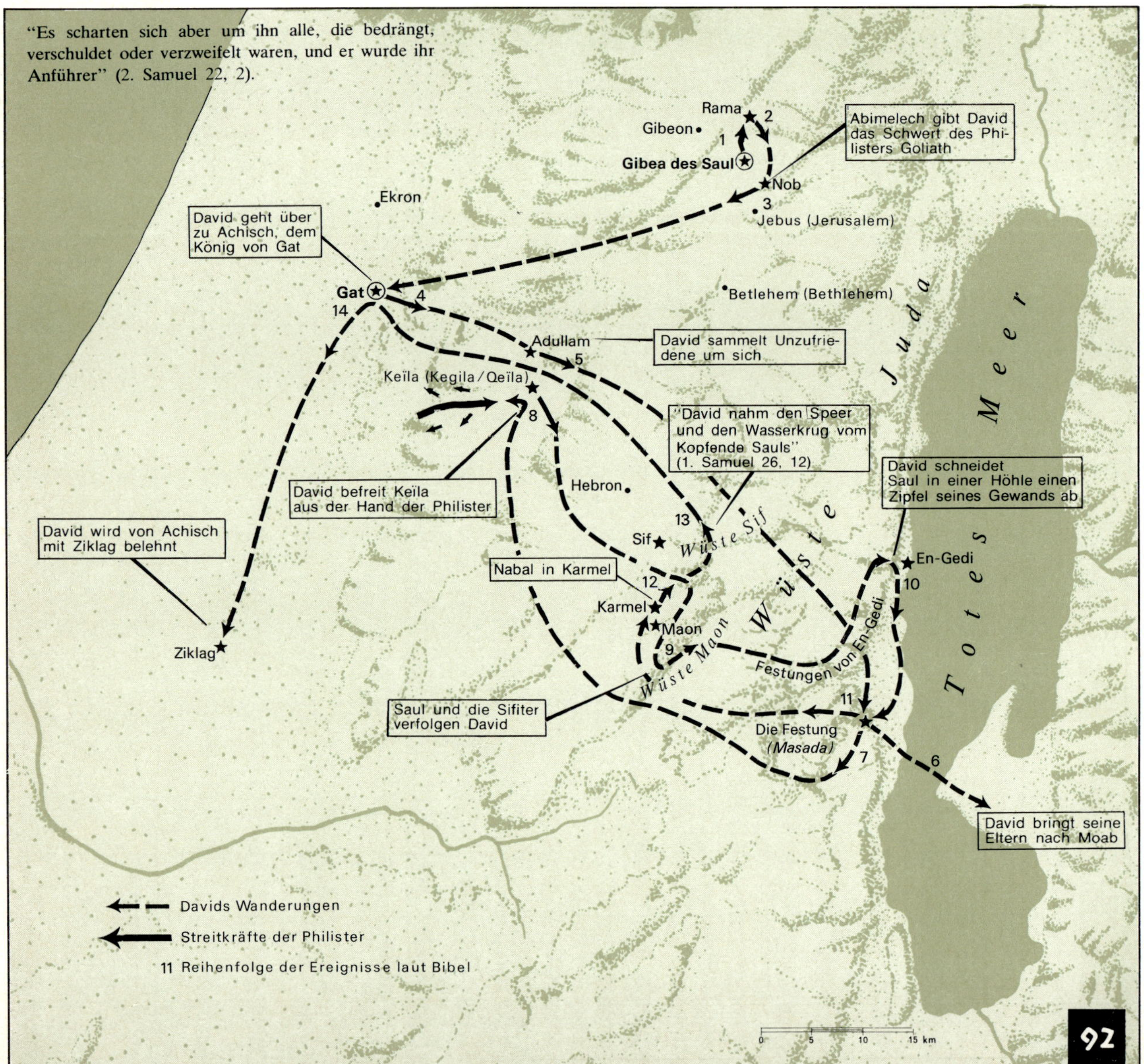

"Es scharten sich aber um ihn alle, die bedrängt, verschuldet oder verzweifelt waren, und er wurde ihr Anführer" (2. Samuel 22, 2).

Adliger Philister (Fayence aus der Zeit Ramses' III., Medinet Habu)

1. SAMUEL 19, 18–27, 6

"Wenn Achisch fragte: 'Wo habt ihr heute geplündert?' erwiderte David: 'Im Südland von Juda', oder 'im Südland bei den Jerachmeelitern', oder 'im Südland bei den Kenitern'" (1. Samuel 27, 10).

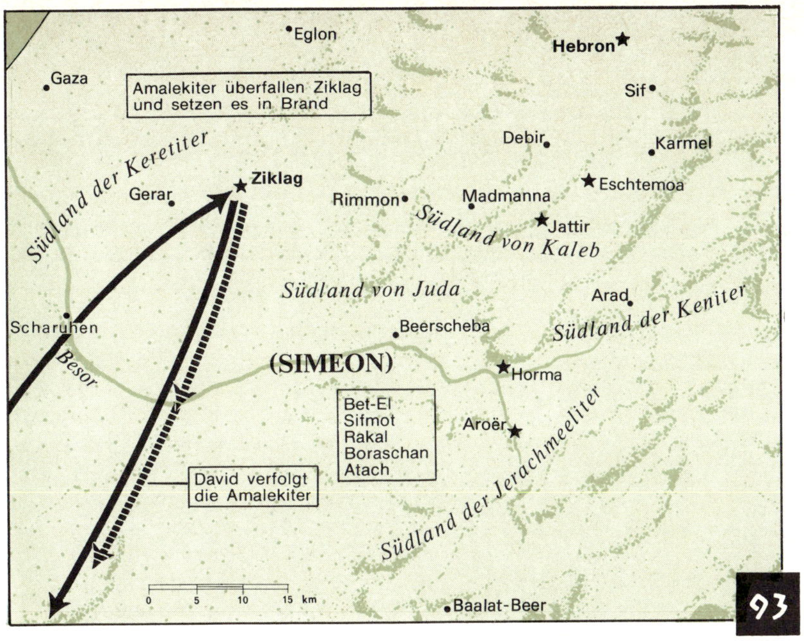

1. SAMUEL 27, 6–12; 30

DAVID IN ZIKLAG UM 1007 V. CHR.

Achisch nahm David nicht nur freundlich auf, sondern gab ihm auch das Kommando über Ziklag, eine Stadt an der Grenze des Stammesgebietes von Simeon im Negev. Aus dem, was dann folgte, können wir schließen: Achisch wurde dabei keineswegs von Sympathie für David geleitet, sondern eher von Haß gegen Saul. Er hoffte wohl, er könne mit Davids Hilfe Juda und die Südstämme dazu bewegen, von Saul abzufallen.
In den Erzählungen, in denen es um Ziklag geht, ist immer wieder davon die Rede, daß der Negev und die umliegenden Gebiete häufig von räuberischen Wüstennomaden beunruhigt wurden: den Amalekitern. Das »Südland der Keretiter« liegt im Südteil des Philistergebietes. Mehr im Osten lagen vermutlich das »Südland von Kaleb«, das »Südland der Jerachmeeliter«, das »Südland der Keniter« und das »Südland des Stammes Simeon«, das damals allerdings »Südland von Juda« hieß. David zog mit seiner Schar durch die Wüste und stieß weit nach Süden vor. Durch dieses Unternehmen und durch großzügige Verteilung der den Amalekitern abgerungenen Beute gewann er die Südstämme für sich (1. Sam. 30, 26–31).

"Dein sind wir, David, und zu dir, Sohn Jesses, halten wir. Heil dir, Heil, und Heil deinem Helfer, denn Gott hilft dir!" (1. Chronik 12, 18).

Wasserflasche (11. Jh. v. Chr.)

DIE HEIMATORTE DER »HELDEN DAVIDS« UM 1008/1007 V. CHR.

Schon als er sich noch in Wüstenhöhlen verborgen hielt, wie auch in Ziklag, hatte David eine Schar von Berufskriegern um sich versammelt (1. Chron. 12, 1–18), die den Kern seiner Armee bildeten und zweifellos ebenso beherzt wie loyal waren. Die meisten stammten aus Juda und Benjamin, andere dagegen kamen aus weiter entfernten Stammesgebieten, so aus den Bergen von Ephraim und dem Ostjordanland. Sie bildeten die »Einheit der Dreißig« – während Davids Zeit eine feste militärische Institution. Man vergrößerte ihre Zahl später, und auch Fremde wurden in diese Eliteeinheit aufgenommen – beispielsweise Zelek, der Ammoniter, Nahari von Beerot und Uria, der Hethiter (2. Sam. 23, 37–39; 1. Chron. 11, 39–41).

2. SAMUEL 23, 8–39; 1. CHRONIK 11, 10–12, 22

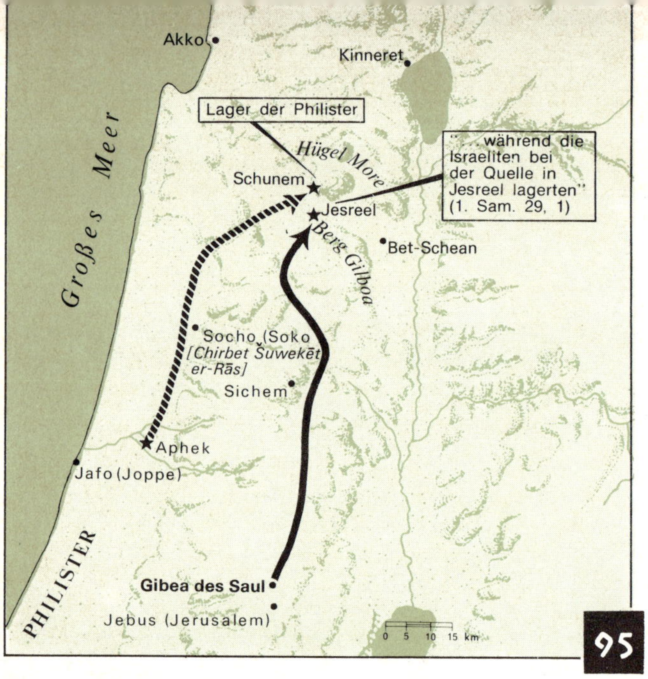

"Die Philister zogen all ihre Streitkräfte in Aphek zusammen, während die Israeliten bei der Quelle in Jesreel lagerten" (1. Samuel 29, 1).

1. SAMUEL 29

Israelitische Streitkräfte

Streitkräfte der Philister

DER AUFMARSCH ZUR SCHLACHT VON GILBOA UM 1006 V. CHR.

Die Kriege zwischen Israeliten und Philistern erreichten mit Sauls Tod in der Schlacht bei Gilboa ihren Höhepunkt. Saul kämpfte seinen letzten Kampf am Scheideweg Jesreels. Die Philister versuchten, das Tal in ihre Gewalt zu bekommen. Wäre ihnen dieses gelungen, so hätten sie Galiläa vom Ephraim-Gebirge abgeschnitten. Um die Vorbereitungen für die Schlacht und die Schlacht selbst genau zu verstehen, muß man wissen, daß die biblische Erzählung chronologisch nicht exakt ist, sondern von Ereignis zu Ereignis springt. Es kommt ihr nicht auf chronologisch genaue Wiedergabe, sondern vor allem auf die Taten Sauls und Davids an. Im ersten Buch Samuel (Kapitel 28) erfahren wir, daß Saul in der Nacht vor der Schlacht zu der Totenbeschwörerin (»Hexe«) von Endor ging. Kapitel 29 enthält das Gespräch über David, das die Obersten der Philister vor Beginn der Schlacht mit Achisch führten. Der Ablauf der Ereignisse ist folgender: Die Philister versammelten sich bei Aphek in der Scharon-Ebene, wie es üblich war, wenn sie Feldzüge gegen Norden unternahmen (1. Sam. 29, 1). Von dort zogen sie auf der Via Maris nach Schunem am Fuß des Berges More, während Saul seine Truppen am gegenüberliegenden Berg Gilboa aufstellte, da das gebirgige Gelände für seine Leichtbewaffneten günstiger war. Er lagerte sich an einer Quelle bei Jesreel. Von dort begab sich Saul in der Nacht zur Totenbeschwörerin (»Hexe«) von Endor. Am folgenden Tag fiel er zusammen mit drei seiner Söhne auf dem Berge Gilboa. Der Sieg der Philister war vollkommen, und sie herrschten nun auch über die bedeutenden Städte der Jesreel-Ebene. Zur Warnung für ihre Gegner stellten sie die Leichen Sauls und seiner Söhne an der Mauer von Bet-Schean zur Schau. Die Rüstungen und Waffen der königlichen Toten legten sie im Tempel der Astarte nieder – wohl einem der beiden Tempel aus damaliger Zeit, deren Ruinen bei archäologischen Ausgrabungen zum Vorschein kamen. Die Männer von Jabesch-Gilead aber, die sich dankbar daran erinnerten, daß Saul ihre Stadt von den Amalekitern befreit hatte, machten sich todesmutig in der Nacht auf und nahmen die Leichen Sauls und seiner Söhne von der Mauer zu Bet-Schean, brachten sie nach Jabesch, begruben sie dort in aller Stille »unter der Tamariske« und hielten die Totenklage.

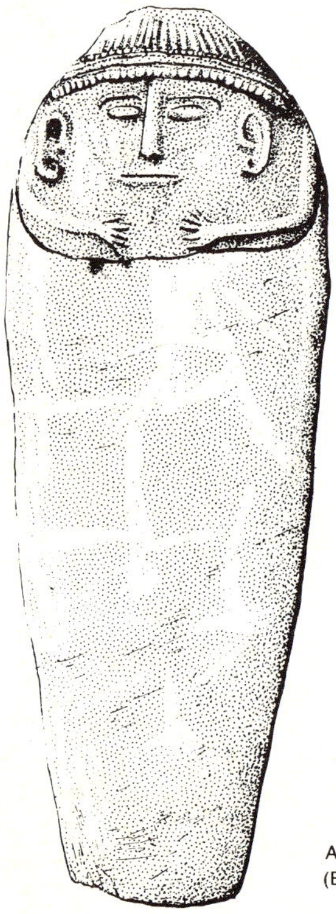

Anthropoider (menschengestaltiger) Philistersarg (Bet-Schean, gegen Ende des 12. Jh. v. Chr.)

1. SAMUEL 28; 31

SAULS TOD

"Erschlagene lagen auf dem Gilboa-Gebirge" (1. Samuel 31, 1).

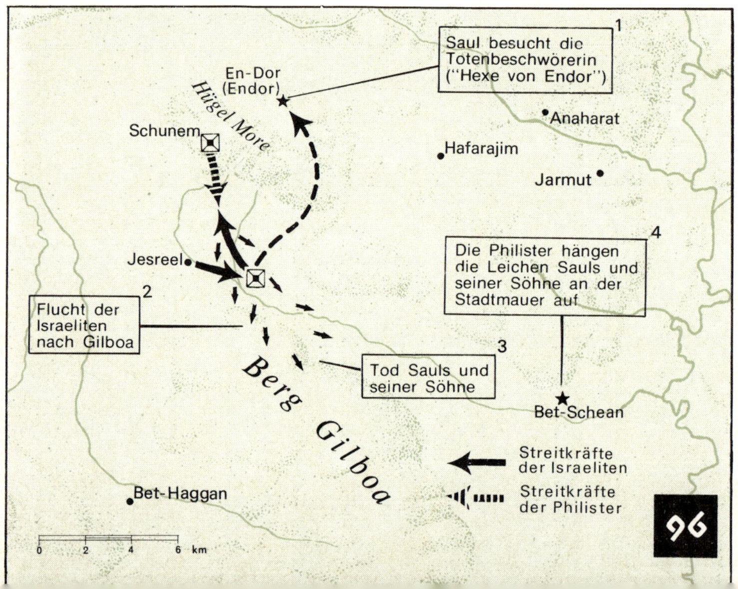

SAULS BEGRÄBNIS

1. SAMUEL 31, 11–13

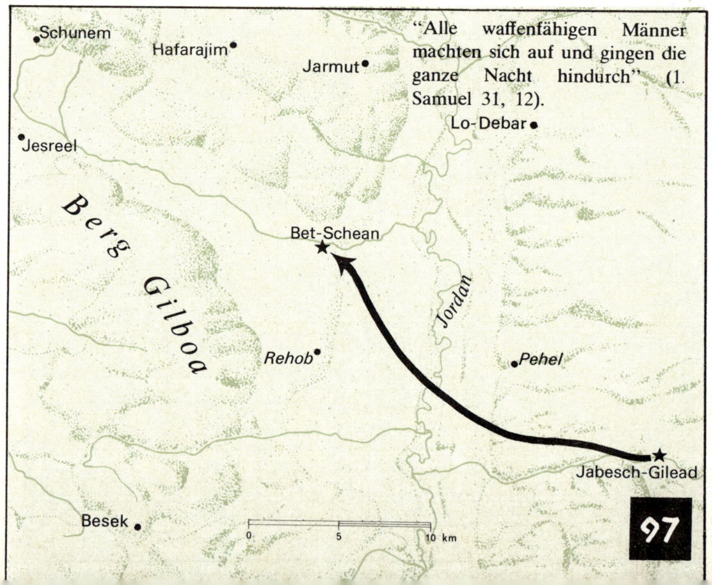

DIE REICHE DAVIDS UND ESCHBAALS UM 1006–1004 V. CHR.

2. SAMUEL 2, 8–11

"Vierzig Jahre alt war Eschbaal, Sauls Sohn, als er König über Israel wurde, und er regierte zwei Jahre" (2. Samuel 2, 10).

Abner, der Sohn Ners, Sauls Feldhauptmann, entkam lebend aus der Schlacht von Gilboa. Er verlegte Israels Hauptstadt nach Mahanajim, jenseits des Jordans, und krönte dort Eschbaal, einen von Sauls überlebenden Söhnen, zum König (2. Sam. 2, 8; 1. Chron. 8, 33).

Wegen des Namensbestandteils *Baal*, der für fromme Israeliten schandbar klang, verballhornte die Bibel Eschbaals Namen auch zu Isch-Boschet (»Mann der Schande«). Auch David, der ja Vasall des Königs von Gat war, kam zum Versammlungspunkt der Philister bei Aphek, doch blieb ihm erspart, gegen seine eigenen Leute zu kämpfen, denn die Anführer der Philister trauten ihm nicht so recht (1. Sam. 29, 1–11). Nach Sauls Tod überredete David die Ältesten in Juda, ihn in Hebron zum König über Juda zu salben. So wurde das Reich geteilt. Während David über Juda herrschte, regierte Eschbaal in den fünf übrigen israelitischen Stammesgebieten, die zu Sauls Königreich gehört hatten (2. Sam. 2, 9–1). Wie es scheint, war den Philistern diese Teilung der Herrschaft gar nicht unangenehm, und Achisch betrachtete David wohl weiterhin als seinen getreuen Vasallen, der jederzeit zu seiner Verfügung stand.

Diese Ansicht der Philister schien zunächst zuzutreffen. Der Zusammenstoß bei Gibeon war nur eine von zahlreichen Feindseligkeiten, die schließlich die Kräfte der beiden rivalisierenden Königreiche aufrieben. Es schien, als wären Israel und Juda in ihren früheren Zustand kleinerer Stammesbünde von allenfalls lokaler Bedeutung zurückverfallen und hätten nicht einmal mehr die Kraft, sich über ihr eigenes Territorium hinauszuwagen.

DIE SCHLACHT BEIM TEICH VON GIBEON UM 1005 V. CHR.

"Sie stießen am Teich von Gibeon aufeinander. Die einen lagerten sich diesseits, die anderen jenseits des Teiches" (2. Samuel 2, 13).

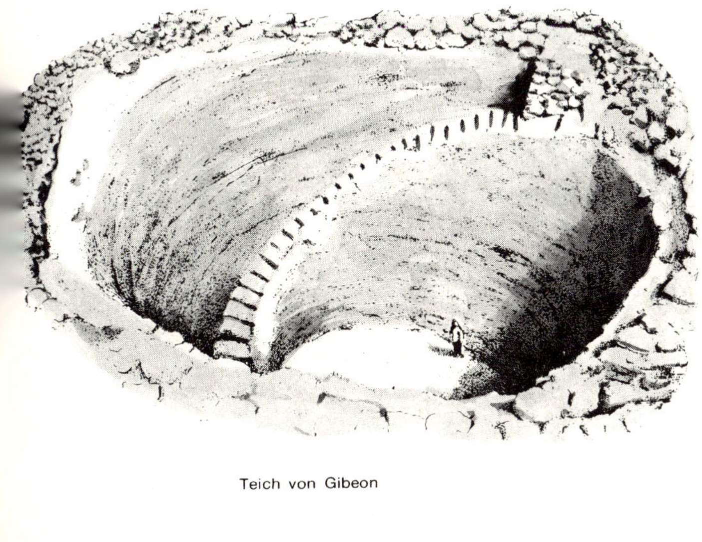

Teich von Gibeon

2. SAMUEL 2, 12–32

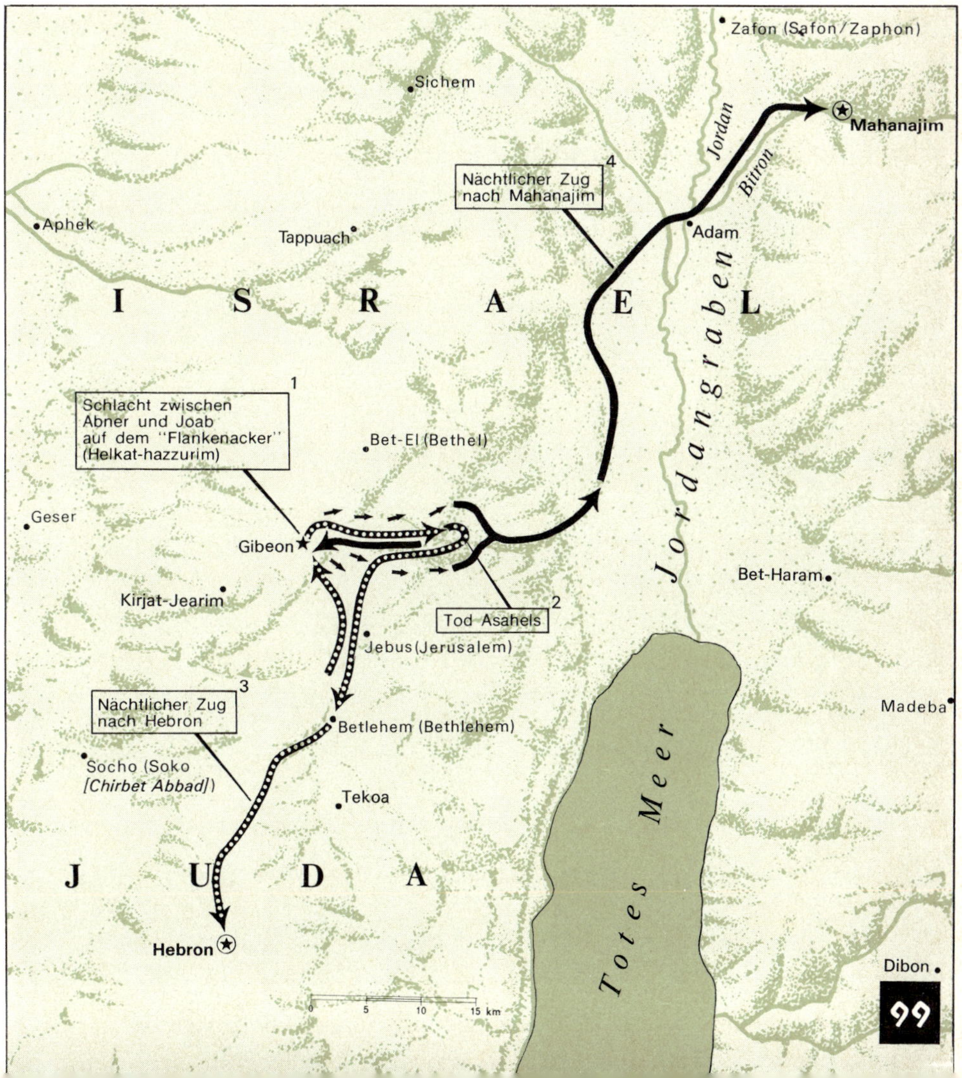

Abner und seine Leute

Joab und seine Leute

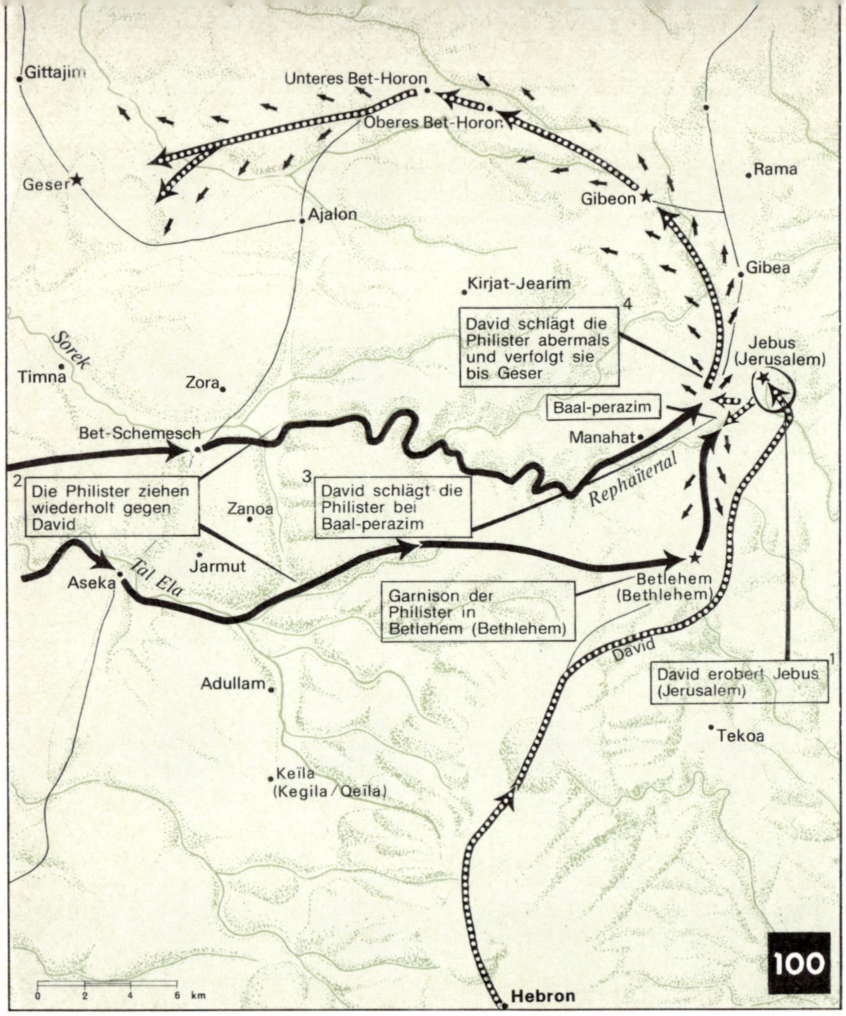

2. SAMUEL 5; 1. CHRONIK 11, 4–9; 14, 8–17

Streitkräfte der Philister

Streitkräfte der Israeliten

"David nahm die Burg Sion ein; das ist die Davidsstadt" (2. Samuel 5, 7).

JERUSALEMS EROBERUNG UND DAVIDS KRIEG GEGEN DIE PHILISTER UM 1000 V. CHR.

Der Streit zwischen Abner und Eschbaal ermöglichte es David, mit beiden fertig zu werden und in seiner Hand die Macht über Israel und Juda zu vereinigen. Seine erste Kriegshandlung war die Eroberung Jerusalems, das den Jebusitern gehört hatte und das er zu seiner Hauptstadt machte. Dies war einer seiner geschicktesten Schachzüge. Nicht nur, daß er damit gleichsam einen Fremdkörper beseitigte, der wie ein Keil Nord- und Südstämme voneinander getrennt hatte, sondern er gewann eine Hauptstadt auf neutralem Gebiet zwischen den Stämmen, das durch Siegerrecht königlicher Besitz wurde. Seit dieser Zeit spielt Jerusalem die Hauptrolle in der Geschichte Israels. Damit begann David eine neue Politik, die darauf abzielte, ganz Kanaan zu erobern und auch die fremden Enklaven dem israelitischen Territorium einzuverleiben.

Zu spät dämmerte es nun den Philistern, daß ihr Vasall seine eigenen Wege ging. Sie beeilten sich, David vernichtend zu schlagen. Die entscheidenden Schlachten fanden im Rephaïtertal, südlich von Jerusalem statt (vgl. Jos. 15, 8). Während des Krieges gelang es den Philistern anscheinend, Bet(h)lehem zu besetzen (2. Sam. 23,14). David schlug die Philister zweimal und verfolgte sie durch die Schefela bis nach Geser.

DAVIDS FELDZÜGE IM OSTJORDANLAND UND GEGEN DIE ARAMÄER 990 V. CHR.

"Die Ammoniter merkten, daß sie sich bei David verhaßt gemacht hatten. Sie sandten also Boten aus und warben die Aramäer von Bet-Rehob und Zoba..., den König von Maacha... und die Leute von Tob... an" (2. Samuel 10, 6).

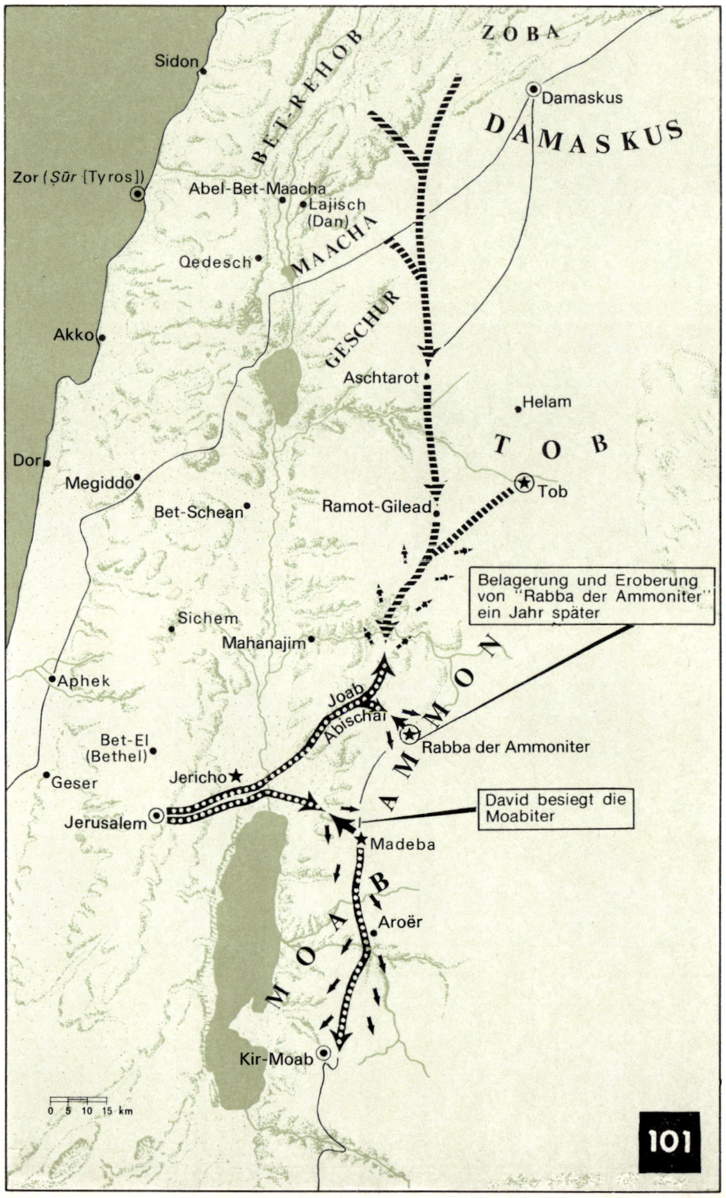

Aramäische Streitkräfte

Israelitische Streitkräfte

2. SAMUEL 8, 2; 10, 6–14; 12, 26–31; 1. CHRONIK 18, 2; 19, 1–20, 3

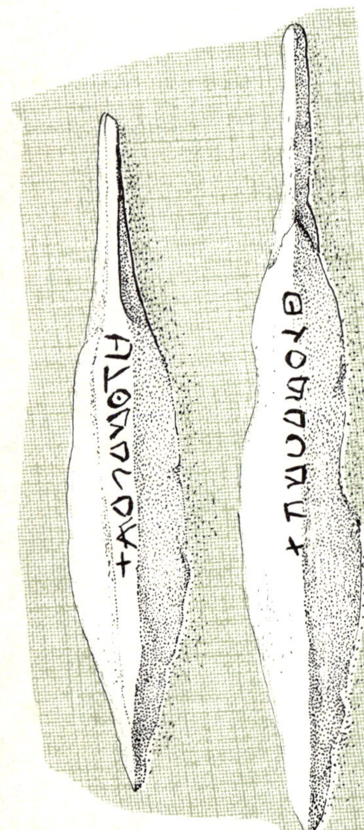

Pfeilspitzen mit Aufschrift: "Pfeil des Dieners Lebaots"

DIE EROBERUNG VON ARAM-ZOBA UND DAMASKUS UM 990 V. CHR.

Bald darauf wandte sich David neuen Eroberungen zu. Zuerst griff er die Aramäer im Ostjordanland an. Im ersten Buch der Chronik (19, 7) heißt es, daß die Aramäer in der Nähe von Madeba lagerten. Da dieses südlich von Ammon liegt, können wir annehmen, daß sich diese Äußerung auf Davids Kriegszug gegen Moab bezieht. Arams Hilfstruppen versuchten offensichtlich von Anfang an, dem Ehrgeiz Davids einen Riegel vorzuschieben. Aram-Zoba stand damals an der Spitze der aramäischen Königreiche in Syrien, sein Zentrum lag in der al-Beqaʿa-Talebene, und sein Einfluß reichte bis zum Euphrat. Aram-Zoba war Davids stärkster Rivale um die Herrschaft in Transjordanien und Syrien. Davids glänzende Siege führten schließlich zur Eroberung von Damaskus und zur Unterwerfung dieses Reiches. Damit herrschte David nunmehr auch über sämtliche früheren Vasallen Zobas. Die Grenze zwischen Aram-Zoba und dem Königreich Hamat verlief durch das Gebiet von Lebo-Hamat (»Zugang zu Hamat«), den traditionellen nördlichen Grenzpunkt des Landes Kanaan. Die Geschenke, die Toï, der König von Hamat, David sandte, beweisen, daß Hamat sich der Vorherrschaft Davids beugte. Die Bibel berichtet lediglich von Davids Eroberungen im Ostjordanland und Syrien, aber es ist klar, daß er auch westlich des Jordans Feldzüge unternahm. Er besiegte die Philister und nahm ihnen »*methegh-ammah* aus der Hand« (2. Sam. 8, 1). Die Worte *methegh-ammah* sind auch für Kenner des Hebräischen unklar. Vielleicht bedeuten sie »die Zügel der Herrschaft«. Auf jeden Fall ist klar, daß David die Grenzen des Philisterlandes auf die Vorstädte von Gat, Ekron und Aschod zurückverlegte und die militärische Macht der Philister dermaßen beschnitt, daß sie keine ernsthafte Bedrohung für Israel darstellte. Die übrigen Städte Kanaans in der Schefela- und Scharon-Ebene sowie im Norden des Heiligen Landes wurden erobert. Ein Teil ihres Gebiets wurde zu königlichem Besitz, den eigens ernannte »oberste Beamte über das Vermögen König Davids« verwalteten (1. Chron. 27, 25–31). Mit der Unterwerfung Edoms waren Davids Eroberungen beendet. Nachdem er auch noch Elat seinem Königreich hinzugefügt hatte, war er Alleinherrscher über die beiden durch Palästina führenden internationalen Handelsrouten: die Via Maris und die Königsstraße.

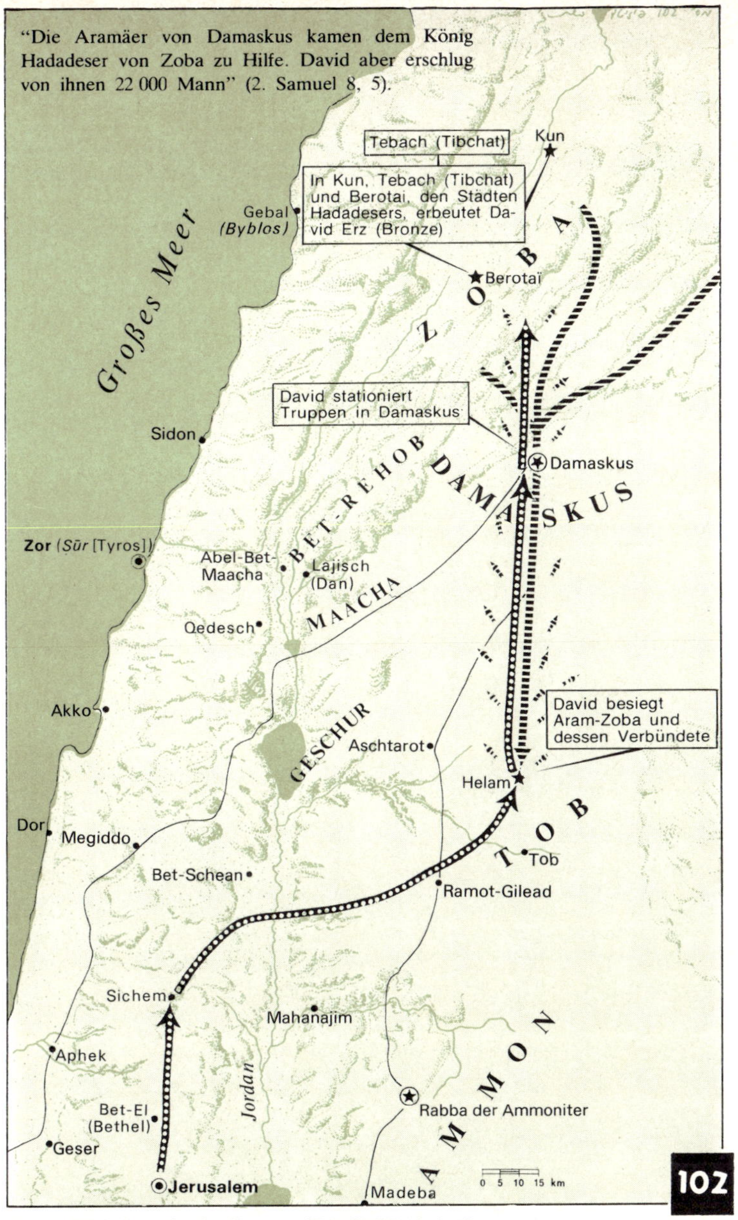

"Die Aramäer von Damaskus kamen dem König Hadadeser von Zoba zu Hilfe. David aber erschlug von ihnen 22 000 Mann" (2. Samuel 8, 5).

2. SAMUEL 8, 3–10; 10, 15–19; 1. CHRONIK 18, 3–10

DAVID UNTERWIRFT EDOM, HADAD FLIEHT NACH ÄGYPTEN

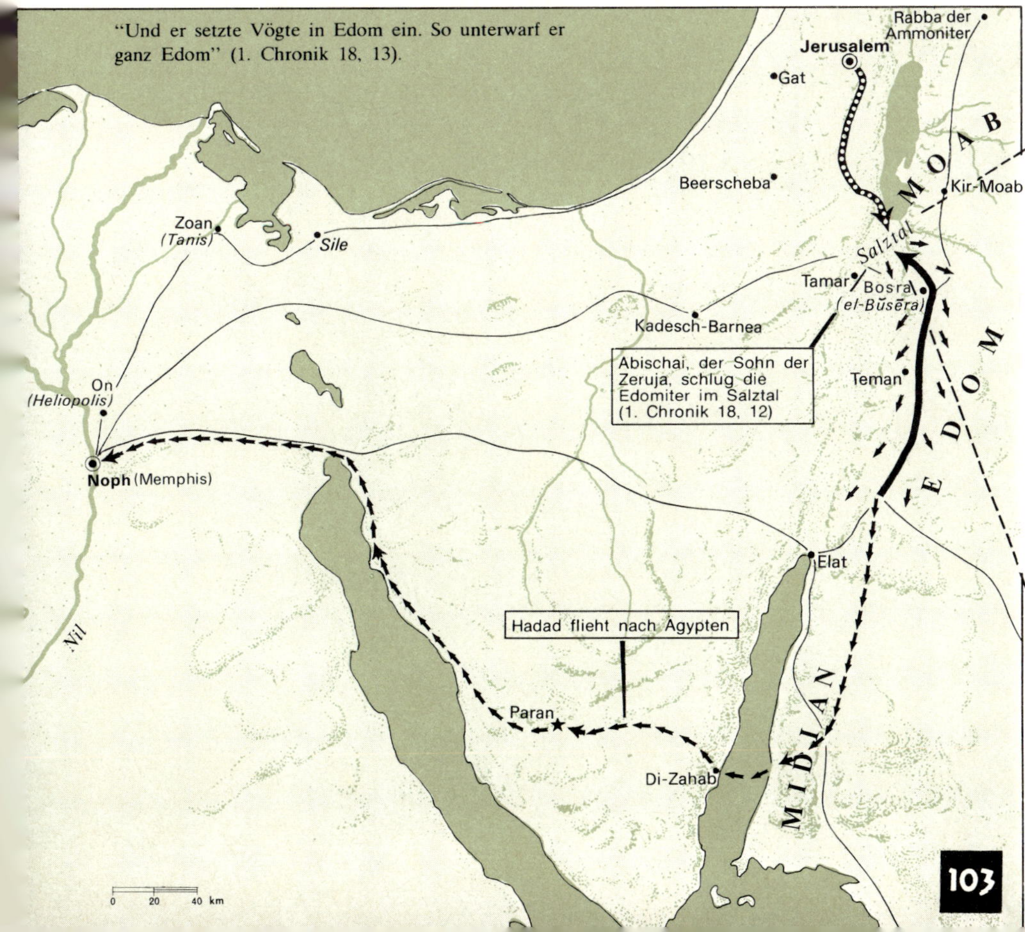

"Und er setzte Vögte in Edom ein. So unterwarf er ganz Edom" (1. Chronik 18, 13).

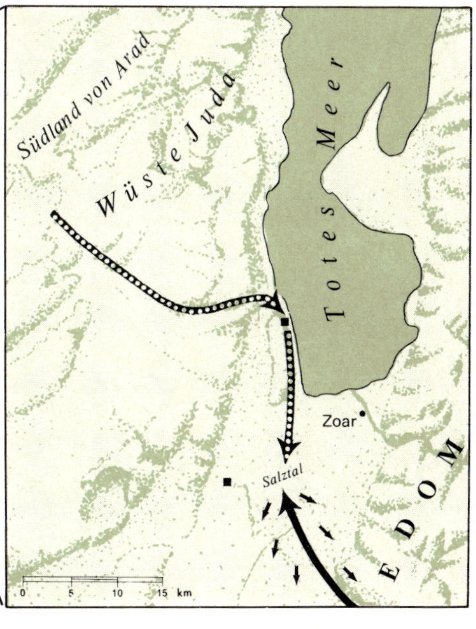

Streitkräfte der Israeliten
Streitkräfte der Aramäer
Streitkräfte der Edomiter
Grenzfestung

2. SAMUEL 8, 13–14;
1. KÖNIGE 11, 14–18;
1. CHRONIK 18, 12–13

DAVIDS KÖNIGREICH UM 990–968 V. CHR.

Unter David erreichte das Königreich Israel den Höhepunkt seiner politischen und militärischen Macht. Da alle größeren Reiche des Alten Orients sich in einer Niedergangsphase befanden, war im westlichen Teil des »Fruchtbaren Halbmondes« ein Vakuum entstanden. In David besaß Israel einen glänzenden militärischen wie politischen Führer, der es verstand, die Lage zu nutzen. Nach der Unterwerfung Aram-Zobas wurde Israel zur führenden Macht im syro-palästinensischen Raum. Welche Ausdehnung das Reich Israel unter David und Salomo hatte, zeigt eine Stelle im ersten Buch der Könige (4, 24), wo von Salomo die Rede ist: »Denn er hatte Macht über alle Gegenden westlich des Euphrat von Tiphsa bis Gaza, über alle Könige westlich des Euphrats.« »Westlich des Euphrats« heißt im Hebräischen »die andere Seite des Flusses«, die Bezeichnung der Mesopotamier für das dortige Gebiet. Das heißt, daß Davids und Salomos Reich von Tiphsa an der Großen Euphratkrümmung hinüberreichte bis nach Gaza in Philistäa im Süden des Landes Kanaan. Dies war ein nicht leicht zu verwaltendes Staatengebilde, das in drei Hauptteile zerfiel: das Gebiet der Stämme Israels, weiterhin in eroberte Königreiche und Vasallenkönigreiche. Im Mittelpunkt standen die Stämme Israels und Judas. Hinzu kamen die von David eroberten amoritisch-kanaanischen Gebiete. Ringsherum lagen die tributpflichtigen Königreiche: Edom, Moab, Ammon, Aram-Damaskus und Aram-Zoba. Über einige dieser Gebiete herrschten israelitische Statthalter, wie z. B. über Edom und Damaskus (2. Sam. 8, 6 u. 14), während anderswo Mitglieder der lokalen Königshäuser unter der Oberhoheit des Königs von Israel regierten, doch auch sie waren eigentlich nur Statthalter, wie z. B. in Ammon. Einer der Notabeln aus Transjordanien, der bei Absaloms Aufstand David zu Hilfe eilte – Schobi, der Sohn des Nachasch aus »Rabba der Ammoniter« (2. Sam. 17, 27), – war vermutlich der Sohn jenes Königs von Ammon, der gestorben war, bevor David sein Königreich eroberte (1. Chron. 19, 1). Die Vasallenkönige schließlich waren gezwungen worden, Davids Hegemonie zu akzeptieren. Zu den betreffenden Gebieten gehörten Philistäa und Königreiche im nördlichen Ostjordanland, wie z. B. Geschur, dessen Herrscher der Großvater Absaloms war (2. Sam. 3, 3; 13, 37). Die Beziehungen zu den Königen Toï von Hamat (2. Sam. 8, 10) und Hiram von Zor (Ṣūr [Tyros]) (2. Sam. 5, 11) waren vermutlich ähnlich.

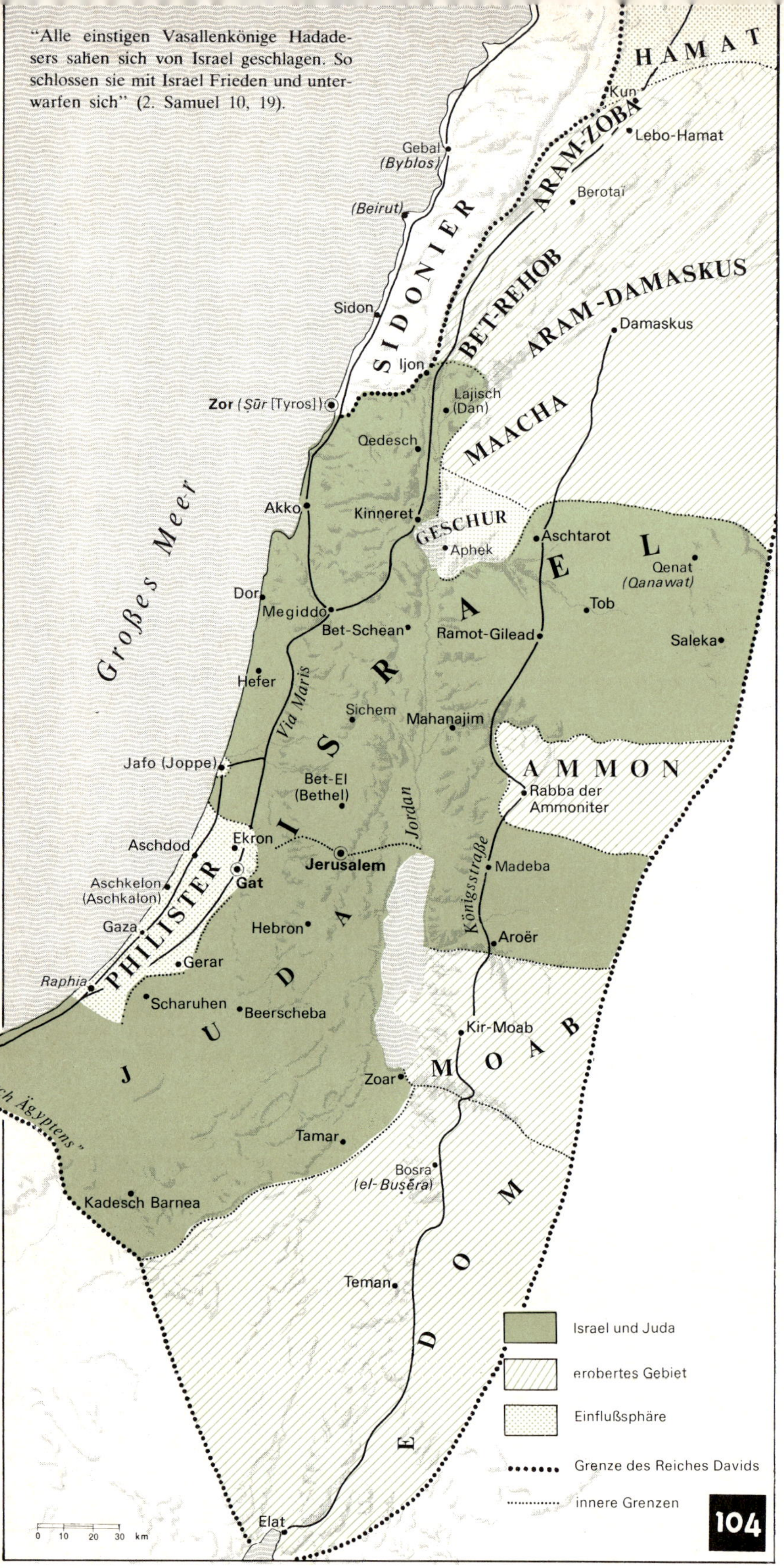

Gabenbringer mit Tributen (Relief am Obelisken Assurbanipals II. aus Kalach [Nimrud])

"Denn er herrschte über alle Gebiete westlich des Euphrats von Tiphsa bis Gaza. Alle Könige westlich des Stromes waren ihm untertan" (1. Könige 5, 4 [=4, 24]).

DAS REICH ISRAEL ZUR ZEIT DAVIDS UND SALOMOS ETWA 990 BIS 928 V. CHR.

"Der König befahl Joab, dem Feldherrn seines Heeres und dessen Offizieren: 'Zieht zu allen Stämmen Israels von Dan bis Beerscheba und zählt das Volk...'" (2. Samuel 24, 2).

JOABS VOLKSZÄHLUNG UM 980 V. CHR.

Wo Israeliten siedelten, zeigt die Schilderung der Reise, die Davids Feldherr Joab unternahm, um »Israeliten und Judäer« zu zählen. Zweck dieser Volkszählung war es wohl, Grundlagen für die Besteuerung und die Aushebung von Soldaten zu schaffen. Joab begann in Aroër an der Grenze Moabs und kam dann nach Sidon sowie der »festen Stadt Zor (Ṣūr [Tyros])« (2. Sam. 24, 6–7). Die Reiseroute führte im Norden entlang der Nordgrenze des Stammes Aser (Jos. 19, 28–29). Die »feste Stadt Zor« war zweifellos die Binnenstadt gegenüber der Insel Tyros. Sie wird in den ägyptischen und akkadischen Quellen als Uschu bezeichnet, Palaityros heißt sie in hellenistischer Zeit, und möglicherweise ist sie mit dem biblischen Hosah identisch. Aus dieser Stadt bezog Tyros sein Trinkwasser. Daraus ergibt sich, daß Tyros von David abhängig gewesen sein muß, da dieser offensichtlich den Brückenkopf bzw. die Versorgungsbasis dieser Stadt auf dem Festland beherrschte. Im übrigen zeigt die Schilderung der Reise Joabs, daß selbst ein so rein kanaanäisches Gebiet wie die Ebene zwischen Akko und dem Litani-Fluß zum Königreich Israel gehörte.

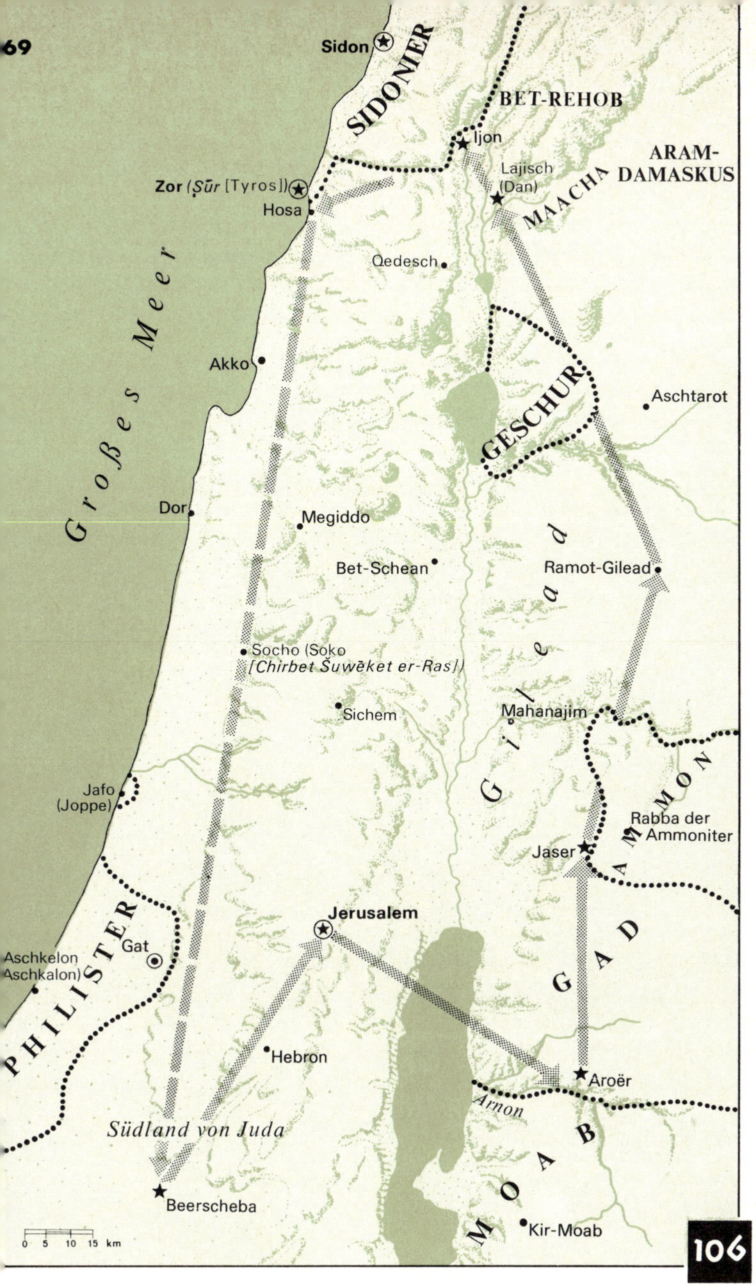

2. SAMUEL 24, 1–9

Route der Volkszähler

DIE STÄDTE DANS UM 980 V. CHR.

Die Liste der Städte Dans (Jos. 19, 40–46) paßt nur auf die Zeit Davids, denn vorher lag der größte Teil des Gebietes außerhalb israelitischer Oberhoheit, und später geriet er wieder unter die Herrschaft der Philister. Wir wissen also, daß die Grenze des Philisterlandes zur Zeit Davids durch das Sorektal verlief, und zwar unmittelbar an der Stadt Ekron vorbei. Da Ekron selber nie annektiert wurde, ist es merkwürdig, daß es auf dieser Liste erscheint. Dieses Rätsel löst sich, wenn wir bei Josua (19, 43) »Timna Ekrons« statt »Timna und Ekron« lesen. Timna – der Ortsname ist durchaus nicht selten – lag dann also wohl auf dem Territorium der Philisterstadt Ekron, und dies stimmt auch mit den Simson-Erzählungen überein. Auch die Hafenstadt Jafo (Joppe) blieb unerobert, stand aber mit Israel in gutem Einvernehmen. Man darf daher wohl annehmen, daß auch diese Stadt Davids Herrschaft akzeptierte; denn wir lesen im zweiten Buch der Chronik, in dem vom Holz für den Tempel die Rede ist (2, 15): »Wir aber wollen Bäume auf dem Libanon fällen, so vieler du nur bedarfst, und sie dir auf dem Meere nach Jafo flößen. Du kannst sie dann nach Jerusalem hinaufholen.«

"Ihr Erbbesitz umfaßte Zora, Eschtaol, Ir-Schemesch (=Bet-Schemesch)... samt dem Gebiet gegenüber Jafo (Joppe)" (Josua 19, 41–46).

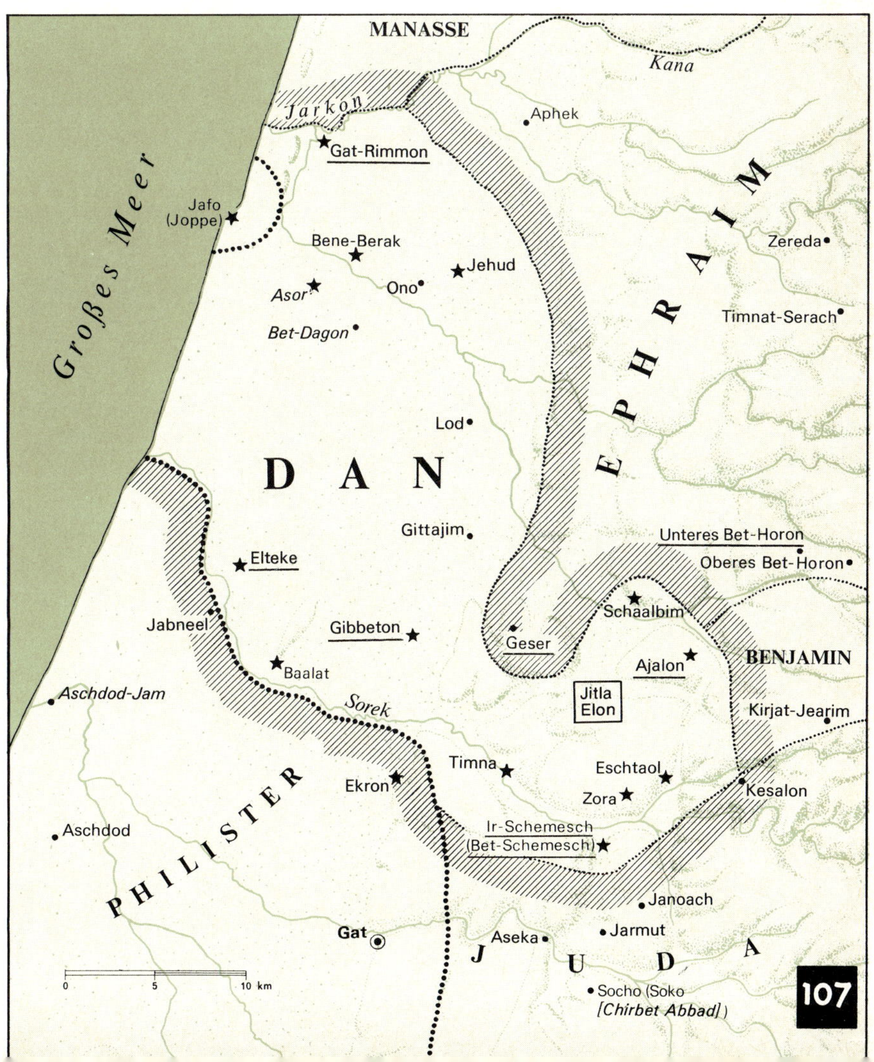

Geser Levitenstadt

Staatsgrenze

Stammesgrenze

JOSUA 19, 40–46

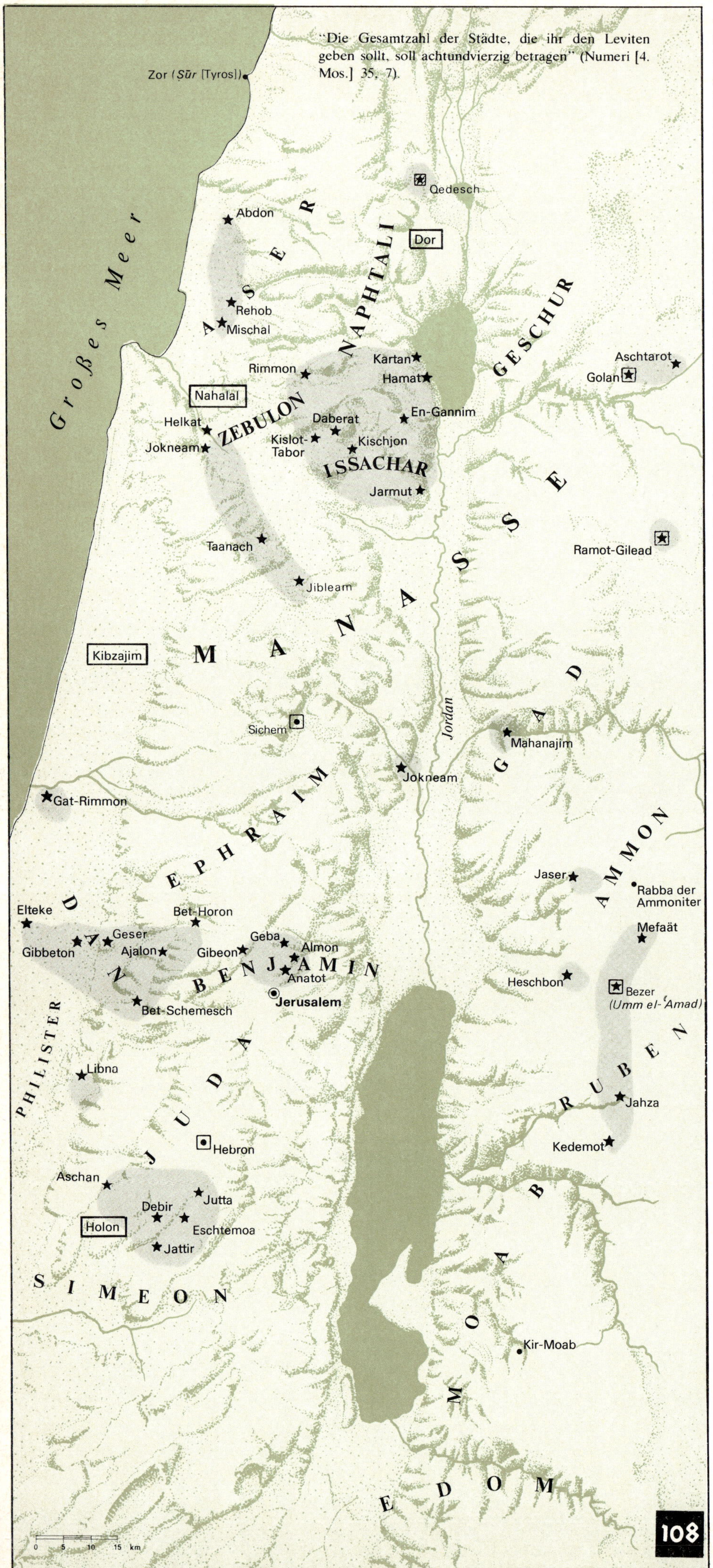

Auch die Liste der Levitenstädte ist wohl der Zeit Davids zuzuordne denn nur damals lagen alle erwähnten Städte innerhalb der Grenze Israels. Der größere Teil der Ebene von Akko kam schon zur Zeit Salomo an den König von Zor (Tyros [vgl. Karten 113, 115]), und am Ende d Herrschaft Jerobeams gehörte Gibbeton wieder den Philistern (1. Kön. 1 27).

Die 48 levitischen Städte waren auf die zwölf Stämme verteilt, vier z jedem Stamm. Insgesamt liegen zwei Versionen der Liste vor (Jos. 21; Chron. 6, 39 – 66). Die Originalliste läßt sich ziemlich genau rekonstru ieren, wenn man diese beiden Fassungen miteinander vergleicht. Bei de Asylstädten Hebron und Sichem handelt es sich wohl um Zusätze, den schon ohne sie gab es ja vier Levitenstädte in Juda und Ephraim.

Die Bevölkerung dieser Städte bestand nicht ausschließlich aus Levite Diese bildeten wohl nur einen Teil der Stadtbewohner. Die Städte befar den sich nicht im Zentrum der Stämme, sondern lagen am Rande od auch in früher kanaanäischen Gebieten. Das einst kanaanäische Land wa zweifellos sehr ausgedehnt. Als erobertes Land war es dem König zugefa len, der hier nun die Leviten ansiedeln konnte. Dies war auch bei de Jerusalem benachbarten Städten Benjamins der Fall. Aller Landbesitz d Familie Sauls war hier auf die Davididen übergegangen. David siedelte i den Städten ihm ergebene Levitenfamilien aus Juda an. Sie versahen de Gottesdienst im Tempel und wurden »für alle Angelegenheiten Gott und des Königs eingesetzt« (1. Chron. 26, 30–32). Es ist daher nich verwunderlich, daß Jerobeam nach der Reichsteilung die Leviten vertrieb die nach Juda zurückkehrten (2. Chron. 11, 13–14).

David unterteilte das Reich in zwölf Verwaltungsbezirke, die Statthalte unterstanden und jeweils nach einem der Stämme Israels benannt ware (1. Chron. 27,16–22), obwohl einige Stämme – so Dan und Simeon – ihren Nachbarstämmen aufgegangen waren und gar nicht mehr existie ten. Dieses Verwaltungssystem hatte den Anschein von Tradition, b schnitt jedoch in Wirklichkeit die Rechte der noch aus der Zeit vor de Königtum stammenden Stammesbünde Juda und Israel ganz erheblic Statt zweier unabhängiger Gruppierungen mit zwei Zentren sehen wir nu eine, das gesamte Zwölfstämmegebiet umfassende Organisation mit de Zentrum Jerusalem, das das Erbe der beiden vormaligen Bundesheiligt mer im Norden und Süden – Schilo und Hebron – antrat. Auch d Übertragung der Bundeslade von Kirjat-Jearim nach Jerusalem (2. Sam Kap. 6) brachte den Willen zu einem geeinten Reich zum Ausdruck.

Diese Entwicklungen bargen den Zündstoff, der zu Absaloms Revol führte – einer Revolte, die an den Grundfesten des Reiches rüttelt Absalom gewann die Unterstützung der Ältesten Judas und Israels, inde er ihnen versprach, die von David aufgehobenen Rechte wiederherzuste len. Tatsächlich unternahm Absalom nichts ohne Zustimmung dies Ältestenrates, während wir bei David nach dessen Machtantritt vo derartigen althergebrachten Institutionen nichts mehr vernehmen. Zw scheiterte Absalom, doch David seinerseits sah sich zum Nachgebe gezwungen. Obwohl er die Oberhand behielt, blieb ihm nichts ander übrig, als mit den Ältesten in Juda einen Kompromiß zu schließen. Di freilich führte zum Ausbruch eines neuen Aufstandes unter Scheba, de Sohn Bichris. Die Ursache war nun die Bevorzugung Judas dur David.

Wie einst Sauls Sohn Eschbaal suchte David während Absaloms Revol in Mahanajim Zuflucht. Anscheinend neigten die Bewohner der israeli schen Siedlungen im Ostjordanlande schon deshalb dazu, eine star Zentralregierung zu unterstützen, weil sie ständig Raubüberfälle zu b fürchten hatten und Schutz suchten. Die Lage Mahanajims in der tiefe engen Felsenschlucht des Jabbok erklärt, wie Achimaas, der Sohn Zadok dem Kuschiten zuvorkommen konnte: Der Kuschit nahm den direkt Weg zum »Wald von Ephraim«, zog dabei aber quer durch unwegsam Gelände, während Achimaas auf dem zwar längeren, doch bequemer Weg durch das Jordantal früher eintraf.

DIE LEVITENSTÄDTE UM 980 V. CHR.

Gebiet der Levitenstädte

Asylstadt

JOSUA 21; 1. CHRONIK 6, 39–66

"Also eilte Achimaaz durch die Jordanaue und überholte den Kuschiten" (2. Samuel 18, 23).

DIE SCHLACHT IM WALDE EPHRAIM UM 975 V. CHR.

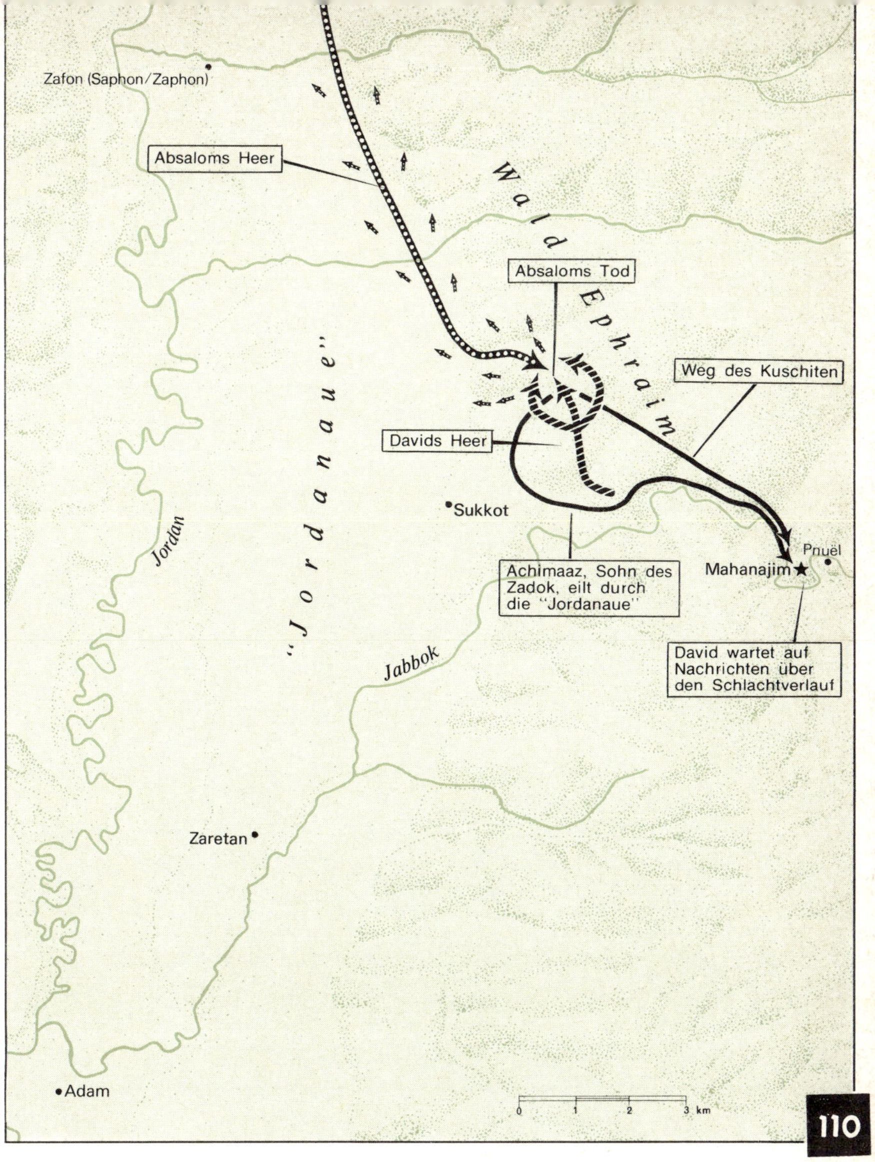

2. SAMUEL 18

"So stahl sich Absalom die Herzen der Israeliten" (2. Samuel 15, 6).

ABSALOMS VERSCHWÖRUNG UM 978 V. CHR.

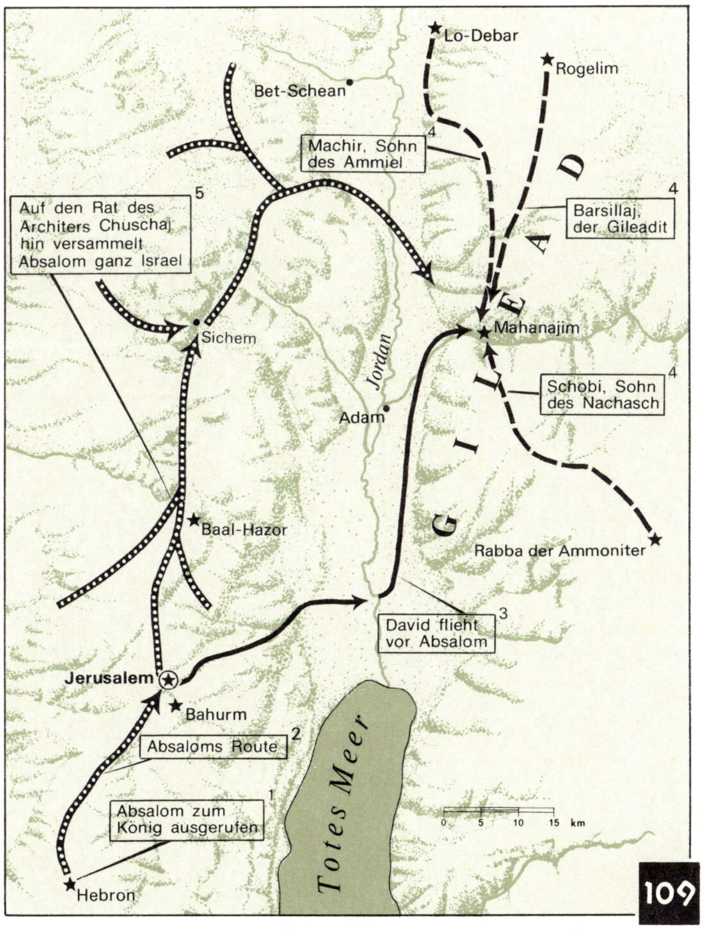

2. SAMUEL 15–19

"Wir haben keinen Teil an David, vom Sohn Jesses erben wir nichts: Ein jeder zu seinen Zelten, Israel!" (2. Samuel 20, 1).

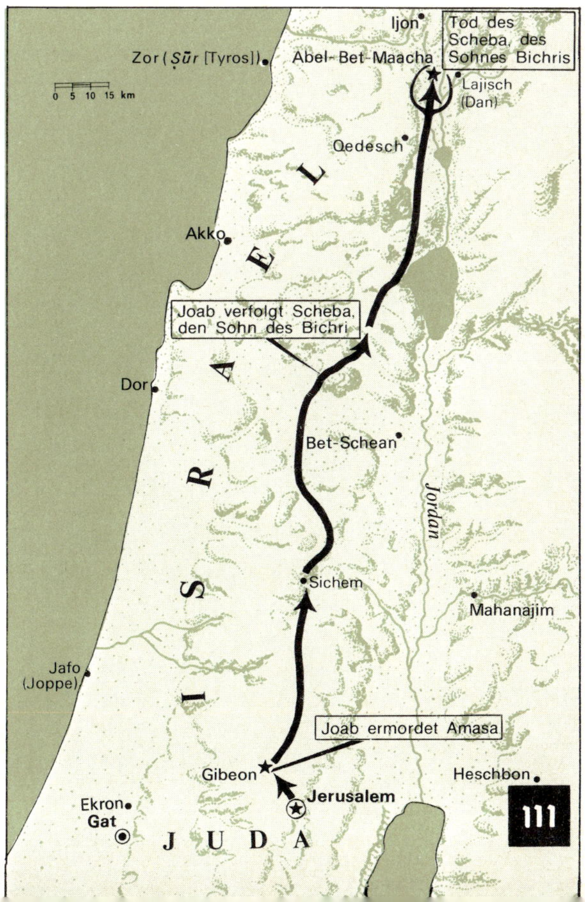

DER AUFSTAND DES BICHRI-SOHNES SCHEBA UM 977 V. CHR.

2. SAMUEL 20, 1–22

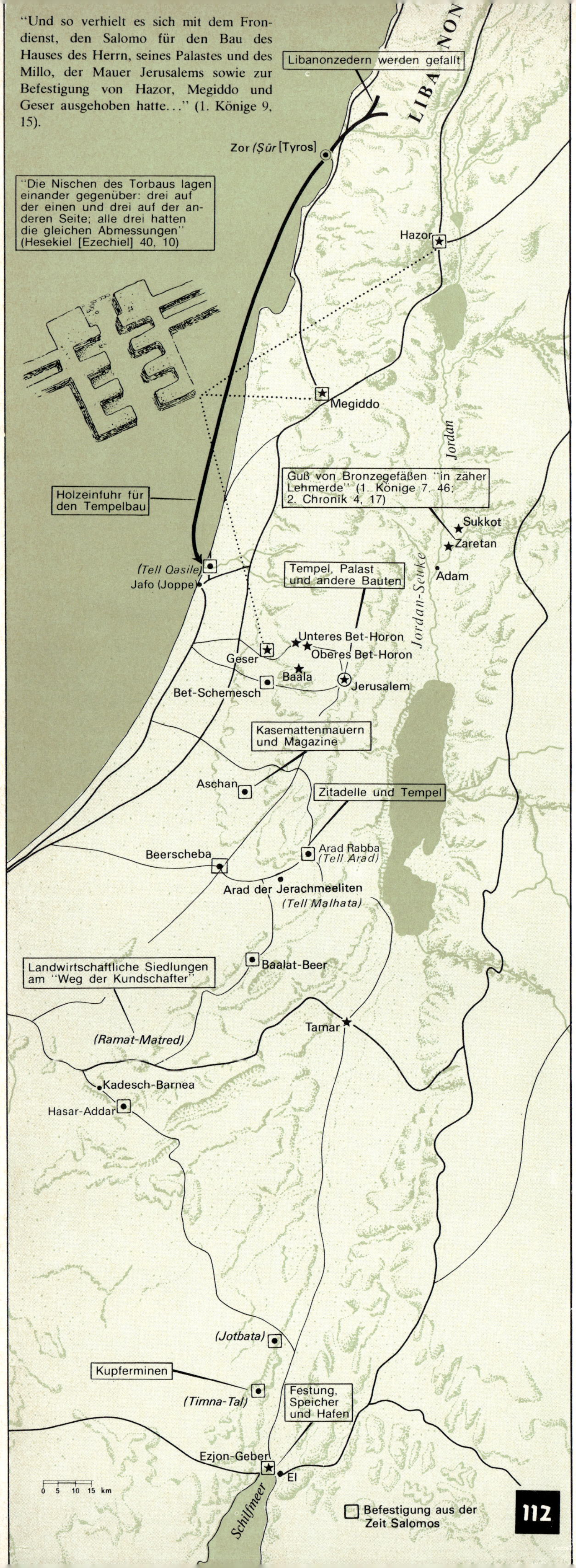

SALOMOS BAUTEN MITTE 10. JAHRHUNDERT V. CHR.

David schuf aus dem vormals kleinen Israel eine Großmacht, und Salomo machte aus dem einst armen Land mit äußerst beschränkten Aussichten ein Zentrum von internationalem Rang. Sowohl das Leben in Israels Städten als auch in den Dörfern des Landes erfuhr eine radikale Veränderung – plötzlich gehörte Israel zu den kultiviertesten Ländern der damaligen Zeit. Bedeutende Reichtümer flossen in die königlichen Schatzkammern, und Salomo machte sich einen Namen als einer der größten Bauherrn in der Geschichte des Heiligen Landes.

Hazor, Megiddo und Geser, die – militärgeographisch gesehen – Schlüsselpositionen einnahmen, wurden als zentrale Festungsstädte ausgebaut. In allen drei Städten fand man nach gleichem Muster gebaute Tore. Ihr Plan ähnelt dem des östlichen Hoftores des von Ezechiel (Hesekiel) geschauten Tempels (Ezech. [Hesek.] 40, 10). Die Überreste der Festungen und öffentlichen Bauten aus Salomos Zeit beweisen, daß nicht alle seine Werke in der Bibel aufgeführt worden sind. Salomo benutzte Baumaterial aus Phönikien, das er in phönikischen Schiffen transportieren ließ. Die Technik der Steinbearbeitung und die Schönheit der phönikisch-israelitischen Kapitelle (der sogenannten »protoaeolischen« Kapitelle) sind ein Beweis für die hohe Baukunst der Phöniker. Immer wieder fand man bei Ausgrabungen in Palästina Überreste aus der Zeit des vereinigten Königreiches.

Sogenanntes "protoäolisches" Kapitell salomonischer Zeit aus Megiddo

SALOMOS VERWALTUNGSBEZIRKE

Salomos ungeheure Bauwut erforderte natürlich ergiebige Einnahmequellen. Man »finanzierte« die Prachtbauten (wobei zu berücksichtigen ist, daß es noch kein Münzgeld gab) mit Sachabgaben (Tributen) und Frondiensten der unterworfenen Königreiche, aber auch die israelitische Bevölkerung selbst hatte Abgaben, wenn auch keine Frondienste zu leisten. Im ersten Buch der Könige ist von zwölf Statthaltern die Rede, denen es oblag, den Hof zu versorgen (Kap. 4, Vers. 7 ff.). Die zwölf Bezirke »ganz Israels« schließen Juda nicht ein, und es ist offenkundig, daß die königliche Verwaltung Juda und Israel als zwei getrennte Einheiten betrachtete. Die ehemals kanaanäischen Städte in den Ebenen bezog man in unabhängige Bezirke ein – ganz und gar israelitische Städte wurden nun auch sie. Die Bezirke tragen die Namen ihrer jeweiligen Hauptstädte, andere Verwaltungseinheiten dagegen benannte man nach der Stammeszugehörigkeit ihrer Bewohner. Möglicherweise liegt der Städteliste der Nordstämme im Kapitel 19 des Josuabuches diese administrative Einteilung zugrunde. Da keine vergleichbare Einteilung Judas aus der gleichen Zeit vorliegt, ist anzunehmen, daß Salomo Juda die Steuern entweder ganz erließ oder doch die Abgaben zumindest erheblich herabsetzte.

Trotz des beträchtlichen Zuflusses in seine Schatzkammern mehrten sich Salomos Schulden. Er mußte Hiram von Tyros zwanzig Städte in Galiläa abtreten (1. Kön. 9, 10–14). Von nun an bildete Kabul die Grenze zwischen Tyros und Israel. Vermutlich spielt auch eine Äußerung im 2. Buch der Chronik hierauf an. Fast die ganze Ebene von Akko wurde wieder tyrisches Gebiet. Diese Gebietsabtretung ist unter anderem ein Zeichen schwindender politischer Macht. Schon unter Salomo brachen in Damaskus und Edom Aufstände aus (1. Kön. 11, 14–25), und sicher hatte Ägypten, das seine palästinensischen Besitzungen gern zurückgewonnen hätte, die Hand im Spiel. So läßt sich auch die Geser-Affäre erklären. In der Bibel lesen wir, der Pharao habe Geser, eine kanaanäische Stadt, niedergebrannt und seiner Tochter, einer Frau Salomos, als Mitgift gegeben (1. Kön. 9, 16). Was der Eroberung voranging, erfahren wir nicht, auch nicht, wie die Ägypter in diese Stadt im Norden Philistäas kamen. Wie es scheint, kehrten die Ägypter damals ins Philisterland zurück und brachten es wieder unter ihre Oberhoheit, wobei sie auch Geser eroberten, obwohl dieses nebst anderen kanaanäischen Städten unter David zum israelitischen Gebiet gehört hatte. Salomo hatte allerdings noch Kraft genug, die Ägypter aus dem Heiligen Land zu vertreiben und ihnen einen Friedensvertrag zu diktieren. Danach mußten die Ägypter Israel das zerstörte Geser zurückgeben. Salomo ließ es später wieder aufbauen und befestigen. Von da an diente es als Grenzfestung gegen das unter ägyptischer Herrschaft stehende Philisterland. Die vielen Befestigungen dieser Zeit zeugen von zunehmender Unsicherheit und einer sich verschlechternden politischen Situation.

Grenze der Verwaltungsbezirke Salomos

1. KÖNIGE 5–10; 2. CHRONIK 2–4; 8–9

1. KÖNIGE 4, 7–19

73 "Salomo hatte zwölf Statthalter in ganz Israel, die den König und seinen Hof zu versorgen hatten..." (1. Könige 4, 7).

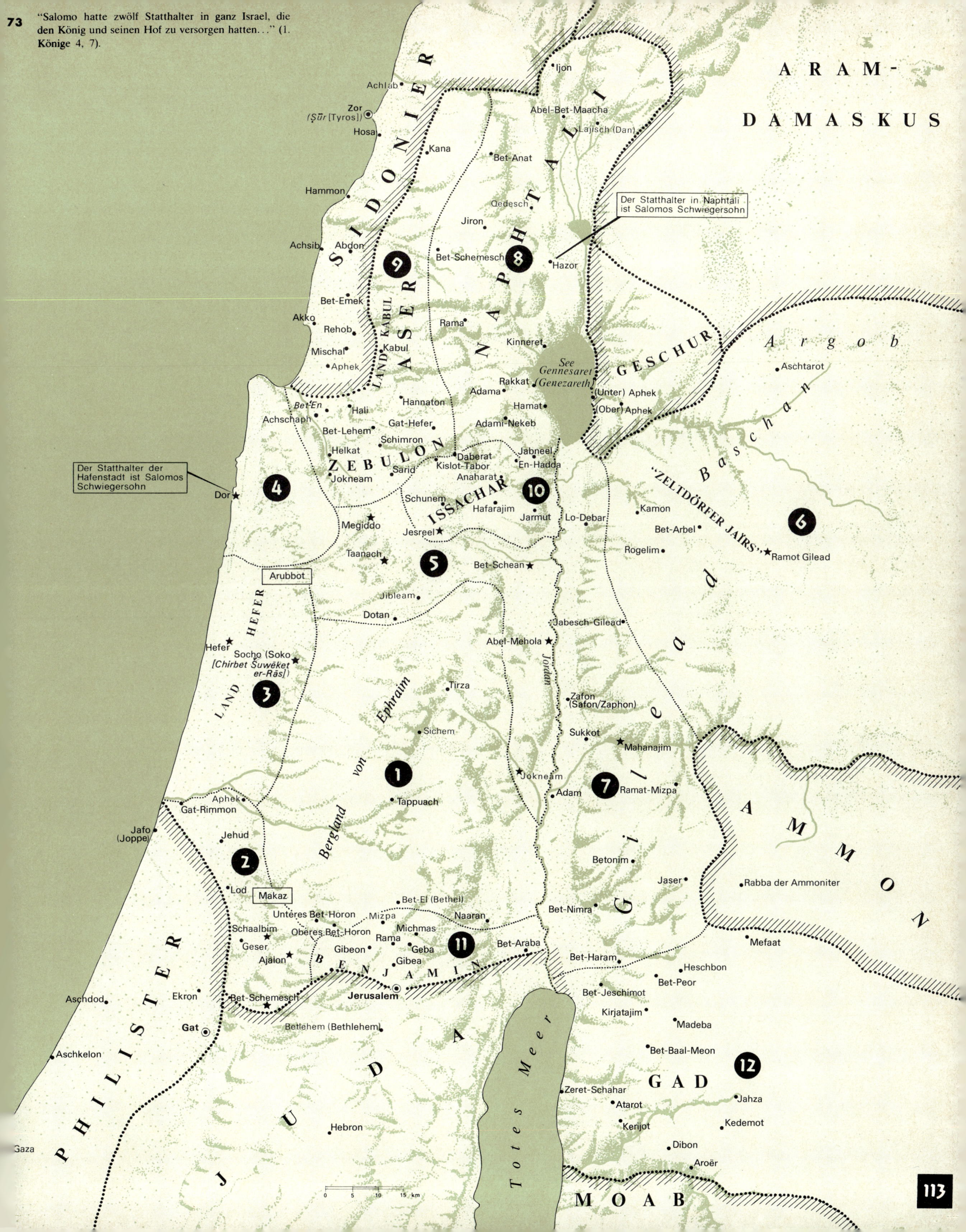

JERUSALEM: ANLAGE UND AUSBAU MITTE 10. JAHRHUNDERT V. CHR.

Salomo vergrößerte, befestigte und verschönerte Jerusalem, wie es der Hauptstadt eines großen Königreichs zukam. Die Krönung war der Bau des Tempels, und obwohl man diesen als Tempel der Davididendynastie errichtete, wurde er zum Symbol nationaler Einheit. Der Gottesdienst im Tempel beruhte auf der Überlieferung der zwölf Stämme Israels, einer Überlieferung, die allerdings nicht zur politischen Einigung führte.

"Im vierten Jahr, im Monat Siw, wurde das Fundament zum Hause des Herrn gelegt... Sieben Jahre baute man daran. An seinem eigenen Hause baute Salomo 13 Jahre, bis es vollendet war..." (1. Könige 6, 37–7, 1).

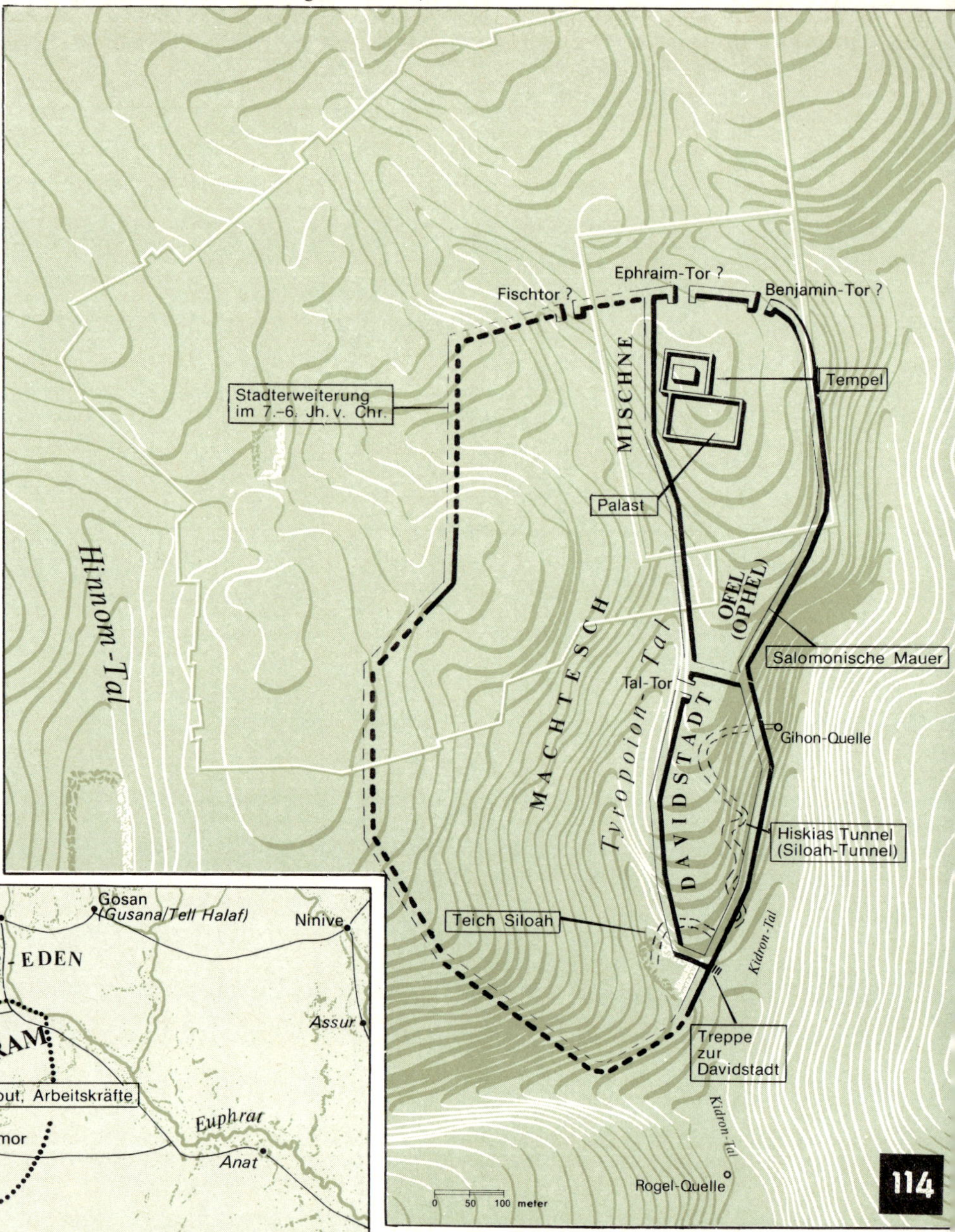

2. SAMUEL 5, 9; 1. KÖNIGE 6–7;
2. KÖNIGE 20, 20; 22, 14; JESAJA (ISAIAS) 22, 9–1
2. CHRONIK 2–8; 26, 9; 27, 3; 32, 2–5; 33, 14

"Ein Streitwagen aus Ägypten kostete 600 Silberschekel, ein Pferd 150. Man exportierte sie auch zu den Königen der Hethiter und Aramäer in Syrien" (1. Könige 10, 29).

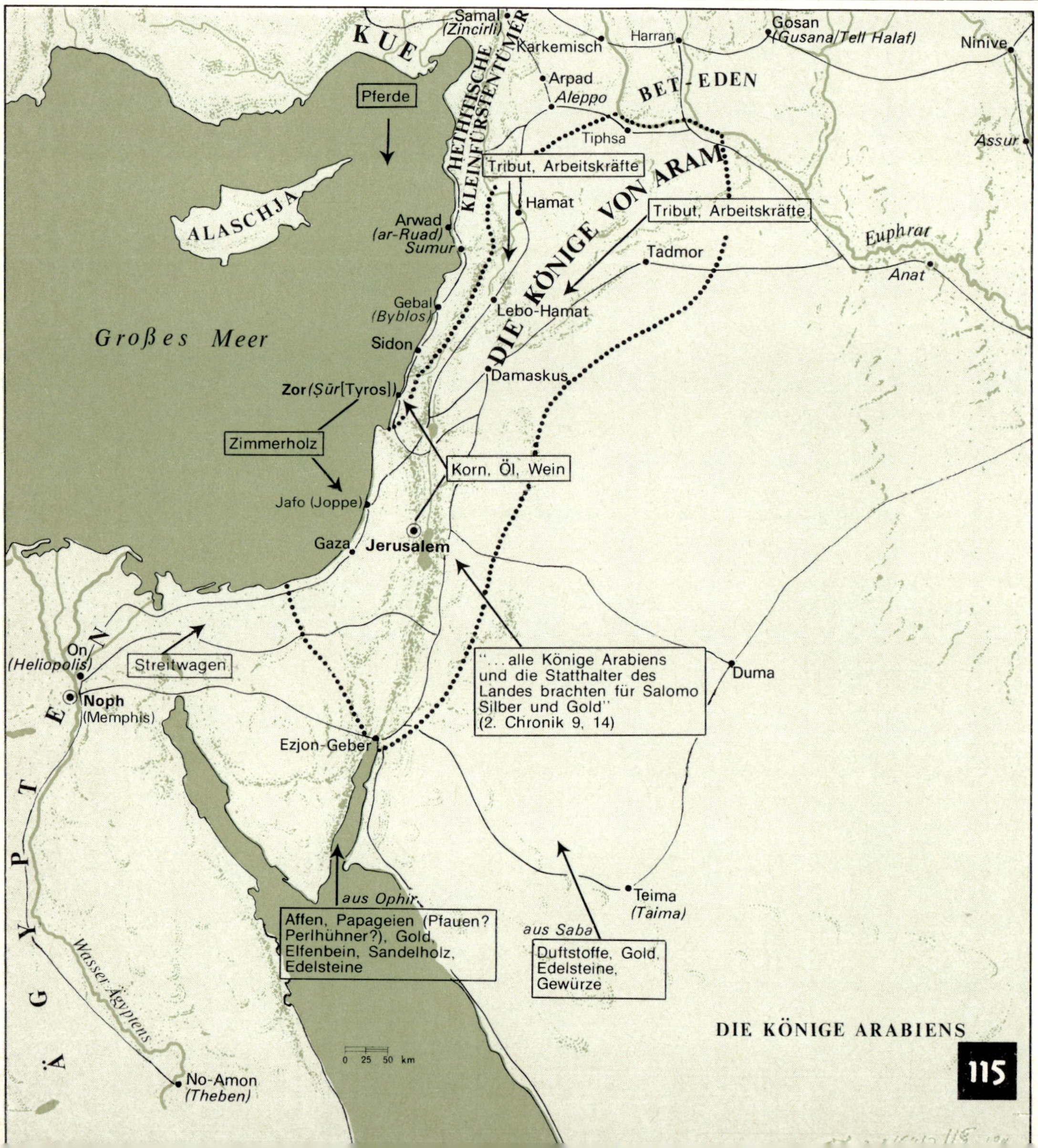

HANDEL UNTER SALOMO

Trotz der Risse, die sich im Gebäude seines großen Königreiches zeigten, beherrschte Salomo weiterhin die bedeutenden Handelsrouten, die sich durch Palästina zogen. Die Kontrolle über diese Straßen trug nicht wenig zur Bereicherung seiner Schatzkammern bei. Er stellte eine beträchtliche Streitwagenmacht auf, die in »Streitwagenstädten« stationiert war, und war auch am einträglichen Pferde- und Wagenhandel beteiligt (1. Kön. 10, 28–29). Da er in Edom und auch am Golf von Elat herrschte, hatte er Zugang zu Südarabien und Ostafrika, woher die Länder des antiken Mittelmeerraumes ihre wertvollsten Luxusgüter bezogen. Auch im Zusammenhang mit der Legende vom Besuch der Königin von Saba wird von diesem Handel noch die Rede sein.

1. KÖNIGE 5, 15–32; 9, 26–10, 29;
2. CHRONIK 1, 15–17; 2; 8, 17–9, 28

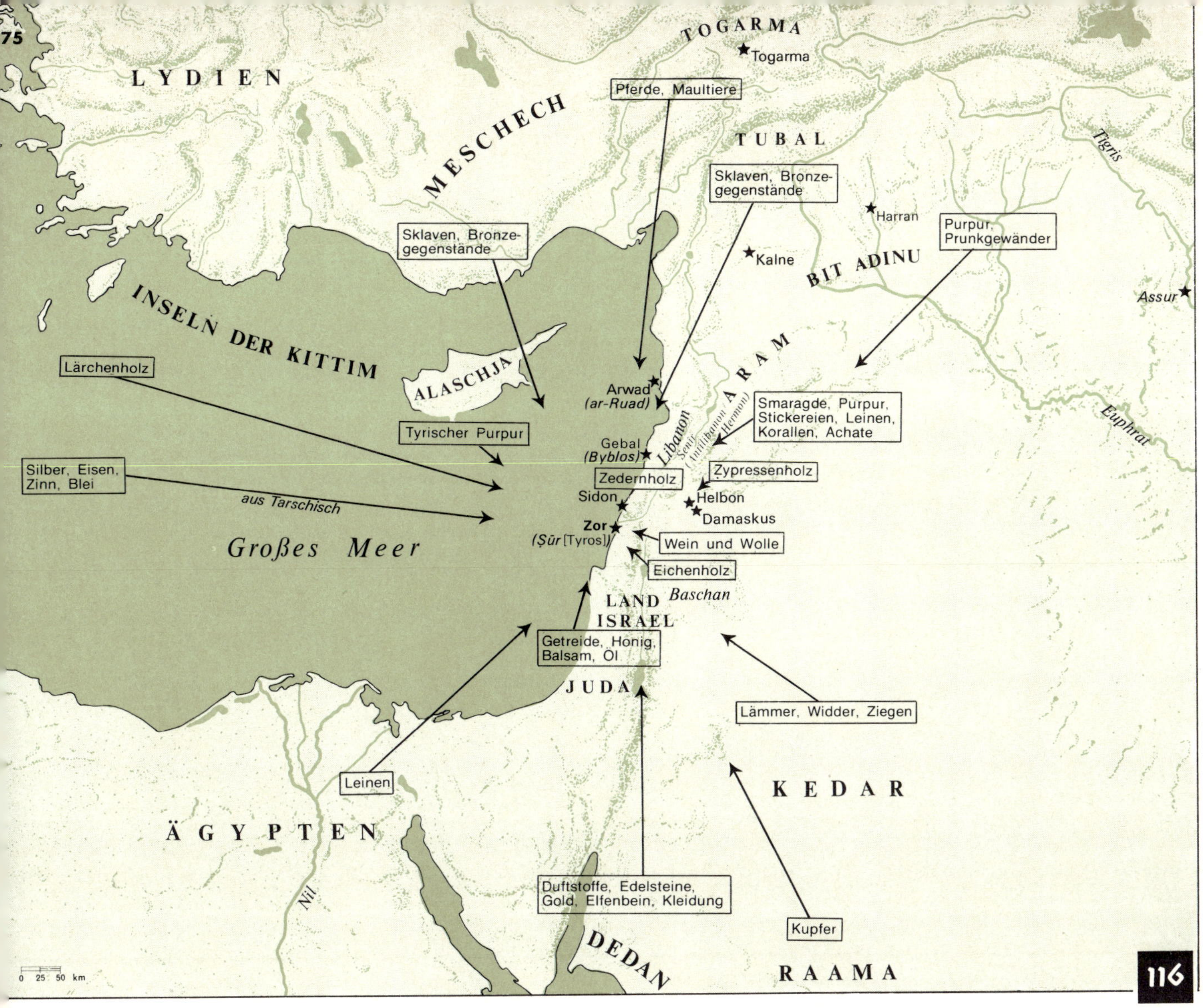

"Sprich zu Tyros: Die du wohnst am Zugang zum Meer, Handelsmetropole der Völker nach zahlreichen Küsten hin..." (Hesekiel [Ezechiel] 27, 3).

ZOR (ṢŪR [TYROS]) UND SEINE HANDELS-BEZIEHUNGEN 10. BIS 7. JAHR-HUNDERT V. CHR.

116 HESEKIEL (EZECHIEL) 27

Phönikisches Schiff (Relief aus dem Palast Sargons II. in Chorsabad)

Dem Königreich Israel fehlte das technische Rüstzeug für die Entwicklung eines schwunghaften Seehandels. Salomo suchte bei den erfahrenen Seeleuten des Königs Hiram von Tyros Unterstützung, um sich für den Transport seiner Waren ihrer »Tarschischschiffe« zu bedienen. Tarschisch im Mittelmeer (vgl. Jona 1, 3) ist vermutlich Sardinien. Die »Tarschischschiffe« waren geräumige und seegängige Schiffe, geeignet für lange Reisen auf hoher See. Tyros begann sich damals zur größten Mittelmeermacht zu entwickeln. Seine Kaufleute gründeten an der gesamten Mittelmeerküste Häfen und Kolonien, deren berühmteste Karthago war. Ezechiels (Hesekiels) Drohrede gegen die Nachbarvölker (Kap. 27, Vers 3) charakterisiert Tyros sehr treffend als »Handelsherrin der Völker nach zahlreichen Küsten hin«. Vermutlich schöpft Ezechiel hier aus einer literarischen Quelle. Solange das starke Bündnis zwischen Israel und Tyros hielt, kontrollierten beide Völker im Nahen Osten die bedeutendsten Land- und Seehandelsrouten.

"Tarschisch-Schiffe fuhren für dich und beförderten deine Waren. So wurdest du reich und üppig inmitten des Meeres" (Hesekiel [Ezechiel] 27, 25).

TYROS' EXPANSION IM MITTELMEERRAUM AB 9. JAHRHUNDERT V. CHR.

117

DIE REICHSTEILUNG 928 V. CHR.

Weder David noch Salomo gelang es, die Differenzen zwischen Juda und Israel zu bereinigen, und die Nordstämme sahen in der Herrschaft des Davididenhauses eine Bevormundung durch Juda. Die inneren Spannungen, die sich während der Regierungszeit Salomos noch verschärften, führten nach Salomos Tod zur Reichsteilung. Salomos Sohn Rehabeam begriff nicht, daß nur durch weitgehende Konzessionen gegenüber Israel der Zerfall des vereinigten Königreiches verhindert werden konnte. Als sich die Nordstämme erhoben, erwies Rehabeam sich als unfähig, den Aufstand niederzuschlagen. Von allen israelitischen Nordstämmen hielt lediglich Benjamin zu Juda und zum Hause David, und dies vermutlich auch nur wegen der unmittelbaren Nachbarschaft Jerusalems. Die Stämme in Ostjordanland waren dagegen durch gleichsam natürliche, geographische Bande mit dem Nordreich verknüpft. Die eroberten Gebiete betrachtete man mit Ausnahme Edoms, das an Juda fiel, als Besitz Israels. Die meisten der besetzten Gebiete schüttelten aber Israels Joch bei der Teilung des Reiches wieder ab. In Damaskus und Edom waren schon unter Salomo Aufstände ausgebrochen, und aus Angaben über spätere Perioden geht hervor, daß Moab und Ammon nach Salomos Tod ihre Unabhängigkeit erlangten. Das große Königreich, das David begründet hatte, zerfiel nun so rasch, wie es entstanden war, und an seine Stelle traten zwei einander feindlich gegenüberstehende Staatsgebilde.

"Rehabeam begab sich nach Sichem, denn ganz Israel war dorthin gekommen, um ihn zum König auszurufen" (1. Könige 12, 1).

1. KÖNIGE 11, 26–12, 33; 2. CHRONIK 10

DAS FESTUNGS-BAUPROGRAMM REHABEAMS ETWA 928 – 920 V. CHR.

"Rehabeam blieb in Jerusalem und baute Städte in Juda zu Festungen aus" (2. Chronik 11, 5).

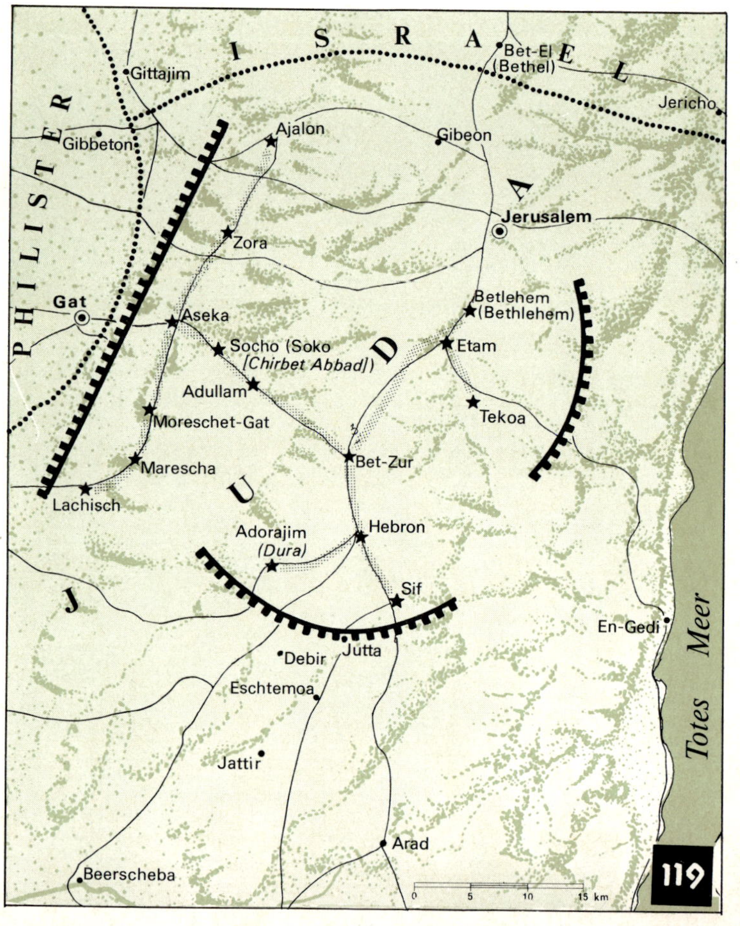

Durch Festungen blockierte Einfallsstraße nach Juda

Festungsgürtel

Verbindungsstraße zwischen Festungsstädten

Wir wissen nicht, ob Rehabeams Liste befestigter Städte in Juda bereits aus der Zeit vor dem Angriff Schischaks stammt. Möglich, daß Rehabeam schon vor dem Feldzug begann, sein Festungsbauprogramm zu verwirklichen, daß er aber erst nachher dazu kam, sein Werk zu vollenden. Sein Festungsgürtel bildet im Westen die Grenze zum Philisterland. Er schloß aber weder den Negev noch das Hügelland im Süden ein. Dies zeigt, daß Rehabeam die Verteidigungslinien seines Königreichs sehr eng zog – wohl in der Absicht, lediglich das Kernland zu behalten. Festungen an der Nordgrenze gab es dagegen nicht. Sein Leben lang gab Rehabeam die Hoffnung niemals auf, das rebellische Israel zum Hause David zurückzuführen (1. Kön. 14, 30). Daher unterließ er es auch, sich an der Nordgrenze seines Königreichs mit einer Kette von Festungen abzuschirmen.

2. CHRONIK 11, 5–12

77 "Im fünften Jahre des Königs Rehabeam zog Schischak, der König Ägyptens, gegen Jerusalem" (1. Könige 14, 25).

DER FELDZUG DES PHARAO SCHISCHAK (SCHOSCHENQ/ SCHESCHONQ I.) UM 925 V. CHR.

Ägyptens Pharaonen taten zur Zeit Salomos alles, was in ihrer Macht lag, um Israel zu schwächen. Schließlich ergriff Pharao Schischak (Schoschenq/Scheschonq I.) die Gelegenheit und unternahm im fünften Jahr der Regierungszeit Rehabeams einen Raub- und Plünderungszug. Die Bibel gibt über diesen Feldzug nur spärliche Informationen und erwähnt lediglich die goldenen Schilde, die Schischak als Tribut in Empfang nahm. Aus einer ägyptischen Inschrift erfahren wir mehr. Sie enthält eine Liste der von Schischak eroberten Orte und bestätigt die biblische Erzählung, wonach er nach Jerusalem gezogen kam, sich aber mit reichlichem Tribut zufriedengab und sich weiter nach Norden, gegen das Königreich Israel, wandte, wo er Tirza (und Sichem?), Pnuël und Mahanajim eroberte (vgl. 1. Kön. 12, 25). Bei Ausgrabungen in Megiddo fand man ein Fragment einer Stele Schischaks. Aus ihm ist zu ersehen, daß die Ägypter diese bedeutende Festung vorübergehend besetzt hatten.

Der zweite Teil der Liste Schischaks enthält Ortsnamen aus dem Negevgebiet. Einige davon werden als *hagarim* bezeichnet, womit vermutlich Festungen mit abschüssigen Vorfeldern (Glacis) gemeint sind. Schischak marschierte dann wohl weiter südwärts nach Ezjon-Geber, das, wie aus Ausgrabungen ersichtlich ist, etwa um diese Zeit zerstört wurde. Das Hauptziel dieses Feldzuges war zweifellos die Störung des Handels zwischen Juda und Arabien.

Befestigte Stadt (Relief aus dem Palast Assurnasirpals II. in Kalach [Nimrud])

1. KÖNIGE 14, 25–28; 2. CHRONIK 12, 2–12; STÄDTELISTE SCHOSCHENQS AN DER BUBASTIDENHALLE IN KARNAK (THEBEN/ÄGYPTEN)

"Da stellte sich Abia auf den Gipfel des Berges Zemarajim im Bergland von Ephraim und rief: 'Jerobeam und ganz Israel, höret mich an!'" (2. Chronik 13, 4).

DIE EROBERUNGEN ABIAS UM 911 V. CHR.

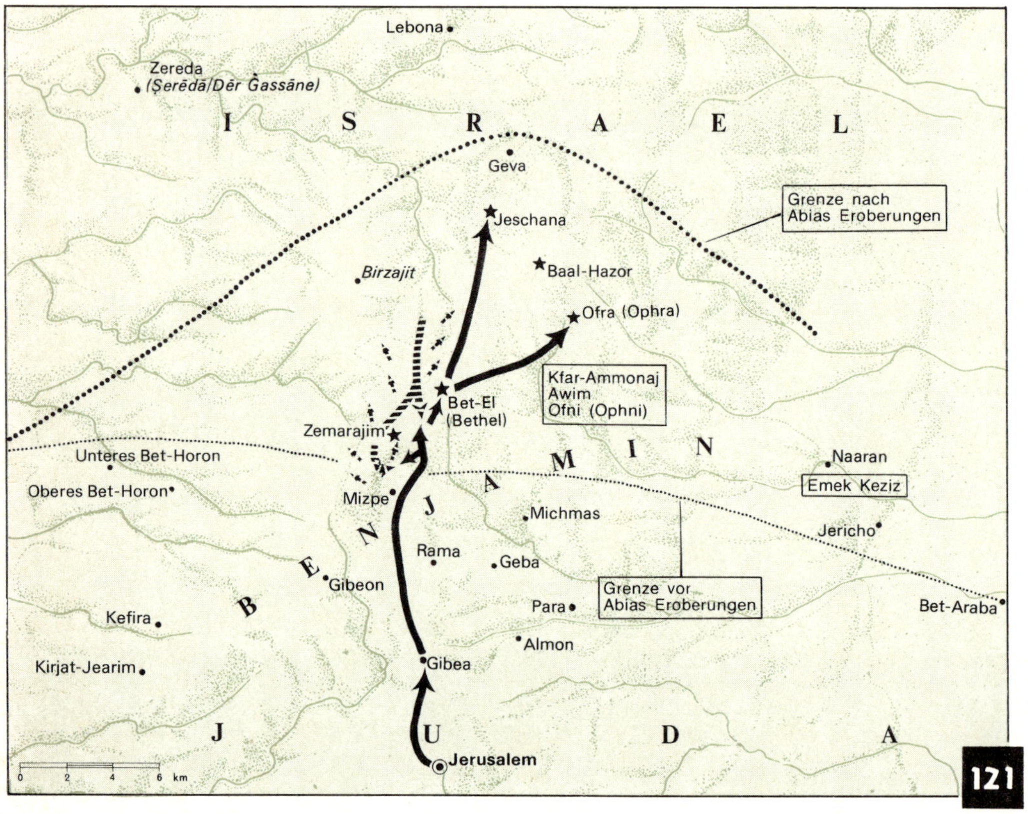

Israelitische Streitkräfte

Streitkräfte des Südreichs Juda

Ägyptische Streitkräfte

2. CHRONIK 13
JOSUA 18, 21–24

Die Feindseligkeiten zwischen Juda und Israel dauerten während der Regierungszeiten Rehabeams, Abias und Asas von Juda sowie der Dynastien Jerobeams und Baschas (Baësas) von Israel an. Der Krieg zehrte an den Kräften, Gewinn brachte er keinem. Die Grenzzwischenfälle spielten sich meistens im Gebiet des Stammes Benjamin ab, das Israel für sich beanspruchte. Abia, Rehabeams Sohn, eroberte die Hügel von Bet-El (Bethel). Neben Bet-El erwähnt die Bibel auch noch Ephron (Ofra [Ophra]) und Jeschana (2. Chron. 13, 19), womit wahrscheinlich der gesamte Nordteil des Stammesgebietes von Benjamin gemeint ist. Zur Zeit Asas war die Überlegenheit jedoch auf Seiten Israels, und es gelang Bascha (Baësa), die verlorenen Gebiete zurückzuerobern, ja er drang sogar bis zu den weiter südlich gelegenen Städten Benjamins vor. Um die Grenze zu sichern, befestigte Bascha Rama, das nur rund acht km von Jerusalem entfernt an der Hauptstraße lag.

Das Königreich Damaskus verband sich mit verschiedenen aramäischen Reichen und wurde im Lauf des 9. Jh. v. Chr. Israels schärfster Gegner. Bei den Auseinandersetzungen ging es meistens um die Herrschaft im Ostjordanland und im nördlichsten Teil des Heiligen Landes. Die Könige von Damaskus führten den Titel »Ben Hadad« – »Sohn des (Gottes) Hadad«. Aus Verzweiflung wandte sich Asa an den ersten Träger dieses Titels, den Herrscher von Aram-Damaskus, der vom Bürgerkrieg profitiert hatte und in Ostgaliläa eingefallen war. Die Ausgrabungen in Hazor ergaben, daß auch diese Stadt zu den Städten Naphtalis gehörte, deren »Vorratshäuser« während dieses Feldzuges verwüstet wurden (2. Chron. 16, 4). Die Grenzen Israels im nördlichen Transjordanien waren vermutlich verkürzt, wie man wohl aus der Situation zur Zeit Achabs schließen darf.

Diese Schläge zwangen Bascha, sich aus Juda zurückzuziehen und nach Tirza zurückzukehren, das – vielleicht schon zu Ende der Regierungszeit Rehabeams – Hauptstadt Israels geworden war (1. Kön. 14, 17). Wir wissen nicht, warum Israels Könige ausgerechnet diese Stadt zu ihrer Hauptstadt erwählten, aber immerhin war Tirza schon einst in kanaanäischer Zeit ein bedeutendes Zentrum im Gebirge Ephraim. Nachdem Bascha sich von der Grenze zurückgezogen hatte, beeilte Asa sich, die Städte Mizpa und Geba zu befestigen, die der Nordgrenze Benjamins am nächsten lagen. Die Ausgrabungen in Mizpa (Tell en-Nasbe) brachten die mächtige Mauer der von Asa erbauten Festung ans Licht. Das bedeutet, daß Asa praktisch dem Grenzverlauf zwischen Juda und Israel im dortigen Gebiet zustimmte. Von da an gab es hier bis zum Untergang des Königreichs Israel keine bedeutenderen Grenzveränderungen mehr.

Während der langen Regierungszeit Asas kehrte Ruhe im Königreich Juda ein. Die Früchte erntete aber erst sein Sohn Josaphat. Asa entschied noch eine bedeutende militärische Auseinandersetzung für sich, indem es ihm gelang, den Kuschiten (Äthiopier) Serach zu vertreiben, der mit einem Heer von Äthiopiern und Libyern in Juda eingedrungen war (2. Chron. 16, 8). Bei Serach handelt es sich vermutlich um Schischaks Sohn Osorkon I., einen der libyschen Pharaonen Ägyptens (XXII. Dynastie). Ausgrabungen in Beerscheba ergaben, daß diese Stadt damals ein zweites Mal zerstört wurde.

2. CHRONIK 14, 8[9]–14[15]; 16, 8

DER FELDZUG DES KUSCHITEN SERACH UM 900 V. CHR.

"Sie schlugen alle Städte in der Umgebung von Gerar" (2. Chronik 14, 13 [14]).

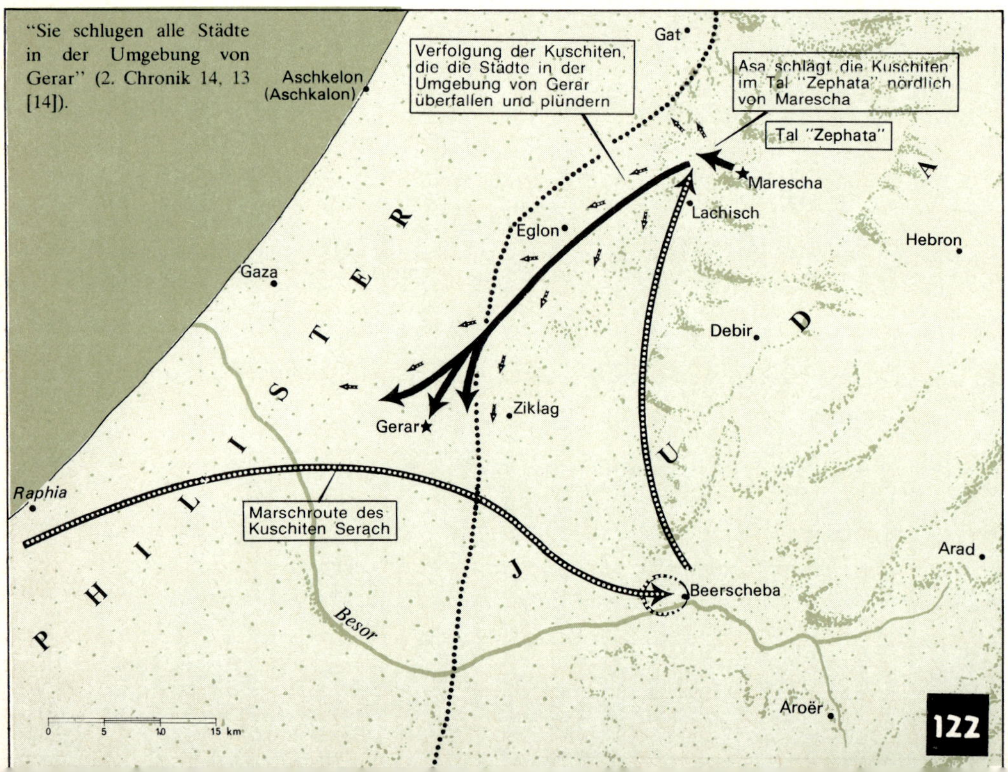

"... und sie schafften die Steine und Balken weg, mit denen Bascha (Baesa) Rama befestigt hatte, und König Asa befestigte damit Geba in Benjamin und Mizpa" (1. Könige 15, 22).

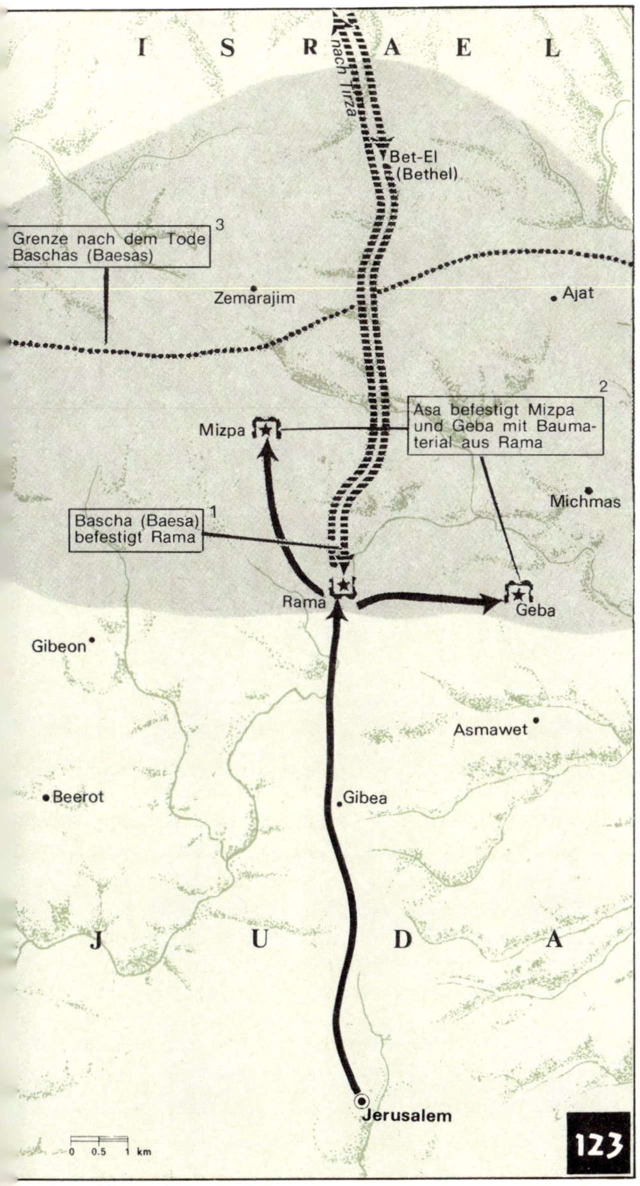

DER KRIEG ZWISCHEN ASA UND BASCHA (BAËSA) UM 885 V. CHR.

1. KÖNIGE 16, 16–22; 2. KÖNIGE 17, 1–6

Stadtmauer von Mizpa zur Zeit Asas

umkämpftes Gebiet

befestigte Städte

"Und Benhadad willfahrte dem König Asa. Er sandte seine Heerführer gegen Israels Städte aus und verheerte Ijon, Dan, Abel-Bet-Maacha sowie das gesamte Gebiet von Kinneret und die Landschaft Naphtali" (1. Könige 15, 20).

DER FELDZUG BENHADADS I. 885 V. CHR.

1. KÖNIGE 15, 18–21; 2. CHRONIK 16, 2–5

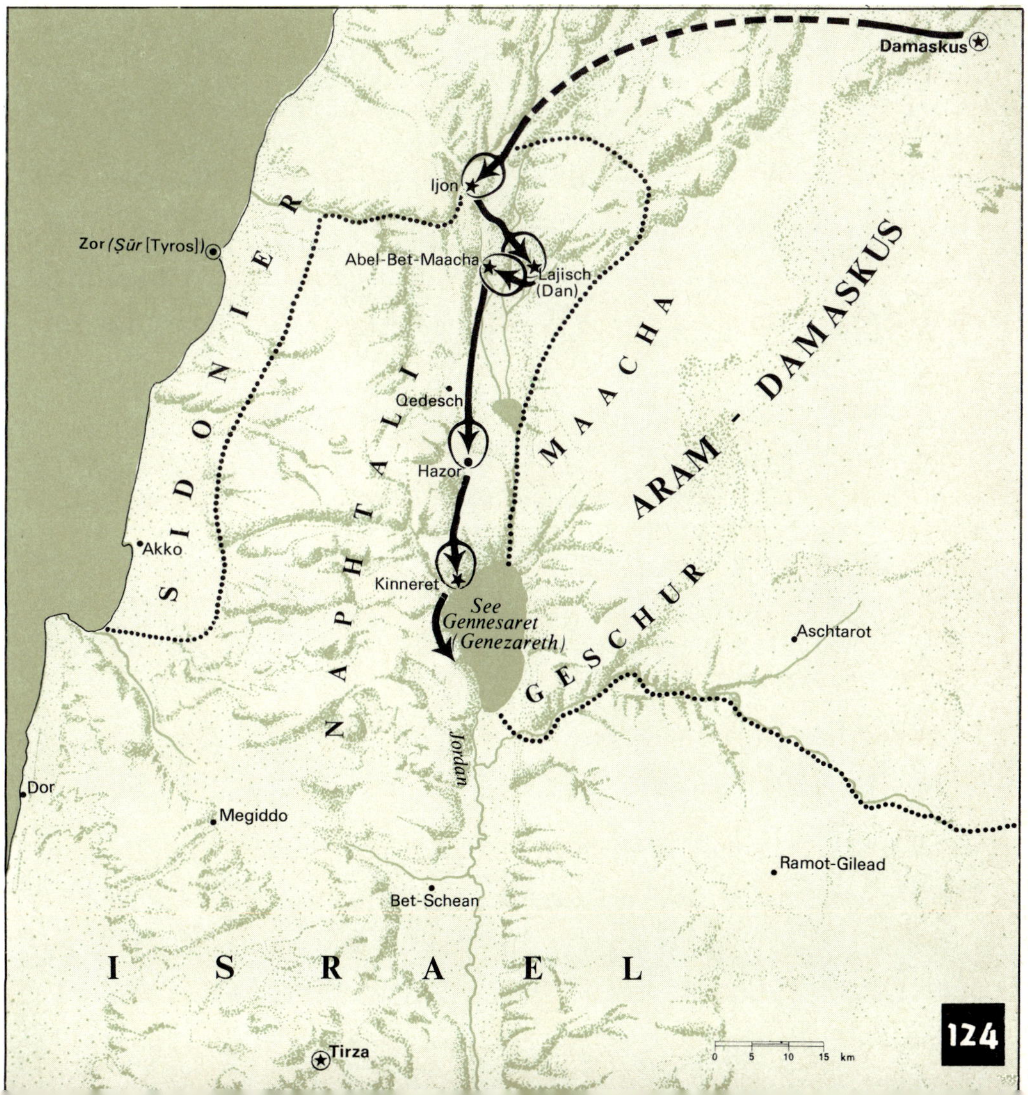

"Da rief noch am selben Tage ganz Israel im Lager Omri, den Befehlshaber der Armee, zum König aus" (1. Könige 16, 16).

DER AUFSTIEG OMRIS 882 V. CHR.

Seit Nadab König von Israel war, war die Levitenstadt Gibbeton an der Grenze des Gebiets der Philisterstadt Ekron ein ständiger Zankapfel. Am Ende der Regierungszeit des Bascha-Sohnes Ela erhielten die vor Gibbeton stehenden Israeliten Nachricht vom Aufstand Simris. Sofort erhob die Armee ihren Heerführer Omri zum König. Omri eilte nach Tirza, der Hauptstadt Israels, wo Simri sich aufhielt, belagerte die Stadt und nahm sie ein. Doch erst nach einem Bürgerkrieg gelang es ihm, sich die Herrschaft über das Königreich zu sichern.

Omri stellte Ruhe und Ordnung wieder her und stärkte das Land gegen Aram. An einem strategisch günstigen Platz nahe der Via Maris baute er Samaria, verlegte – wie es einst David mit Jerusalem getan hatte – seine Residenz dorthin und machte die neue Hauptstadt zur glanzvollsten und bedeutendsten Stadt Israels. Der Vertrag mit Tyros wurde durch die Ehe zwischen Achab und Isebel erneuert, die Beziehungen zu Juda durch die Heirat Athaljas mit Joram verbessert und intensiviert. Juda erkannte Israels Vormachtstellung an, und nach Auskunft des Mesasteines wurde auch Moab wieder erobert.

1. KÖNIGE 16, 15–28

DIE KRIEGE ACHABS GEGEN ARAM 885 – 850 V. CHR.

Achab führte die Politik seines Vaters Omri weiter. Was immer an den verschiedensten Ausgrabungsstätten überall im Gebiet des damaligen Israel aus Achabs Zeit zum Vorschein kam: Es deutet auf wirtschaftliche Stabilität und militärische Stärke hin. Dies ist auch aus der Bibel ersichtlich, in der vom »Bau des Elfenbeinhauses und all seiner Festungen« die Rede ist (1. Kön. 22, 39). Das Gebiet der Stadt Hazor, nahe der Grenze von Aram, wurde verdoppelt, und die Stadt erhielt massive Wehrmauern. In Hazor, Megiddo und anderswo ließ Achab Paläste und Vorratshäuser bauen. In Samaria stellte er das »Elfenbeinhaus« fertig, und Jesreel machte er zur Winterhauptstadt des Königreiches. Damals brachte es Benhadad, der König von Aram-Damaskus, fertig, die übrigen kleinen aramäischen Königreiche unter seine Herrschaft zu zwingen. Er stürzte ihre Könige und ersetzte sie durch seine Statthalter. So gelang es ihm, ein starkes politisches Gebilde zu formen, das von Israel bis nach Hamat reichte und eine weite Einflußsphäre hatte.

Dann begann der Kampf zwischen Aram und Israel, der in den biblischen Berichten von Achabs drei Kriegen Widerhall findet. Zuerst belagerten die Aramäer Samaria, aber Achab durchbrach den Belagerungsring und schlug die Gegner. In der zweiten Auseinandersetzung, die im Jarmuktal stattfand, wurden die Aramäer wieder geschlagen und flohen nach Aphek. Nach dem Fall dieser Stadt sah sich Benhadad genötigt, Israel das Recht einzuräumen, in Damaskus Handel zu treiben. Er mußte auch einige strittige Gebiete zurückgeben. Als Aram die Klauseln des Vertrags von Aphek verletzte, zogen Achab und Josaphat zum drittenmal in den Krieg. Die Schlacht fand bei Ramot-Gilead statt. Achab fiel, aber seine Tapferkeit bewahrte seine Männer vor einer totalen Niederlage. Ramot-Gilead und der nördliche Teil des Ostjordanlandes blieben jedoch in den Händen Arams.

1. KÖNIGE 20, 1–34; 22, 1–40;
2. CHRONIK 18, 1–34

Elfenbeinschnitzerei aus Samaria (Zeit Achabs)

"Benhadad, der König von Aram, versammelte seine gesamte Streitmacht. 32 Könige mit Rossen und Streitwagen waren bei ihm" (1. Könige 20, 1).

Aramäische Streitkräfte
Israelitische Streitkräfte

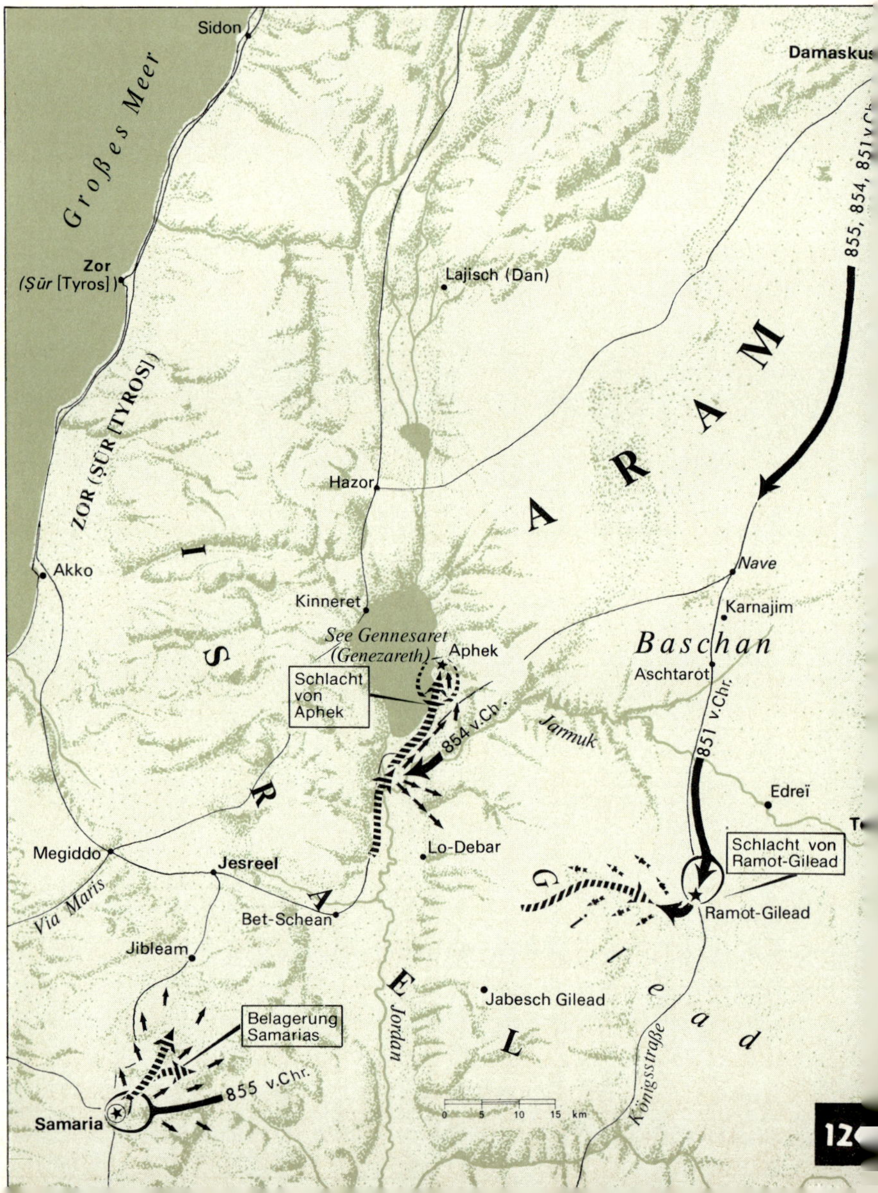

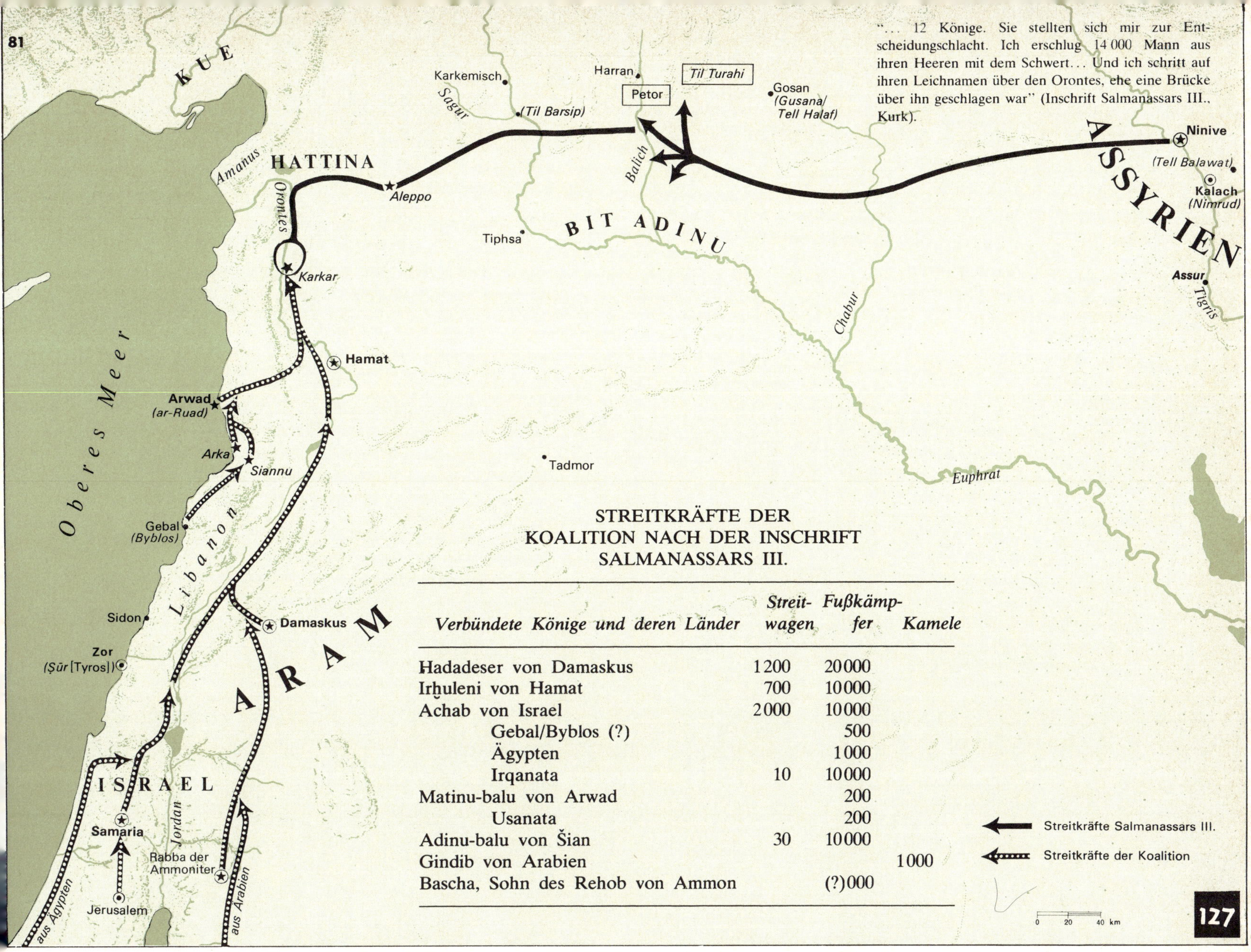

"... 12 Könige. Sie stellten sich mir zur Entscheidungsschlacht. Ich erschlug 14 000 Mann aus ihren Heeren mit dem Schwert... Und ich schritt auf ihren Leichnamen über den Orontes, ehe eine Brücke über ihn geschlagen war" (Inschrift Salmanassars III., Kurk).

STREITKRÄFTE DER KOALITION NACH DER INSCHRIFT SALMANASSARS III.

Verbündete Könige und deren Länder	*Streitwagen*	*Fußkämpfer*	*Kamele*
Hadadeser von Damaskus	1200	20000	
Irḫuleni von Hamat	700	10000	
Achab von Israel	2000	10000	
Gebal/Byblos (?)		500	
Ägypten		1000	
Irqanata	10	10000	
Matinu-balu von Arwad		200	
Usanata		200	
Adinu-balu von Šian	30	10000	
Gindib von Arabien			1000
Bascha, Sohn des Rehob von Ammon		(?)000	

DIE SCHLACHT BEI QARQAR UM 853 V. CHR.

1. KÖNIGE 22, 1; DENKMAL SALMANASSARS III. IN KALACH (NIMRUD); WEITERE INSCHRIFTEN IN ASSYRIEN

Da die Könige im westlichen Teil des Alten Orients ganz und gar mit ihren Kleinkriegen beschäftigt waren, übersahen sie den langsamen Aufstieg Assyriens. Schon um 1100 v. Chr. hatte der Assyrerkönig Tiglatpilesar I. die Mittelmeerküste erreicht, doch unter seinen Nachfolgern war Assyrien wieder zu einer unbedeutenden Macht abgesunken. Anfang des 9. Jh. erneuerte Assurnasirpal II. (883–859 v. Chr.) die assyrische Expansionspolitik. Seine Armeen erreichten Nordsyrien und die phönikischen Küstenstädte – Arwad, Gebal (Byblos), Zor (Tyros), Sidon – und erhoben Tribut. Sein Sohn Salmanassar II. führte diese Feldzüge weiter und erreichte schon im ersten Jahr seiner Herrschaft das Amanus-Gebirge.

Im sechsten Jahr seiner Regierung (853 v. Chr.) stieß er von Ninive aus in das Herz Syriens vor. Er überquerte bei Hochwasser den Euphrat in der Nähe von Petor und wandte sich dann über Aleppo nach Hamat, wo er mehrere Städte, darunter Qarqar, einnahm. Nun stand er aber einer Koalition von Königen gegenüber, die begriffen hatten, wie gefährlich ihnen seine Eroberungssucht werden könnte. Diese Könige des Westens hatten vorläufig ihre Auseinandersetzungen zurückgestellt (1. Kön. 22, 1) und sich gegen die assyrische Bedrohung zusammengeschlossen. Ihre mächtige Koalition umfaßte Armeen aus ganz Syrien und dem Lande Israel bis hinunter nach Ägypten. An ihrer Spitze standen der König von Damaskus, Hadadeser (der in der Bibel als Feind Achabs erwähnte Benhadad), Achab, König von Israel, und Irhuleni, König von Hamat. Achab hatte 2000 Streitwagen aufgestellt, mehr als die Hälfte der »berittenen« Streitkräfte der gesamten Koalition. Dies ist ein Beweis für die damalige militärische Stärke Israels. Obwohl Juda nicht besonders erwähnt wird, ist anzunehmen, daß es – wie auch in den anderen Kriegen, die Israel führte – als Verbündeter an der Seite Israels stand.

Salmanassars Bericht über die Schlacht von Qarqar führt nur elf Länder auf, obwohl sich ja insgesamt zwölf Könige gegen ihn zusammengeschlossen hatten. Vielleicht ist die Zahl auch »aufgerundet« worden, oder es fehlt die unterste Zeile, und der Text lautete ursprünglich: »Bascha, Sohn des Rehob (aus...) aus Ammon.«

Das Haupttreffen fand in der Nähe von Qarqar statt, Salmanassar zufolge siegte Assyrien. Doch war es der Koalition der Könige wohl gelungen, die assyrische Streitmacht zu schwächen, denn es dauerte vier Jahre, bevor Salmanassar abermals einen Feldzug nach Westen unternahm.

Kaum war die Gefahr gebannt, fiel die Koalition auseinander, und der Kleinkrieg der einzelnen Mitglieder gegeneinander begann von neuem.

Der König von Assur an der Spitze seines Heeres (Bronzerelief Salmanassars III. aus Tell Balawat)

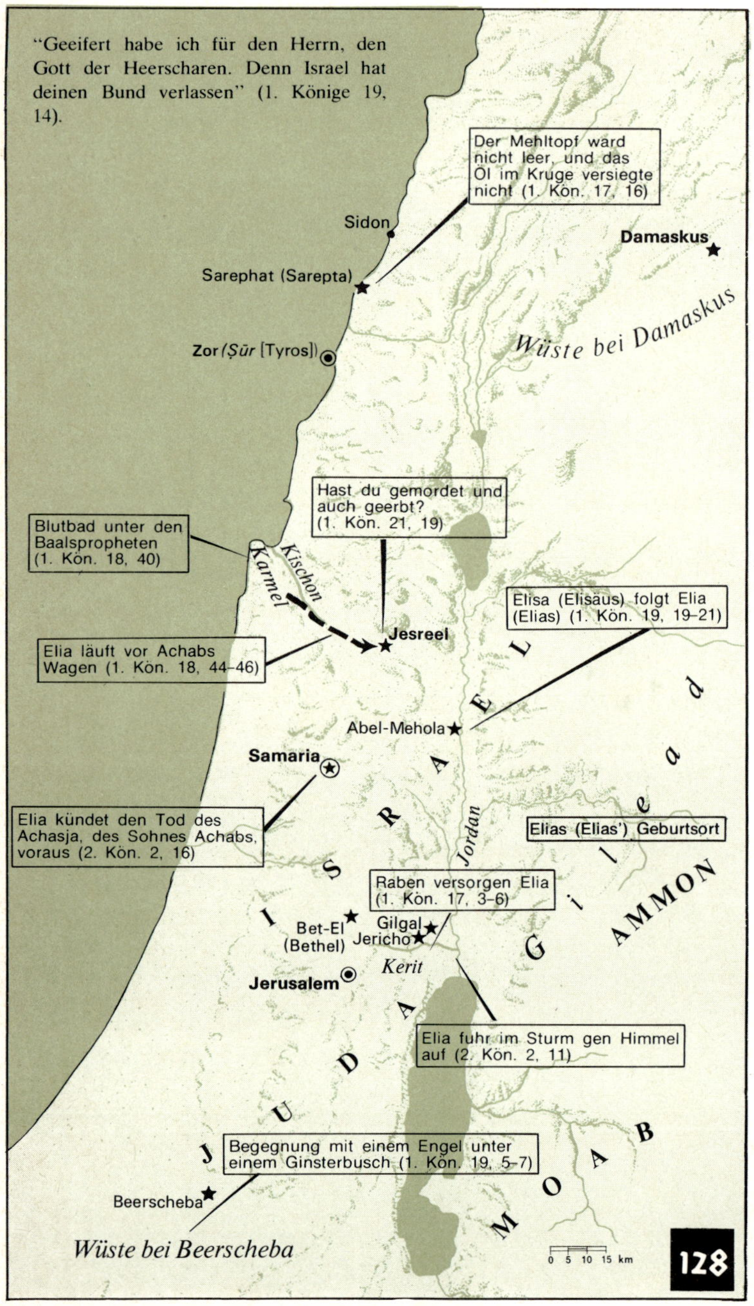

DIE WANDERUNGEN DES PROPHETEN ELIA (ELIAS) MITTE 9. JAHRHUNDERT V. CHR.

1. KÖNIGE 19, 16–21; 2. KÖNIGE KAP. 2–9; 13, 14–21

Nun traten im Königreich Israel die ersten der großen Propheten auf: Elia (Elias) in Gilead und Elisa (Elisäus) im Jordantal. Israel war fremden Einflüssen ausgesetzt, und die Verbindung zwischen dem Hause Omri und Tyros förderte die Verbreitung des phönikischen Baalskultes. Isebel, eine tyrische Königstochter, brachte für Israels Gesetz und den Geist, der aus ihm sprach, keinerlei Verständnis auf, und sie suchte ihrem Gatten Achab ihre Vorstellungen vom Regieren nahezubringen (1. Kön. 21, 7). Die Ermordung Nabots von Jesreel mit Hilfe einer fingierten Anklage erregte den Zorn Elisas, dessen vorwurfsvolle Frage: »Gemordet hast du – willst du nun auch erben?« (1. Kön. 21, 19) noch bis in unsere Tage nachhallt. Das Wirken Elias und Elisas reichte über die Grenzen Israels hinaus, denn nach Ansicht der Propheten waren auch die Angehörigen anderer Völker Werkzeuge in der Hand Gottes.

Elfenbeinschnitzerei phönikischen Stils aus Samaria (Zeit Achabs)

"Jehu, den Sohn Nimschis, salbe zum König Israels, und Elisa (Elisäus), den Sohn Schaphats aus Abel-Mehola, salbe zum Propheten an deiner Statt!" (1. Könige 19, 16).

DAS WIRKEN DES PROPHETEN ELISA (ELISÄUS) ENDE 9. JAHRHUNDERT V. CHR.

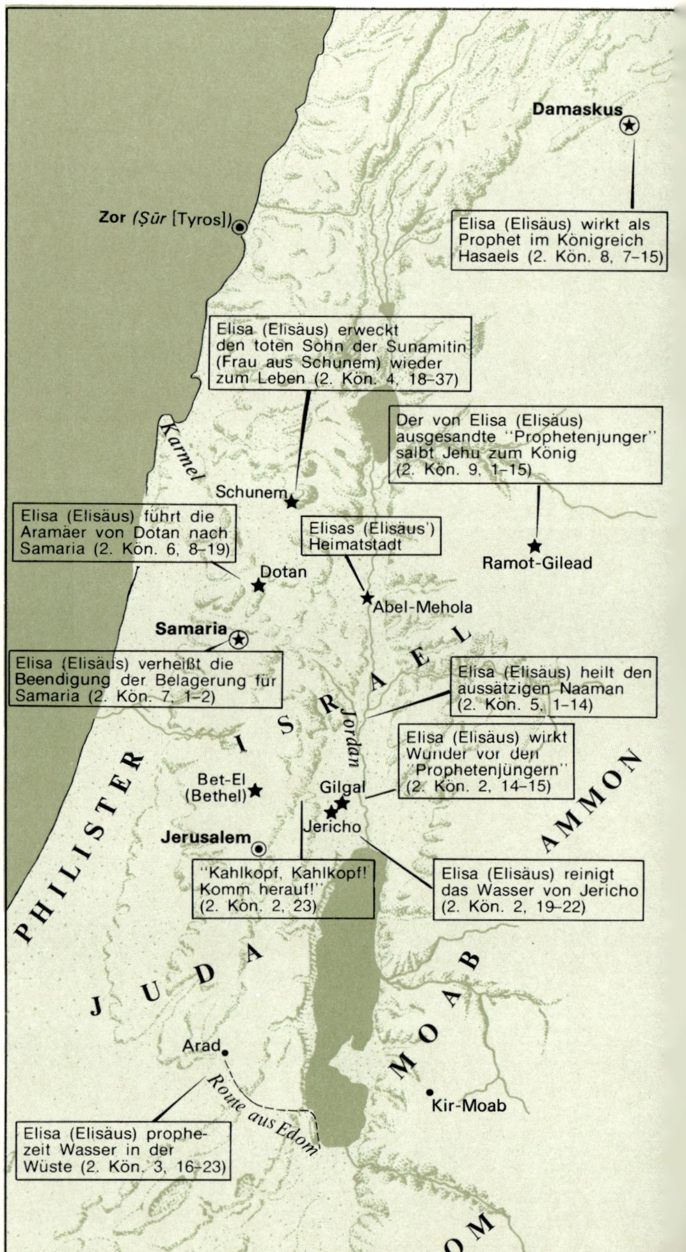

1. KÖNIGE 17–21; 2. KÖNIGE 1, 2–2, 18

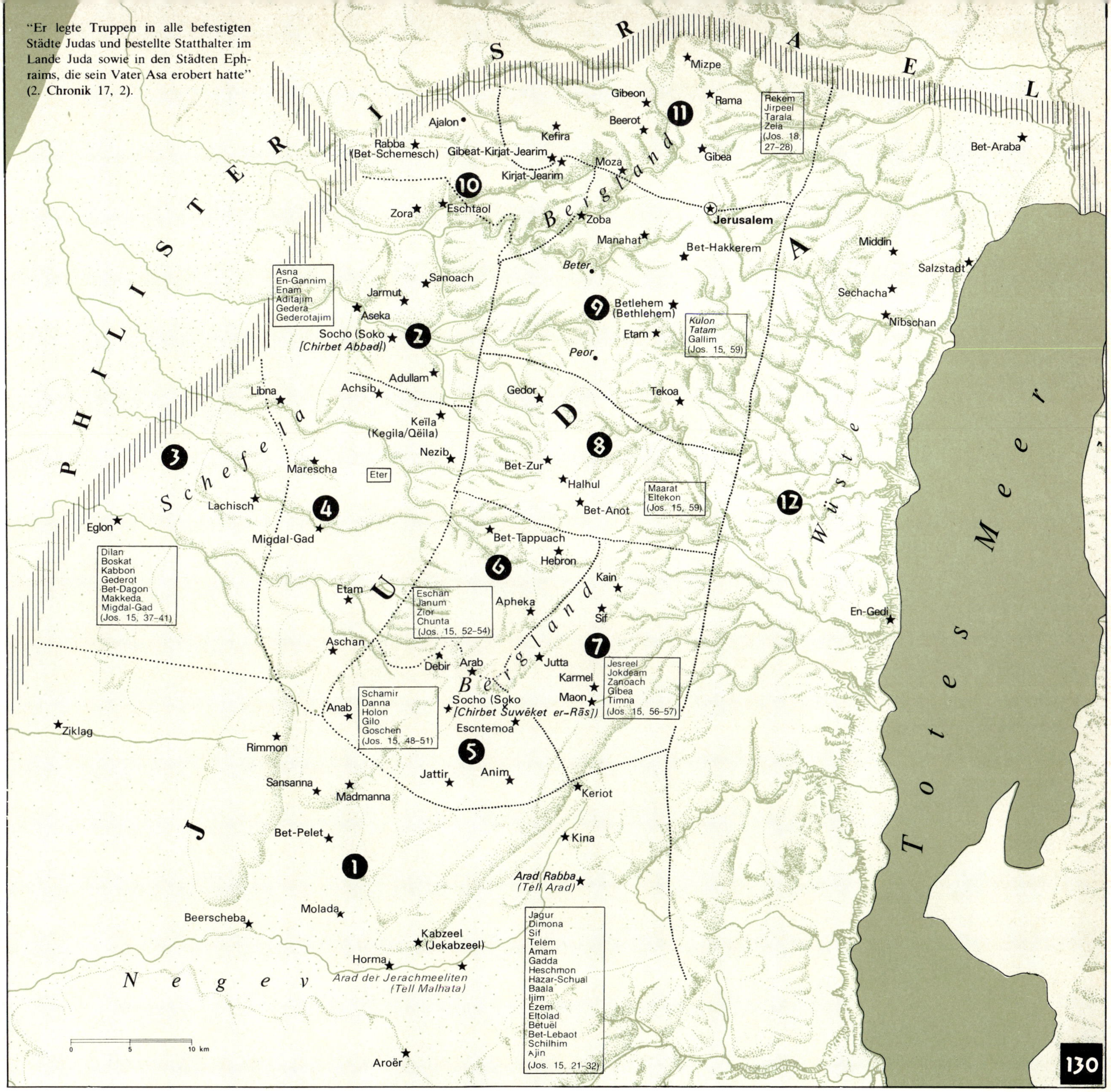

JUDAS VERWALTUNGSBEZIRKE ZUR ZEIT JOSAPHATS UM 860 V. CHR.

JOSUA 15, 21–62; 18, 25–28

Juda, das stärker isoliert war als Israel, bewahrte die Tradition der biblischen »Erzväter«. Achabs Zeitgenosse Josaphat tat sich als weiser Herrscher hervor. Unter ihm, vielleicht auch schon unter seinem Vater Asa, erneuerte Juda seine Herrschaft über Edom und versuchte, den Seehandel über Ezjon-Geber neu zu beleben (1. Kön. 22, 42–50; 2. Chron. 20, 35–37). Der Sicherheit des Landes diente die Anlage von Festungen und Vorratsstädten (2. Chron. 17, 12; vgl. 2. Chron. 21, 3). Die Verwaltung ordnete er neu, indem er nach dem Vorbild Salomos sein Königreich in Bezirke unterteilte, die Statthaltern unterstanden (2. Chron. 17, 2).

In großen Zügen spiegelt sich diese Verwaltungsreform in der Liste der Städte Judas bei Josua 15, 21–62. Entsprechend den einzelnen Regionen des Landes – Negev, Schefela, Hügelland und Wüste – sind die Ortsnamen dieser Liste in Gruppen unterteilt. Der masoretische Text enthält zehn Namensgruppen, in der Septuaginta dagegen kommt nach Vers 59 noch eine Gruppe hinzu. Sie umfaßt die Umgebung von Bet-Lehem (Bethlehem). Um auf die Zahl von 12 Bezirken zu kommen, müssen wir zu den genannten 11 Gruppen die Städte aus dem zum Königreich Juda gehörenden Südteil des Stammesgebietes von Benjamin hinzuzählen (Jos. 18, 25, 28). An erster Stelle unter den judäischen Verwaltungsbezirken steht das ausgedehnte Negevgebiet, das etwa 30 Städte umfaßte. Diese Zahl zeigt, wie weit die Entwicklung des Gebietes gediehen war, das seinerseits in verschiedene Regionen zerfiel (vgl. Karte 93), seine Hauptstadt Kabzeel (Jekabzeel) lag im Zentrum des Bezirkes: Tell Ira, wo eine mächtige israelitische Festung zum Vorschein kam.

Im wesentlichen scheint diese administrative Einteilung aus der Zeit Josaphats zu stammen. Bei den Einzelheiten jedoch, die die Bibel gibt, handelt es sich möglicherweise um spätere Zutaten – vielleicht aus der Zeit Ussias oder, wie einige Gelehrte vermuten, aus der des Josia.

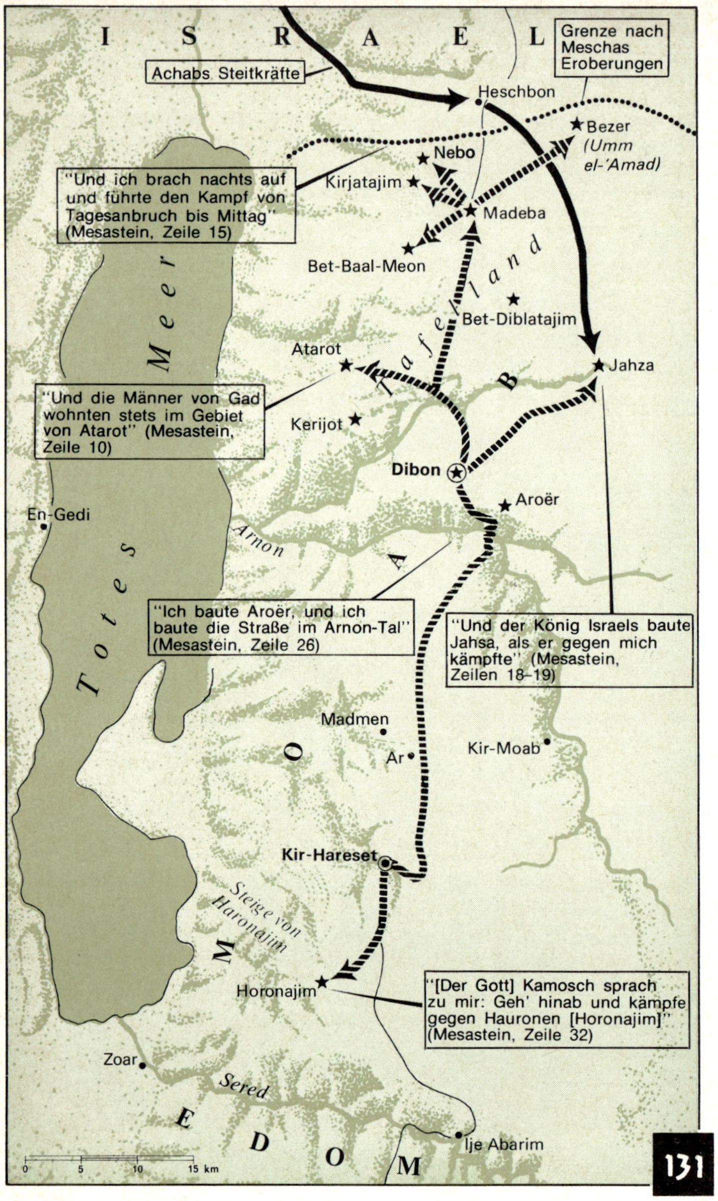

SOGENANNTER "MESASTEIN" AUS DIBON IM OSTJORDANLAND

Israelitische Streitkräfte
Streitkräfte der Moabiter

"Ich bin Mescha aus Dibon, Sohn des [Gottes] Kamosch, König von Moab... ich schuf dieses Höhenheiligtum für Kamosch... denn er rettete mich vor allen Königen und ließ mich über alle meine Feinde obsiegen" (Mesastein, Zeilen 1–4).

DIE EROBERUNGEN DES MOABITERKÖNIGS MESCHA (MESA) 855 V. CHR.

Die Kriege gegen Aram ermöglichten es Moab, von Israel loszukommen. Dies bezeugt eines der bedeutendsten inschriftlichen Denkmäler, das je in Palästina gefunden wurde: der sogenannte »Mesastein«, eine Stele des Moabiterkönigs Mescha (Mesa), die 1868 in den Ruinen von Dibon östlich des Toten Meeres zum Vorschein kam.
Aus dieser Inschrift geht hervor, daß Mescha schon unter Achab einen Aufstand unternommen hatte, vermutlich während Achab sich mit Benhadad, dem König von Aram-Damaskus, herumschlug. Mescha (Mesa) eroberte die »Ebene« bis hinunter nach Madeba, Bezer und Nebo und richtete unter der israelitischen Bevölkerung, so unter den in Atarot lebenden »Männern von Gad«, ein furchtbares Blutbad an. Die Inschrift erwähnt Meschas Krieg gegen Achab im Zusammenhang mit der Eroberung von Jahsa. Vermutlich unternahm Achab eine Strafexpedition gegen Moab, bei der er zuerst gewisse Geländegewinne erzielte, aber zum Schluß gewann doch Mescha die Oberhand. Die Inschrift berichtet ferner von der Gründung bedeutender Städte in Moab, von ihrer Befestigung und besonders den Bauprojekten, die Mescha in Dibon ausführen ließ, der zweiten Hauptstadt Moabs neben dem älteren Kir-Hareset (Kir-Moab). Am Ende des inschriftlichen Textes spricht Mescha noch von einem Kriegszug gegen die Stadt Hauronen (Horonajim) im südlichen Moab. Vermutlich handelt es sich dabei um jenen Feldzug, von dem im 3. Kapitel des 2. Buchs der Könige die Rede ist.

"Und er ließ fragen: 'Auf welchem Weg rücken wir vor?', worauf jener erwiderte: 'Durch die Steppe von Edom!'" (2. Könige 3, 8).

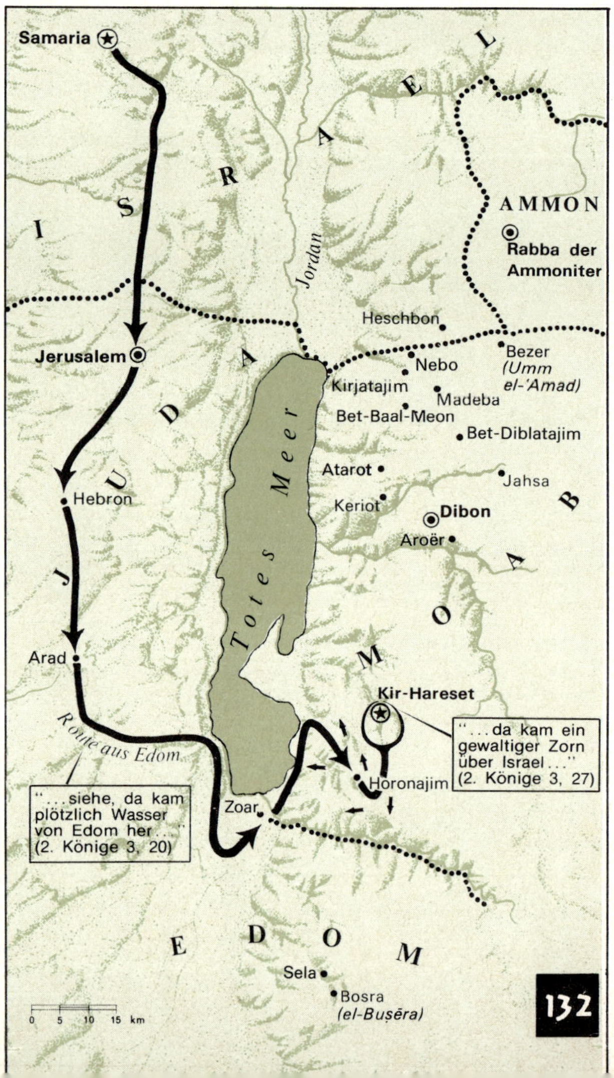

ISRAELS FELDZUG GEGEN MOAB 850 V. CHR.

Joram, der Sohn des Achab, König von Israel, zog nach Moab, um die von ihm abgefallene Provinz zu bestrafen und zurückzuerobern. Dies geschah vermutlich im ersten Jahr seiner Regierungszeit. Mit ihm zog sein Verbündeter, Josaphat, der damals zusammen mit seinem Sohn, welcher gleichfalls Joram hieß, Juda regierte. Sie entschieden sich, südlich um das Tote Meer herum und durch Edom nach Moab zu ziehen – dies wohl, um den starken Verteidigungsanlagen im Norden von Moab auszuweichen. Unterwegs stießen Krieger aus Edom zu ihnen. In der Wüste litten sie unter gräßlichem Durst, doch plötzliches Hochwasser – ein in den Felsschluchten der Wüste Juda gar nicht so ungewöhnliches Phänomen – brachte Rettung. Nach einem Sieg über die Streitkräfte der Moabiter belagerten die Angreifer Kir-Hareset (Kir-Moab), allerdings vergeblich. So zogen sie sich wieder nach Juda und Israel zurück.

2. KÖNIGE 1, 1; 3, 4–27

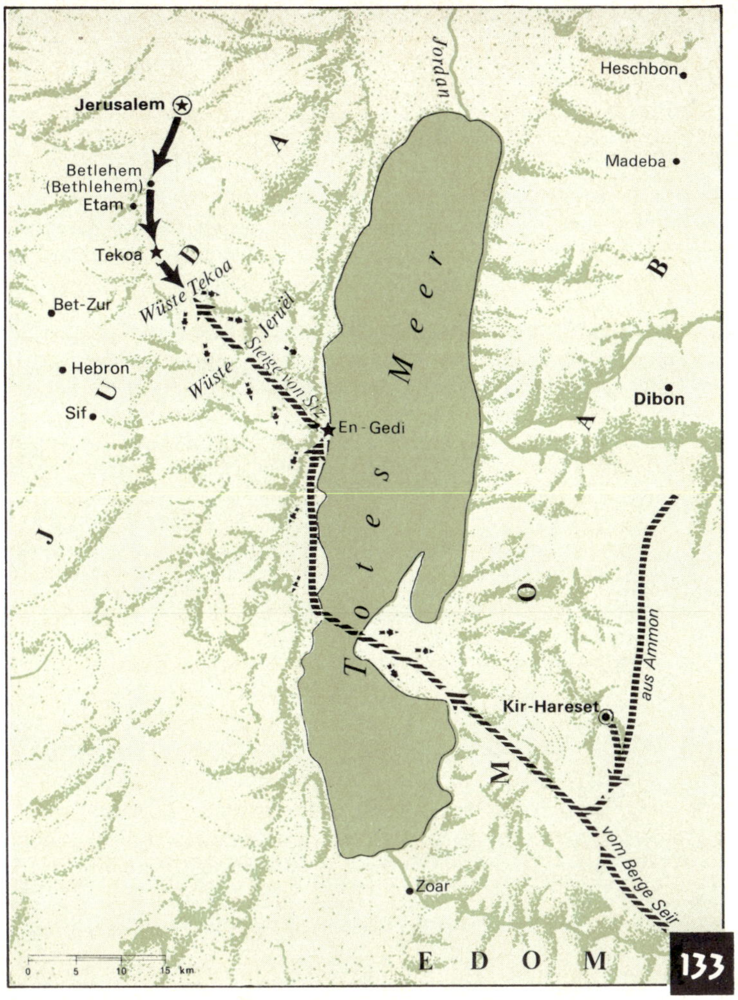

Truppen des Reiches Juda

die Moabiter und ihre Verbündeten

"... von jenseits des [Toten] Meeres, aus Edom, rückt ein gewaltiger Heerhaufen gegen dich heran. Sie sind schon in Hazezon-Tamar, das ist En-Gedi!" (2. Chronik 20, 2).

DER EINBRUCH DER MOABITER UND IHRER VERBÜNDETEN ÜBER EN-GEDI 850 V. CHR.

Gegen Ende der Regierungszeit Josaphats fielen die Moabiter und ihre Verbündeten über En-Gedi in Juda ein: ein tollkühner Handstreich, bei dem die Eindringlinge das Tote Meer überqueren mußten – vermutlich bei der Furt gegenüber Masada –, bevor sie über die steile, schwer zu erklimmende Bruchkante des Jordangrabens mitten in das Hügelland Judas gelangten. Der Angriff wurde jedoch abgeschlagen, und nach diesem Überfall befestigte man die Höhen zwischen Masada und En-Gedi.

2. CHRONIK 20, 1–28

Stele des Moabiterkönigs Mescha (sogenannter "Mesastein") aus Dibon östlich vom Toten Meer

"Frau am Fenster" Elfenbeintäfelchen aus Kalach (Nimrud)

"... als Isebel davon hörte, legte sie Schminke auf die Augen, schmückte ihr Haupt und spähte zum Fenster hinab. Jehu trat durch das Tor. Da rief sie: 'Geht es Simri gut, der seinen Herrn ermordet hat?'" (2. Könige 9, 30–31).

DIE REVOLTE JEHUS 842 V. CHR.

Die Kriege zwischen Israel und Aram hörten nach dem Tode Achabs nicht auf, und unter seinem Sohn Joram trafen die Heere beider Königreiche abermals bei Ramot-Gilead aufeinander. Jehus Aufstand, den die Propheten unterstützten, brachte das Ende der Omridendynastie, verursachte aber auch den Tod Achasjas, des Königs von Juda, der sich seinerzeit in Jesreel, der Winterresidenz der Könige Israels, aufhielt. Mit der Ermordung Isebels, der Tochter des Königs von Tyros, zerrissen auch die engen Bande zwischen Israel und Tyros.

2. KÖNIGE 9–10

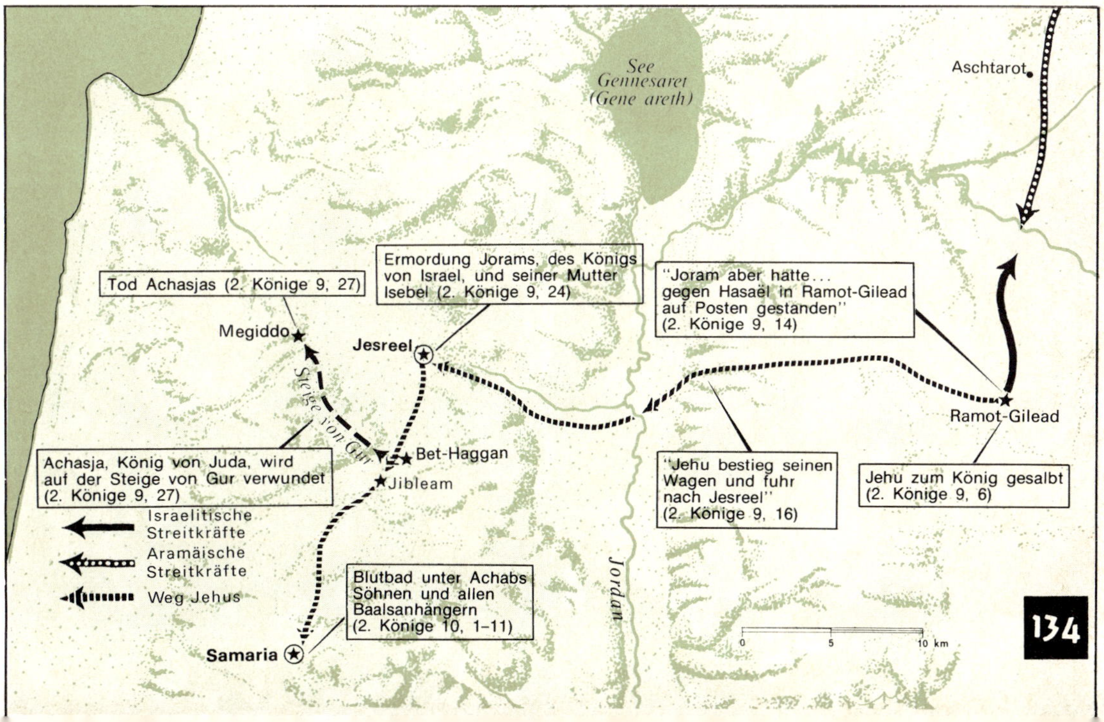

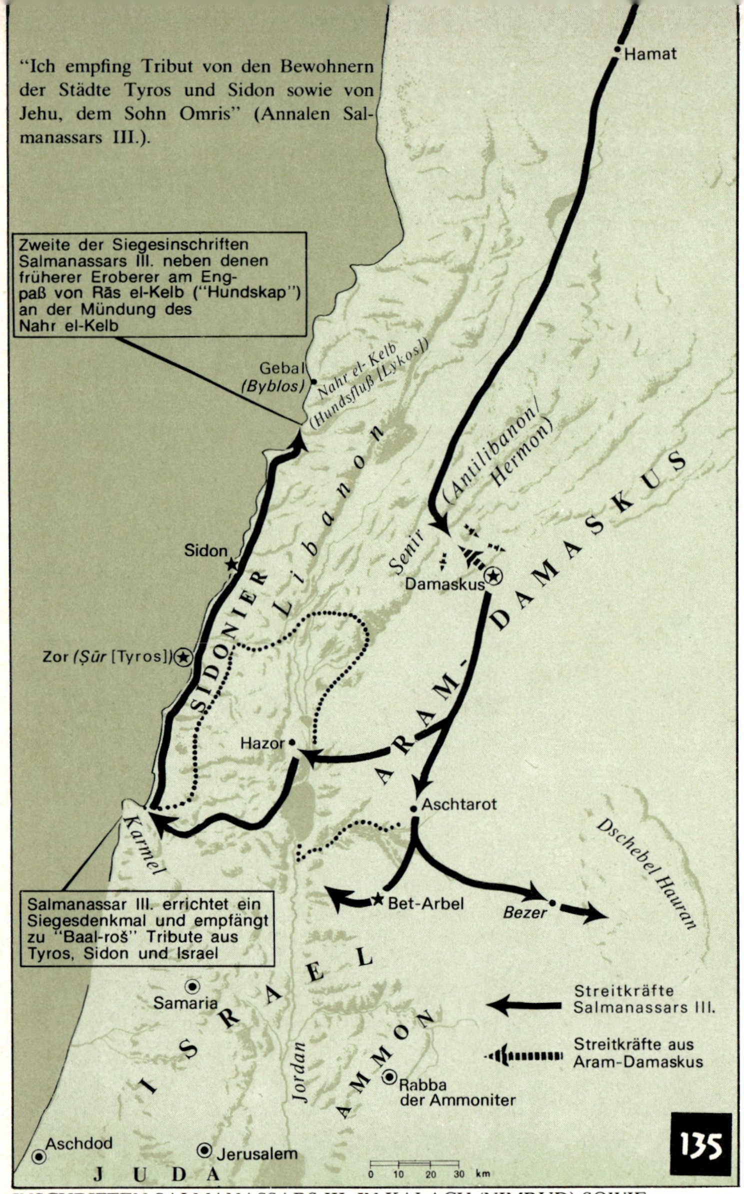

INSCHRIFTEN SALMANASSARS III. IN KALACH (NIMRUD) SOWIE ANDERE ASSYRISCHE QUELLEN

"Jesu, der Sohn Omris" bringt Salmanassar III. Tribut (sog. "Schwarzer Obelisk" Salmanassars III. aus Kalach/Nimrud)

DER FELDZUG SALMANASSARS III. 841 V. CHR.

Salmanassar III. setzte 849, 848 und 845 v. Chr. seine Eroberungskriege in Syrien fort, erreichte aber seine Ziele nicht, denn bei jedem seiner Feldzüge traten ihm die Armeen der von Hadadeser (= Benhadad [»Sohn des Gottes Hadad«]), dem König von Aram-Damaskus, angeführten Koalitionen der syrischen Könige entgegen.

Kurz vor Jehus Aufstand in Israel erhob sich Hasaël gegen Benhadad und gründete in Damaskus eine neue Dynastie. Im Jahre 841 v. Chr. fiel Salmanassar wieder in Syrien ein. Diesmal siegte er. Er schlug Hasaël am Berge Senir (Antilibanon/Hermon) und belagerte hierauf Damaskus, ohne es allerdings einnehmen zu können. Er zog weiter in den Dschebel Hauran, wobei er so manche Stadt zerstörte, und wandte sich dann westwärts, zerstörte Bet-Arbel (Hosea [Osee] 10,14) und vermutlich Hazor (Stratum VIII). Auf dem Berge »Baali-rasi« (»Baal-roš«) an der Küste, stellte er seine Statue auf. Bei diesem Berg dürfte es sich um den Karmel handeln, ein zentrales Heiligtum des Baalskultes, das wir aus den biblischen Berichten über den Propheten Elia (Elias) und aus anderen Quellen kennen. In den ägyptischen Dokumenten heißt der Karmel »Roš-kedeš«, und die Bedeutung von »Baal-roš« ist vermutlich »Der Baal auf dem Haupt (des Karmel)« (wobei *roš* [=Haupt] »Gipfel«, aber auch »Kap« und »Vorgebirge« bedeuten kann). Zu dieser Zeit verlief die Grenze zwischen Tyros und Israel durch das Karmelgebiet, und dort empfing Salmanassar von Tyros und Israel Tribut. Die Assyrer bezeichneten das Königreich Israel als »Land des Hauses Omri«. Deshalb taucht in ihren Quellen Jehu auch als »Sohn Omris« auf. Ebenso heißt er auch auf den Schwarzen Obelisken Salmanassars. Vom Karmel wandte sich Salmanassar die Küste entlang nordwärts. In die Felsklippen an der Mündung des Nahr-el-Kelb (des »Hundsflusses«; in hellenistischer Zeit *Lykos*) ließ er neben die assyrischen und ägyptischen Reliefs, die sich bereits dort befanden, ein weiteres Siegesdenkmal einmeißeln.

DER FELDZUG HASAËLS UM 815–810 V. CHR.

In der Folgezeit war Assyrien weit außerhalb der Westgrenze seines Reichsgebietes in kriegerische Abenteuer verwickelt. Damaskus konnte daher zum letztenmal im syropalästinensischen Raum seine Macht entfalten. In den letzten Jahren Jehus und während der Regierungszeit seines Sohnes Joas wurde Israel regelrecht zu Damaskus' Vasallen. Man beschnitt seine Grenzen und reduzierte seine militärische Stärke auf 50 Wagenkämpfer, 10 Streitwagen und 10000 Kämpfer zu Fuß (2. Kön. 13, 7). Das gesamte Ostjordanland fiel an Hasaël, und noch Amos (1, 3) läßt etwas von den furchtbaren Zerstörungen ahnen, die Hasaëls Unternehmen begleitete. Etwa 815 erreichte Hasaël Gat, und sogar Joas, der König von Juda, wurde gezwungen, reichlichen Tribut zu entrichten. Damals wurde vermutlich auch Hazor zerstört (Stratum VII).

2. KÖNIGE 8, 12; 10, 32–33; 12, 18–19; 13, 3 UND 7; AMOS 1, 3

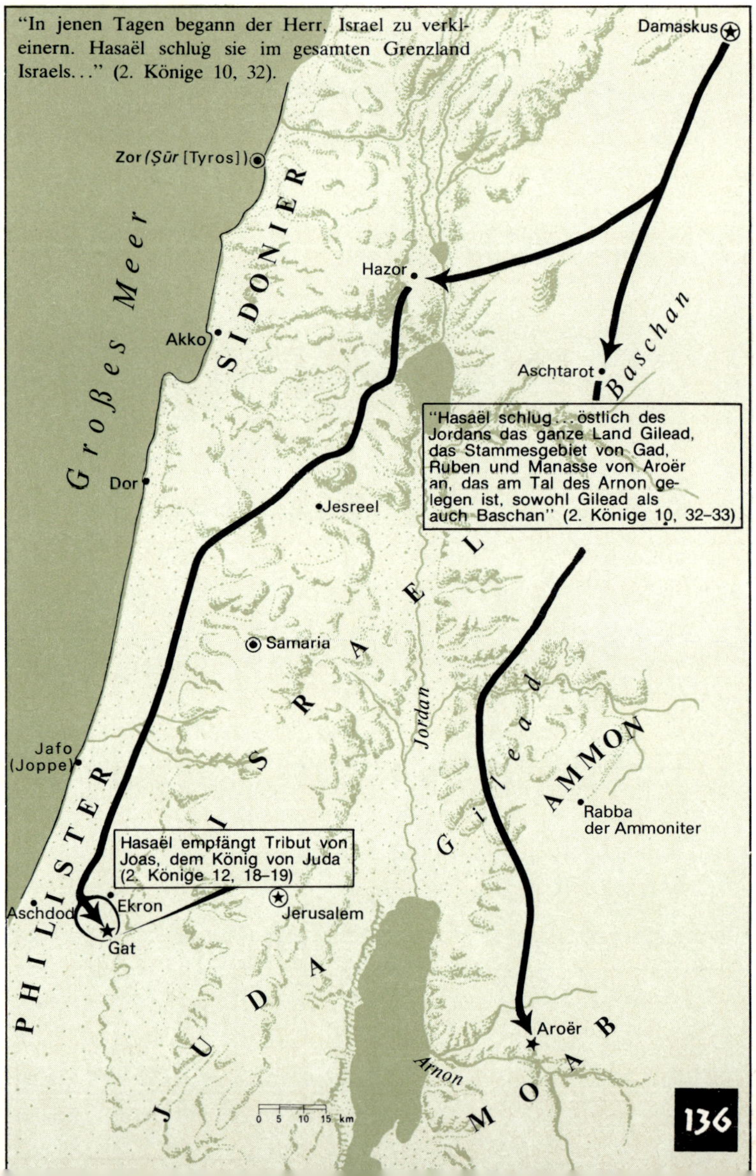

DAS BERGLAND VON EPHRAIM IM LICHT DER OSTRAKA AUS SAMARIA FRÜHES 8. JH. V. CHR.

Die bei Samaria gefundenen Tontäfelchen stammen ungefähr aus derselben Zeit. Es handelt sich um Quittungen für verschiedene Mengen von Wein und Öl aus dem neunten, zehnten, fünfzehnten und siebzehnten Jahr der Herrschaft eines oder zweier Könige aus der Dynastie Jehus (vermutlich Joas und Jerobeam II.). Die Täfelchen tragen Namen von Personen und Stämmen aus dem Gebirge Ephraim. Die Stammesnamen kennen wir auch aus den Geschlechterlisten des Stammes Manasse (Num. [4. Mos.] 26, 30–33; Jos. 17, 2–3; 1. Chron. 7, 14–19). Sie zeigen den alten Besitzstand an (siehe Karte 65), an dem sich auch Land- und Steuerverwaltung noch immer orientierte. Die Ortsnamen auf den Tonscherben aus Samaria erweitern unsere Kenntnis der alten Siedlungen im Gebirge Ephraim sehr. Sie beweisen die Existenz vieler israelitischer Siedlungen, die in der Bibel nicht in Erscheinung treten.

STAMMTAFEL MACHIRS

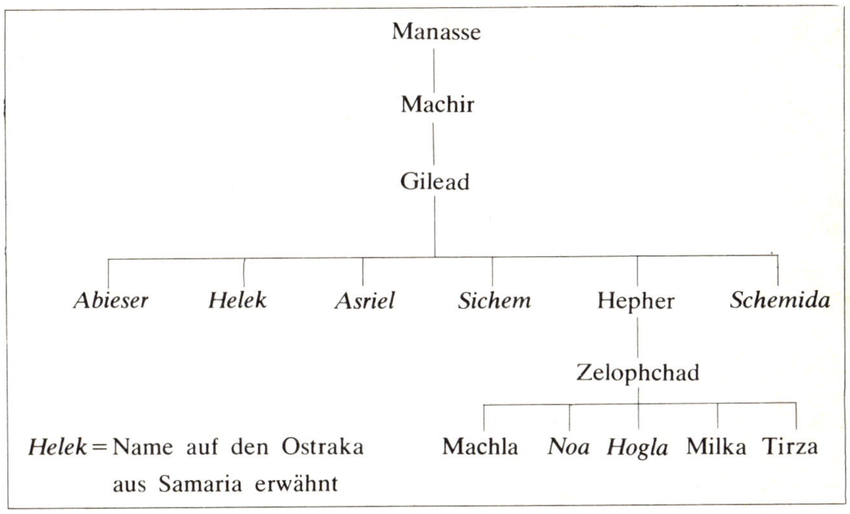

"Im neunten Jahr. Von Jazit an Abinoam. Ein Krug alten Weines. Im fünfzehnten Jahr. Von Halak an Asa. Ahimelech. Helez. Von Hazerot" (Samaria-Ostraka Nr. 9 und 23).

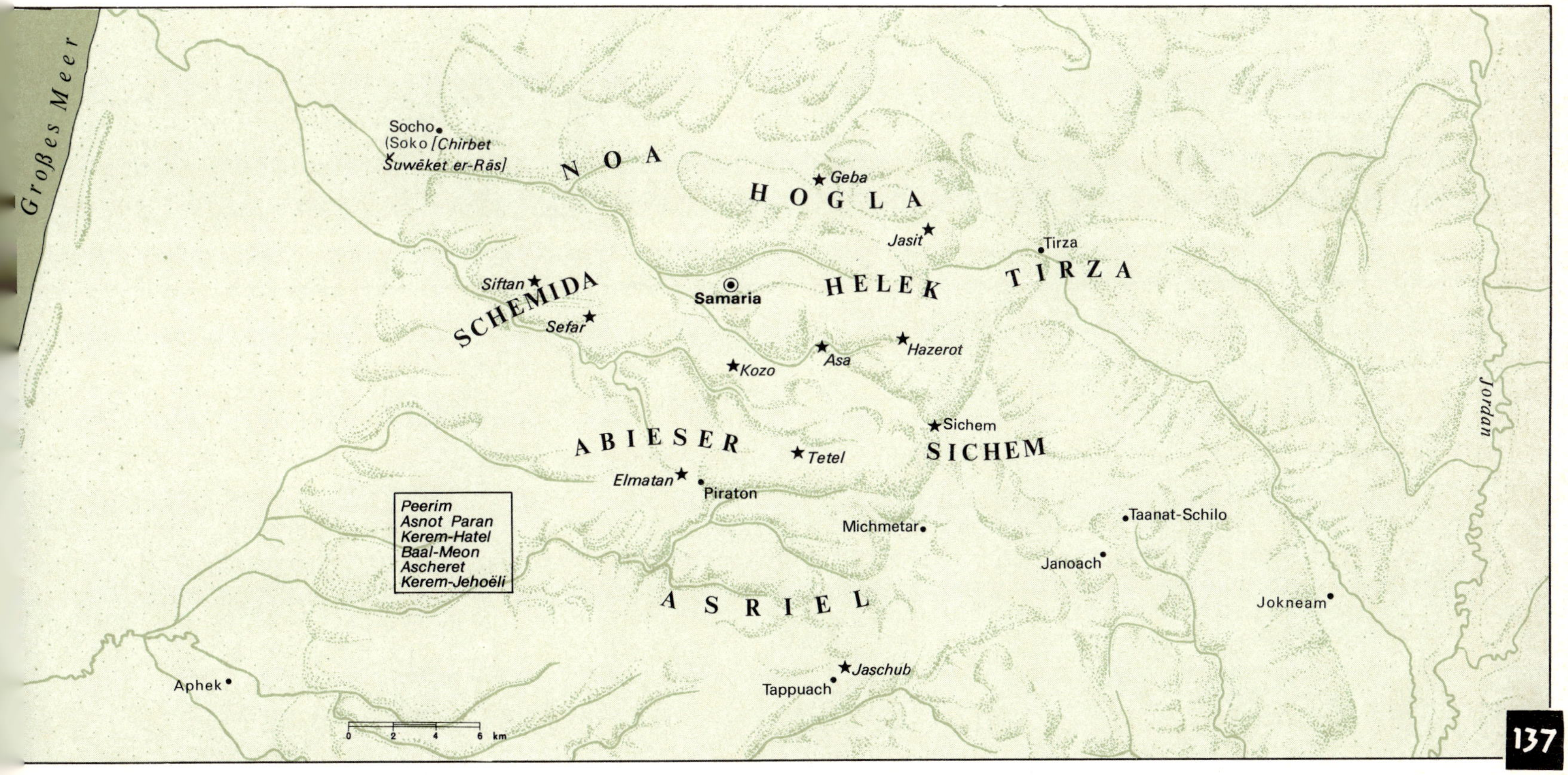

137

SAMARIA-OSTRAKA

Ostraka (beschriftete Tonscherben) aus Samaria

DER FELDZUG ADADNIRARIS III. NACH DAMASKUS 806 V. CHR.

Als sich nach der Thronbesteigung Adadniraris III. Assyriens Druck auf Syrien verstärkte, bedeutete dies für Israel Befreiung von Aram-Damaskus. Die assyrische Armee erschien um 806 v. Chr. vor Damaskus, das sich ergab und hohe Tribute entrichtete. Adadnirari machte auch Philistäa, Israel (das »Haus Omris«) und Edom tributpflichtig, alles Vasallen von Aram-Damaskus, die durch ihre Kapitulation zwangsläufig die assyrische Oberhoheit anerkannten.

In den letzten Jahren Adadniraris sowie unter der Herrschaft seiner Nachfolger brauchte Assyrien jedoch alle Kräfte für seinen Krieg gegen Urartu (Ararat) und war deshalb nicht mehr in der Lage, seine Vormachtstellung in Syrien und Palästina zu behaupten. Da auch Damaskus nach einem Krieg mit seinem Nachbarn im Norden, Hamat, seine frühere Position nicht mehr wiedererlangte, begann für die Königreiche Juda und Israel eine Phase friedlicher politischer und wirtschaftlicher Entwicklung.

"Der Herr sandte Israel einen Retter, so daß es aus der Gewalt Arams befreit wurde..." (2. Könige 13, 5).

INSCHRIFTEN ADADNIRARIS III. – KALACH UND SABAA

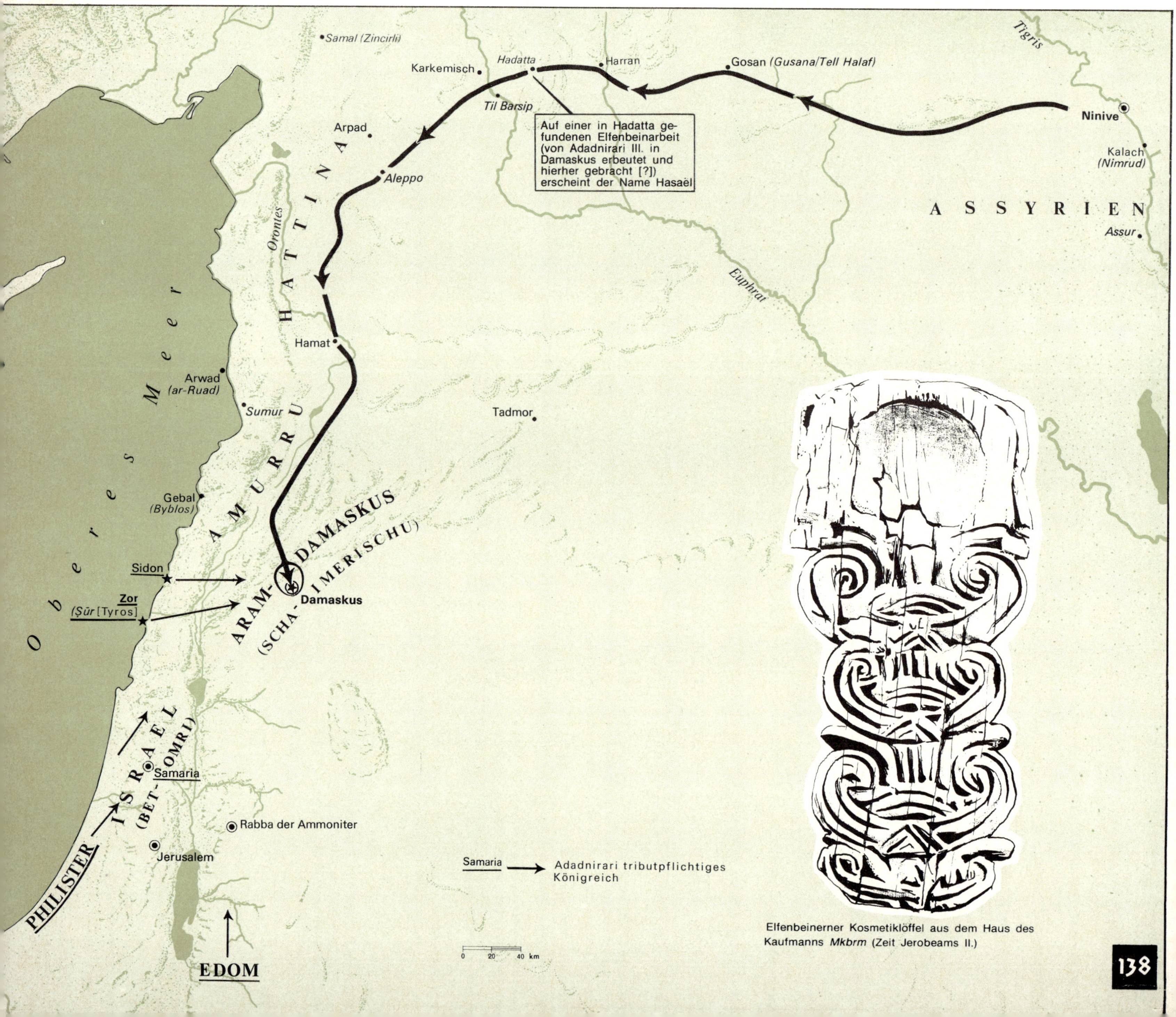

Elfenbeinerner Kosmetiklöffel aus dem Haus des Kaufmanns *Mkbrm* (Zeit Jerobeams II.)

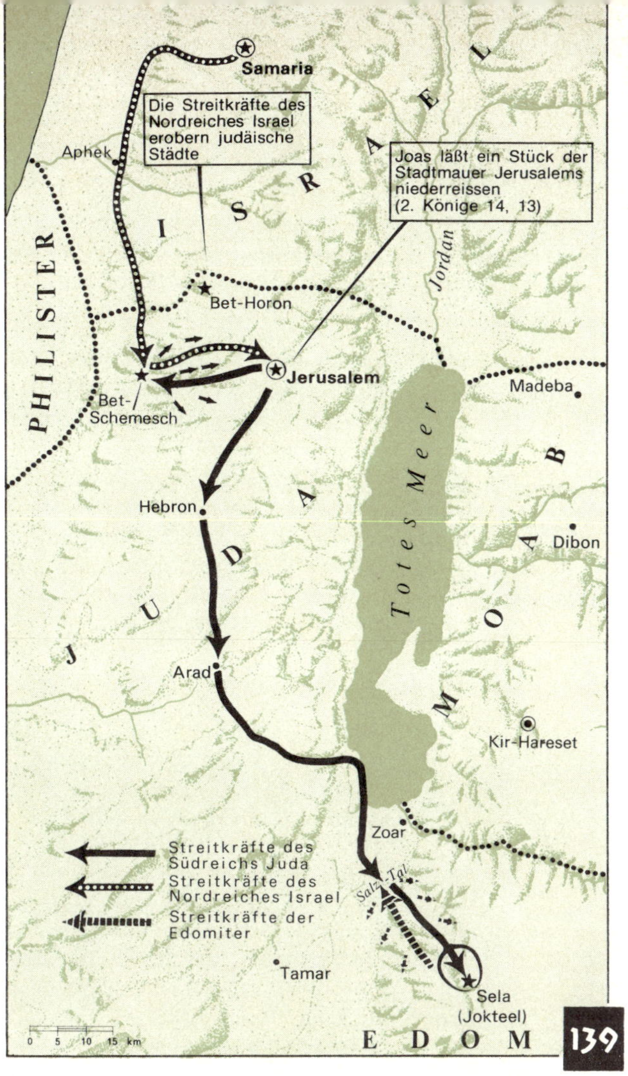

2. KÖNIGE 14, 7–14; 2. CHRONIK 25, 11–24

"Darum zog Joas, der König von Israel, aus, um bei Bet-Schemesch in Juda mit Amasja, dem König von Juda, seine Kräfte zu messen" (2. Könige 14, 11).

DIE KRIEGSZÜGE AMASJAS UND JOAS' UM 786 V. CHR.

Amasja, König von Juda, besiegte um 786 v. Chr. die Edomiter im Salztal und eroberte Sela. Diese Eroberungen fielen mit dem Niedergang von Aram-Damaskus zusammen, der es Juda ermöglichte, seine Herrschaft über Edom und das Araba-Gebiet zu erneuern. Dieser Erfolg brachte eine militärische Auseinandersetzung zwischen Juda und Israel mit sich, wobei es um die Vorherrschaft ging, die ja jetzt nicht mehr von Damaskus ausgeübt wurde. Amasja, der König von Juda, wurde besiegt und gefangengenommen, aber Joas, der König von Israel, gab sich mit der Zerstörung von Teilen der nördlichen Stadtmauer Jerusalems (vgl. Karte 114) zufrieden. Nachdem er darüber hinaus noch Gold und Silber in Empfang genommen hatte, verließ er die Stadt unter Mitnahme von Geiseln. Israels Könige hatten nie die Absicht, Juda ihrem Reich einzuverleiben, sondern begnügten sich mit der Anerkennung ihrer Oberherrschaft. Als damals Israel die Oberhand hatte, wurde der Bund zwischen Isreal und Juda, der während der Revolte Jehus gelöst worden war, wieder erneuert.

Siegel mit der Inschrift: "Schema, Diener Jerobeams" aus Megiddo

DIE EROBERUNGEN JOAS' UND JEROBEAMS II. UM 790–770 V. CHR.

Nach Amasja und Joas kamen in Juda Ussia und in Israel Jerobeam II. an die Macht. Beide waren weise und geschickte Herrscher, und die Jahre ihrer Regierung sind ebenso durch Expansion wie durch Wohlstand gekennzeichnet. Die beiden Königreiche erweiterten ihre Grenzen, bis sie zusammen so groß waren wie Davids Reich auf dem Höhepunkt seiner Macht. Israel war der stärkere der beiden Staaten, aber dank Ussia wurde auch Juda zu einem blühenden und gedeihenden Staatswesen.

Über die Eroberungen Israels und Judas wissen wir nur wenig. Die Entscheidungsschlacht gegen Aram-Damaskus fand zur Zeit Joas' statt, und zwar – wie einst unter Achab – in der Gegend von Aphek (vgl. Karte 126). Aram wurde vernichtend geschlagen (vgl. 2. Kön. 13, 17) und »Joas, der Sohn des Joachas«, entriß »Benhadad, dem Sohne Hasaëls, die Städte wieder, die dieser seinem Vater Joachas im Krieg abgenommen hatte ... So gewann er die Städte Israels zurück« (2. Kön. 13, 25). Weitere Schlachten wurden bei Karnajim und Lo-Debar geschlagen (Amos 6, 13), und offenkundig kam das gesamte Ostjordanland nun wieder unter Israels Herrschaft. Eine Übersicht über die Herrschaft Jerobeams zeigt, daß er ganz Aram-Damaskus annektierte und Israels Grenzen wieder bis zum »Eingang von Hamat« (Lebo-Hamat) in der al-Beqaʿa-Talebene vorverlegte. Denkbar wäre sogar, daß auch das Königreich Hamat seine Oberhoheit anerkannte (vgl. 2. Kön. 14, 28).

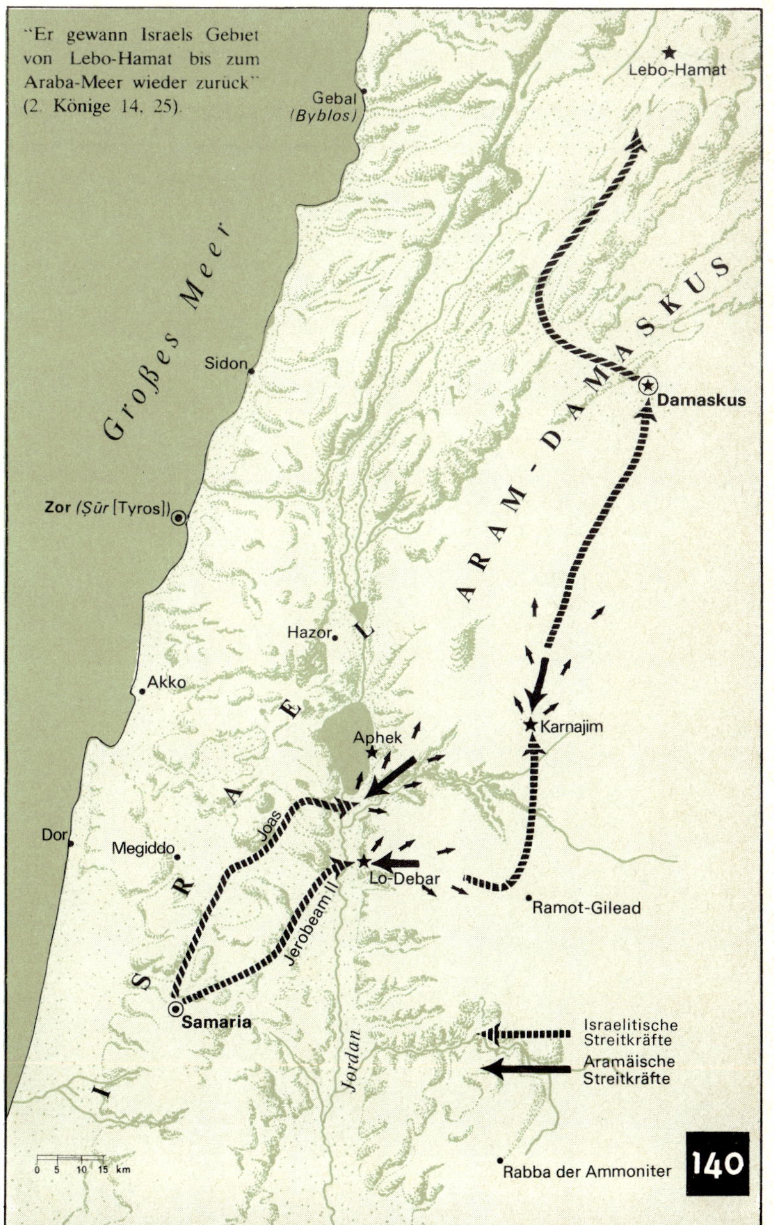

2. KÖNIGE 13, 15–19 UND 25; 14, 25 UND 28; AMOS 6, 13

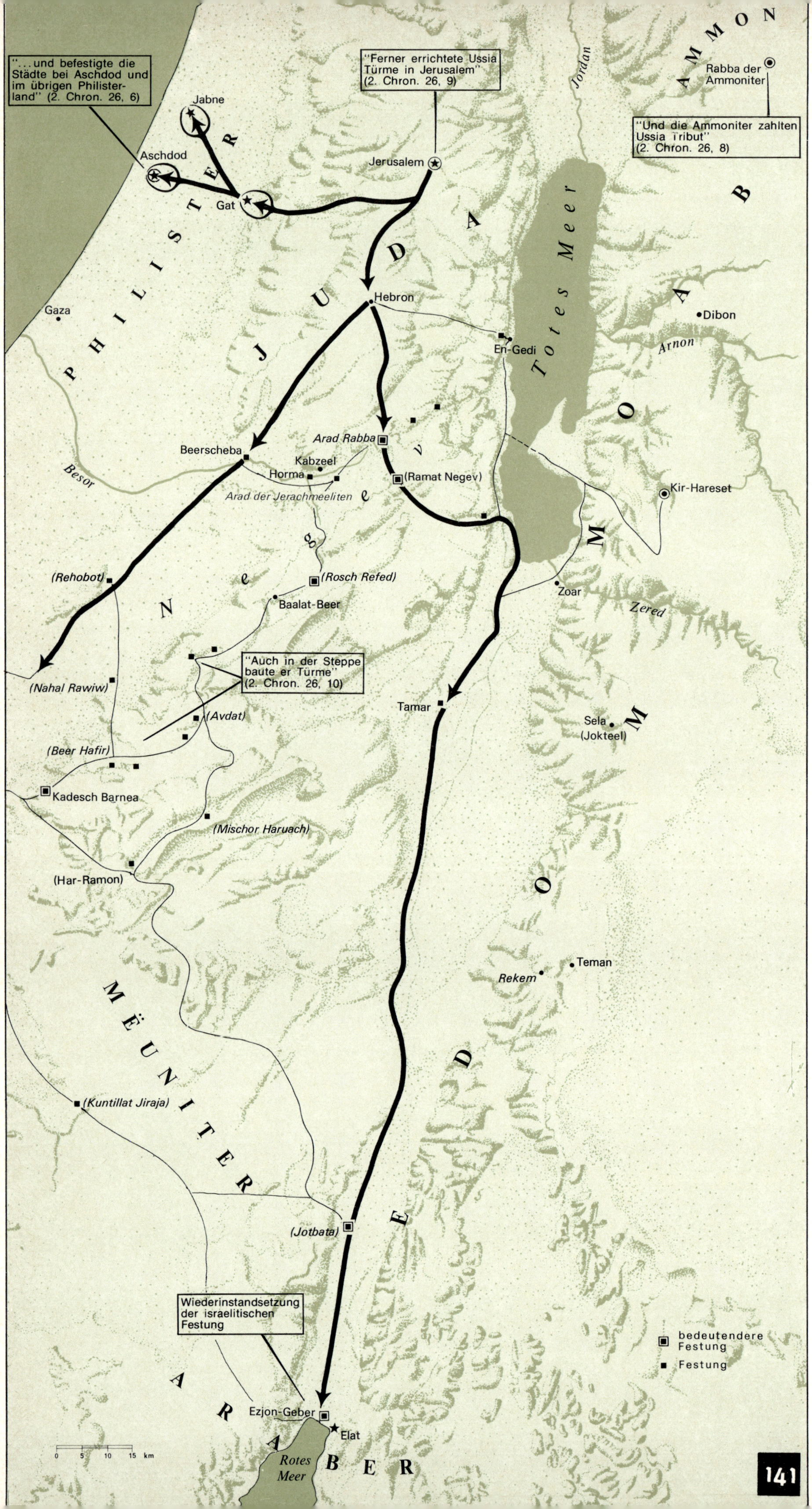

"So verbreitete sich sein Ruhm weit und breit, denn ihm ward wunderbare Hilfe zuteil, so daß er stark an Macht wurde" (2. Chronik 26, 15)

DIE EROBERUNGEN UND BAUTEN USSIAS MITTE 8. JH. V. CHR.

Ussia führte eine Art »Blitzkrieg« gegen das Philistergebiet und erstürmte Aschdod, das nach dem Niedergang von Gat Landeshauptstadt geworden war. Es ist zwar nicht anzunehmen, daß Ussia danach über das gesamte Territorium von Aschdod herrschte, doch zog er dessen Grenzen enger und sicherte seine Eroberungen, indem er in früher zu Aschdod gehörenden Gegenden Festungen bauen ließ (2. Chron. 26, 6). So gewann Ussia von Jabne bis zur Jarkon-Mündung Zugang zum Meer, so daß Juda dort wieder seine alten Grenzen wie zur Zeit König Davids erreichte. Er vollendete die Eroberung Edoms und begann die von Arabern und Mëunitern (Maoniten) bewohnten Wüstengebiete des Südens zu unterwerfen. Er förderte die Wirtschaft, gründete neue Siedlungen und förderte sogar in Steppen- und Wüstengebieten die Landwirtschaft, denn »er schätzte den Landbau sehr« (2. Chron. 26,10). Wenige Könige wurden mit so einfachen Worten und zugleich so überschwenglich gelobt.
Eine Voraussetzung der Herrschaft über Edom und der Erneuerung eines lohnenden Handels in Elat (2. Kön. 14, 22) war die Wiederherstellung israelitischer Festungen entlang der Grenzen und Straßen im Negev. Archäologische Forschungen haben ergeben, daß die israelitische Besiedlung des Negevgebietes und der Wüste Juda damals ihren Höhepunkt erreichte. In Ezjon-Geber, Arad und anderswo fand man Überreste starker Festungen aus jener Zeit. Weitere Funde weisen auf eine blühende Wirtschaft hin. Die Festungen waren durch Kasemattenwälle und Türme geschützt, so in Kadesch-Barnea und Ramat Negev in der Nähe von Arad.

2 KÖNIGE 14, 22; 2. CHRONIK 26, 2–15

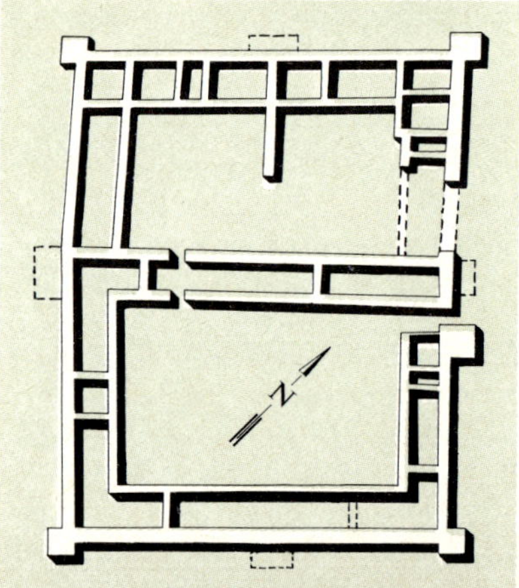

Plan von Horvat Uzza

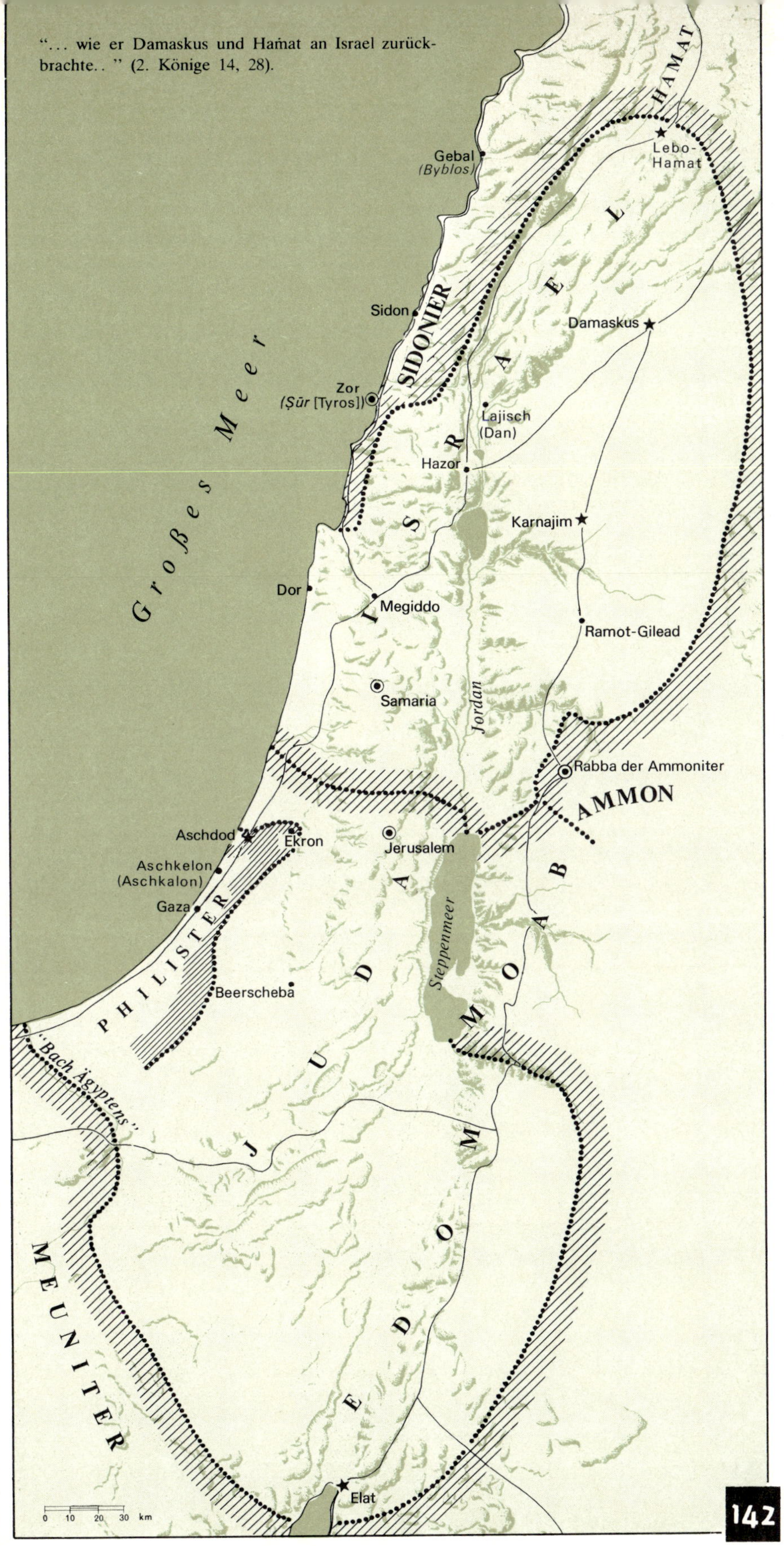

2. KÖNIGE 14, 22; 2. CHRONIK 26, 2–15

Siegel Jotams (aus Ezjon-Geber)

ISRAEL UND JUDA UNTER JEROBEAM II. UND USSIA MITTE 8. JAHRHUNDERT V. CHR.

Doch die bitteren Worte des Propheten Amos störte das behagliche Gefühl des Friedens und der Ruhe: »Wehe den Sorglosen Zions und den Sicheren auf dem Berge Samarias... Geht hinüber nach *Kalne* und seht und geht von dort weiter nach *Hamat*, der großen Stadt, und steigt hinab nach *Gat* im Philisterland. Seid ihr besser als diese Reiche? Ist euer Gebiet größer als ihr Gebiet?... die ihr auf Elfenbeinbetten lieget... die ihr Lämmer eßt von der Herde und Kälber aus der Mast... Daß ihr das Recht in Gift verwandelt und eine Frucht der Gerechtigkeit in Wermut... Siehe, ich lasse ein Volk wider euch erstehen, Haus Israel, spricht der Herr, der Gott der Heerscharen. Das wird euch bedrängen von dort an, wo man nach *Hamat* geht bis zum *Bach der Steppe*« (Amos 6, 1–4; 12–14).

Der kurzlebige wirtschaftliche Aufschwung machte Amos nicht blind dafür, daß sich Prozesse von größerer historischer Tragweite abspielten, und er erkannte auch, wie wenig politische und wirtschaftliche Errungenschaften bedeuteten, wenn sie nicht vom Sinn für Moral und Gerechtigkeit getragen wurden. Wir kennen nur wenige Geburtsstädte der Propheten. Berühmt ist die Beschreibung der Reise, die Amos von Tekoa – am Rande der Wüste Juda – zu den wichtigsten Städten und Stätten des Königreichs Israel unternahm. Viele Propheten kamen aus Ortschaften nahe der Wüste, einer rauhen Landschaft, aus der sie aber Kraft schöpften.

In der Mitte des 8. Jahrhunderts v. Chr. herrschten Israel und Juda weiter über die wichtigen internationalen Handelsrouten. Samaria und Jerusalem wurden für eine gewisse Zeit zu politischen Zentren erster Ordnung im wesentlichen Teil des »Fruchtbaren Halbmonds«. Diese Phase war ein neuer Höhepunkt politischer und militärischer Machtentfaltung und wirtschaftlicher Hochkonjunktur.

DIE PROPHETEN UND IHRE STÄDTE 9. BIS 7. JAHRHUNDERT V. CHR.

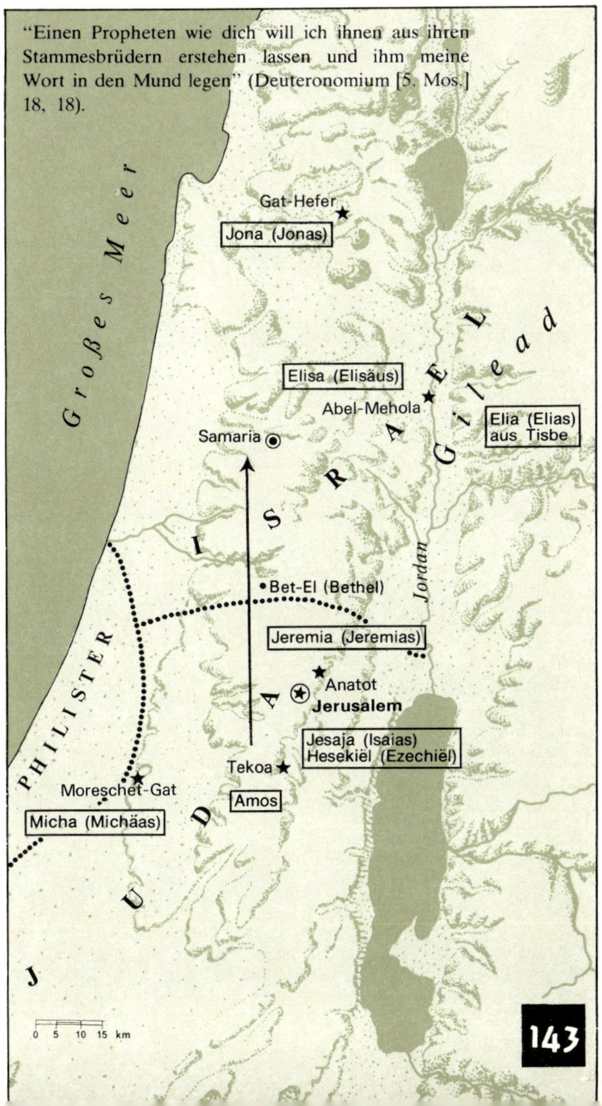

Den Höhepunkt seiner Macht erreichte das Königreich Israel um die Mitte des 8. Jahrhunderts v. Chr. So rasch wie es entstanden war, zerfiel es wieder. Nach dem Tode Jerobeams II. und der Ermordung seines Sohnes Sacharja (ungefähr 748 v. Chr.) verschwand die Dynastie Jehus, nachdem sie ungefähr ein Jahrhundert lang geherrscht hatte. Nun begann ein schneller Niedergang des Königreiches, das mit der Kapitulation vor Assyriens Übermacht in den Tagen Tiglatpilesars III. sein Ende fand.

Tiglatpilesar erneuerte die assyrische Expansionspolitik. Er gilt als Gründer des assyrischen Riesenreiches, das sich so kleine Königreiche wie Syrien und Palästina schließlich einverleibte. Im Gegensatz zu seinen Vorgängern gab sich Tiglatpilesar mit bloßer Unterwerfung und Tributzahlung nicht zufrieden. Er leitete die Annektion eroberten Territoriums dadurch ein, daß er ehemals unabhängige Länder zu Provinzen machte, die von assyrischen Statthaltern verwaltet wurden. Jede Opposition gegen die assyrische Herrschaft wurde von vornherein ausgeschaltet, indem er die führende Schicht des Landes deportieren ließ und Fremde in den entvölkerten Gebieten ansiedelte.

Aus den Inschriften Tiglatpilesars geht überraschenderweise hervor, daß er 738 v. Chr. in Nordsyrien gegen eine starke Koalition kämpfte, an deren Spitze Asarja, der König von Juda, stand. Anscheinend war die Vormachtstellung in Palästina von Israel, das mit internen Krisen zu kämpfen hatte, auf Juda übergegangen, über das der schon betagte König Ussia (=Asarja) herrschte, obwohl in Jerusalem wohl praktisch sein Sohn Jonathan und wahrscheinlich auch schon sein Enkel Achas das Sagen hatten (2. Kön. 15, 5).

Ussias tapferer Versuch mißlang. Angesichts der assyrischen Übermacht löste sich die Koalition auf, und 738 v. Chr. hatte Tiglatpilesar schon den Libanon erreicht und gründete im ehemaligen Gebiet des Königsreichs Hamat assyrische Provinzen. Die Liste der tributpflichtigen Könige nennt die Könige von Byblos und Tyros, Rezin, den König von Aram, Menachem, den König von Samaria, ja sogar eine Königin von Arabien.

Ussia starb 735 v. Chr., im selben Jahr als Pekachja, der Sohn Menachems, von Pekach, dem Sohn Remaljas, ermordet wurde. Pekach versuchte dann vermutlich, zusammen mit Rezin, dem König von Aram, eine neue Koalition gegen Assyrien zusammenzubringen. Als Reaktion auf Achas' Weigerung, diesem Bündnis beizutreten, gingen die beiden Könige nach Jerusalem hinauf und versuchten, den Sohn Tabels als König einzusetzen (Jes. [Is.] 7, 6). Bei jenem »Sohn Tabels« handelt es sich vermutlich um eines der Oberhäupter der Tobiadensippe, die zur Zeit des Zweiten Tempels eine bedeutende Rolle im Ostjordanienland spielte (s. z. B. Neh. 2, 19). Während des Feldzuges Rezins und Pekachs, des Sohnes Remaljas, gegen Achas machten sich die Edomiter unabhängig und fielen nun ihrerseits in Juda ein (2. Kön. 16, 6; 2. Chron. 28, 17); ja selbst die Philister ergriffen die Gelegenheit, die Städte im Negev und in der Schefela zu plündern (2. Chron. 28, 18).

In dieser hoffnungslosen Lage rief Achas Assyrien um Hilfe – dies trotz dringender Warnung Jesaias, der ganz klar erkannte, daß Assyrien eine größere Gefahr darstellte als »diese zwei rauchenden Stummel von brennenden Scheiten« (Jes. [Is.] 7, 4).

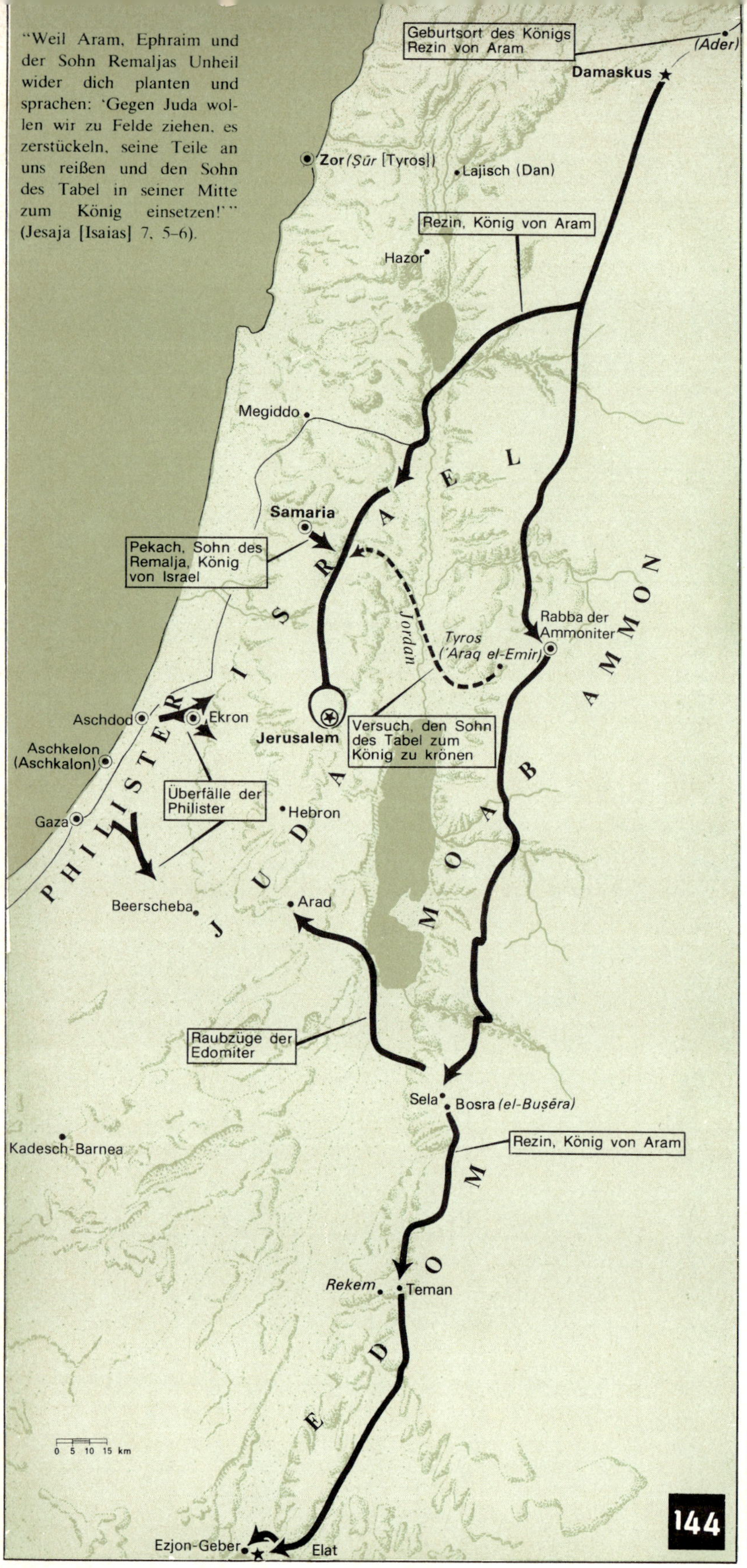

DER KRIEGSZUG REZINS UND PEKACHS GEGEN JUDA 734 V. CHR.

2. KÖNIGE 16, 5–9; JESAJA (ISAIAS) 7–9;
2. CHRONIK 28, 16–21

"Und die Philister zogen plündernd durch die Städte der Niederung (Schefela) sowie des Südlandes (Negev) von Juda" (2. Chronik 28, 18).

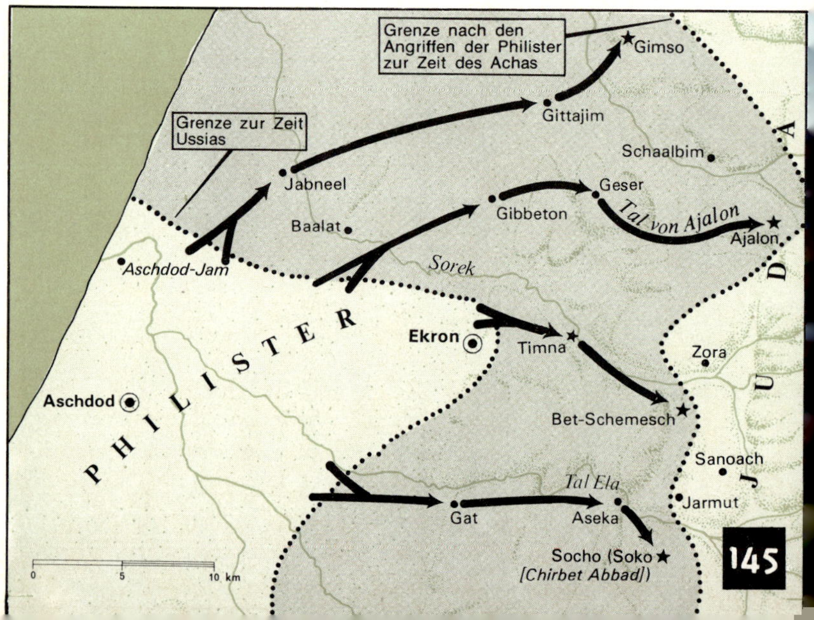

DIE EROBERUNGEN DER PHILISTER ZUR ZEIT DES ACHAS 734 V. CHR.

2. CHRONIK 28, 18

DAS NEUASSYRISCHE REICH 9. BIS 7. JAHRHUNDERT V. CHR.

"Mit meinen Streitwagengeschwadern kam ich bis auf die Berge hinauf, bis in die entlegensten Winkel des Libanon" (Jesaja [Isaias] 37, 24).

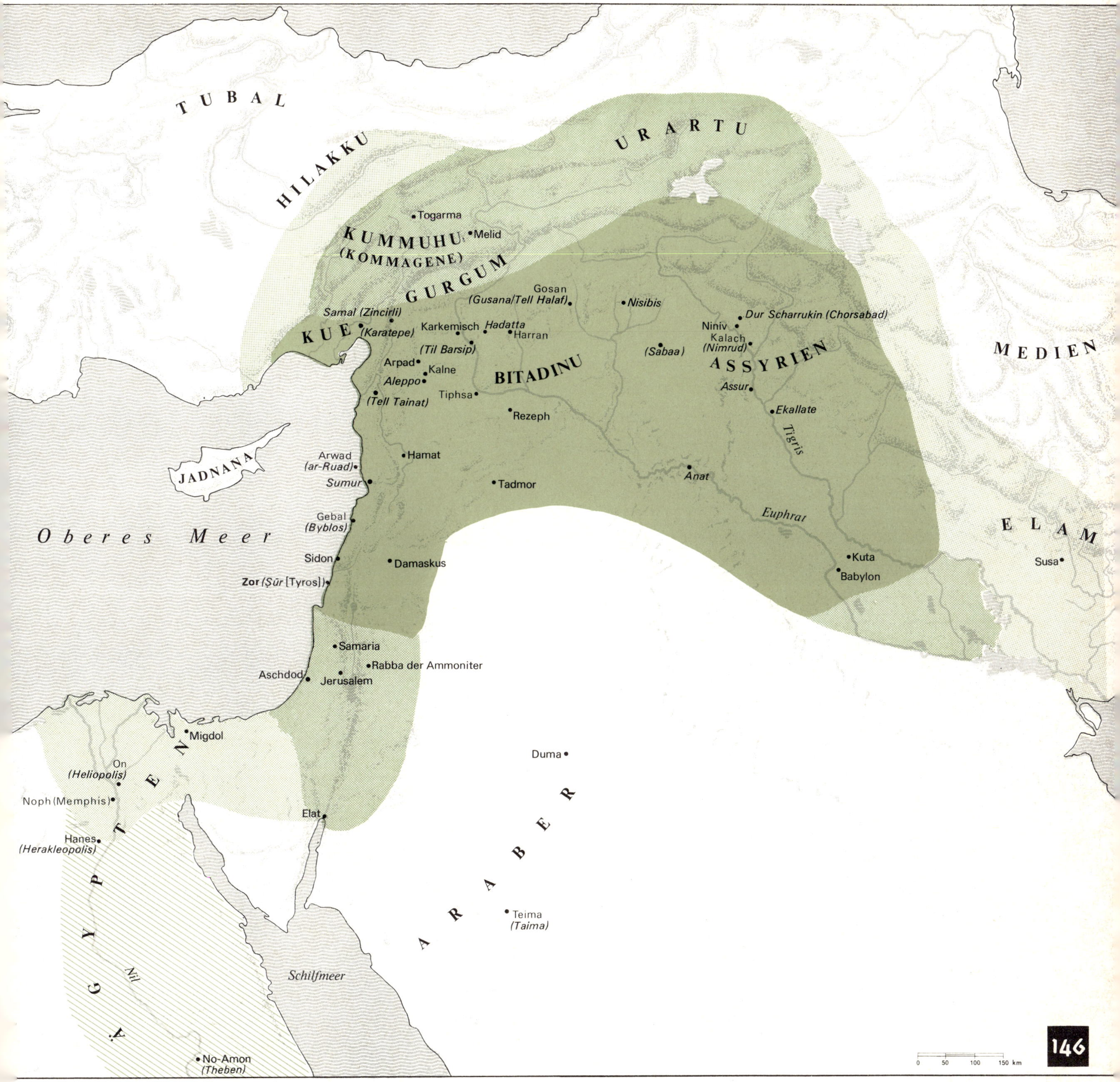

Das assyrische Heer beim Angriff auf eine Stadt
(Relief aus dem Palast Tiglatpilesars III. zu Kalach [Nimrud])

Salmanassar III.

Tiglatpilesar III.

Asarhaddon

Assurbanipal

"In den Tagen Pekachs, des Königs von Israel, zog Tiglatpilesar, der König von Assus, herbei. Er eroberte Ijon, Abel-Bet-Maacha, Janoach, Qedesch, Hazor, Gilead und Galiläa, das ganze Land Naphtali und führte die Bewohner nach Assur in die Verbannung" (2. Könige 15, 29).

LISTE DER GEFANGENEN TIGLATPILESARS III.

Stadt	*Gefangenenziffer*
...bara	—
.....	625
Hannaton	—
Kana	650
(Jo)tbat	—
Jiron	650
Arumah	—
Merom	—

2. KÖNIGE 15, 29; 1. CHRONIK 5, 6 UND 26; ANNALEN TIGLATPILESARS III. IN KALACH (NIMRUD) SOWIE ASSYRISCHE BEAMTENLISTEN

)ER FELDZUG TIGLATPILESARS III. 734 bis 732 V. CHR.

'iglatpilesar handelte schnell und durchgreifend. Aus ssyrischen Inschriften wissen wir, daß er 734 v. Chr. inen Feldzug ins Philisterland unternahm und Gaza roberte. Hanun, der König von Gaza, floh nach Ägyp-:n, und Tiglatpilesar stationierte eine Einheit an der gyptischen Grenze (vermutlich am »Bach Ägyptens«), 'odurch er die Könige von Palästina von ihren Verbün-eten im Süden abschnitt.

)ie beiden folgenden Jahre brachten die Entscheidungs-:hlachten für Israel und Damaskus. Obwohl wir nicht enau wissen, welches der überlieferten Ereignisse wel-hem der beiden Feldzüge zuzuordnen ist, können wir och aus der Bibel und anhand assyrischer Quellen die outen verfolgen, die die assyrische Armee nahm. Der 'eldzug gegen Israel, den die Bibel beschreibt, fand ermutlich im Jahr 733 v. Chr. statt: Die Assyrer näher-:n sich aus der al-Beqa'a-Talebene, besetzten Israels 'orposten im nördlichen Jordantal und teilten sich dann 1 mehrere Kolonnen, die in die verschiedenen Gegen-en des Heiligen Landes eindrangen. Galiläa wurde enommen, ebenso die Jesreel- und die Scharon-Ebene, ur das Bergland von Ephraim blieb verschont. Spuren on Feuer und Zerstörung fanden sich bei Ausgrabun-en in Hazor (Stratum V) und Megiddo (Stratum IV).

:ine von Tiglatpilesars Inschriften überliefert die Zahl er Einwohner, die aus mehreren Städten Unter- und)bergaliläas weggeführt wurden.

Vach der Niederlage wurde Pekach, der Sohn Remaljas, etötet, und Hosea, der Sohn Elas, der letzte König von srael, rettete, was von seinem Königreich übriggeblie-en war, nur durch hohe Tributzahlungen.

:in Jahr darauf gewann Assur auch noch Damaskus und ie zugehörigen Gebiete und hatte damit auf der ganzen inie den Sieg davongetragen (732 v. Chr.). Ein assyri-ches Relief aus Kalach (Nimrud) zeigt den Auszug der :inwohner von Aschtarot, der Hauptstadt Baschans ach Einnahme der Stadt durch Tiglatpilesar.

Die Bewohner von Aschtarot ziehen in die Verbannung (Relief aus dem Palast Tiglatpilesars III. zu Kalach [Nimrud])

JESAJA (ISAIAS) 8, 23 (=9, 1);
HESEKIEL (EZECHIEL) 47, 16–18;
ASSYR. BEAMTENLISTEN UND VERWALTUNGSURKUNDEN

DIE ASSYRISCHEN VERWALTUNGSBEZIRKE ZUR ZEIT TIGLATPILESARS III. 732 V. CHR.

Die neueroberten assyrischen Provinzen benannte man in der Regel nach der Stadt, in der ihr Statthalter residierte. Aram-Damaskus wurde in fünf Provinzen eingeteilt, alle im Süden der Provinzen Hamats, das schon vorher aufgeteilt worden war. Die eroberten Gebiete des Königreiches Israel gliederte man in drei Provinzen, die Assyrer nannten sie Dor, Megiddo und Gilead. Jesaja (Isaias) 8, 23 (bzw. 9, 1) gibt ihnen archaische, poetische Namen: »Land der Meeresstraße« (Via Maris), »Heidengau« (Galil-ha-Gojim [Galiläa]) und »Land jenseits des Jordans« (Transjordanien [Ostjordanland]).

Die meisten der neugeschaffenen Provinzen blieben jahrhundertelang unverändert, denn Babylonier und Perser übernahmen die assyrischen Verwaltungsgebiete. Ezechiel (Hesekiel [47, 16–18]) erwähnt einige von ihnen in seiner Beschreibung der Grenzen des Landes Kanaan (s. Karte 166).

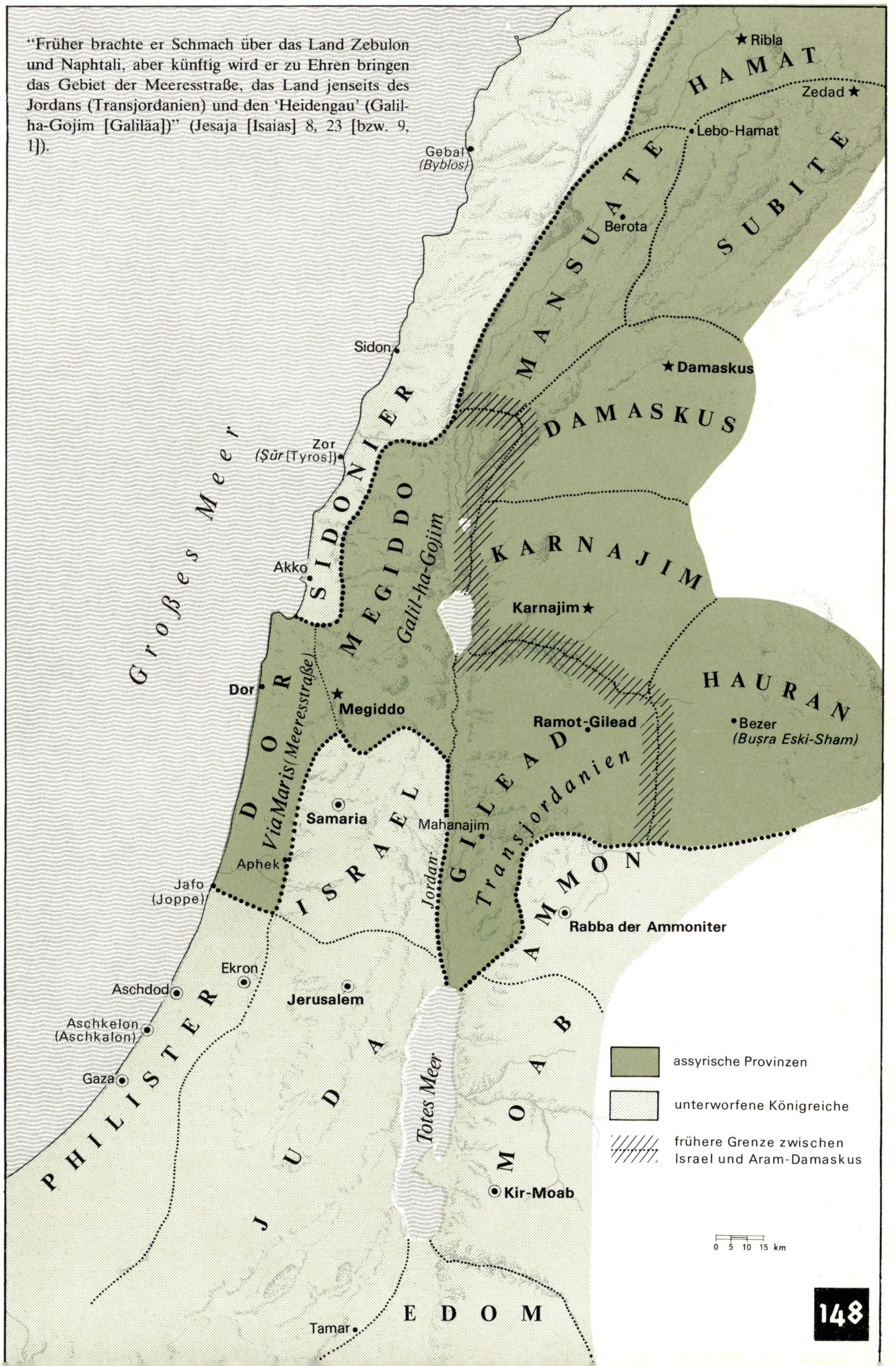

148

"Gegen ihn zog Salmanassar, der König von Assur, zu Felde" (2. Könige 17, 3).

DIE PALÄSTINA-FELDZÜGE SALMANASSARS V. UND SARGONS II. 724 bis 712 V. CHR.

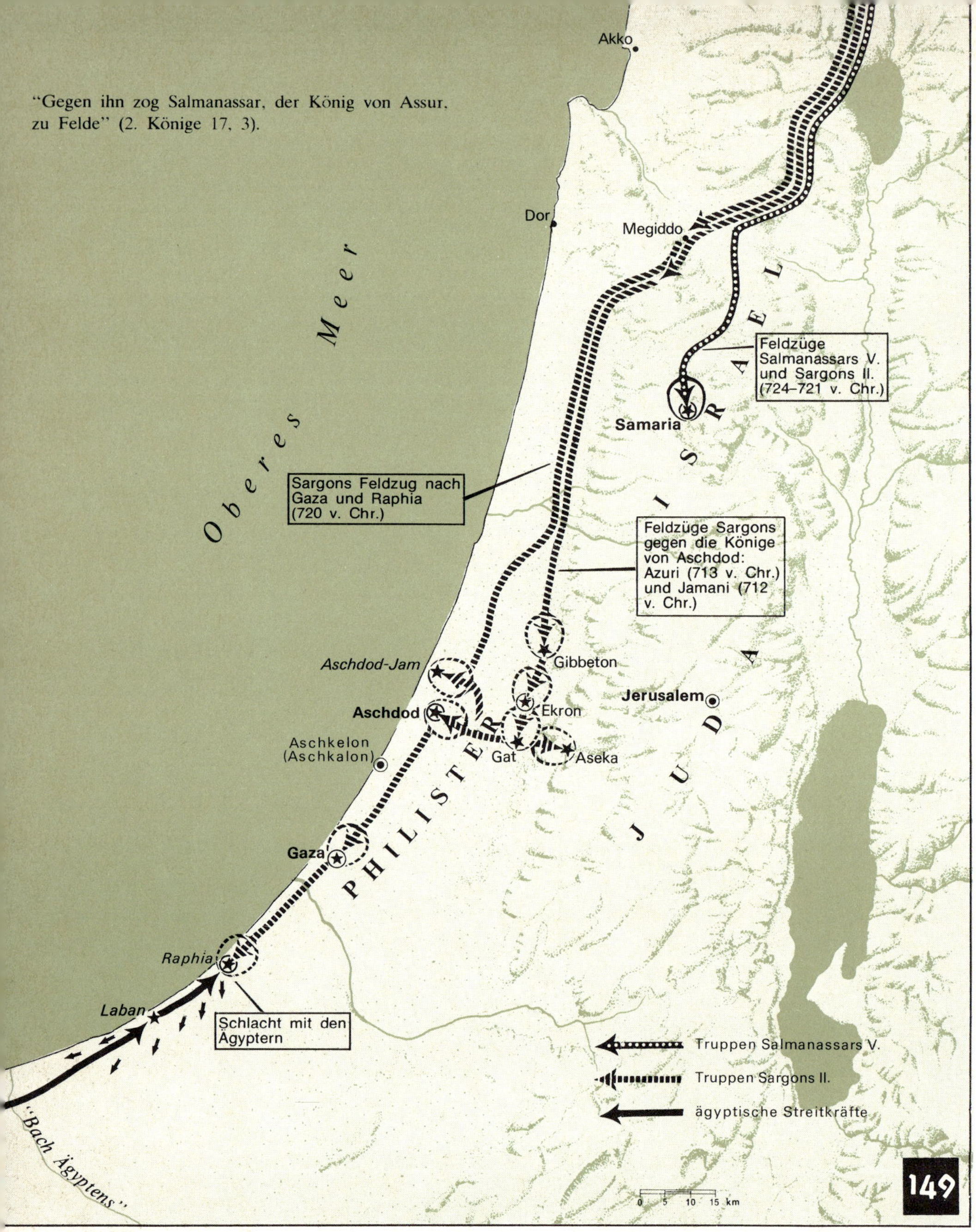

2. KÖNIGE 17, 3–6; JES. (IS.) 20; ANNALEN UND ANDERE LISTEN SARGONS II. AUS CHORSABAD (DUR SCHARRUKIN) IN ASSYRIEN

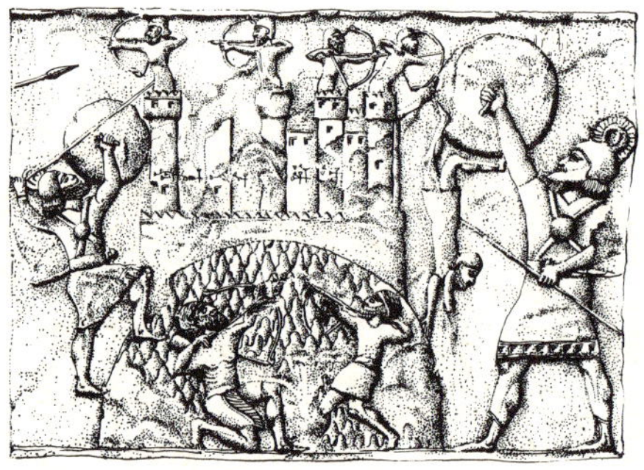

Eroberung Ekrons (Relief aus dem Palast Sargons II. in Dur Scharrukin [Chorsabad])

"Der König von Assur brachte Leute aus Babel, Kuta, Awwa, Hamat und Sefarwajim und siedelte sie statt der Israeliten in den Ortschaften Samarias an" (2. Könige 17, 24).

ZWANGS-UMSIEDLUNG GANZER BEVÖLKERUNGS-GRUPPEN NACH UND AUS ISRAEL ZUR ZEIT TIGLATPILESARS III. UND SARGONS II. LETZTES DRITTEL 8. JH. V. CHR.

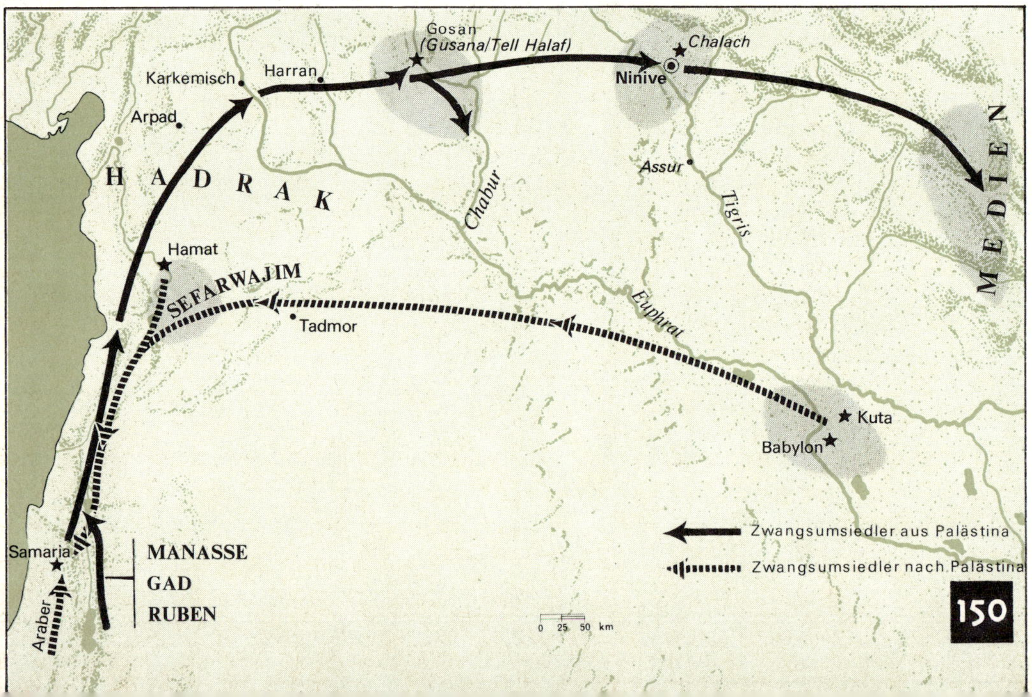

2. KÖNIGE 17, 6, 24 UND 30–31 SOWIE EBENDA 18, 11; 1. CHRONIK 5, 26; ANNALEN TIGLATPILESARS III., SARGONS II.

Die Tage des Königreichs Israel waren gezählt. Die Ägypter unterstützten Aufstände gegen die assyrische Herrschaft, und Hosea ließ sich nach dem Tode Tiglatpilesars III. zur Rebellion hinreißen. 724 v. Chr. griff Salmanassar V. Samaria an. Hosea ergab sich zwar, aber die Belagerung wurde fortgesetzt, und die Stadt fiel nach drei Jahren. Sargon, der unterdessen die Thronfolge angetreten hatte, rühmte sich in seinen Inschriften, Samaria erobert zu haben; aber es ist möglich, daß einige der Eroberungen, die er für sich beanspruchte, in Wirklichkeit auf das Konto seiner Vorgänger gehen. Auf jeden Fall aber war er es, der Samaria in eine assyrische Provinz umwandelte, der er die kleine Provinz Dor anfügte.

Dadurch konnte aber eine weitere Rebellion in Palästina und Syrien nicht verhindert werden (720 v. Chr.). Abermals hatte Ägypten seine Hand im Spiel. Sargon reagierte sofort, unternahm einen Feldzug entlang der Küste des Heiligen Landes und eroberte Gaza sowie Raphia. Einem ägyptischen Kontingent, das dem gleichfalls gegen Assur rebellierenden König von Gaza zu Hilfe geeilt war, fügte er eine Niederlage zu, was zur Folge hatte, daß er auch von Ägypten, ja sogar von Arabien Tribut empfing.

Auch Samaria war in diese Aufstandsbewegung verwickelt, und um einer Wiederholung vorzubeugen, begann Sargon, durch Zwangsumsiedlung großen Stils, die Bevölkerung in seinen Provinzen umzuschichten. Zahlreiche Israeliten wurden in entfernte Gegenden des assyrischen Reiches deportiert, so in das Chabur-Gebiet, nach Ninive und in die Städte der erst kürzlich unterworfenen Meder. An ihrer Statt siedelte man Menschen aus Babylonien und Hamat in Samaria an, ja 716 v. Chr. brachte man sogar Araber ins Land. Die neuen Ansiedler brachten ihre fremden Bräuche und Götter mit sich, die bald zum Bestandteil des Alltagslebens der ansässigen Israelitten wurden. Aus diesem Konglomerat bildeten sich die Samariter heraus, von denen in biblischen Berichten aus der Zeit des Zweiten Tempels und im Neuen Testament die Rede ist. Juda wurde vor einem ähnlichen Schicksal dadurch bewahrt, daß es sich Assur unterwarf. Die Unruhe im Heiligen Land aber legte sich nicht, und in den Jahren 713-712 v. Chr. mußten sich die Assyrer erneut – diesmal in Aschdod – mit Aufständischen herumschlagen. Diesmal war es der aus Äthiopien stammende »kuschitische« Pharao Schabako, der erste Herrscher der XXV. ägyptischen Dynastie, der den Aufstand schürte (Jes. [Is.] 20). Sargons Inschriften zufolge waren auch Juda, Edom und Moab darin verwickelt. Sie ergaben sich anscheinend bald, und Aschdod bekam Assurs vollen Zorn zu spüren. Bei seinen Operationen gegen Aschdod und dessen Hafen Aschudimmu (Aschdod-Jam) eroberte Sargon auch Gibbeton, Ekron und Gat. Aus der ausführlichen Beschreibung der Einnahme von Aseka, »auf einem Berggrat liegend wie die Schneide eines Schwertes«, geht hervor, daß sich der Feldzug auch gegen Juda richtete.

Auch das Gebiet um Aschdod wurde assyrische Provinz. Die Grenzen des assyrischen Reiches reichten nun hinunter bis zum »Bach Ägyptens.« Für ein Weiterbestehen Judas als unabhängiges Königreich bestand nur noch wenig Hoffnung.

DIE ASSYRISCHEN VERWALTUNGS-BEZIRKE UNTER SARGON II. 721–705 V. CHR.

Sargon II. (Relief vom Palast Sargons II. in Dur Scharrukin [Chorsabad])

assyrische Provinzen

unterworfene Königreiche

151 ANNALEN UND ANDERE DOKUMENTE SARGONS II. AUS DUR SCHARRUKIN (CHORSABAD)

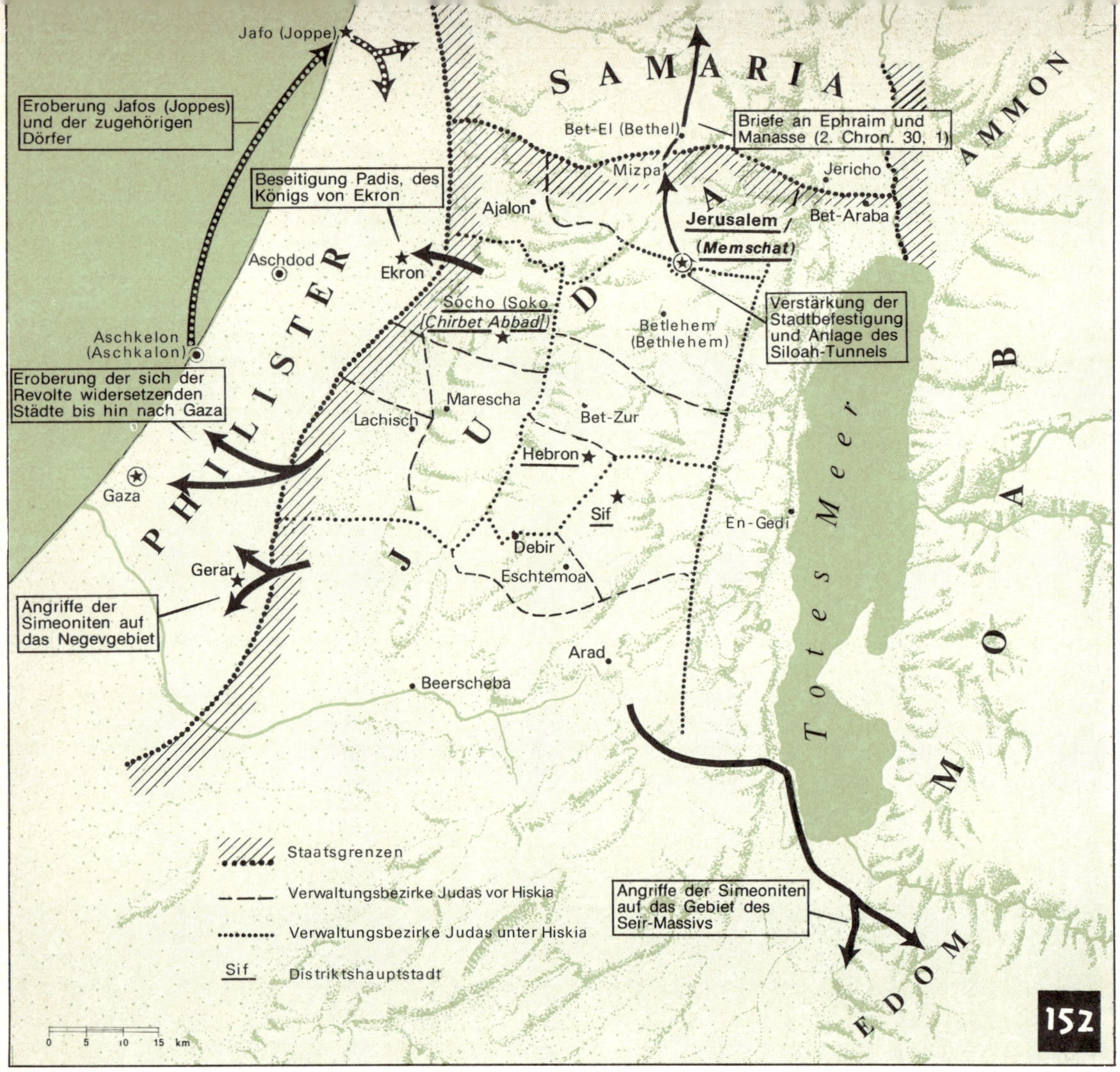

"Ferner schuf er Vorratshäuser für den Ertrag an Getreide, Wein und Öl... denn Gott hatte ihm reichen Besitz verliehen. Hiskia war es auch, der den oberen Abfluß des Gihonwassers verstopfte und es nach Westen in die Stadt Davids leitete. Er hatte Erfolg bei allem Tun" (2. Chronik 32, 28–30).

HISKIAS VORBEREITUNGEN ZUR ERHEBUNG GEGEN ASSUR 705–701 V. CHR.

2. KÖNIGE 18, 6–8; 20, 12–20;
JESAJA (ISAIAS) 22, 8–11; 1. CHRONIK 4, 38–43;
2. CHRONIK 30; 32, 3–8 SOWIE EBENDA 27–31;
ANNALEN DES SANHERIB (SENNACHERIB)

Die Assyrer erobern Lachisch (Relief aus dem Palast des Sanherib [Sennacherib] zu Ninive)

Schon bald sollte über Juda die Zeit seiner größten Bedrängnis hereinbrechen. Sargons Tod war das Signal für neue Aufstände im gesamten Imperium Assurs, und Hiskia, der König von Juda, stand in Palästina an der Spitze der Verschwörer. Von den Städten Philistäas hißte Aschkalon das Banner des Aufstandes, und auch die Einwohner Ekrons schlossen sich der Verschwörung an, nachdem sie ihren König Padi abgesetzt und in Ketten zu Hiskia geschickt hatten. Merodach-Baladan, der König von Babylon, sandte im Zusammenhang mit dem Aufstand Boten und Geschenke nach Jerusalem (2. Kön. 20, 12–19), und wie üblich war es Ägypten, das den Aufständischen Rückhalt gab (Jes. [Is.] 30, 1–5; 31, 1–3).

Hiskia war sich des Risikos, das er einging, sehr wohl bewußt, und er begann deshalb mit sorgfältigen Vorbereitungen für die kommende Auseinandersetzung. Sein berühmtestes Werk ist die Leitung des Gihonwassers zum Teich Siloah in Jerusalem (2. Kön. 20, 20; 2. Chron. 32, 30; vgl. Karte 114). Er verstärkte nicht nur die Verteidigungswerke Jerusalems (Jes. [Is.] 22, 18–11), sondern befestigte auch die anderen größeren Städte Judas und versah sie mit Vorräten (2. Chron. 4, 38–41). Die Grenzen seines Gebietes erweiterte er auf Kosten jener Reiche, die sich geweigert hatten, sich der Verschwörung anzuschließen, und zwar hauptsächlich in Richtung Gaza und Edom (2. Kön. 18, 8; 1. Chron. 4, 42–43). An die noch in den assyrischen Provinzen Sameria und Megiddo verbliebenen Israeliten sandte er schriftliche Botschaften, um sie stärker mit Juda zu verbinden. So erneuerte Hiskia die Versuche des Hauses David, das gesamte Land zu vereinigen.

Um diese Zeit erscheinen erstmals besondere Stempel auf den Henkeln der Vorratskrüge. Sie dienten vermutlich Steuerzwecken. Die Stempel zeigen das königliche Symbol, darunter die Worte »(Eigentum) des Königs« und schließlich die Namen der vier folgenden Städte: Hebron, Socho, Sif und Memschat (d.h.: »Regierung« und bezieht sich auf Jerusalem). Wie es scheint, waren dies die vier neuen Verwaltungszentren, die an die Stelle der zwölf alten Verwaltungsbezirke getreten waren (vgl. Karte 130), um die Verwaltung zu vereinfachen und zu rationalisieren.

"Luli, der König von Sidon... floh hinaus aufs Meer und kam um. Sidon-rabba, Klein Sidon Bet-Sajit, Sarephat (Sarepta), Mahaleb (Achlab [Chirbet el-Maḥalib]), Usu, Achsib und Akko — seine befestigten Städte: deine überlegenen Waffen, o Assur, erhabener Herr, lähmten sie, und sie beugten sich zu meinen Füßen"(Annalen des Sanherib [Sennacherib]).

SANHERIBS (SENNACHERIBS) FELDZUG IN DAS GEBIET VON SIDON 701 V. CHR.

701 v. Chr. griff Sanherib Palästina an, nachdem er Aufstände in Mesopotamien und im Osten seines Reiches niedergeschlagen hatte. Einzelheiten finden sich in assyrischen Quellen und genauer in der Bibel. Demnach stieß Sanherib entlang der phönikischen Küste vor, setzte den König von Tyros (»den König der Sidonier«) ab und wandte sich nach der Kapitulation von Aschkalon und Ekron gegen Juda.

Sein Hauptquartier schlug er in Lachisch auf. Reliefs, die in Ninive gefunden wurden, zeigen den Durchbruch durch die doppelte Mauer und das Einrennen der Tore durch Rammböcke. Tatsächlich fanden sich in Lachisch Spuren starker Zerstörung (Stratum III), das gleiche gilt für Tell Beit-Mirsim (Aschan) und Beerscheba. Die Inschriften des Sanherib erwähnen die Einnahme von 46 judäischen Städten, wovon einige vermutlich auch bei Jesaia (Isaias [10, 25–32]) und Micha (Michäas 1, 10–16) angeführt werden. Die hohen Tribute, die Hiskia nun Sanherib sandte, genügten diesem aber nicht, er verlangte Jerusalems bedingungslose Unterwerfung.

Jesaia (Isaias), der von Anfang an gegen den Aufstand gepredigt hatte, richtete nun die Niedergeschlagenen in der Stadt wieder auf. Und dann geschah ein Wunder. Als der assyrische Obermundschenk von Jerusalem nach Lachisch zurückkehrte, fand er Sanherib dort nicht mehr vor. Sanherib war zur Belagerung von Libna aufgebrochen, von dort zog er ins Tal Elteke, wo er die ägyptische Armee erwartete, die herbeigeeilt war, um Juda zu unterstützen. Hierauf zogen sich die Assyrer zurück, und wir wissen nichts über die Umstände dieser plötzlichen Wendung zum Guten. Juda hatte dadurch mehr als 100 Jahre Zeit gewonnen, und die unverhoffte Rettung hinterließ einen unauslöschlichen Eindruck im Volk.

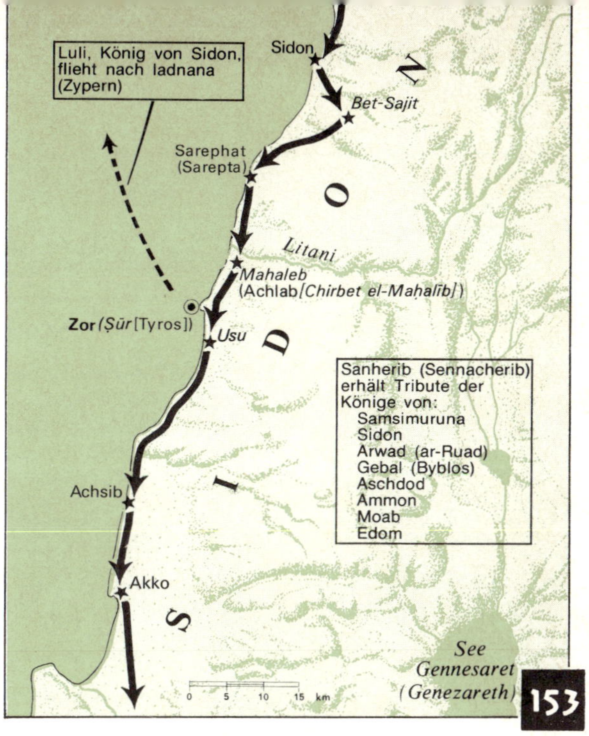

153

DER FELDZUG SANHERIBS (SENNACHERIBS) IM PHILISTERLAND UND IN JUDA 701 V. CHR.

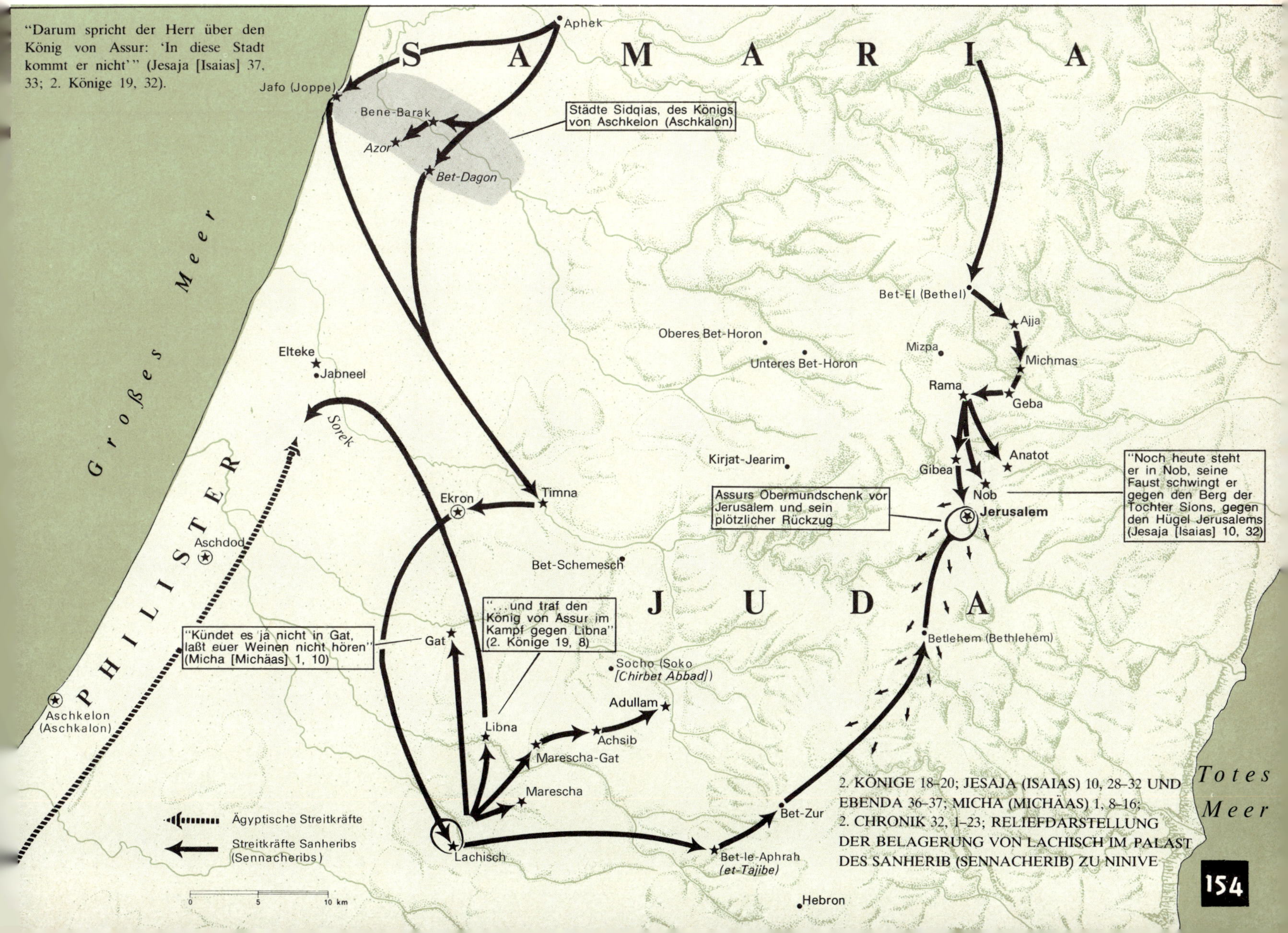

154

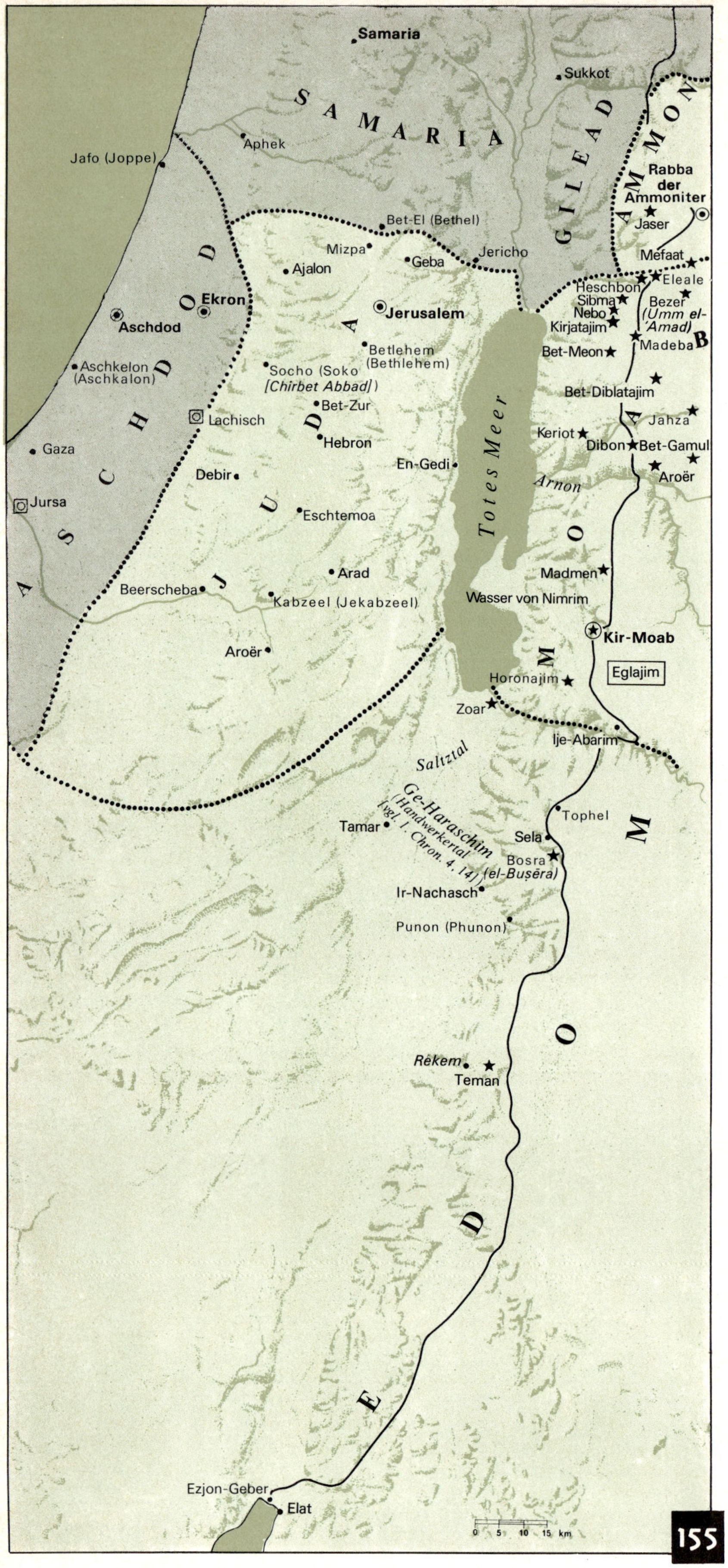

155

Provinz unter unmittelbarer assyrischer Verwaltung

assyrischer Palast

JEREMIA(S) 48–49, 22

"Kündet am Arnon: Moab ist verwüstet! Gericht brach herein über das Land der Ebene!" (Jeremia[s] 48, 20–21).

JUDA UND SEINE NACHBARN ZUR ZEIT MANASSES FRÜHES 7. JAHRHUNDERT V. CHR.

Über die Herrschaft des Hiskia-Sohnes Manasse, der im Schatten Assurs 55 Jahre lang das klein gewordene Juda regierte, wissen wir nicht viel. Die Jahre seiner Herrschaft waren eine Zeit der Ruhe und des Wohlstandes, und die tiefen Wunden, die Sanheribs Feldzug geschlagen hatte, heilten langsam. Im Norden grenzte Juda an die unmittelbar unter assyrischer Herrschaft stehenden Provinzen, im Osten und Westen waren die Königreiche Philistäa sowie Ammon, Moab und Edom verblieben. In der Zeit von 639–637 führte Assurbanipal gegen die aufständischen Araber, die sich keine Gelegenheit entgehen ließen, im Ostjordanland einzufallen, eine Strafexpedition durch. Vermutlich begann zu dieser Zeit der drastische Bevölkerungsrückgang. Die Prophezeihungen Jesaias (Isaias' [15–16]) und Jeremias (48–49) liefern eine Fülle von Material über die Städte Amons, Moabs und Edoms im 8. und 7. Jahrhundert v. Chr. Zwischen den Angaben über diese Städte in den betreffenden Prophetenbüchern und dem 100–200 Jahre älteren »Mesastein« besteht große Übereinstimmung (vgl. Karte 131). Es ist nur natürlich, daß die Prophetentexte die bedeutenderen moabitischen Siedlungen erwähnen, dies gilt besonders für die Städte in den Ebenen – waren diese doch in der Vergangenheit Schauplatz so mancher Auseinandersetzung zwischen Israel und Moab gewesen. Vielleicht aber nehmen die Prophetenworte ganz bewußt auf die Ruhmredigkeit der Siegesstele Meschas Bezug: Es spricht aus ihnen eine Art Schadenfreude darüber, daß nun auch Moabs Städte von Unglück heimgesucht wurden.

Die Assyrer erobern eine ägyptische Stadt (Relief aus dem Palast Assurbanipals in Ninive)

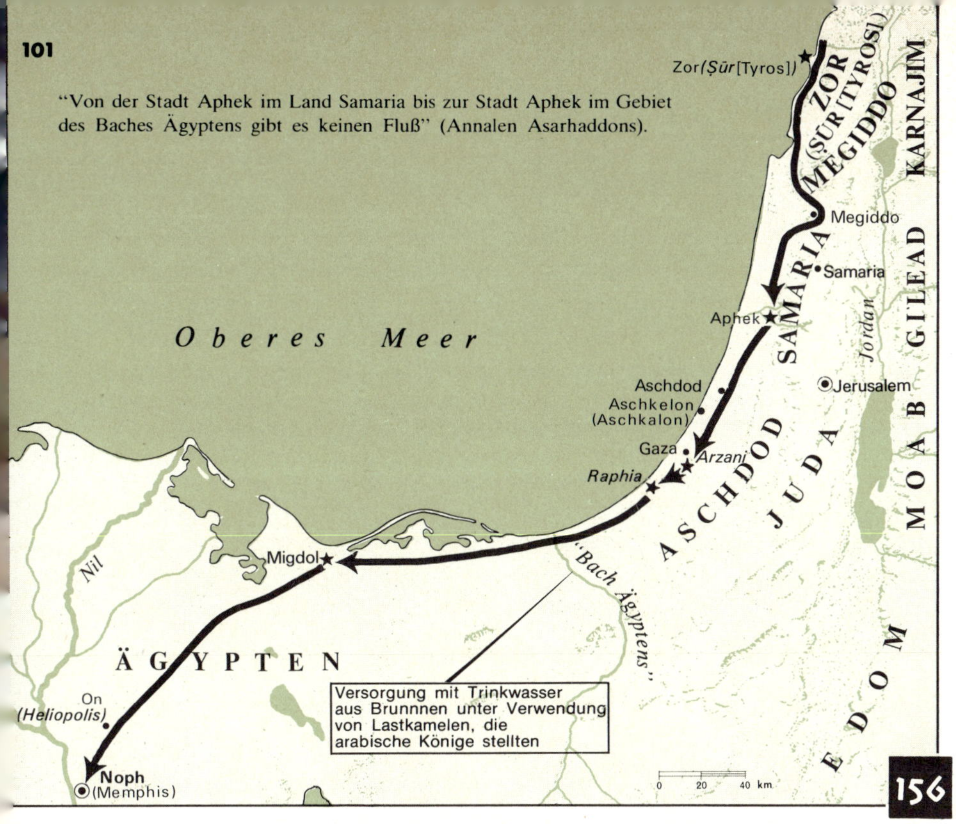

156

DER FELDZUG ASARHADDONS NACH ÄGYPTEN 671–669 V. Chr.

Die Ausbreitung des assyrischen Reiches erreichte ihren Höhepunkt in der ersten Hälfte des 7. Jahrhunderts v. Chr. Im Jahre 671 v. Chr. eroberte Asarhaddon Unterägypten, und als er die Stadt Noph (Memphis) betrat, erfüllte sich ein alter assyrischer Traum. Schon zwei Jahre später aber sah sich Asarhaddon gezwungen, abermals nach Ägypten zu ziehen, um den Widerstand Taharqas zu brechen. Auf dem Weg dorthin wurde er jedoch krank und starb. Erst sein Sohn Assurbanipal schlug den Aufstand nieder und weitete den Machtbereich Assurs bis nach Oberägypten aus (667–663 v. Chr.). Die Eroberung von No-Amon (Theben) bedeutete das Ende der XXV. Dynastie. Der assyrische Machtbereich erstreckte sich nun über den gesamten »Fruchtbaren Halbmond«, von Oberägypten bis zum Persischen Golf und Elam (vgl. Karte 146). Ganz und gar vom assyrischen Großreich abhängig waren die kleinen Vasallenstaaten am Wüstenrande; und zu den Königen, die loyal ihren Tribut entrichteten, zählte auch Manasse, der König von Juda.

ANNALEN ASARHADDONS; ANDERE ASSYRISCHE DOKUMENTE; BABYLON. CHRONIK, ZEIT ASARHADDONS

LISTE DER DEM KÖNIG VON ASSUR TRIBUTPFLICHTIGEN HERRSCHER

Balu, König von Zor (Ṣūr [Tyros]),	Ikansu, König von Ekron,
Manasse, König von Juda,	Milqiašapa, König von Gebal (Byblos),
Qaušgabri, König von Edom,	Matan-baal, König von Arwad,
Musuri, König von Moab,	Abi-baal, König von Šamšimuruna,
Sil-bel, König von Gaza,	Puduil, König von Bet-Ammon,
Metinti, König von Aschkelon (Aschkalon),	Achimilqi, König von Aschdod.

DER UNTERGANG ASSYRIENS ENDE 7. JH. V. CHR.

Assyriens Niedergang und Fall kamen mit überraschender Geschwindigkeit. Schon unter Assurbanipal hatte sich Ägypten von der Herrschaft Assurs wieder befreit. Assurbanipals Nachfolger befanden sich in der Klemme zwischen zwei aufstrebenden Rivalen: Babylon und dem Mederreich, die beide alles daransetzten, um die Auflösung Assurs zu beschleunigen. 626 v. Chr. erhob sich Babylon und besiegte die Assyrer vor den Toren Babyloniens. Hierauf geschah etwas Überraschendes: Ägypten, Assurs alter »Erbfeind«, eilte seinem ehemaligen Gegner gegen das aufstrebende Babylon zu Hilfe – vermutlich aus der Überlegung heraus, daß Assyrien den Höhepunkt seiner Macht überschritten hatte. Vor allem mag man in Ägypten gehofft haben, bei dieser Gelegenheit Ägyptens alte Machtansprüche auf Syrien und Palästina erneuern zu können. Doch auch Ägyptens Eingreifen konnte einen Machtwechsel im Vorderen Orient nicht verhindern, und 614 v. Chr. eroberten die Meder die Stadt Assur. Zwei Jahre später fiel Ninive nach einem gemeinsamen Angriff der Babylonier wie auch Meder, 610/609 v. Chr. wurde auch noch Harran eingenommen. Dieses war der letzte Stützpunkt Assuruballits gewesen, des letzten Assyrerkönigs. Mit seinem Fall hörte das Königreich Assyrien auf zu existieren.

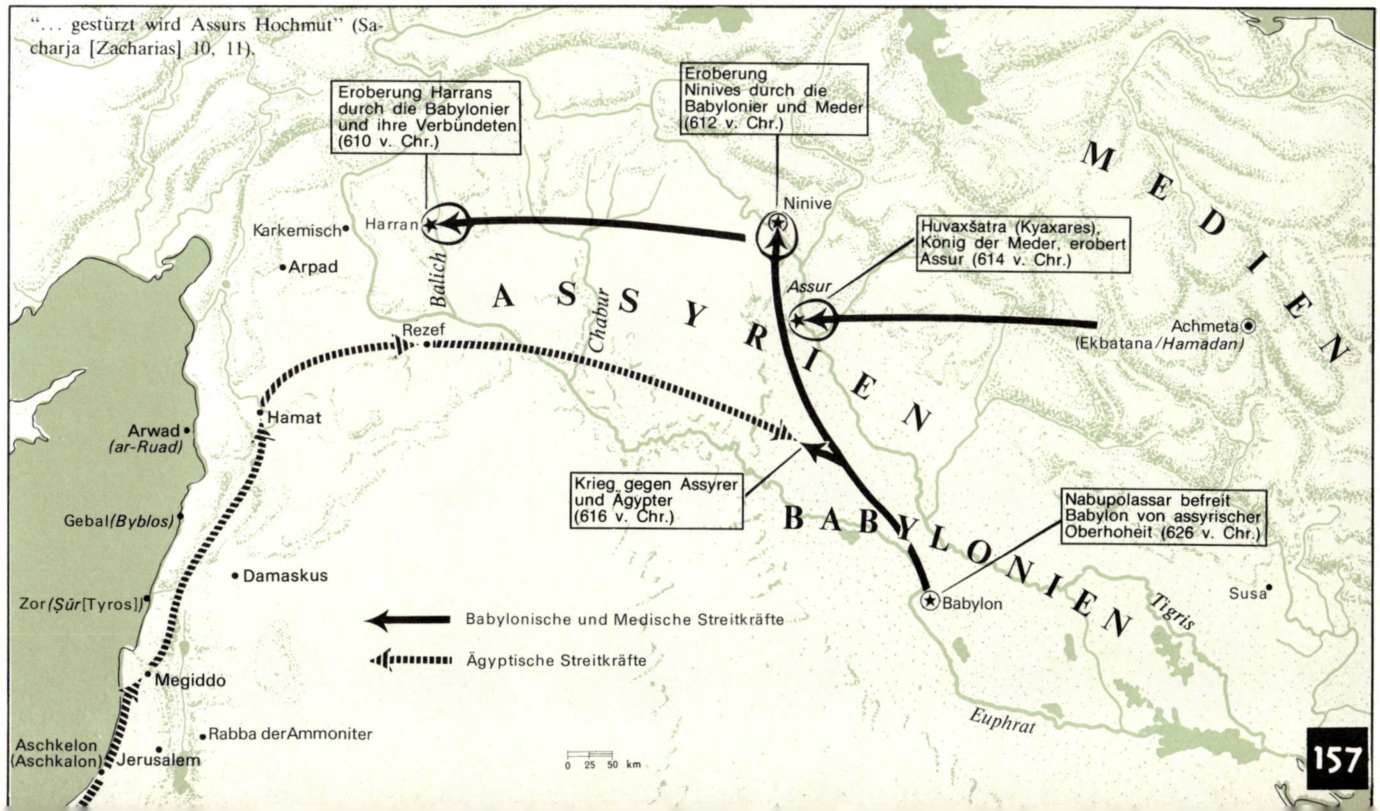

157

BABYLON. CHRONIK, ZEIT NABUPOLASSARS

DIE HERRSCHAFT JOSIAS 639/638 BZW. 628–609 V. CHR.

Josias Herrschaft war die letzte bedeutende Phase in der Geschichte Judas. Josia machte sich Assurs Niedergang zunutze und erstrebte eine Wiederherstellung des Königreichs der Davididen in ganz Palästina. Das politische und nationale Erwachen in diesen Tagen ging mit tiefgreifenden religiösen Reformen Hand in Hand. Die Höhenheiligtümer und Altäre in den ländlichen Gegenden wurden vernichtet, und der Tempel in Jerusalem wurde ausschließliches Zentrum des von allen fremden Einflüssen gereinigten Opferkultes.

Was die Bibel von Josia überlieferte, betrifft zum großen Teil seine religiösen Reformen, und nur ganz nebenbei hören wir auch von seinen wagemutigen Unternehmungen im politischen und militärischen Bereich. Die Reinigung des Gottesdienstes beschränkte sich keineswegs auf Jerusalem und Juda, sondern erstreckte sich auch bis hin zu den »Ortschaften von Manasse, Ephraim und Simeon, ja bis hin nach Naphtali ... durch das Land Israel« (2. Chron. 34, 6–7). Dem läßt sich entnehmen, daß Josia über all die genannten Gebiete herrschte und die assyrischen Provinzen Samaria, Megiddo und wohl auch Gilead, die auf dem einstigen Territorium des Königreiches Israel geschaffen worden waren, wieder annektiert hatte. Dafür spricht auch, daß er bei Megiddo kämpfte. Ein hebräisch geschriebener Brief aus seiner Zeit kam bei »Mesad Haschavjahu« zum Vorschein, einer Festung an der Küste, zwischen Jafo (Joppe) und Aschdod. Diesem Brief nach war die fragliche Festung Sitz eines israelischen Gouverneurs. Josia herrschte also auch über diese Gegend und hatte sein Königreich auf Kosten von Philistäa erweitert.

"Siehe, dem Hause Davids wird ein Sohn geboren werden, sein Name wird Josia sein..." (1. Könige 13, 2).

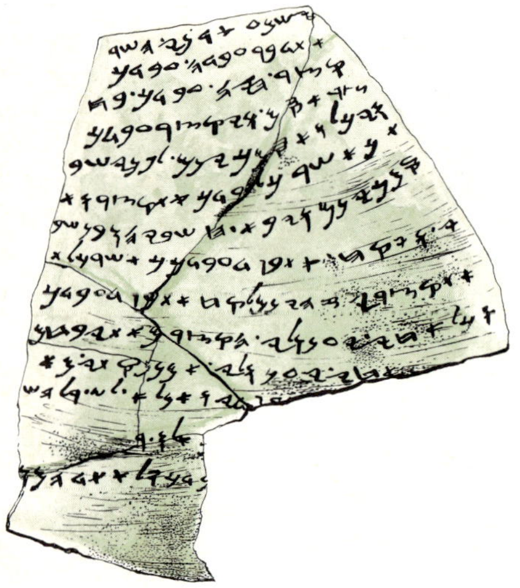

Hebräischer Brief aus Mesad Haschavjahu

2. KÖNIGE 22, 1–23, 30; 2. CHRONIK KAP. 34–35

DIE FELDZÜGE DES PHARAOS NECHO 609 UND 608 V. CHR.

"Zu seiner Zeit zog der Pharao Necho, der König von Ägypten, zum König von Assur an den Euphrat. König Josia trat ihm entgegen, doch Pharao Necho tötete ihn bei Megiddo, sobald er ihn sah" (2. Könige 23, 29).

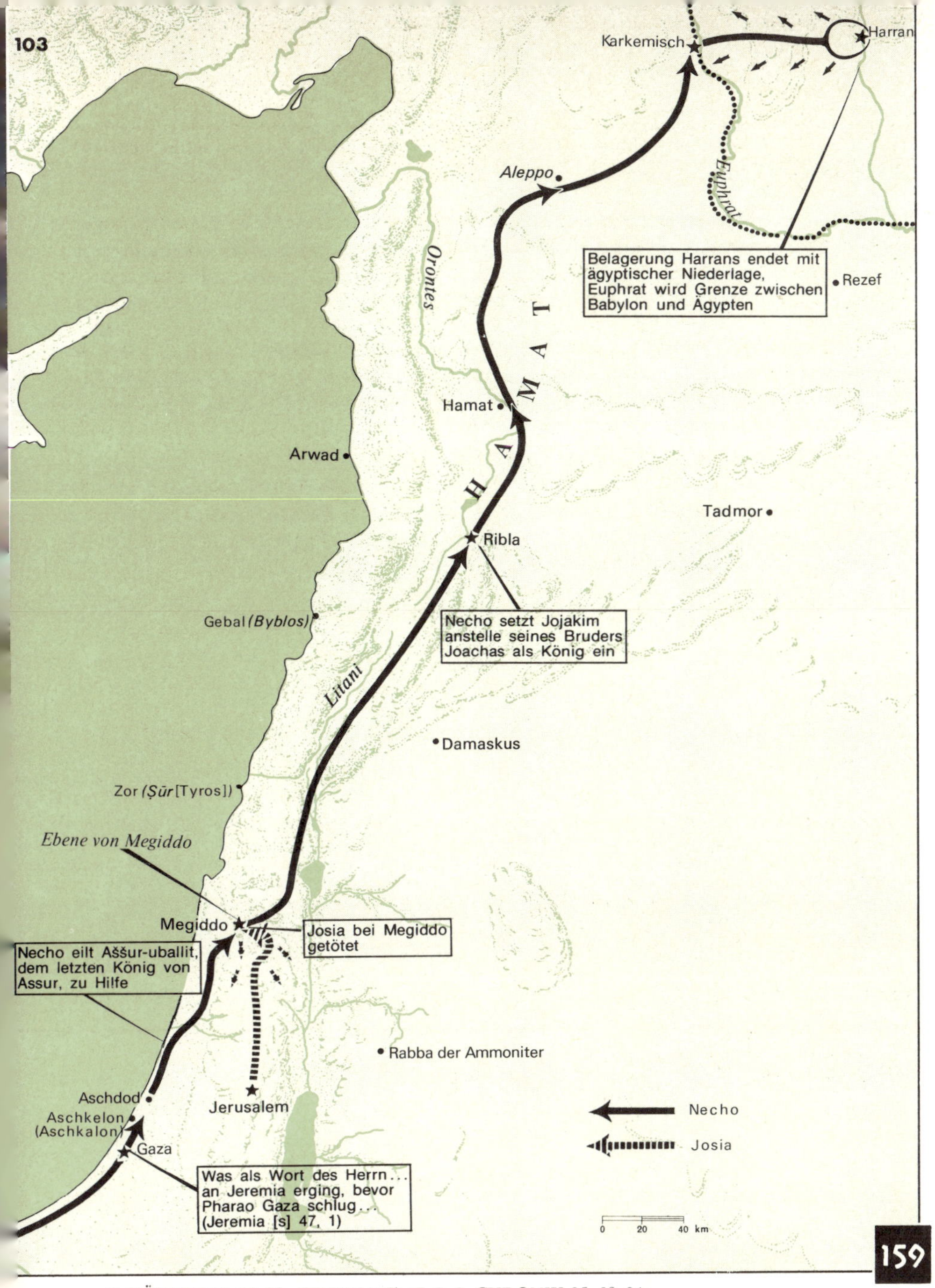

159

2. KÖNIGE 23, 29–30; JEREMIA(S) 47, 2; 2. CHRONIK 35, 20–24; BABYLON. CHRONIK, ZEIT NABUPOLASSARS UND NEBUKADNEZARS

Josias Königreich brach nach seinem tragischem Tod bei Megiddo, den die Bibel nur kurz erwähnt (2. Chron. 35, 23–24), wieder auseinander. Zusätzliche Informationen über die Ereignisse, die zur fraglichen Schlacht führten, finden wir in babylonischen Quellen. Diesen zufolge zog Pharao Necho 609 v. Chr. nach Karkemisch am Euphrat, um Assuruballit, dem letzten Assyrerkönig, bei seinem Versuch, Harran wiederzuerobern, beizustehen. Josia fand den Tod, als er Necho bei Megiddo aufhalten wollte, damit dieser Palästina nicht wieder unterjoche.

Das assyrisch-ägyptische Unternehmen scheiterte, aber Necho beherrschte Palästina und Syrien mehrere Jahre lang. Als Necho aus dem Krieg zurückkehrte, eilte Joachas, der Sohn Josias, zu ihm nach Ribla im Gebiet von Hamat, aber Necho setzte an seiner Statt seinen Bruder Jojakim als König ein (2. Kön. 23, 33–35; Jer. 22, 10–12; 2. Chron. 36, 1–4).

Im vierten Regierungsjahr Jojakims (605 v. Chr.) besiegte der Babylonierkönig Nebukadnezar ein ägyptisches Heer bei Karkemisch (Jer. 46,2) und dann noch einmal bei Hamat. Ein Jahr später zog er durch das Heilige Land, eroberte Aschkelon und stieß bis zum »Bach Ägyptens« vor (2. Kön. 24, 7). Juda wurde wieder zu einem kleinen Vasallenkönigreich Babylons, und bald wurde es in den nicht enden wollenden Auseinandersetzungen zwischen Ägypten und Babylon förmlich zermahlen.

NEBUKADNEZARS ERSTER FELDZUG 605–604 V. CHR.

"Gegen die Streitmacht des Pharao Necho, die am Euphrat bei Karkemisch stand und die Nebukadnezar, der König von Babel, im vierten Jahr Jojakims, des Sohnes Josias, des Königs von Juda, schlug" (Jeremia[s] 46, 2).

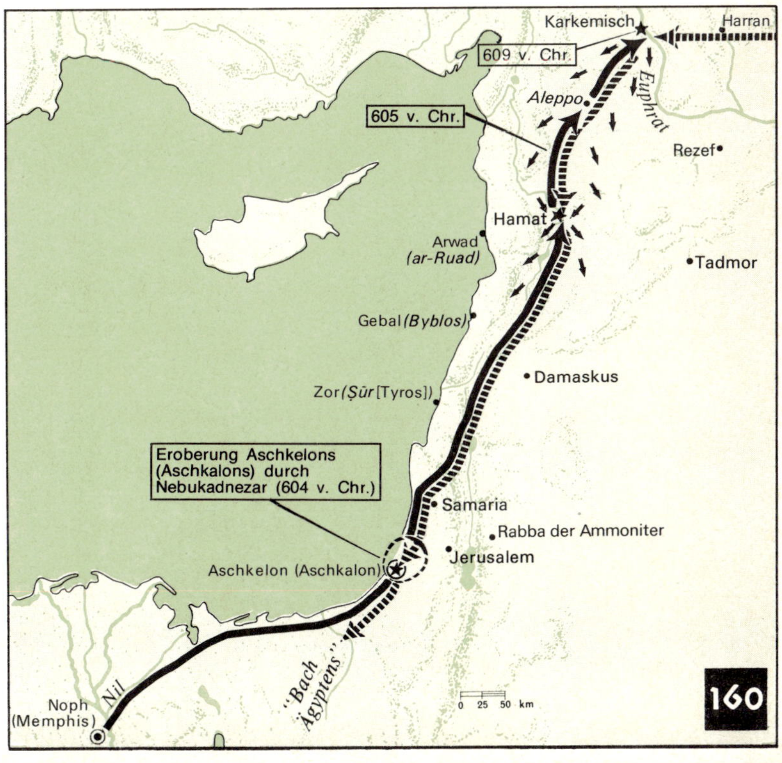

Babylonische Streitkräfte
Ägyptische Streitkräfte

JEREMIA(S) 46, 2; BABYLON. CHRONIK, ZEIT NEBUKADNEZARS

160

"Der König von Ägypten aber zog nicht mehr aus seinem Land, denn vom Bach Ägyptens bis zum Euphrat hatte der König von Babylon alles erobert, was dem König von Ägypten gehört hatte" (2. Könige 24, 7).

DAS BABYLONISCHE REICH FRÜHES 6. JAHRHUNDERT V. CHR.

Babylon übernahm fast das gesamte Assyrerreich und erreichte unter Nebukadnezar seine höchste Machtentfaltung. Im Osten und Norden grenzte es an das Reich der Meder. Im Süden stand sein Rivale Ägypten. Ein kleines Königreich wie Juda hätte in einer solchen Lage einen König wie Manasse benötigt, der sich den Großmächten unterwarf und mit der bescheidenen Rolle zufrieden war, die ihm zu spielen blieb. Josias Söhne waren ehrgeiziger, und nicht einmal Jeremia, der große Prophet, der damals in Juda wirkte, vermochte mit seinen scharfen Warnungen ihren Ehrgeiz zu zügeln.

Jojakim, der Sohn Josias, regierte unter Babylons Oberhoheit weiter über das Heilige Land, versuchte aber immer wieder, sich mit Hilfe der Ägypter von der Bevormundung durch Babylon freizumachen. Ein weiterer Beweis seiner Überspanntheit sind die Reste des prachtvollen Palastes, die bei Ramat Rachel (vermutlich das biblische Bet-Hakkerem) entdeckt wurden. Der Palast diente der Unterbringung starker Streitkräfte nahe der Hauptstadt. Um diesen Bau herzustellen, scheute Jojakim nicht davor zurück, die Jerusalemer zu Frondiensten heranzuziehen, was sie ihm nie verziehen (2. Kön. 24, 4; Jer. 22, 13–19). Drei Jahre, nachdem er vor Nebukadnezar kapituliert hatte, fühlte er sich stark genug, um gegen die babylonische Herrschaft zu rebellieren. Die Reaktion erfolgte rasch. Zuerst wiegelten die Babylonier Judas Nachbarvölker – hauptsächlich die Nachbarn im Osten – gegen Juda auf. Im Jahr 598 v. Chr. erschien die Armee der Chaldäer vor Jerusalem. Jojakim starb zu Beginn der Belagerung. Vielleicht wurde er auch ermordet (Jer. 22, 18–19; 36, 30). Sein Sohn Jojachin ergab sich und kam mit einem großen Teil seiner Familienangehörigen und zahlreichen Mitgliedern des Adels in die »Babylonische Gefangenschaft«, mit ihnen »... ganz Jerusalem und alle Obersten und wehrfähigen Leute, 7000 Mann, auch alle Schmiede und Schlosser, 10000 an der Zahl, führte er gefangen hinweg« (2. Kön. 24, 14).

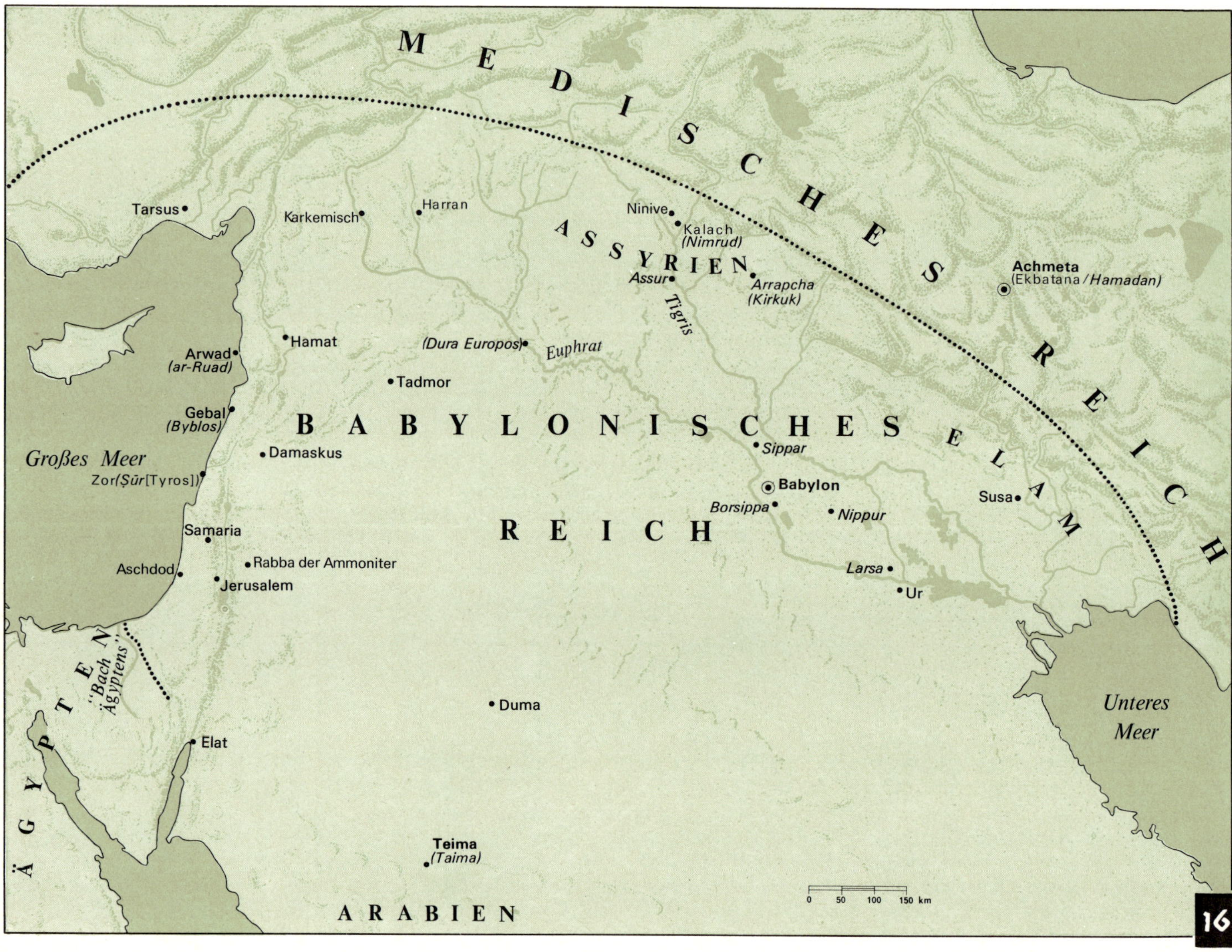

161

Steinerne Fensterbrüstung (aus dem Palast Jojakims in Ramat Rachel [Bet-Hakkerem])

DER FELDZUG NEBUKADNEZARS II. GEGEN JUDA 587 V. CHR.

"Dies ist die Zahl der Menschen, die Nebukadnezar in die Verbannung fortführen ließ: im siebzehnten Jahr seiner Herrschaft 3023 Judäer, im achtzehnten Jahr Nebukadnezars aus Jerusalem 832 Personen; im dreiundzwanzigsten Jahr Nebukadnezars führte Nebusaradan, der Oberst der Leibwache, 745 Judäer in die Verbannung — im ganzen 4600 Personen" (Jeremia[s] 52, 28–30).

2. KÖNIGE 25, 1–21; JEREMIA(S) 37, 5–16; 3–30;
2. CHRONIK 36, 17–21; OSTRAKA AUS LACHISCH

DAS BABYLONISCHE EXIL DER JUDEN 597–582 V. CHR.

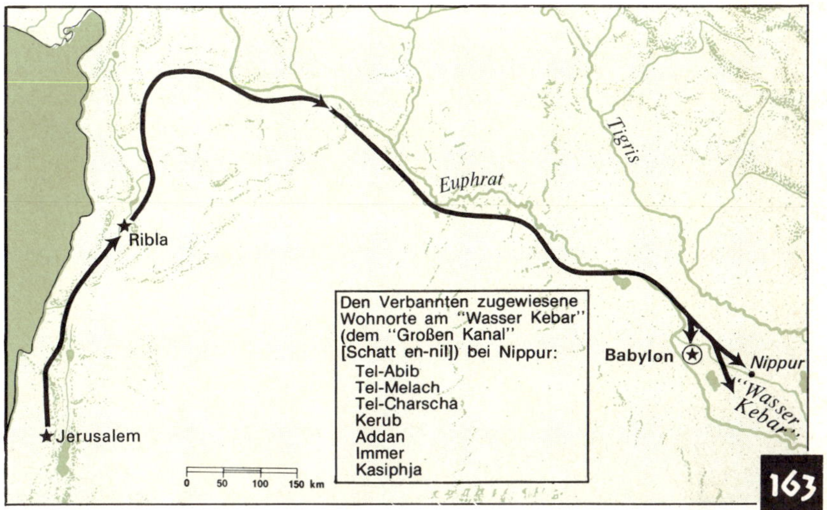

2. KÖNIGE 24, 11–16; 25, 11; JEREMIA(S) 52, 28–30; HESEKIEL (EZECHIEL) 3, 15 (AUSSERDEM 1, 1; 1, 3; 3, 23; 10, 15; 10, 20; 10, 22 UND 43, 3) ESRA 2, 59 UND 8, 17

Nebukadnezar setzte Zidkia, einen Sohn Josias, als König ein, doch 589 v. Chr. beteiligte sich auch dieser an einer Erhebung gegen Babylon. Juda war nun der mächtigen Chaldäerarmee, die zu seiner Bestrafung heranzog, ausgeliefert. Die Edomiter nahmen natürlich die Gelegenheit wahr, in Juda einzufallen (Obadja [Abdias] 1, 10–14; Psalm 137 [136], 7; Klagelieder 4, 21–22). In diesen Zusammenhang fügt sich der Fund eines Briefes bei Arad, in dem die Ortskommandeure Verstärkung anfordern, um bei Ramat Negev einen Edomiterangriff abzuwehren. Diesmal waren die Vergeltungsmaßnahmen der Babylonier gnadenlos. Judas Städte wurden zerstört. Ausgrabungen wie z. B. in Ramat Rachel, Bet-Zur, Bet-Schemesch, Lachisch, Arad und En-Gedi lassen deutlich den Grad der Zerstörung erkennen. Die letzten befestigten Städte Judas, die fielen, waren Lachisch und Aseka (Jer. 34, 7). »Wir halten Ausschau nach den Signalen von Lachisch genau nach den Anweisungen, die mein Herr erteilt hat, denn die Signale von Aseka können wir nicht mehr sehen« (Lachischbrief Nr. 4) wurde wohl nach dem Fall Asekas geschrieben. Schließlich kam es zur Belagerung von Jerusalem, die aber eine Weile unterbrochen wurde, da das Gerücht aufkam, die ägyptische Armee nähere sich (Jer. 37, 5). Anders als einst unter Sanherib nahm man die Belagerung jedoch alsbald wieder auf. Im Sommer 587 v. Chr. wurde in die Mauern eine Bresche geschlagen, und Jerusalem fiel. Einen Monat später verbrannten die Babylonier die Stadt mit dem Tempel und führten abermals viele Einwohner in die Gefangenschaft. Einen letzten Aufstand versuchten Jerusalems Bewohner 582 v. Chr., und erneut kamen viele in Gefangenschaft. Die meisten der Verschleppten siedelte man in Ortschaften am »Wasser Kebar« in der Nähe von Nippur und Babylon an. Die Zahl der in babylonische Gefangenschaft Geratenen steht bei Jeremia (52, 28–30), aber die Angaben beziehen sich vermutlich nur auf die reichen Familien.

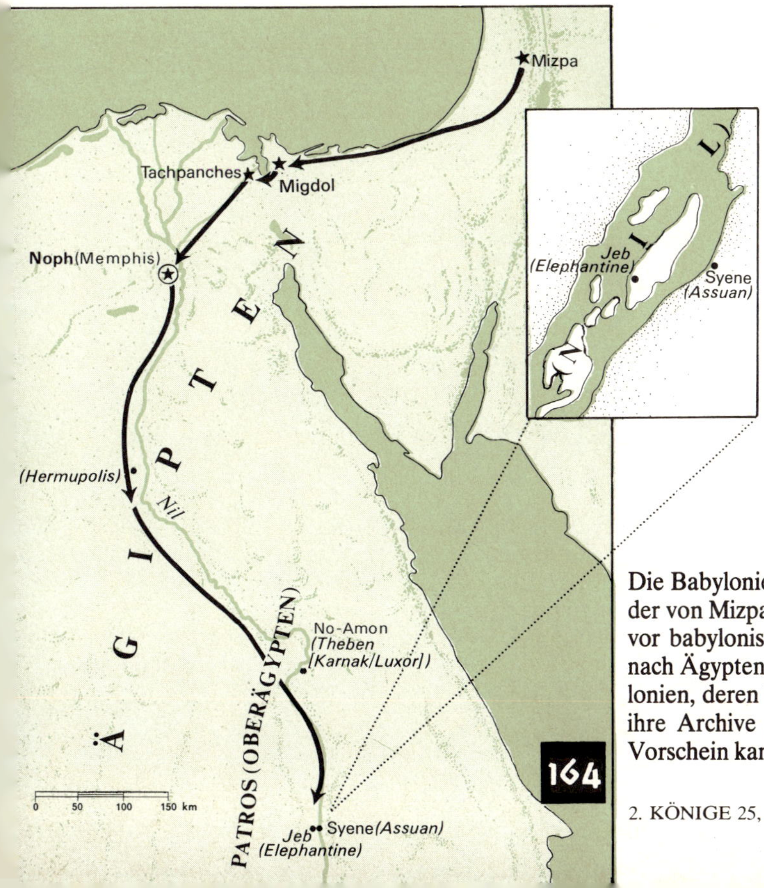

DIE FLUCHT NACH ÄGYPTEN UM 586 V. CHR.

Die Babylonier überließen die Verwaltung Judas Gedaljia, dem Sohn des Achikam, der von Mizpa aus regierte. Er wurde indessen von Hitzköpfen ermordet. Aus Angst vor babylonischen Vergeltungsmaßnahmen für diesen Mord flohen viele Familien nach Ägypten (2. Kön. 25, 22–26; Jer. 40, 44). Hier gründeten sie jüdische Militärkolonien, deren bedeutendste bei Jeb (Elephantine) in Südägypten (Patros) uns durch ihre Archive aus der Zeit der Perserherrschaft, die dort bei Ausgrabungen zum Vorschein kamen, sehr gut bekannt ist.

2. KÖNIGE 25, 25–26; JEREMIA(S) KAP. 42–45

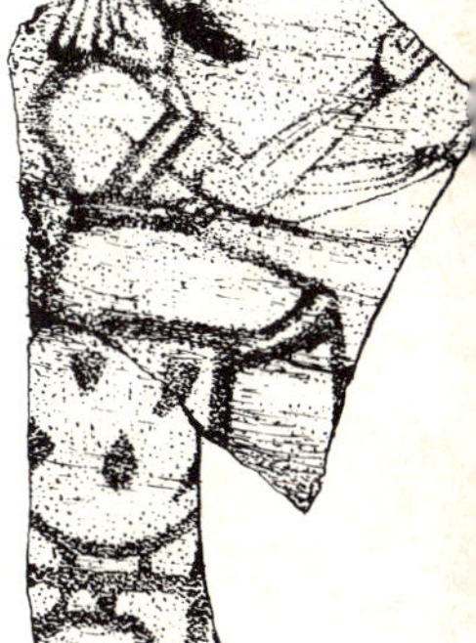

König. Malerei auf einer Krugscherbe (aus dem Palast Jojakims in Ramat Rachel [Bet-Hakkerem])

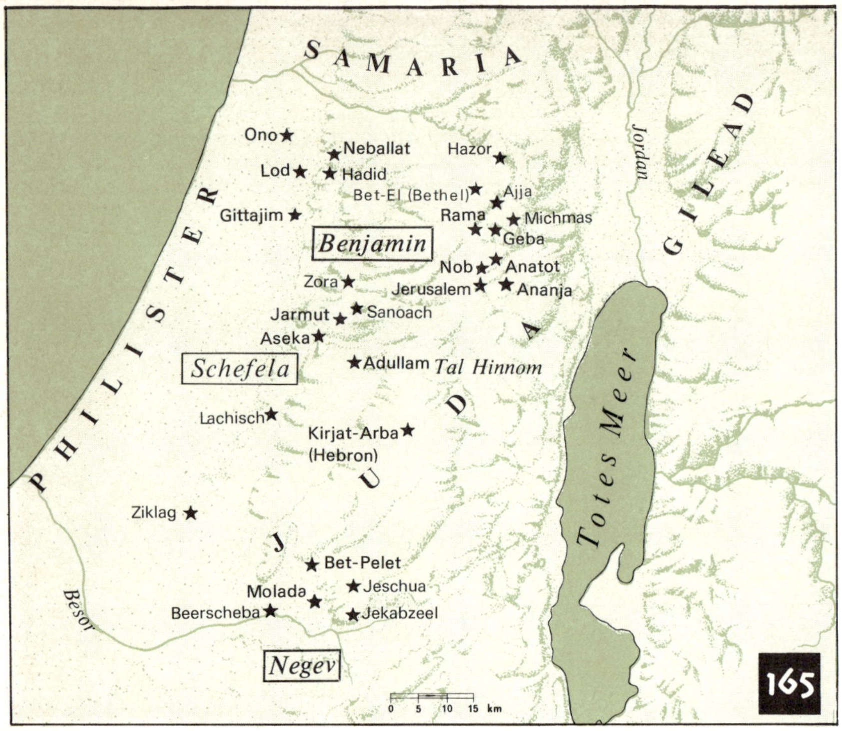

NEHEMIA(S) 11, 20–36

"... die Bewohner jener Trümmerstätten im Lande Israel..." (Hesekiel [Ezechiel] 33, 24).

JUDA UNTER BABYLONISCHER OBERHOHEIT FRÜHES 6. JAHRHUNDERT V. CHR.

Die Zerstörung war grausam, und keine der bedeutenden Städte Judas wurde verschont. Teile des Landes und der zerstörten Siedlungen wurden rasch vom »geringen Volk« in Besitz genommen (Jer. 39, 10), was bei den Verbannten große Verbitterung auslöste (Hes. [Ez.] 33, 21–27). Das zentrale Hochland Judas dagegen wurde regelrecht entvölkert, und die Babylonier besiedelten es nicht neu. So wurden diese Gebiete nach und nach eine Beute der Edomiter, die wegen des ständigen Drucks der arabischen Stämme auf sehr engem Raum wohnten; und das judäische Bergland südlich von Bet-Zur wurde nun zu »Idumäa« (vgl. Karte 171). Judäische Siedlungen blieben hauptsächlich in den umliegenden Gebieten bestehen. Einige von ihnen dürften schon 597 v. Chr. von Juda abgetrennt worden sein. Diese werden in der bei Jeremia 11, 20–36 überlieferten Liste des »Restbestandes von Israel« aufgeführt. Die meisten der dort genannten Orte liegen in Benjamin, der Schefela sowie an der Grenze von Philistäa.

PALÄSTINA IN DER VISION DES PROPHETEN HESEKIEL (EZECHIEL)

Zum größten Teil bewahrten die nach Babylon Deportierten und dort in verschiedenen Gegenden Angesiedelten ihr geistiges und religiöses Erbe, sie träumten den Traum von der »Rückkehr ins Gelobte Land«. Diese Sehnsucht fand ihren großartigsten Ausdruck in den Visionen Ezechiels, der einst schon zusammen mit Jojachin nach Babylon geführt worden war. In den Kapiteln 47 und 48 des Buches, das seinen Namen trägt, findet sich seine utopische Neuverteilung des Heiligen Landes unter die zwölf Stämme, die sich Seite an Seite auf ihrem Erbbesitz niederlassen. Die Grenzen dieses Landes stimmten mit den ehemaligen Grenzen des Landes Kanaan überein (vgl. Karte 50); Ezechiel »modernisierte« sie, indem er zeitgenössische geographische Namen in seine Beschreibung einarbeitete, einschließlich der Namen einiger babylonischer Provinzen seiner Zeit.

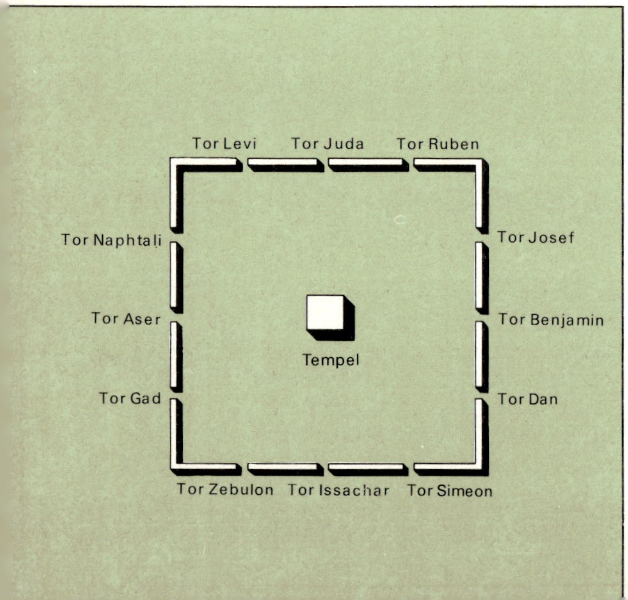

HESEKIEL (EZECHIEL) 47, 13–48, 29

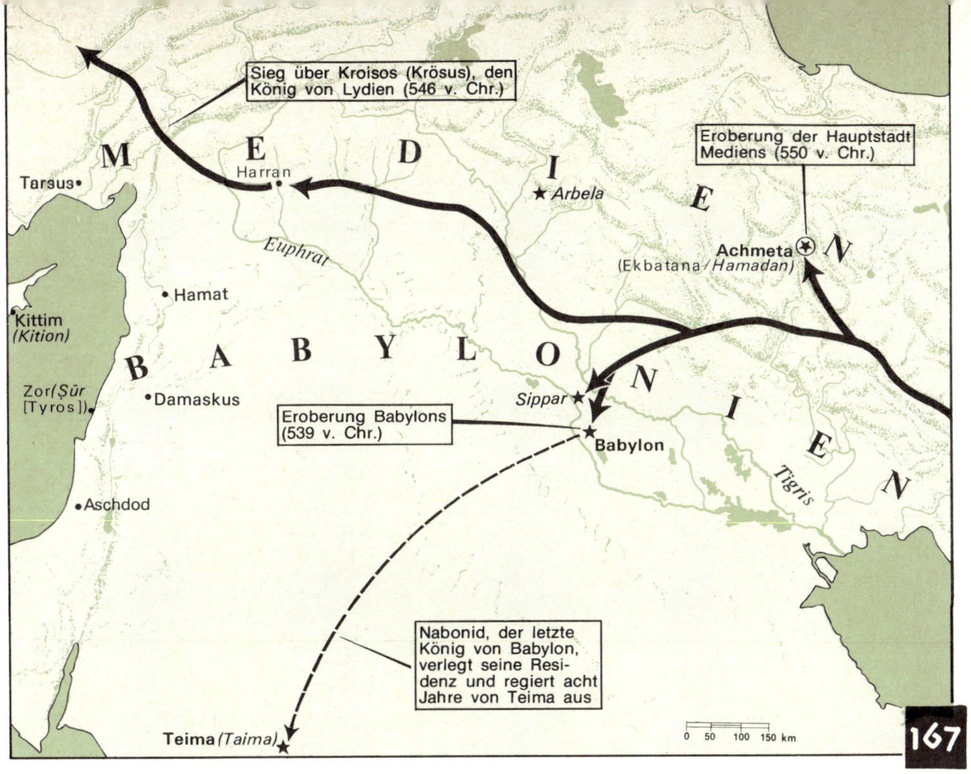

"Ich bin Kurauš (Kyros), der Konig der Welt, der große König, der mächtige König, König von Babylon, König von Sumer und Akkad... Als ich unter dem Beifall der jubelnden Menge friedlich in Babylon Einzug hielt, errichtete ich meinen Thron im Palast des Königs. Marduk, der erhabene Herr, machte die Herzen der Edlen Babylons mir zugeneigt" (Tonzylinder Kyros' des Großen).

TONZYLINDER KYROS DES GROSSEN

DER UNTERGANG BABYLONS 539 V. CHR.

Mit dem Zerfall des kurzlebigen Königreichs Babylon stiegen die Hoffnungen der Deportierten auf Rückkehr. Auf den Tod Nebukadnezars im Jahr 562 v. Chr. folgten in sieben Jahren drei Nachfolger. Der erste war Evil-Merodach (Awil-Marduk), der Jojachin aus dem Gefängnis befreite (2. Kön. 25, 27–30). Dann bemächtigte sich 556 v. Chr. Nabonid aus Harran des babylonischen Thrones. Er bemühte sich sehr, die Macht der Mardukpriester zu schwächen, und beschäftigte sich ansonsten lieber mit der Erforschung der Vergangenheit als mit Staatsgeschäften. Seine Residenz verlegte er in die Oase Teima (Taima) an der arabischen Grenze, als die Gefahr nicht mehr zu übersehen war, die von den Persern unter Kyros dem Großen drohte. Dort blieb er bis ungefähr 545 v. Chr. und überließ die Verwaltung Babylons seinem Sohn Belscharusur, den wir aus der Bibel als Belsazar kennen (Dan. 8, 1).
Babylons Ende kam rasch. Im Jahr 550 v. Chr. eroberte Kyros, König von Parsumasch und Anschan, Achmeta (Ekbatana [heute Hamadan]) und trat damit die Herrschaft über das mit Babylon rivalisierende mächtige Mederreich an. Vier Jahre später besiegte er den König von Lydien, Kroisos, und eroberte dessen Hauptstadt Sardeis. 539 v. Chr. nahm er Babylon ohne Schwertstreich ein und erneuerte den alten Mardukkult.

Audienz beim Großkönig (Relief aus Persepolis)

DAS PERSERREICH 538–332 V. CHR.

Kyros gründete das größte Reich, das der aite Orient je gesehen hatte. Sein Sohn Kambyses eroberte Ägypten, und sein Nachfolger Dareios I. stieß bis nach Indien vor. Das immense Reich war in Provinzen (Satrapien) unterteilt, die von »Satrapen und Statthaltern und Vorstehern der 127 Provinzen von Indien bis nach Äthiopien« regiert wurden (Esther 8, 9). Die fünfte Satrapie war Abar Nahara, das heißt »jenseits des Euphrats«, und eines der zu ihr gehörenden Länder war »Jehud« – Juda.

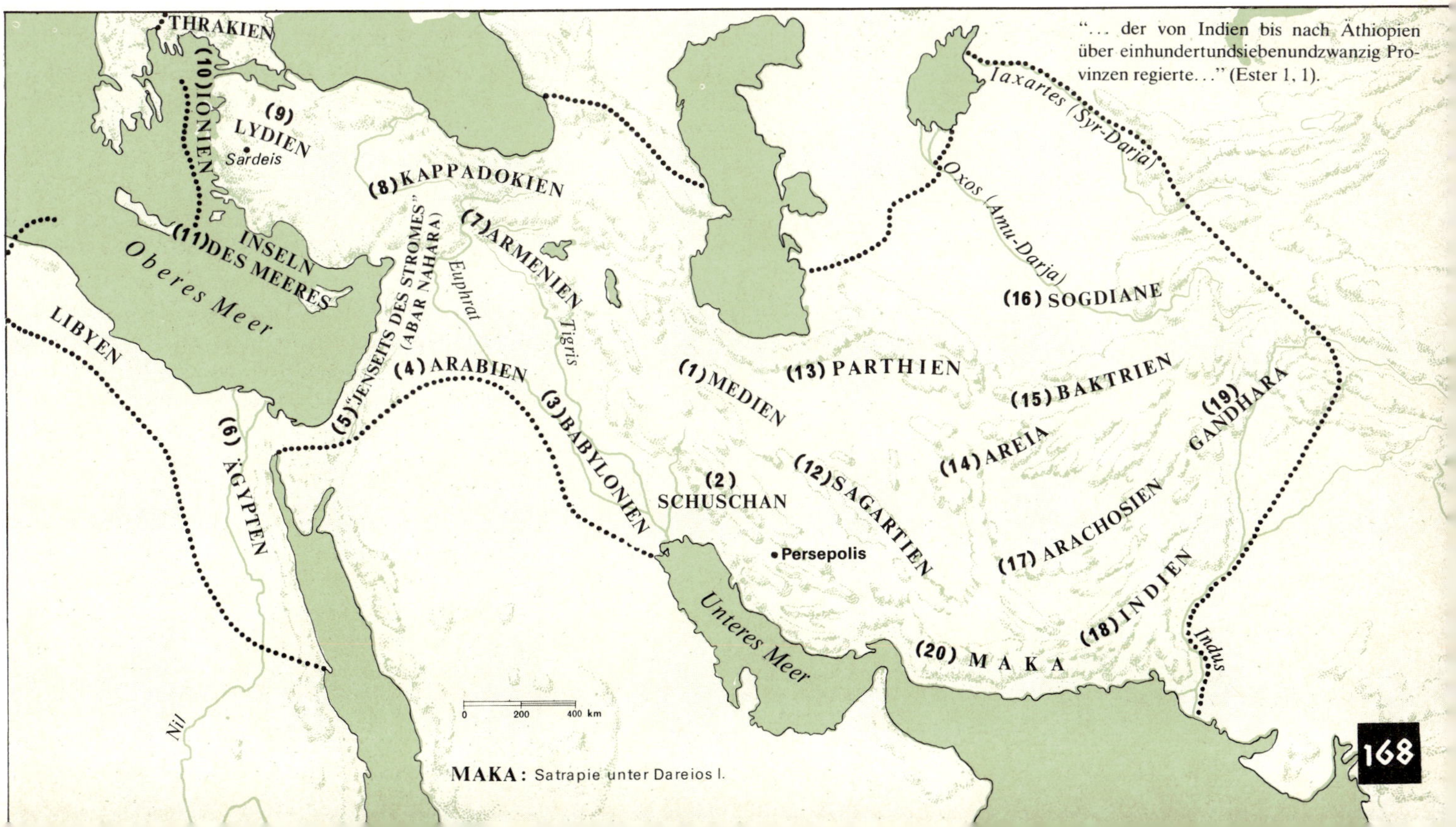

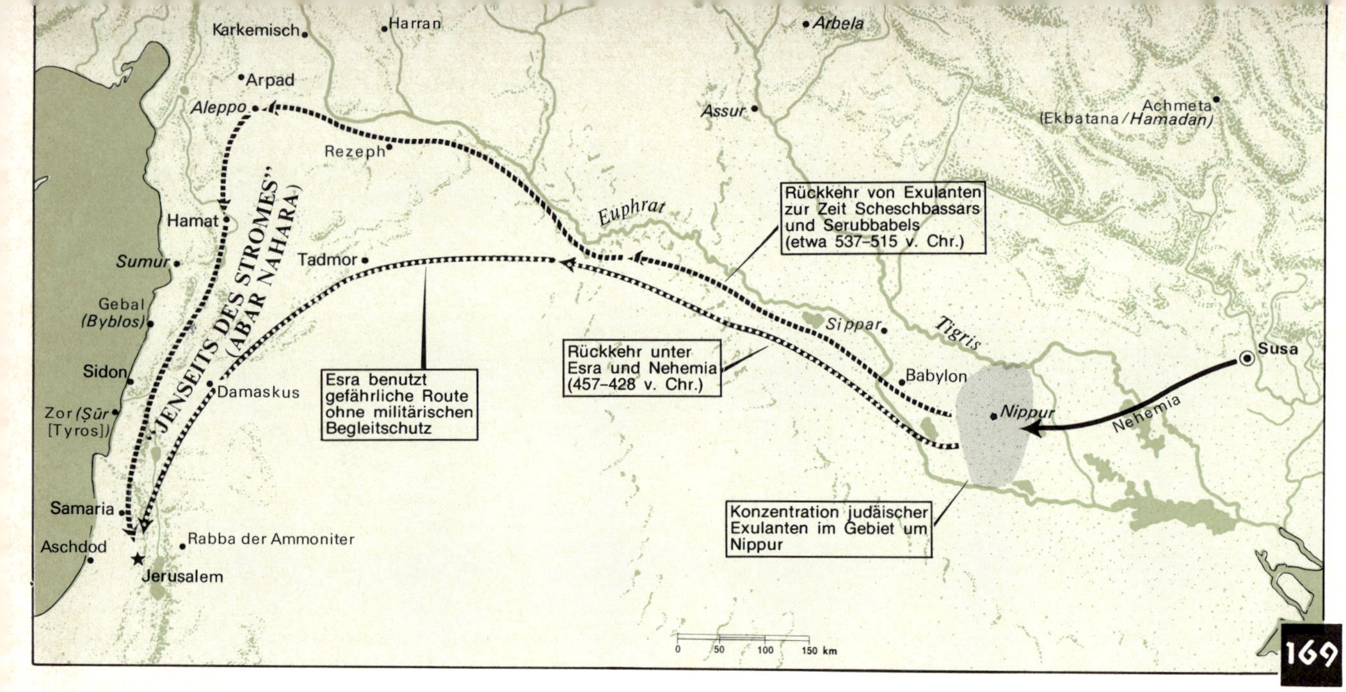

169

"Im ersten Jahr des Königs Kores (Kyros) von Persien erweckte der Herr den Geist des Perserkönigs... Er verbreitete in seinem gesamten Reich eine Bekanntmachung...: 'Wer immer unter euch zu seinem Volke gehört, mit dem sei sein Gott! Er ziehe hinauf nach Jerusalem in Juda und baue das Haus des Herrn, des Gottes Israels, wieder auf...'' (Esra 1, 1–3).

DIE RÜCKKEHR DER VERBANNTEN NACH SION 538–445 V. CHR.

ESRA (ESDRAS [BZW. 1. ESRA]) KAP. 1–2; NEHEMIA (S [BZW. 2. ESRA]) KAP. 1–3

Kyros wollte die Völker seines Riesenreiches durch Toleranz gegenüber nationalen und religiösen Gefühlen gewinnen. Er gestattete die Erneuerung des Gottesdienstes bei Religionen, die von den Babyloniern unterdrückt worden waren. Im ersten Jahr nach der Einnahme Babylons erließ er ein Dekret, das die Erneuerung des Tempelkultes in Jerusalem und die Rückkehr der Deportierten nach Juda betraf. 537 v. Chr. kehrten die ersten zurück, angeführt vom Prinzen Scheschbassar (Esra 1, 8; 5, 14), wohl Schenazzar, Sohn des Königs Jojachin (1. Chron. 3, 18). Die geistige Erhebung der zurückgekehrten Deportierten und die Hoffnung auf Erlösung fanden ihren Ausdruck in den Prophezeiungen Jesaias (Isaias [40 ff.]). Den hochgespannten Erwartungen folgte die Enttäuschung auf dem Fuß. Es kam der »Tag der bescheidenen Anfänge« (Sacharja [Zacharias] 4, 10). Juda lag verwüstet, war ringsum von feindlichen Provinzen umgeben. Die Zurückkehrenden trafen auf den einst bei der Deportation im Lande gebliebenen »kümmerlichen Bodensatz Israels«, der ihnen ihr Land weggenommen hatte. Erst im Jahre 515 v. Chr. war der Zweite Tempel fertig. Aber bei jenen, die sich noch an den ersten erinnerten, herrschte mehr Enttäuschung als Freude (Esra 3, 12–13).

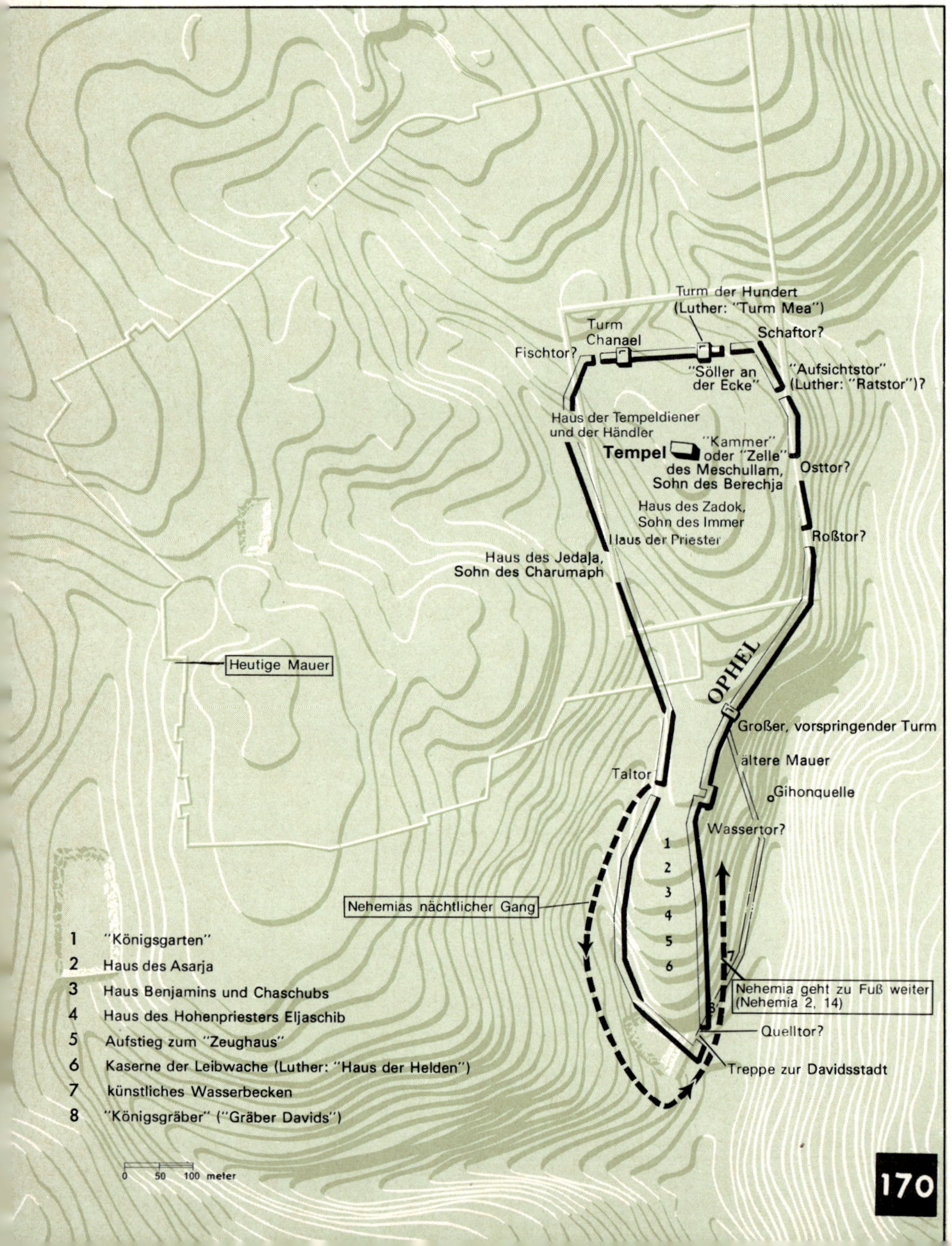

170

"Dann stand ich zur Nachtzeit auf. Nur wenige Männer waren bei mir. Noch keinem hatte ich gesagt, was Gott mich geheißen hatte, für Jerusalem zu tun..." (Nehemia 2, 12).

JERUSALEM NACH DER RÜCKKEHR DER VERTRIEBENEN UM 440 V. CHR.

Über die nächsten 60 bis 70 Jahre der Geschichte Judas – bis zur Rückkehr Esras und Nehemias um die Mitte des 5. Jahrhunderts v. Chr. – wissen wir nichts. Die von wahrer Begeisterung getragenen Aktivitäten dieser beiden Volksführer, die an der Spitze zahlloser Deportierter zurückkamen, legten den Grundstein für das neue Königreich Juda, das zur Zeit des Zweiten Tempels entstehen sollte. Esra, Priester und Schreiber, war vorwiegend ein Mann des Geistes und der Religion, während Nehemia sich als Statthalter mehr den militärisch-politischen Dingen zuwandte. Trotz heftiger Proteste der Statthalter in den umliegenden Provinzen stellte Nehemia Jerusalems Verteidigungsanlagen wieder her. Die Beschreibung seines nächtlichen Rittes entlang der geborstenen Mauern (Neh. 2, 12–15) und das Verzeichnis der am Mauerbau Beteiligten (Neh. 3, 1–32) enthalten eine Reihe von Informationen über Tore, Türme und zahlreiche Häuser in Mauernähe. Aus Nehemias Beschreibung läßt sich ziemlich genau Jerusalems Stadtplan rekonstruieren. Durch archäologische Untersuchungen kennen wir lediglich die groben Umrisse, dies gilt vor allem für einige Tore und den südlichen Mauerabschnitt. Immerhin ist daraus zu ersehen, daß das Stadtgebiet im Südosten reduziert wurde, indem man die Mauer dieses alten Stadtteils vom Hügelfuß hinauf auf den Hügelkamm verlegte. Besonders im dortigen Abschnitt der neuerbauten Mauer stieß man auf zahlreiche Häuser, die in Nehemias Bericht erwähnt werden.

NEHEMIA(S) 2, 12–15; 3, 1–32

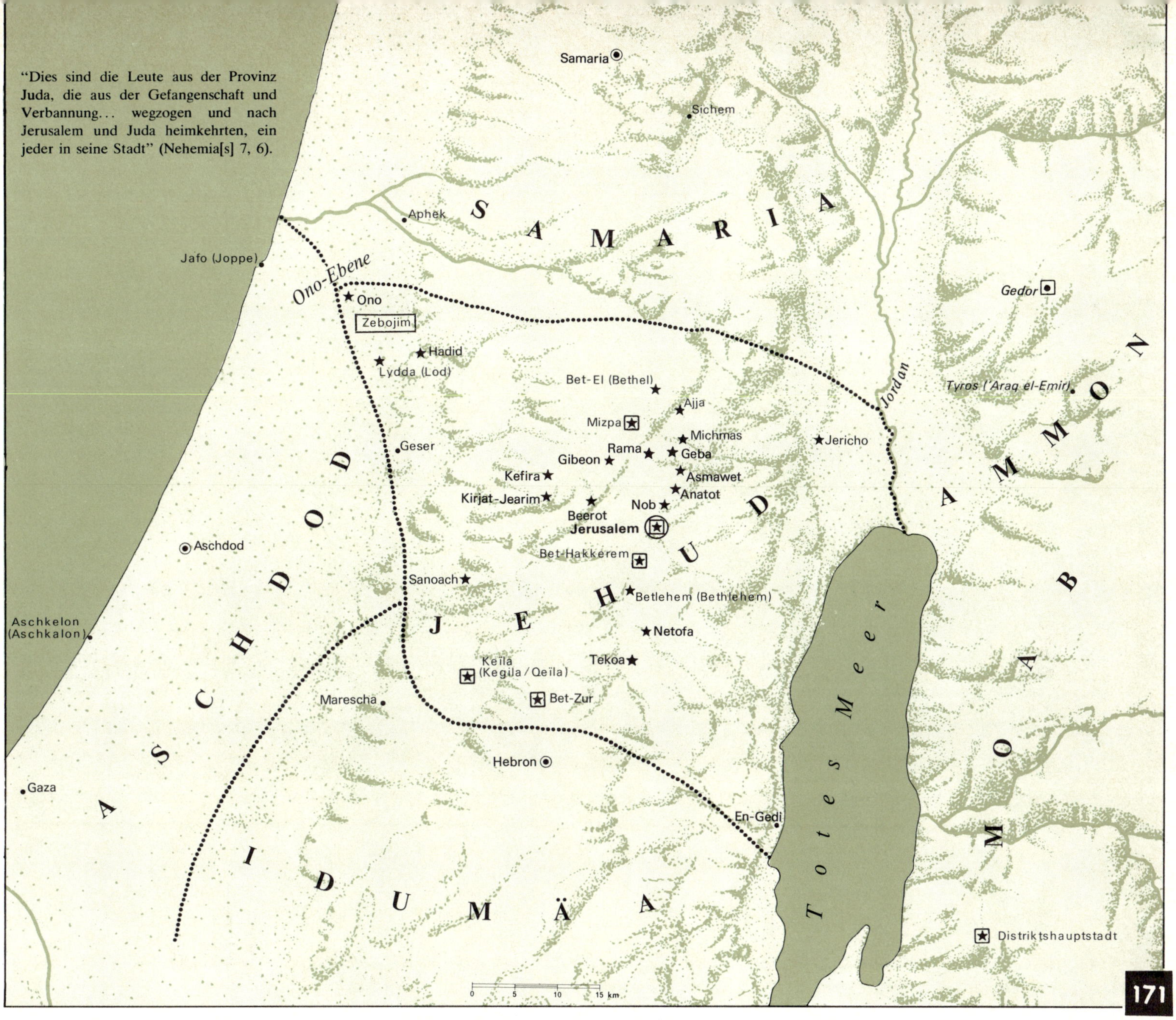

ESRA (ESDRAS) 2, 1–34; NEHEMIA(S) 3, 1–32; 7, 6–38

JUDA ZUR ZEIT DER RÜCKKEHR AUS DEM EXIL UM 440 V. CHR.

Inschrift "Jehud" auf Siegelabdruck

Inschrift "Jehud" auf Münzen der Perserzeit

Die Liste der zurückkehrenden Deportierten (Esra 2, 1–34; Neh. 7, 6–38) enthält auch die Namen der bedeutenderen Siedlungen von Jehud-Juda; das Verzeichnis der Mauer-Erbauer gibt Einzelheiten über die Bezirksstatthalter; zusätzliche Beweise der Ausdehnung Judas sind die Stempel auf den Vorratskrügen (ähnlich den »[Eigentum] des Königs«-Stempeln aus den Tagen des Ersten Tempels), wo der Name »Jehud« in verschiedenen Formen erscheint, oft neben einem Symbol oder dem Namen eines Priesters oder Statthalters. Diese Stempel waren von Mizpa und Jericho im Norden bis Bet-Zur und En-Gedi im Süden sowie Geser im Westen verbreitet: in den Grenzen des verkleinerten Judas zu Beginn der Periode des Zweiten Tempels, dem Kern, um den das spätere Königreich der Hasmonäer wuchs.

Im 5. Jahrhundert v. Chr. geriet das Perserreich mit den an den Küsten der Ägäis lebenden Griechen in Konflikt. Nach zwei erfolglosen persischen Invasionen (490 und 480 v. Chr.) ging das Gesetz des Handelns an die Griechen über, die nunmehr den persischen Einfluß im östlichen Mittelmeerbecken energisch zurückzudrängen begannen. Innere Auseinandersetzungen im griechischen Lager, insbesondere der mit großer Erbitterung ausgetragene, furchtbare Peleponnesische Krieg zwischen Griechenlands führenden Stadtstaaten Athen und Sparta, ließen indessen den persischen Großkönig wieder die Oberhand gewinnen. Als dann in der Mitte des 4. Jahrhunderts v. Chr. Philipp II. von Makedonien Griechenland unter seiner Hegemonie einte, war der Boden für einen großangelegten Feldzug gegen Persien bereitet – einen Feldzug, den schließlich Philipps Sohn Alexander der Große unternahm.

Mit den letzten Jahrhunderten persischer Herrschaft endet die Periode, für die das Alte Testament unsere Quelle ist. Nun sind es die Makkabäerbücher und andere Apokryphen, die uns den Faden der Geschichte weiterverfolgen lassen; hinzu kommen Flavius Josephus, das Neue Testament und die Kirchenväter.

"... siehe, da kam ein Ziegenbock von Westen her über die ganze Erde" (Daniel 8, 5).

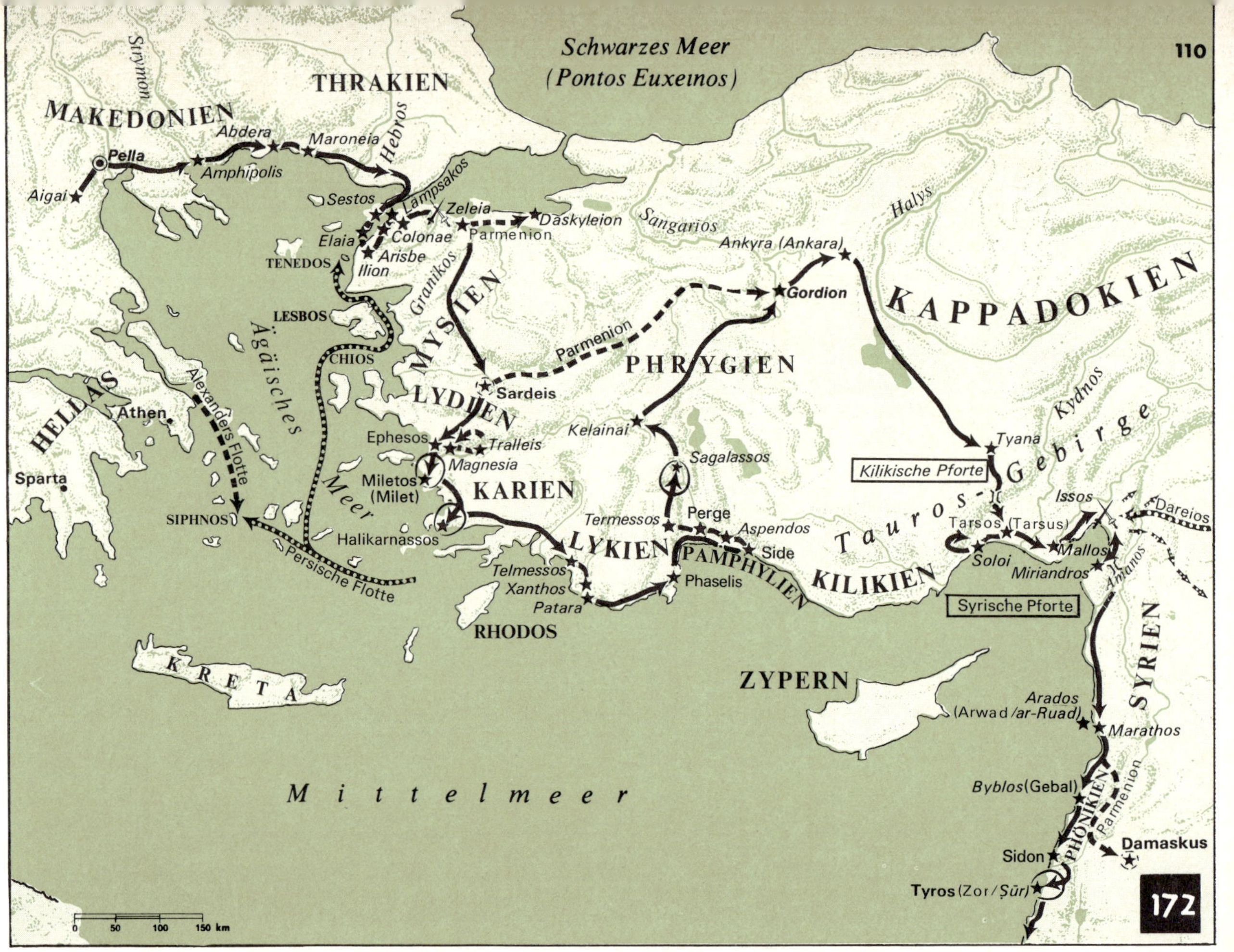

ARRIAN; ANABASIS; PLUTARCH: ALEXANDER; DIODOR 17; QUINTUS CURTIUS RUFUS; JUSTIN 11, 12

DER ALEXANDERZUG BIS ZUR BELAGERUNG VON TYROS 334–332 V. CHR.

Im Jahre 334 v. Chr. zog Alexander III. (der Große), der Sohn König Philipps II. von Makedonien, an der Spitze einer Armee von 35 000 Mann gegen Persien. Er nahm den gleichen Weg wie einst Xerxes 480 v. Chr. – allerdings in umgekehrter Richtung. Bei Elaia-Abydos überschritt er den Hellespont (die Dardanellen) und erfocht am Granikos seinen ersten Sieg über die Kleinasien verwaltenden persischen Satrapen. Hierauf befahl er seinem Feldherrn Parmenion, sich des königlichen Schatzhauses in Daskyleion zu bemächtigen, und wandte sich selbst südwärts. Er nahm Sardeis ein, und nachdem er Milet und Halikarnassos bezwungen hatte, fielen ihm auch die ionischen Küstenstädte zu. Zwar griffen starke persische Seestreitkräfte die Küstenstädte an, Alexanders Vormarsch nach Karien und Lykien vermochten sie indessen nicht aufzuhalten. In Side in Pamphylien wandte sich Alexander wieder landeinwärts nach den Widerstandszentren Aspendos und Sagalassos. Sagalassos nahm er im Sturm. Hierauf zog er über Gordion, die alte Hauptstadt Phrygiens, nach Ankyra.

Inzwischen war ihm zu Ohren gekommen, daß der Perserkönig Dareios III. Kodomannos in Assyrien eine Armee aufstellte. In Gordion traf Alexander wieder mit Parmenion zusammen, der hier – aus Sardeis kommend – mit seinem Kontingent zu ihm stieß. Die nun wieder vollzählige Armee zog nach Südosten weiter, kam unbehindert durch die Kilikische Pforte im Taurosgebirge und erreichte Kilikiens Hauptstadt Tarsos. Von dort unternahm Alexander eine Strafexpedition in das kilikische Bergland bis nach Soloi, wo er jeden Widerstand brach. Anschließend marschierte er nach Osten durch die Syrische Pforte (einen Paß im Amanosgebirge) und gelangte schließlich nach Myriandros. Hier meldete man ihm, daß er die persische Armee im Rücken habe: sie stehe bei Issos. Sofort machte er kehrt und schlug den Gegner durch einen kühnen Reiterangriff (333 v. Chr.). Zwar kam Dareios noch einmal mit dem Leben davon, doch seine Mutter, seine Gemahlin und zwei seiner Töchter sowie seine Schätze fielen dem Sieger in die Hände.

Alexander verfolgte den fliehenden Perserkönig nicht, sondern eilte nach Süden, um die phönikischen Küstenstädte niederzukämpfen, denn solange deren Flotten zu den Persern hielten, konnten sie ihn von Makedonien abschneiden und sogar die Griechenstädte gegen ihn aufwiegeln. Arados, Sidon und Byblos ergaben sich ohne Widerstand. Alexander drang an der Küste entlang bis nach Tyros vor, während Parmenion nach Damaskus zog, um auch dort die Reichskasse zu beschlagnahmen. Tyros war die bedeutendste phönikische Küstenstadt und schärfster Seehandelskonkurrent der Griechenstädte. Seine Bewohner weigerten sich, die Stadt zu übergeben. Sie verließen sich auf deren Insellage und hofften im übrigen auf Unterstützung durch die Tochterstadt Karthago. Doch nach sieben Monaten harter Arbeit hatten Alexanders Truppen einen Damm aufgeschüttet, der die Insel mit dem Festland verband. Tyros' Flotte wurde geschlagen, und im Juli 332 v. Chr. fiel Tyros selbst.

Alexanders staunenerregende Erfolge sind der taktischen Überlegenheit seiner Streitkräfte, insbesondere der makedonischen Reiterei, sowie seiner hervorragenden strategischen Begabung zuzuschreiben. Außerdem verstand er es, seine Soldaten zu begeistern und zu immer größeren Leistungen anzuspornen. Das einst so mächtige Persien dagegen litt unter der Unentschlossenheit seiner Führung. Die Ironie der Geschichte wollte es, daß nur die griechischen Söldner im Perserheer Mut und Kampfkraft bewiesen.

In den zuerst eroberten Gebieten behielt Alexander das persische Verwaltungssystem bei und ersetzte lediglich persische Satrapen durch Makedonen. In manchen Fällen allerdings besetzte er hohe Ämter sogar mit Persern.

Nachdem Tyros kapituliert hatte, marschierte Alexander die Küste entlang bis nach Ägypten. Während der Belagerung waren Delegationen aus Syrien und Palästina eingetroffen, die widerstandslose Unterwerfung anboten. Einer Überlieferung zufolge schloß sich Sanballat, der Statthalter von Samaria, mit einer 8000 Mann starken Armee Alexander an. Dieser vertraute derartigen Truppenverstärkungen nur wenig. Allerdings flackerte hier und da Widerstand auf. Alexander entsandte daher einige Kavallerieeinheiten in das Libanongebirge, um die Aufstände niederzuwerfen. Akko, die königliche Festung in Nordpalästina, ergab sich ohne Schwertstreich, und die Armee zog nach Süden weiter – vermutlich an der Küste entlang. Doch sicher sah sich das Heer auf der Höhe von Stratonsturm gezwungen, nach Osten auszuweichen, weil dort eine unwegsame Küstenstrecke mit Sumpfgebieten und Sanddünen begann. Bei Lydda (Lod) aber wandte sich das Makedonenheer wohl wieder der Küste zu, um die Kapitulation der Städte Azotos (Aschdod) und Askalon (Aschkalon) entgegenzunehmen. Der Kommandant der Festung Gaza, der Eunuch Batis, weigerte sich, auf arabische Söldner gestützt, die Stadt zu übergeben. Abermals sah sich Alexander vor die Aufgabe gestellt, eine Stadt, die sich ihm widersetzte, zu belagern. Gazas erbitterter Widerstand erklärt sich wohl aus der Angst seiner Bewohner und der verbündeten Nabatäer, diesen so wichtigen Handelsstützpunkt an die griechische Konkurrenz zu verlieren. Mit Hilfe von Erdwerken und Belagerungsmaschinen, eigens von Tyros herbeigebracht, gelang Alexander im September 332 v. Chr. nach zweimonatiger Belagerung die Einnahme der Stadt. Die männlichen Bewohner wurden größtenteils sofort niedergemetzelt, Frauen und Kinder in die Sklaverei verkauft, doch aus der Umgebung holte man neue Siedler. Noch während der Belagerung zog Alexanders Reiterei gegen die Nabatäer, und möglicherweise griffen Alexanders Truppen auch Lachis (Lachisch), die Hauptstadt Idumäas, an.

Mit Gaza fiel das letzte Hindernis auf dem Weg nach Ägypten, wo Alexander den Winter 332–331 v. Chr. verbrachte. Als er nach Tyros zurückkehrte, kam er ein zweitesmal durch Palästina. An diese Rückreise knüpfen sich verschiedene Überlieferungen. Es war, einem Teil der Quellen zufolge, mit der Untertanentreue der Samariter nicht weit her. Jedenfalls erhoben sie sich gegen ihren Statthalter Andromachos und verbrannten ihn. Alexander rächte sich, indem er Samaria zerstörte und im Gebiet der Samariter makedonische Veteranen ansiedelte. Nach anderen Quellen begründete nicht Alexander diese Militärkolonie, sondern sein Feldmarschall und späterer Reichsverweser Perdikkas. Immerhin zeigen archäologische Ausgrabungen, daß Samaria seinerzeit zerstört wurde. Im übrigen scheinen die Makedonen bis nach Jericho (also tief ins Landesinnere) vorgedrungen zu sein, man darf auch annehmen, daß ein Teil der Truppen, vielleicht der König selbst, Raub- und Beutezüge unternahmen. Diese Einheiten stießen dann wohl bei Akko wieder zu der Hauptmacht, die die Küstenstraße entlang gezogen sein dürfte.

Ins Reich der Legende ist vermutlich die Überlieferung von Alexanders Besuch in Jerusalem zu verweisen, wo er mit dem Hohenpriester Jaddua zusammengetroffen sein soll. Flavius Josephus zufolge (»Jüdische Altertümer« *[Antiquitates Iudaicae]* 11, 325–339) soll diese Begegnung während der Belagerung von Gaza stattgefunden haben. Auch in talmudischen Schriften ist von diesem Zusammentreffen die Rede, der fragliche Hohepriester aber trägt dort den Namen »Simon der Gerechte.« Schließlich sollen Dion und Gerasa, zwei Städte im Ostjordanland, von Alexander gegründet worden sein, aber auch dies ist nicht belegt.

ALEXANDER DER GROSSE IN PALÄSTINA 332–331 V. CHR.

Alexander der Große (Detail des berühmten "Alexandermosaiks" aus dem "Haus des Fauns" in Pompeji, wohl Kopie eines Gemäldes des griechischen Malers Philoxenos von Eretreia [um 330 v. Chr.])

"Viele Kriege hat er geführt, Festungen erobert..." (1. Makkabäer 1, 2).

Feldzug nach Ägypten -332 v. Chr.
Marschbewegungen von sekundärer Bedeutung
Feldzug nach Norden -331 v. Chr.
Marschbewegungen von sekundärer Bedeutung

ARRIAN: ANABASIS; PLUTARCH: ALEXANDER; DIODOR 17; QUINTUS CURTIUS RUFUS; JUSTIN 11, 12

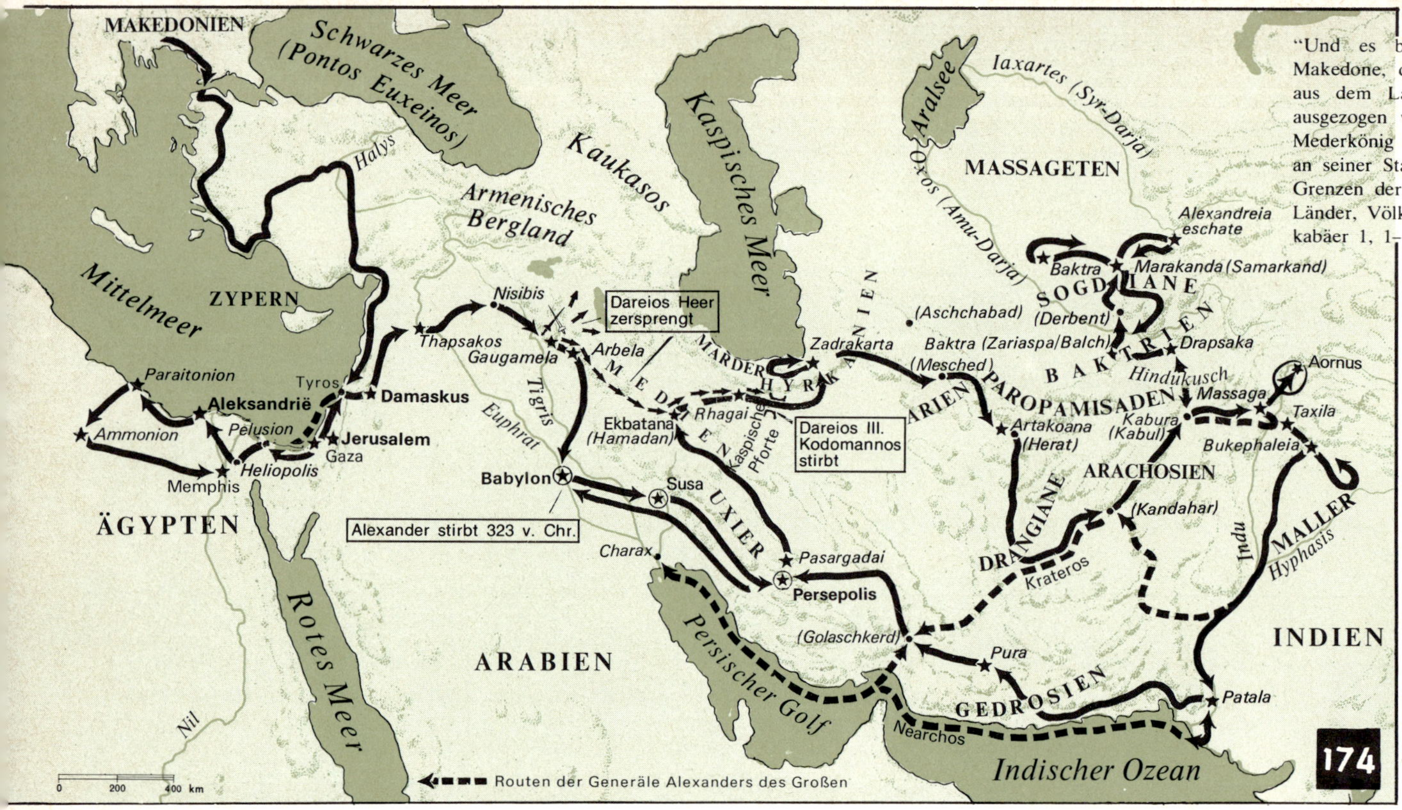

"Und es begab sich: Alexander der Makedone, der Sohn des Philippos, der aus dem Lande Kittim (Griechenland) ausgezogen war, hatte den Perser- und Mederkönig Dareios besiegt und regierte an seiner Statt... und er zog bis an die Grenzen der Erde... und herrschte über Länder, Völker und Mächte..." (1. Makkabäer 1, 1–14).

ARRIAN: ANABASIS;
PLUTARCH: ALEXANDER;
DIODOR 17;
QUINTUS CURTIUS RUFUS;
JUSTIN 11, 12

DIE SPÄTEREN ZÜGE ALEXANDERS DES GROSSEN 331–323 V. CHR.

Von Tyros und Damaskus wandte sich Alexander nach Thapsakos, wo er den Euphrat überschritt. Sein Weg führte ihn am Armenischen Bergland entlang, über den Tigris bis Gaugamela. Zwischen diesem Dorf und der Stadt Arbela wartete Dareios' letzte Armee auf ihn, und dort fand im Jahr 331 v. Chr. die Entscheidungsschlacht statt. Der besiegte Dareios floh nach Medien und von dort ans Kaspische Meer, wo er, wenige Stunden bevor Alexander das persische Lager erreichte, von seinen eigenen Anhängern umgebracht wurde. Unterdessen hatten die Makedonen schon die drei bedeutendsten persischen Verwaltungszentren (Babylon, Susa und Persepolis) erobert. Nach Dareios' Tod zog Alexander weiter durch Ostpersien. Er drang bis in die Steppen Zentralasiens vor, überwand den Hindukusch und stieg hinab ins Industal. Als er in Indien zum Ganges wollte, hinter dem, wie er meinte, die Welt zu Ende war, meuterten seine Truppen und weigerten sich weiterzumarschieren. Alexander wandte sich nach Süden, kam zur Indusmündung und kehrte von dort nach vielerlei Schwierigkeiten und unsäglichen Entbehrungen in den Wüstengebieten Gedrosiens nach Babylon zurück. Die beiden makedonischen Armeen wurden von Alexander und seinem General Krateros befehligt. Nearchos kommandierte die Flotte. Im Juni 323 v. Chr. starb Alexander in Babylon, nur 32 Jahre alt.

Münze Ptolemaios I. Soter, des Begründers der Ptolemäerdynastie in Ägypten (Münzlegende: "Ptolemaios des Königs")

"Als er aber auf der Höhe seiner Macht war, brach das große Horn ab, und vier andere wuchsen an seiner Stelle... hervor" (Daniel 8, 8).

PTOLEMAIOS I. IN PALÄSTINA 320 V. CHR..

Alexanders Erben waren sein schwachsinniger Bruder Philipp Arrhidaios und sein nachgeborener Sohn, der später als Alexander IV. in die Geschichte einging. Die wirkliche Macht aber hatten nun die Generäle, die die dynastischen Erben bald beiseiteschoben und miteinander zu streiten begannen. Dabei standen sich – wenn auch ihrerseits wieder untereinander verfeindet – vor allem die Vertreter zweier Auffassungen gegenüber: die einen (so der Reichsverweser Perdikkas und sein Gegner, der Satrap Antigonos Monophthalmos) wollten die Einheit des Reiches bewahren, manche Provinzstatthalter aber traten demgegenüber für eine Reichsteilung ein. Ptolemaios, der Sohn des Lagos, dem man Ägypten als Satrapie zugeteilt hatte, gehörte zu den Anführern der zweiten Gruppe. Er hatte sich in Ägypten eine sichere Position geschaffen und vereitelte Perdikkas' Versuch, ihn zu entmachten. Dann zog er aus, um – zum Schutz Ägyptens – Palästina zu erobern. Sein Feldherr Nikanor kommandierte das Heer. Ptolemaios selbst kam mit der Flotte.

DIODOR 18, 43; 19, 58–59; 19, 79–80; 19, 90–92; 19, 100–105; 20, 73–76;
APPIAN: SYRIAKA 52; FLAVIUS JOSEPHUS: "JÜDISCHE ALTERTÜMER" (*ANTIQUITATES IUDAICAE*) 12, 1–9

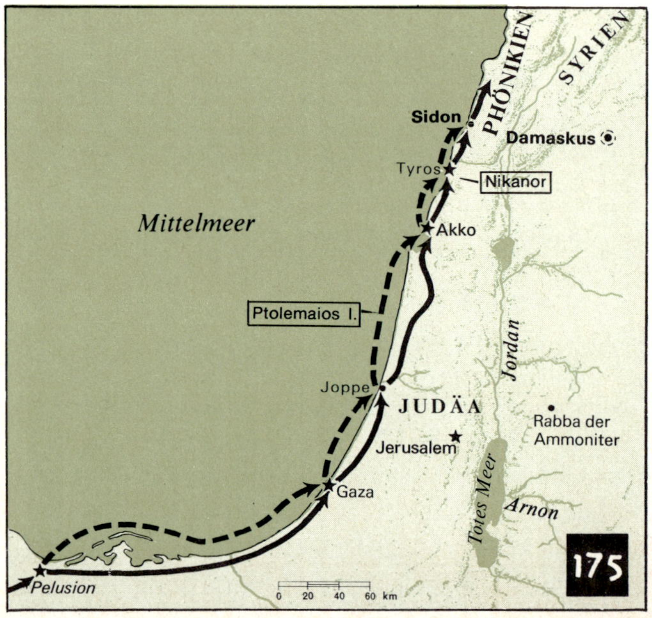

"Nachdem Ptolemaios im Bergland von Judäa, in der Umgebung von Jerusalem und in der Gegend von Samaria viele Gefangene gemacht hatte..." (Flavius Josephus: "Jüdische Altertümer" *Antiquitates Iudaicae* 12, 7).

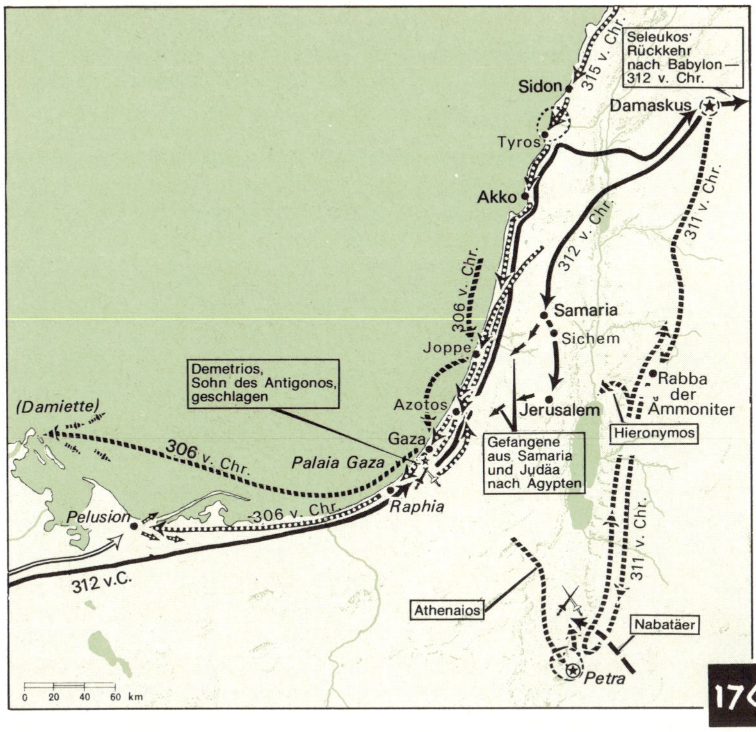

176

Ptolemaios
Ptolemaios und Seleukos
Demetrios
Antigonos

DIODOR 19, 95–97

DER KAMPF DER DIADOCHEN IN PALÄSTINA 315–306 V. CHR.

Nach Perdikkas' Tod lag die Macht über das Alexanderreich in den Händen von Antigonos Monophthalmos (»Einaug«), der nach besten Kräften von seinem Sohn Demetrios Poliorketes (»Städtebelagerer«) unterstützt wurde. Zuerst schaltete Antigonos die letzten Befürworter der Dynastie Alexanders, vor allem Eumenes von Kardia, aus, nahm dann den Königstitel an und wandte sich gegen seine Mitgeneräle. Seleukos, der Statthalter Babyloniens, floh zu Ptolemaios, dem Herrscher Ägyptens und Hauptbefürworter der Aufteilung des Alexanderreiches. In den Jahren 315 bis 306 v. Chr. gab es zwischen Antigonos und Ptolemaios ein unaufhörliches Hin und Her. Antigonos und Demetrios wagten sich dreimal bis ins Nildelta vor. Das erste Mal (315 v. Chr.) zog sich Ptolemaios kampflos zurück. Das zweite Mal (312 v. Chr.) schlug er Demetrios, trat jedoch angesichts der Übermacht des Antigonos abermals den Rückzug an, dabei ließ er die Festungen Palästinas schleifen und nahm aus Jerusalem, Judäa und Samaria zahlreiche Gefangene mit, die er in Ägypten ansiedelte. Im selben Jahr kehrte Seleukos nach Babylon zurück, um den Osten gegen Antigonos aufzuwiegeln. Im Jahre 311 v. Chr. versuchte Antigonos' General Athenaios die Nabatäerfestung Petra mit ihren Reichtümern in seinen Besitz zu bringen und die Kontrolle über das Tote Meer und seine wertvollen Asphaltvorkommen zu erlangen. Dies scheiterte jedoch. Demetrios erging es ebenso. Hierauf versuchten Antigonos und Demetrios 306 v. Chr. bei Pelusion und an der Damiettemündung des Nils einen Angriff zu Wasser und zu Lande, gleichfalls erfolglos. 301 v. Chr. verbündete sich Ptolemaios mit Seleukos und einem dritten Feldherrn, Lysimachos. Dank der Kriegselefanten, die Seleukos von dem indischen König Sandrakottos (Tschandragupta) erhalten hatte, als er diesem einen Teil der Ostgebiete des Reiches abtrat, errangen die drei Bundesgenossen schließlich bei Ipsos in Kleinasien den entscheidenden Sieg über Antigonos und dessen Sohn Demetrios. Damit war der Traum eines geeinten griechisch-orientalischen Großreiches ausgeträumt.

DIE REISEN DES ZENON VON KAUNOS IN PALÄSTINA 259–258 V. CHR.

Auf Antigonos' Niederlage folgte der Aufstieg der Ptolemäer. Palästina wurde in den komplizierten Verwaltungsapparat ihres Reiches einbezogen. Die damals geschaffenen Formen administrativer Einteilung dauerten bis in die Römerzeit, manche gar bis zur Zerstörung des Zweiten Tempels. Was das Ptolemäerreich auszeichnete, war seine wirtschaftliche Aktivität. Agenten des »Handelsministeriums« reisten im ganzen Land umher, um Güter ausfindig zu machen, deren Ägypten bedurfte: insbesondere Olivenöl (denn das ägyptische Öl war von minderer Qualität), Weizen, Holz, Sklaven. Ein solcher Agent war Zenon, Sohn des Agreophon aus Karien, ein Beamter Apollonios', des Finanzministers unter Ptolemaios II.
Zenons Archiv wurde in Philadelpheia im Faijûm entdeckt, wo Zenon sich nach dem Rücktritt aus dem Staatsdienst niedergelassen hatte. Die Dokumente dieses Archivs sind eine wichtige Quelle für die Verwaltung Palästinas unter den Ptolemäern. Zenon reiste in den Jahren 259 bis 258 dorthin. Er landete in Stratonsturm (später unter Herodes d. Gr. Kaisareia Paralios bzw. Caesarea Maritima [vgl. Karte 220]) und zog – vermutlich über Pegai – weiter nach Jerusalem. Dann ging er nach Jericho, wo zur Zeit des Hellenismus großangelegte Bewässerungsanlagen entstanden, und weiter nach Abila, der Stadt der Weingärten jenseits des Jordans. Außerdem war er in Tyros (ʿAraq el-Emir), der Militärkolonie und Residenz des alten ostjordanisch-jüdischen Fürstentums der Tobiaden. Hierauf gelangte Zenon nach Lakasa (Kiswe bei Damaskus). Allerdings ist fraglich, ob Damaskus damals zum Ptolemäerreich gehörte.
Auf dem Rückweg besuchte er Eita (Eeitha [Hit]) und Bet-Anat, wo ein griechischer Offizier Weinberge besaß. Von dort begab sich Zenon nach Kadasa (Qadesch) und ging in Ptolemäis (Akko) wieder an Bord. Zenons Archiv enthält keineswegs nur Belege für diese Reise, sondern beweist darüber hinaus, welch zahlreiche Kontakte Zenon mit Agenten und Beamten in verschiedenen Verwaltungszentren, vor allem im Süden Palästinas (d. h. in Joppe und Marisa), unterhielt.

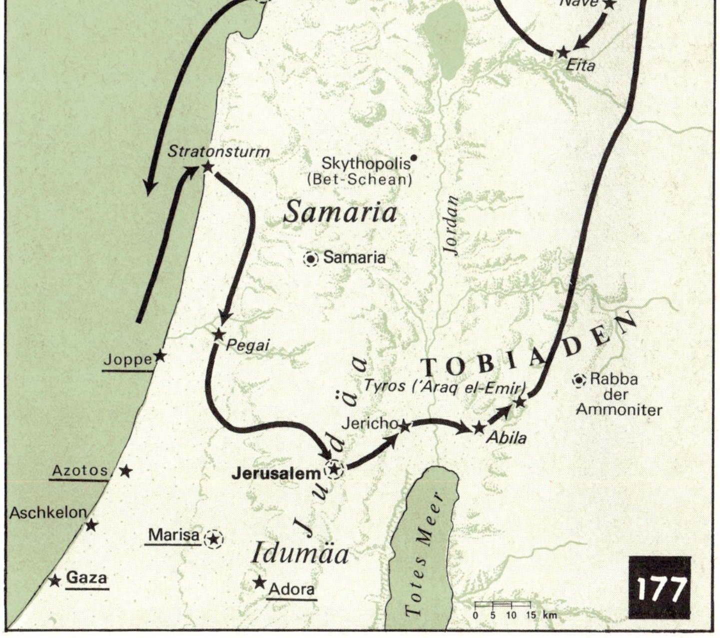

177

ZENONPAPYRI

Azotos Sitz eines Beauftragten Zenons

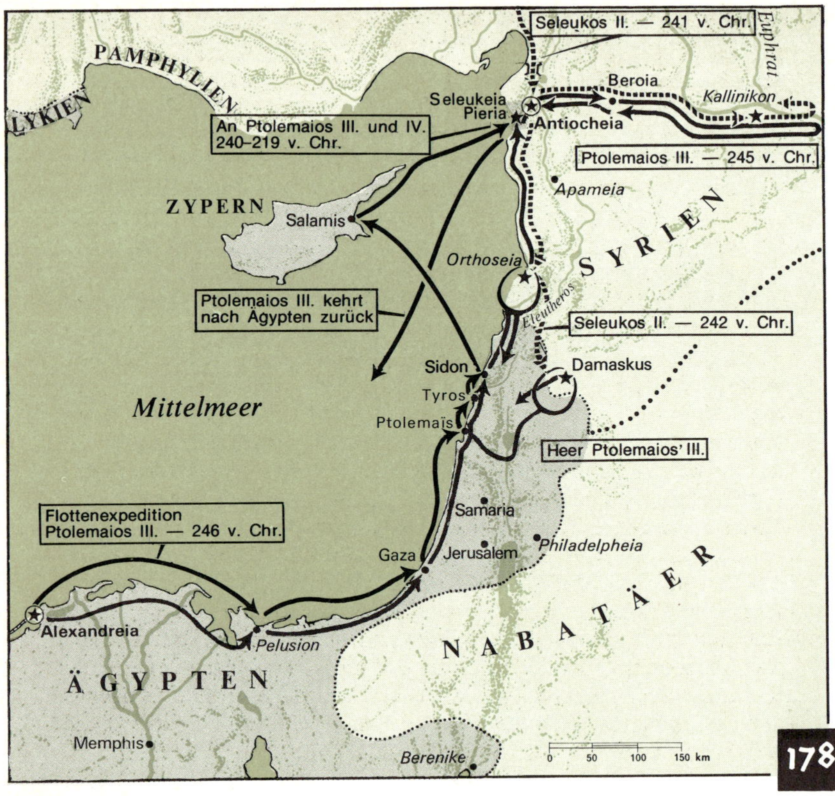

178

DIODOR 19; PLUTARCH: DEMETRIOS; JUSTIN/POMPEIUS TROGUS 13–15

unter ptolemäischer Oberhoheit

"... und die Tochter des Südkönigs zieht zum Nordkönig, um Frieden zu stiften... ein Sproß aus ihrer Wurzel wird sich an seiner Statt erheben: er wird gegen die Heeresmacht ziehen und in die Festung des Nordkönigs eindringen..." (Daniel 11, 6–7).

DER DRITTE SYRISCHE KRIEG 246–240 V. CHR.

Nach der Schlacht von Ipsos behielt Ptolemaios I. ganz gegen die vor der Schlacht getroffenen Abmachungen Palästina und Phönikien für sich selber. Seleukos Nikator unternahm jedoch nichts gegen seinen früheren Waffengefährten, hatte er ja selbst als Herr über die asiatischen Teile des einstigen Alexanderreiches den Königstitel angenommen. Seine Nachfolger freilich hatten weniger Skrupel, und das Ergebnis war eine Reihe von Auseinandersetzungen – die Syrischen Kriege. Im ersten und im zweiten Syrischen Krieg griffen die Ptolemäer an. Im Jahre 255 v. Chr. wurde vorübergehend Friede gestiftet und durch die Heirat Antiochos' II. mit Berenike, der Schwester Ptolemaios' III., besiegelt, nachdem Antiochos II. seine frühere Gemahlin, Laodike, verstoßen hatte. Die Absetzung Berenikes und ihre Ermordung durch Laodike nach Antiochos' Tod ließ den Krieg zwischen Syrien und Ägypten erneut aufflackern.
Der ägyptische König griff in einer kombinierten Land- und See-Operation Antiocheia und Seleukeia Pieria an. Beide Städte ergaben sich. Dann fiel er in Babylonien ein, kehrte aber nach Ägypten zurück, als man ihm Gerüchte von dortigen Aufständen hinterbrachte. Die Syrer, die die ägyptische Herrschaft zuerst freudig begrüßt hatten, wandten sich nunmehr von den Ptolemäern ab. Seleukos II., Laodikes Sohn, kehrte 242 v. Chr. in seine Hauptstadt zurück, eroberte Mesopotamien und gründete dort an den Ufern des Euphrat die Stadt Kallinikon. Er entsetzte auch die belagerten Garnisonen von Orthosia und Damaskus. 240 v. Chr. wurde der Friede geschlossen. Von allen seinen Eroberungen behielt Ptolemaios III. nur Seleukeia Pieria, den Hafen von Antiocheia, der bis 219 v. Chr. in ägyptischer Hand blieb.

DER ERSTE FELDZUG ANTIOCHOS' III. 219–217 V. CHR.

Im Jahre 223–222 v. Chr. bestiegen zwei junge Herrscher fast gleichzeitig den Thron: Der Syrer Antiochos III. regierte in Antiocheia, der Ägypter Ptolemaios IV. in Alexandreia. Der Seleukide, der stärkere von beiden, schickte sich unverzüglich an, einen Wunschtraum seiner Vorfahren zu verwirklichen und Palästina den mit den Seleukiden rivalisierenden Ptolemäern zu entreißen. Er fiel 221 v. Chr. in die al-Beqaʿa-Talebene ein, wurde aber zwischen Brokchoi und Gerrha durch starke Befestigungen aufgehalten, die Theodotos, ein General Ptolemaios', errichtet hatte. 219 v. Chr. hatte er mehr Glück. Er besetzte Seleukeia, und Theodotos sowie dessen Vizekommandeur Panaitolos liefen 218 v. Chr. zu ihm über. Mit ihrer Hilfe besiegte er den neuen ägyptischen Heerführer Nikolaos am Fluß Damuras südlich von Beirut. Sidon, Tyros und Ptolemaios ergaben sich. Während Nikolaos in Dora eingeschlossen war, wandte sich der König von Tyros landeinwärts. Zuerst ergaben sich Philotereia, eine Verwaltungsstadt am »Galiläischen Meer«, sowie Skythopolis. Hierauf besetzte er durch eine List Itabyrion auf dem Berge Tabor, indem er einen Rückzug vortäuschte, dann nahm er Pella, Gephros und Kamos ein. Als er nach Abila und Gadara kam, öffneten diese Städte ihre Tore freiwillig. Gleichzeitig griffen die mit Antiochos III. verbündeten Nabatäer Philadelpheia (Rabba der Ammoniter) an. Er eilte ihnen zu Hilfe, gelangte durch die Wasserversorgungsanlagen in die Stadt und eroberte sie. Von Philadelpheia kehrte Antiochos III. nach Ptolemaïs zurück, wo er den Winter 218–217 verbrachte. Hippolochos und Kaireias, Befehlshaber, die schon früher von Ptolemaios zu ihm übergelaufen waren, wurden mit 5000 Pferden nach Samaria geschickt.
Unterdessen mobilisierten die Ägypter alle ihre Kräfte und hoben zum ersten Mal in der Geschichte der Ptolemäer einheimische Hilfstruppen aus. Ptolemaios IV. zog an der Spitze einer Armee von 70 000 Fußsoldaten, 5000 Reitern und 73 Kriegselefanten durch die Wüste und erschien im Frühjahr 217 vor Raphia. Dort erwartete ihn Antiochos III. mit 62 000 Infanteristen, 6000 Kavalleristen und 102 Elefanten. Die Ägypter errangen den Sieg, und Antiochos zog sich aus Palästina zurück. Ptolemaios III. zog hierauf in einem Triumphmarsch durch das ganze Land. Er besuchte Marisa, Jerusalem, Ptolemaïs und Tyros, ja er begab sich bis an die Grenze seines Machtbereiches. Es sah so aus als hätte Ägypten nach langer Zeit seine alte Vormachtstellung in Palästina zurückgewonnen.

POLYBIOS 5, 54–86

Antiochos III
Ptolemaios IV.
unter ptolemäischer Oberhoheit-219 v. Chr.

"So wird der Nordkönig kommen, einen Belagerungsdamm aufwerfen und eine stark befestigte Stadt erobern. Und die Streitkräfte des Südens werden nicht standhalten... so wird er Fuß fassen im Gelobten Land..." (Daniel 11, 15–16).

179

180

POLYBIOS 15, 13 UND 25; 16, 18–19; 16, 22 UND 16, 39;
FLAVIUS JOSEPHUS: "JÜDISCHE ALTERTÜMER"
(*ANTIQUITATES IUDAICAE*) 12, 133–146

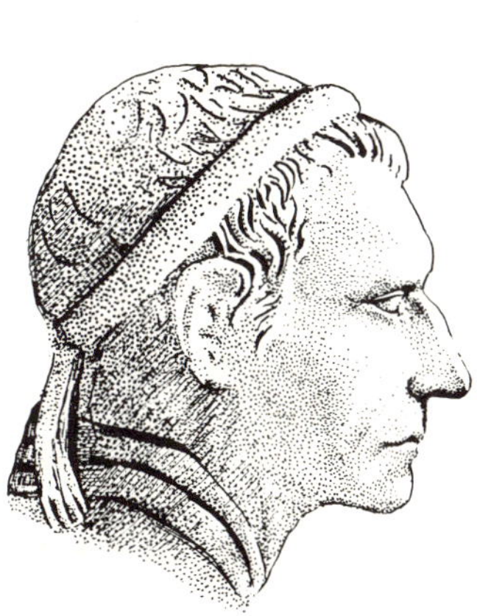

Antiochos III. der Große, König von Syrien

"... insofern die Juden vom ersten Augenblick an, als wir ihr Land betraten, ihren Eifer zeigten, uns zu dienen..." (aus einem Brief Antiochos' III. bei Flavius Josephus: "Jüdische Altertümer" [*Antiquitates Iudaicae*] 12, 138).

PALÄSTINAS ENDGÜLTIGE EROBERUNG DURCH ANTIOCHOS III. 201–198 V. CHR.

Antiochos kehrte, nachdem er in Kleinasien eine größere Rebellion niedergeschlagen hatte, in seine Hauptstadt zurück. Hierauf führte er einen längeren Feldzug in Kleinasien und fiel schließlich aufs neue in Palästina ein. Im Jahre 201 v. Chr. drangen seine Streitkräfte bis nach Gaza vor, das sich aber tapfer hielt und Ptolemaios treu blieb. Am Ende eroberte Antiochos III. die Stadt, zog sich aber zurück, als eine ägyptische Armee unter Skopas erschien. Skopas stieß ins Landesinnere vor, erreichte Jerusalem (die Juden dort sympathisierten wohl eher mit Antiochos III.) und besetzte es. Er zog dann weiter nach Paneion, wo Antiochos auf ihn wartete. In einer Entscheidungsschlacht wurde die Armee Ptolemaios' IV. geschlagen. Skopas floh mit dem Rest seiner Leute nach Sidon, wo er belagert wurde.

Antiochos zog hierauf mit seinem Heer durch Batanaia sowie über Abila und Gadara nach Jerusalem. Die Juden empfingen ihn mit Begeisterung, lieferten seiner Armee, was sie brauchte, und kämpften an seiner Seite, als er die Garnison angriff, die Skopas in der Akra (Festung) von Jerusalem zurückgelassen hatte. Antiochos revanchierte sich und erfüllte den Jerusalemern viele Wünsche. Er verschaffte ihnen ihren Reinheitsvorschriften entsprechendes koscheres Fleisch, Wein, Öl sowie Weihrauch, Mehl, Salz für das Opfer und Holz für die Instandhaltung des Tempels. Er erlaubte den Juden, nach dem Gottesgesetz ihrer Vorfahren zu leben, befreite die Mitglieder der Gerusia (des Rates der Ältesten) sowie die Priester und die Tempelschreiber vor der Kopf- und Salzsteuer und gewährte den übrigen Bürgern Jerusalems dasselbe Privileg für drei Jahre. Ferner erließ er ihnen ein Drittel ihrer sonstigen Abgaben. Er verfügte die Freilassung von Gefangenen und verbot die Einfuhr von rituell unreinem Fleisch. So lebte Judäa 31 Jahre lang unter der Seleukidenherrschaft ruhig und in Frieden.

Während die hellenistischen Königreiche sich in mörderischen Kämpfen gegenseitig aufrieben, entstand im Westen eine neue Macht: Rom hatte nach der Einigung Italiens im 2. Punischen Krieg (218 bis 201 v. Chr.) Karthago vernichtet, beherrschte nun das ganze westliche Mittelmeer und griff, nachdem es 197 v. Chr. die Makedonen entscheidend geschlagen hatte, auch das Seleukidenreich an. Antiochos versuchte der Gefahr, die seinem Königreich drohte, vorzubeugen. Durch seine Siege über Ägypten war die Südgrenze seines Machtbereiches gesichert. Er wandte sich nunmehr nach Norden und besetzte große Teile Kleinasiens. 196 v. Chr. überquerte er den Hellespont und besetzte Thrakien. Nachdem ihm die Römer im Jahre 192 v. Chr. den Krieg erklärt hatten, landete er, von Hannibal, dem unversöhnlichen Feind der Römer begleitet, in Griechenland. Die syrische Armee vermochte jedoch nicht, den römischen Legionen standzuhalten. Antiochos wurde 191 v. Chr. bei den Thermopylen geschlagen und sah sich gezwungen, Griechenland zu verlassen. Seine endgültige Niederlage erlitt er 189 v. Chr. bei Magnesia in Kleinasien. Der Friedensvertrag von Apameia bürdete Antiochos ungeheure Reparationslasten auf. Überdies mußte der Syrerkönig ganz Kleinasien räumen, und man zwang ihn, sein Heer größtenteils aufzulösen.

"Der Mensch ist nun einmal auf das Leben in einem Gemeinwesen hin angelegt" (Aristoteles: *Politik* 1, 2 u. 3, 6).

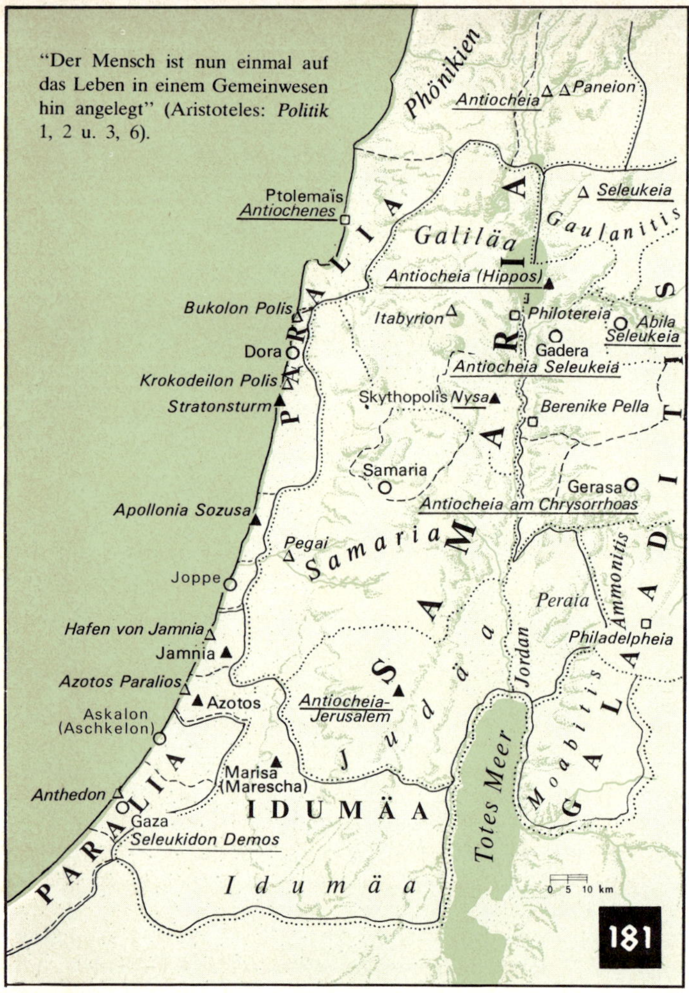

GRIECHENSTÄDTE IN PALÄSTINA 312–167 V. CHR.

Die Stadt *(polis)* war die einzige Form politischer Organisation, die nach griechischer Auffassung zivilisierter Staatsbürger würdig war. Sie betrachteten deshalb die Gründung neuer Städte als den besten Weg, griechische Zivilisation und Kultur zu verbreiten. Die Ptolemäer allerdings zögerten eher, wenn es darum ging, eine Siedlung in ihrem Herrschaftsgebiet zur Stadt zu erheben, und zwar weil dies einen gewissen Grad von Autonomie mit sich brachte. Zwar respektierten sie existierende Privilegien, aber dynastische Namen verliehen sie nur zwei Städten: Philadelpheia und Ptolemaïs. Im Range gleich waren Pella, das eine Zeitlang nach einer ptolemäischen Königin Berenike hieß, Elat (ein zweites Berenike an der Küste des Roten Meeres) und Philotereia (so benannt nach der Schwester Ptolemaios' II. Philadelphos). Die Seleukiden dagegen legten großen Wert auf Stadtgründungen, auf die ihre Macht sich ja stützte. Antiochos III. und seine Nachfolger zeigten sich daher den Städten in ihrem Machtbereich gegenüber sehr großzügig. Sie verliehen ihnen dynastische Namen und gestanden ihnen zu, nach griechischer Sitte Archonten (Magistrate) einzusetzen, eine Bule (einen Rat) einzuberufen und einen Demos (Gemeinwesen aller das volle Bürgerrecht Besitzenden) zu bilden.

——— Grenze der seleukidischem Eparchie
– – – – Gebietsgrenze einer Stadt unter ptolemäischer Oberhoheit
.... Grenze der ptolemäischen Hyparchie
PARALIA seleukidische Eparchie
Judäa ptolemäische Hyparchie
Seleukeia nach einem Mitglied der Seleukidendynastie benannte Stadt
□ nach einem Mitglied der Ptolemäerdynastie benannte Stadt
○ Stadt mit eigenem Stadtrecht unter ptolemäischer Oberhoheit
△ Landstadt mit griechischem Namen
▲ bedeutendere Stadt mit griechischem Namen

DIE JÜDISCHE DIASPORA IM PTOLEMÄERREICH 3.–1. JAHRHUNDERT V. CHR.

Auf der Kykladeninsel Reneia, der Nachbarinsel von Delos, gefundener Grabstein mit inschriftlicher Anrufung des "höchsten Herrn"

Das kleine Judäa konnte seine Bewohner nicht ernähren. Schon in hellenistischer Zeit beobachten wir daher neben der üblichen Bevölkerungsfluktuation durch Exil oder die Gründung von Militärkolonien auch die Auswanderung einzelner Familien, die der Wohlstand der Nachbarländer anzog. Viele Juden verdienten in Ägypten ihren Lebensunterhalt als Bauern oder Staatsbeamte, von Militärkolonien wie Pelusion-Migdol, Daphne, Elephantine und Kyrene ganz abgesehen. Sie lebten vor allem in der Hauptstadt Alexandreia und im Distrikt Arsinoë, d. h. im Faijûm, das unter den Ptolemäern wieder besiedelt worden war. Viele wohnten aber auch in Theben (Diospolis Magna) oder anderswo in Oberägypten. Tatsächlich sind jüdische Siedlungen über ganz Ägypten verstreut. Von besonderem Interesse ist der vom abgesetzten Hohenpriester Onias im zweiten Jahrhundert v. Chr. im Delta gebaute Tempel. Talmudische Schriften bezeichnen ihn als »Haus des Onias«. Er stand noch, als der Zweite Tempel in Trümmer sank, wurde aber bald darauf seinerseits zerstört.

"Zu Ehren des Königs Ptolemaios und der Königin Berenike, seiner Schwester und Gemahlin, sowie ihrer Kinder [haben] die Juden diese Synagoge [geweiht]" (Ehreninschrift für Ptolemaios III.).

▭ ptolemäischer Machtbereich
• Siedlung mit jüdischer Bevölkerung
▨ besonders dicht von Juden besiedeltes Gebiet
.... Grenzen im Jahre 240 v. Chr.

DIE JÜDISCHE DIASPORA IN BABYLONIEN, KLEINASIEN UND GRIECHENLAND 3.–1. JAHRHUNDERT V. CHR.

"... denn ich glaube, sie [die Juden] werden die, die uns wohlwollen, vor dem Zorn [der in ihnen ist] bewahren" (Brief Antiochos III. an den Statthalter von Phrygien).

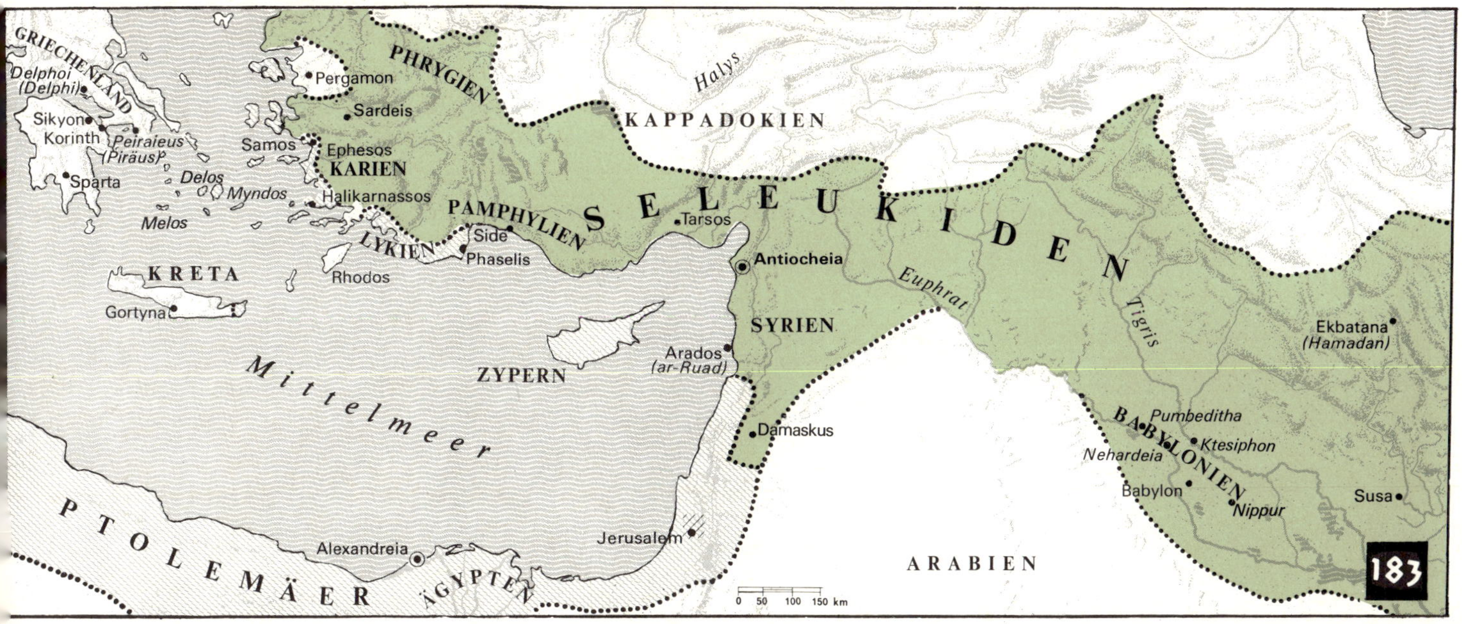

INSCHRIFTEN; FLAVIUS JOSEPHUS: "JÜDISCHE ALTERTÜMER" (*ANTIQUITATES IUDAICAE*) 12, 148–153; 1. MAKKABÄER 15, 22–23

Die in Ägypten gefundenen Papyri erlauben es, die damaligen jüdischen Siedlungen ziemlich genau auf der Karte einzutragen. Dagegen besitzen wir kaum Angaben über die Diaspora-Juden in der übrigen hellenistischen Welt. Wir haben es mit drei Typen von Diasporagemeinden zu tun: mit den Nachkommen nach dem Babylonischen Exil nicht nach Juda zurückgekehrter, aber der Überlieferung treu gebliebener Exiljuden in Babylonien, mit bäuerlichen Militärkolonien der Seleukiden in Kleinasien (besonders in Karien, Pamphylien und Phrygien) und mit isolierten Judengemeinden in den Handelsmetropolen Griechenlands und Kleinasiens (die wir vor allem durch 1. Makk. 15, 22–23 kennen).

"Als Antiochos Königsherrschaft gefestigt war, ging er daran, seine Macht auch über Ägypten auszudehnen, um so über zwei Reiche zu herrschen" (1. Makkabäer 1, 16).

ptolemäischer Machtbereich
seleukidischer Machtbereich
• Stadt mit jüdischer Bevölkerung
besonders dicht von Juden besiedeltes Gebiet
Grenzen im Jahre 240 v. Chr.

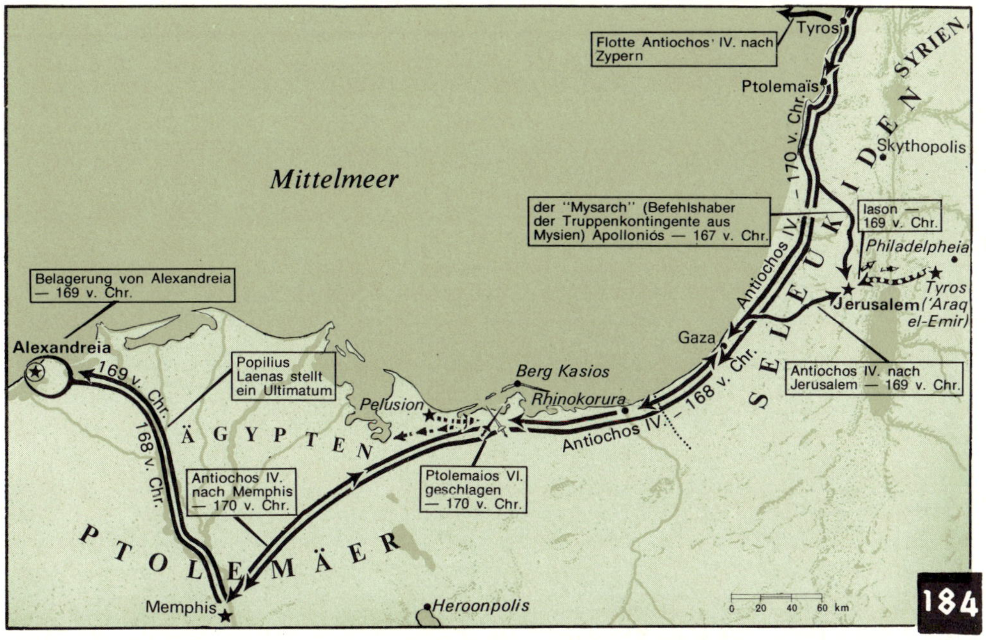

DIE FELDZÜGE ANTIOCHOS' IV. EPIPHANES NACH ÄGYPTEN 170–167 V. CHR.

1. MAKKABÄER 1, 17–24; POLYBIOS 28, 18; DIODOR

Die Niederlage Antiochos' III. bei Magnesia (189 v. Chr.) erschütterte das seleukidische Imperium in seinen Grundfesten. Antiochos III. und seine Söhne Seleukos IV. sowie Antiochos IV. erkannten die Notwendigkeit, sich auf den bevorstehenden Kampf mit Rom vorzubereiten. Antiochos IV., ein Mann von visionärer Kraft, wollte sein Reich durch religiöse Einheit innerlich stärken. Alle Götter des Reiches hatten sich dem Olympischen Zeus unterzuordnen. Dadurch verletzte Antiochos Epiphanes das Versprechen, das sein Vater, Antiochos III., den Juden gegeben hatte. Er tastete ihre religiöse Autonomie an und unterstützte Menelaos, einen hellenisierten Hohenpriester,

Antiochos hielt auch die Zeit für gekommen, Ägypten zu unterwerfen, das unter der Herrschaft Ptolemaios' VI. Philometor heruntergekommen war. Er fiel 170 v. Chr. dort ein, schlug die ägyptische Armee zwischen dem Berg Kasios und Pelusion, zog nach Memphis und ließ sich dort zum Herrscher Ägyptens ausrufen. Hierauf marschierte er nach Alexandreia, das er 169 v. Chr. belagerte. Er kehrte aber noch vor dem Fall der Stadt nach Asien zurück, da ihm gemeldet worden war, der vom König abgesetzte Hohepriester Jason versuche mit Hilfe der Tobiaden, Jerusalem einzunehmen. Der Verlust Jerusalems hätte seinem Heer die Lebensader abgeschnitten, und so zog Antiochos auf dem Rückwege nach Jerusalem und bemächtigte sich des Tempelschatzes. 168 v. Chr. wandte er sich abermals gegen Ägypten, während seine Flotte Zypern angriff. Etwa sechs km vor Alexandreia trat ihm der Römer Popilius Laenas (»der Feldherr« bei Dan. 11, 18) entgegen und forderte ihn auf, abzuziehen. Als der König um Bedenkzeit bat, zog der Römer auf dem Boden einen Kreis um ihn herum und zwang ihn, »sich zu entscheiden, bevor er den Kreis verlassen hatte«. Antiochos beugte sich. Während seiner Rückkehr schickte er Apollonios, den Kommandanten der mysischen Söldner, mit 20 000 Mann nach Jerusalem. Darauf bezieht sich wohl die Formulierung »von ihm entsandte Streitkräfte« bei Daniel 11, 31.

"In jenen Tagen erhob sich Mattathias... in Modëin... er tötete den vom König eingesetzten Beamten, der das Opfer erzwingen wollte... er floh mit seimen Söhnen in die Berge" (1. Makkabäer 2, 1; 2, 25 u. 2, 28).

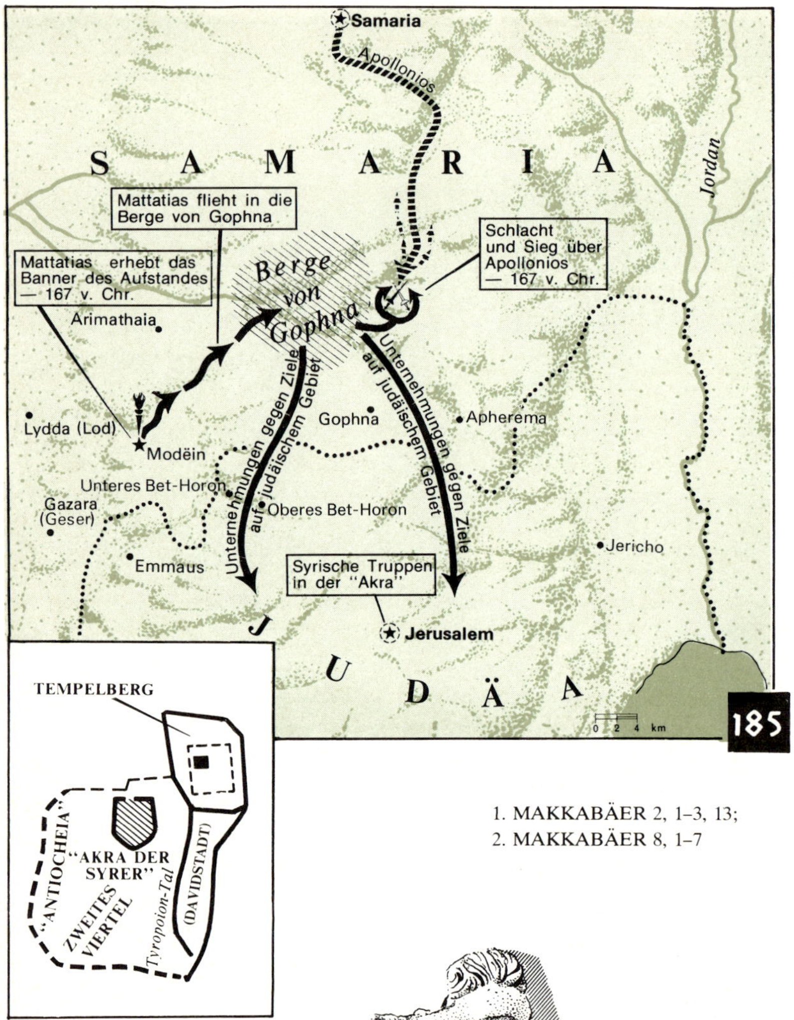

1. MAKKABÄER 2, 1–3, 13;
2. MAKKABÄER 8, 1–7

DER AUSBRUCH DES MAKKABÄERAUFSTANDES 167 V. CHR.

Antiochos und seine Berater, die mehr auf die hellenisierten Juden hörten, glaubten, die Mehrzahl des jüdischen Volkes sei bereit, uneingeschränkt griechische Sitten und Gebräuche zu übernehmen. Antiochos beschloß daher, das Haus Gottes in einen griechischen Tempel zu verwandeln und ihn Zeus oder Dionysos zu weihen, die er mit dem Gott Israels gleichsetzte. Der erbitterte Widerstand der Bevölkerung führte zum ersten in der Geschichte bekannten Fall einer Verfolgung aus religiösen Gründen: Die Ausübung des überlieferten Kultes wurde verboten, und man zwang die Juden, fremden Göttern zu opfern. Antiochos' Anhänger errichteten eine Festung, die »Akra«, um ihre Stellung in Jerusalem zu stärken, und gleich daneben, auf dem Westhügel, eine neue Stadt griechischen Stils (vgl. Karte 204). Die Verfolgung führte zu einem Aufstand, der nicht in Juda selber ausbrach, sondern im jüdischen Städtchen Modëin, im Bezirk Lydda, der verwaltungsmäßig nicht zu Juda gehörte. Mattatias, ein Priester aus dem Geschlecht der Hasmonäer, und sein Sohn weigerten sich, dem Befehl des Königs zu folgen und Zeus zu opfern. Mattatias tötete nicht nur einen seiner Landsleute, der dem königlichen Ansinnen entsprach, sondern auch den königlichen Beauftragten dazu und zerstörte den Altar des fremden Gottes. Da Modëin ganz nahe der Bezirkshauptstadt Lydda lag und mithin Repressalien zu befürchten waren, flohen Mattatias und sein Sohn, und zwar wohl in die Berge von Gophna. Eine Gruppe frommer Juden, »Chassidim«, die sich zusammengetan hatten, um das Gottesgesetz zu verteidigen, folgten ihnen dorthin. Aus ihrem Versteck heraus verübten Mattatias und seine Getreuen Überfälle auf die Altäre der fremden Götter und wiegelten die jüdischen Ortschaften gegen die Griechentümler auf, die in Jerusalem unter dem Schutze der seleukidischen Armee wohnten. Apollonios, der Befehlshaber der Truppen in Samaria und Statthalter des Bezirks, in dem Gophna lag, zog aus, um den Aufstand niederzuschlagen. Judas Makkabäus, der nach dem Tode seines Vaters das Kommando übernahm, griff die königlichen Truppen bei der Höhe von Lebona an und vernichtete sie. Apollonios fiel im Kampf. Judas nahm ihm sein Schwert ab und »kämpfte fortan damit« (1. Makk. 3, 12).

Antiochos IV. Epiphanes
(Fragment einer Bronzestatue)

"Wir aber kämpfen um unser Leben und für unsere eigenen Rechtssatzungen" (1. Makkabäer 3, 21).

DIE SCHLACHT BEI BET-HORON 166 V. CHR.

Die Nachricht von der totalen Vernichtung der Truppen des Apollonios und die wachsenden Ängste der in Jerusalem isolierten »Hellenisten« veranlaßten den seleukidischen Kommandanten Seron, den um sich greifenden Aufstand zu unterdrücken. Um Jerusalem zu entsetzen, wählte er die gewöhnliche Route über die »Steige von Bet-Horon«. Während sich seine Männer den steilen Paß hinanmühten, wurden sie unvermittelt von Judas Makkabäus angegriffen und überwältigt. Der Rest der besiegten Armee floh in die Küstenebene und zog sich ins Philisterland zurück. Der zweite Versuch, die Blockade Jerusalems zu brechen, war damit fehlgeschlagen.

1. MAKKABÄER 3, 13–24

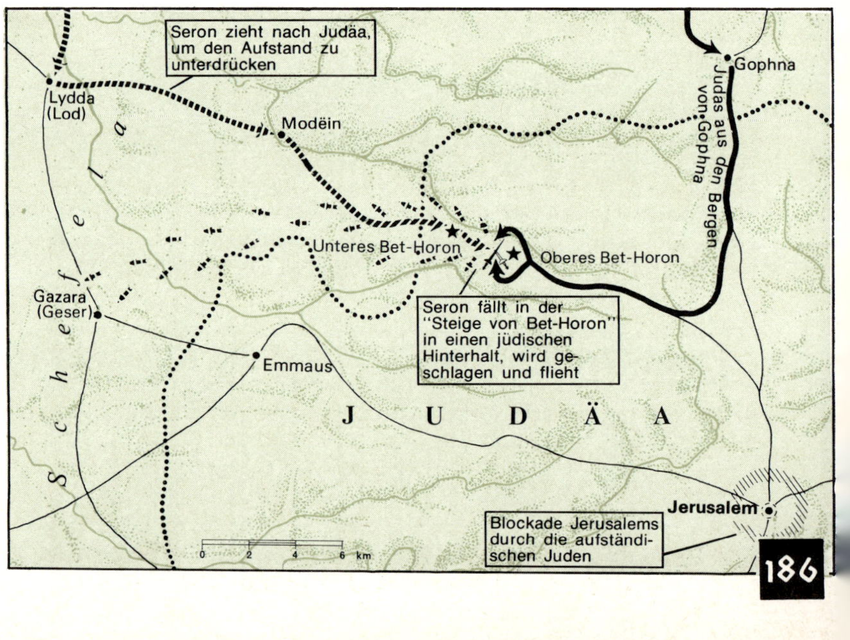

"... dann gab er das Losungswort aus: 'Mit Gottes Hilfe!'..." (2. Makkabäer 8, 23).

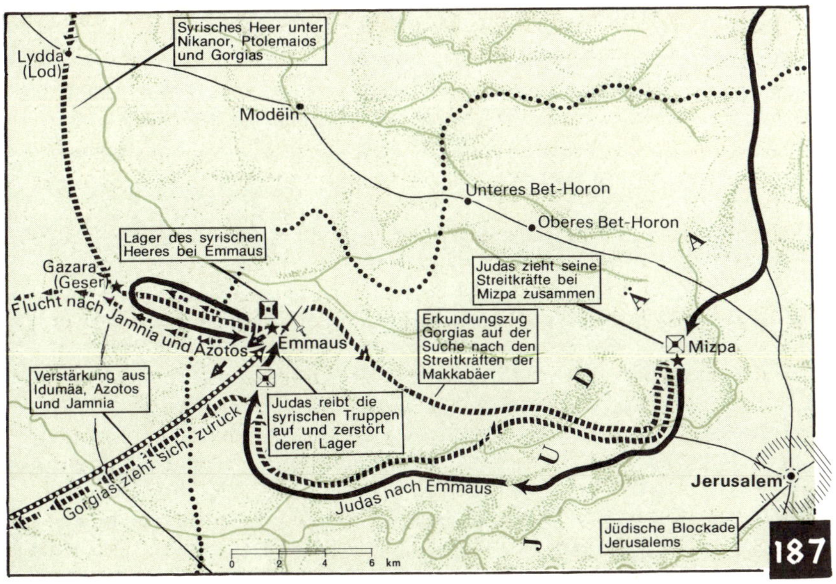

1. MAKKABÄER 3, 38–4, 25; 2. MAKKABÄER 8, 8–29

DIE SCHLACHT BEI EMMAUS 165 V. CHR.

Antiochos IV., der damals in Persien und Medien in Kämpfe verwickelt war, hatte die Verwaltung der Reichsgebiete westlich des Euphrats Serons Vorgesetztem Lysias übertragen. Nach Serons Niederlage stellte Lysias eine starke Armee auf. Ihre Anführer waren Ptolemaios, Dorimenes, Nikanor und Gorgias. Diese Streitmacht lagerte bei Emmaus, da ihre Befehlshaber fürchteten, in den Engpässen, durch die man nach Jerusalem gelangte, in einen Hinterhalt zu geraten. Verstärkt wurde die Truppe noch durch Kontingente aus den Bezirken Jamnia und Azotos (Aschdod), das heißt aus dem »Philisterland«.

Judas Makkabäus versammelte seine Krieger in Mizpa. Hier stand er strategisch richtig, und zwar sowohl im Hinblick auf Jerusalem als auch nach der Küste hin. Nachdem die Generäle beschlossen hatten, die Aufständischen aufzuspüren, näherte sich Gorgias, im Schutze der Nacht und von Männern aus der Jerusalemer »Akra der Syrer« geführt, mit 5000 Mann zu Fuß und 1000 Reitern vorsichtig dem Lager der Rebellen. Sobald Judas Makkabäus erfahren hatte, daß der Gegner sich teilte, verließ er Mizpa und übernachtete irgendwo südlich von Emmaus im Freien. Im Morgengrauen schlichen Judas und seine Männer, alles in allem etwa 3000 Mann, auf das syrische Lager zu. Die seleukidische Armee stellte sich zur Schlacht, wurde aber geschlagen und bis nach Gazara (Geser), der starken königlichen Festung am Zugang nach Jerusalem, verfolgt. Judas hielt seine Leute von der gefährlichen weiteren Verfolgung ab und kehrte, während der Feind in Richtung Jamnia und Azotos weiterfloh, nach Emmaus zurück, um Gorgias gegenüberzutreten.

Dieser hatte am Ende seines Nachtmarsches Judas' Lager verlassen aufgefunden; er hatte seine Männer vergebens strapaziert. Als er nach Emmaus zurückkehrte, sah er von einem Hügelkamm aus sein eigenes Lager in Flammen stehen. Ohne nochmals auf die Aufständischen zu treffen, kehrte er zur Küste zurück; und so scheiterte auch der dritte Versuch, die in Jerusalem Eingeschlossenen zu befreien.

Hellenistische Grabmalerei in Marisa

DIE SCHLACHT BEI BET-ZUR UND DIE NEU-EINWEIHUNG DES TEMPELS 165 V. CHR.

"Seht, unsere Feinde sind geschlagen! Laßt uns hinaufziehen, um das Heiligtum zu entsühnen und neu zu weihen!" (1. Makkabäer 4, 36).

Lysias unternahm noch einen weiteren Versuch, die Aufständischen niederzukämpfen. Diesmal entschied er sich für die Route längs der Wasserscheide in Idumäa. Das schien ihm sicherer, als seine Truppen in Engpässen und an Steilhängen zu gefährden, mit denen die Seleukidenarmee ja schon dreimal die denkbar schlechtesten Erfahrungen gemacht hatte. Die Truppen zogen entlang der damals von hellenisierten Sidoniern und Idumäern, Feinden der Juden, bewohnten Küste nach Marisa (Marescha), von wo sie mühelos und ungefährdet bis zur judäischen Grenzfestung Bet-Zur kamen.

Judas Makkabäus, der sicher über geheime Späher und Informanten verfügte, die ihn über die Bewegungen des Feindes auf dem laufenden hielten, trat vor Bet-Zur den Eindringlingen entgegen und schlug ihren Angriff ab. Lysias zog sich zurück, und Judas und seine Soldaten gingen voller Freude hinauf nach Jerusalem. Die befestigte »Akra« war immer noch in den Händen der »Hellenisten«, aber die Juden eroberten den Tempelberg. Judas und seine Männer reinigten den Tempel und stellten ihn nach der langen Zeit der Vernachlässigung wieder her. Der Gottesdienst, der dreieinhalb Jahre unterbrochen gewesen war, wurde wieder eingeführt, und die Lichter der Menora erstrahlten wieder.

Am 25. Kislew des Jahres 165 v. Chr. wurde so zum ersten Male das Chanukkafest gefeiert. Judas befestigte den Berg Sion (den »Tempelberg«) und Bet-Zur, »damit das Volk eine Festung gegen Idumäa habe«.

1. MAKKABÄER 4, 28–61

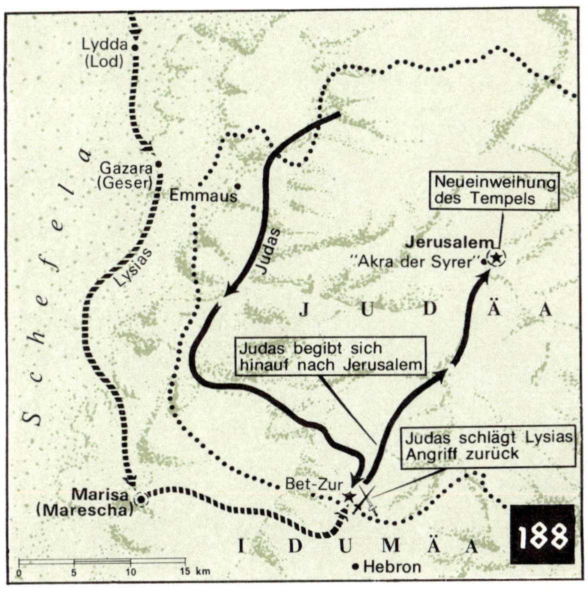

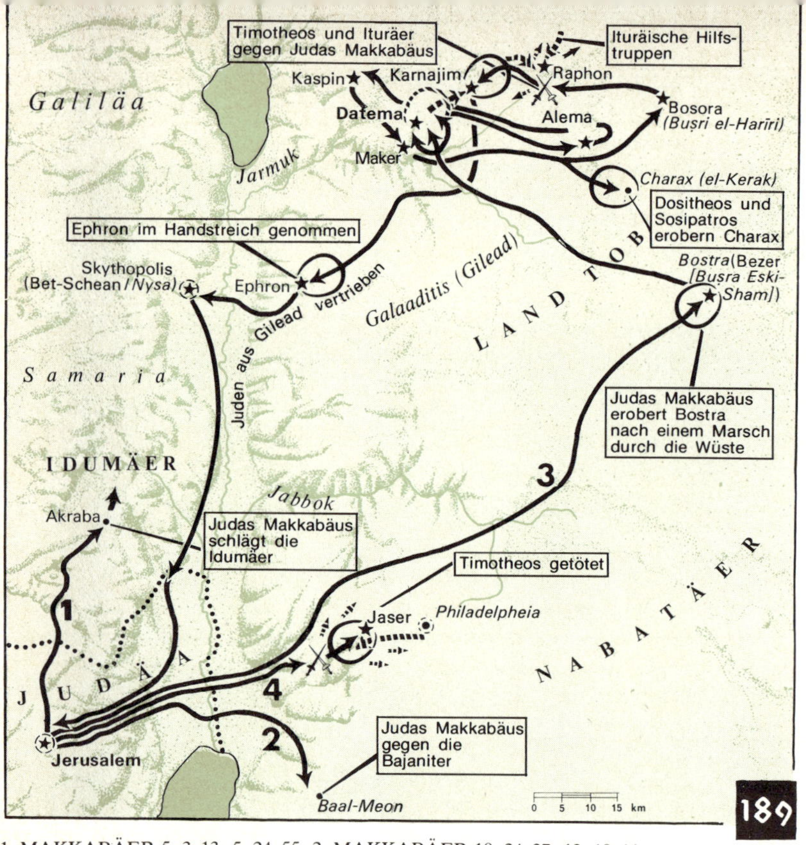

1. MAKKABÄER 5, 3–13; 5, 24–55; 2. MAKKABÄER 10, 24–37; 12, 10–11

"Sie [d. h.: die Heiden] beschlossen, die Nachkommen Jakobs, die unter ihnen weilten, auszurotten..." (1. Makkabäer 5, 2).

DIE ERSTEN MILITÄRISCHEN OPERATIONEN DES JUDAS MAKKABÄUS 163 V. CHR.

Judas' Erfolge erregten den Zorn der Nachbarvölker, und er war gezwungen, mehrere Verteidigungskriege zu führen. Zuerst griff er die Idumäer in der Akrabatene an, die die unter ihnen lebenden Juden unterdrückten. Ein ähnliches Unternehmen führte er gegen den Stamm der Bajaniter durch, die jenseits des Jordans lebten. Sein schwierigstes militärisches Unterfangen war aber die Befreiung der Bevölkerung Gileads. Beunruhigende Nachrichten aus dieser Gegend sprachen von Judenverfolgungen in Bostra, Bosora, Alema, Kaspin, Maker und Karnajim, alles befestigte Städte, und im Lande Tob. Viele der Juden flüchteten in die Festung Datema und wurden dort belagert. Judas brach mit seinem Bruder Jonathan und 8000 Mann auf, um ihnen Hilfe zu bringen. Statt direkt auf Gilead loszugehen, durchquerten sie, ihre guten Beziehungen zu den Nabatäern östlich von Gilead ausnützend, die Wüste in drei Tagesmärschen und erschienen plötzlich vor Bostra. Nach der Einnahme von Bostra marschierte Judas mit seinen Truppen die ganze Nacht hindurch und kam am Morgen genau in dem Moment in Datema an, als der Feind zum Sturmangriff auf die Stadt ansetzte. Nun griff Judas seinerseits an drei Punkten an, und die Truppen des Timotheos, des Kommandanten von Gilead, flohen, als sie die Angreifer erkannten. Judas stürmte weiter nach Alema, Kaspin, Maker und Bosora und befreite überall die jüdische Bevölkerung von ihren Peinigern. Wenig später nahmen Dositheos und Sosipatros, zwei Befehlshaber unter Judas, Charax im Lande Tob ein.

Unterdessen hatte Timotheos seine Armee reorganisiert und sie mit arabischen Hilfstruppen verstärkt (vermutlich Ituräern, denn die Nabatäer sympathisierten mit den Juden). Bei Raphon trat er Judas entgegen. Auch in dieser Schlacht wurde der Feind besiegt. Judas nahm Karnajim ein und brannte den dortigen Tempel der Göttin Atargatis nieder. In Karnajim begann nun für Judas und die evakuierten Juden ein langer Marsch. Sie zogen durch Ephron, das ihnen den Durchlaß verwehrte, aber im Sturm genommen wurde, und Skythopolis (Bet-Schean), wo sie herzliche Aufnahme fanden. Endlich stiegen sie singend und tanzend den Berg Sion hinan. Eine letzte Auseinandersetzung mit Timotheos fand bei Jaser statt. Timotheos fiel, und die Stadt wurde erobert.

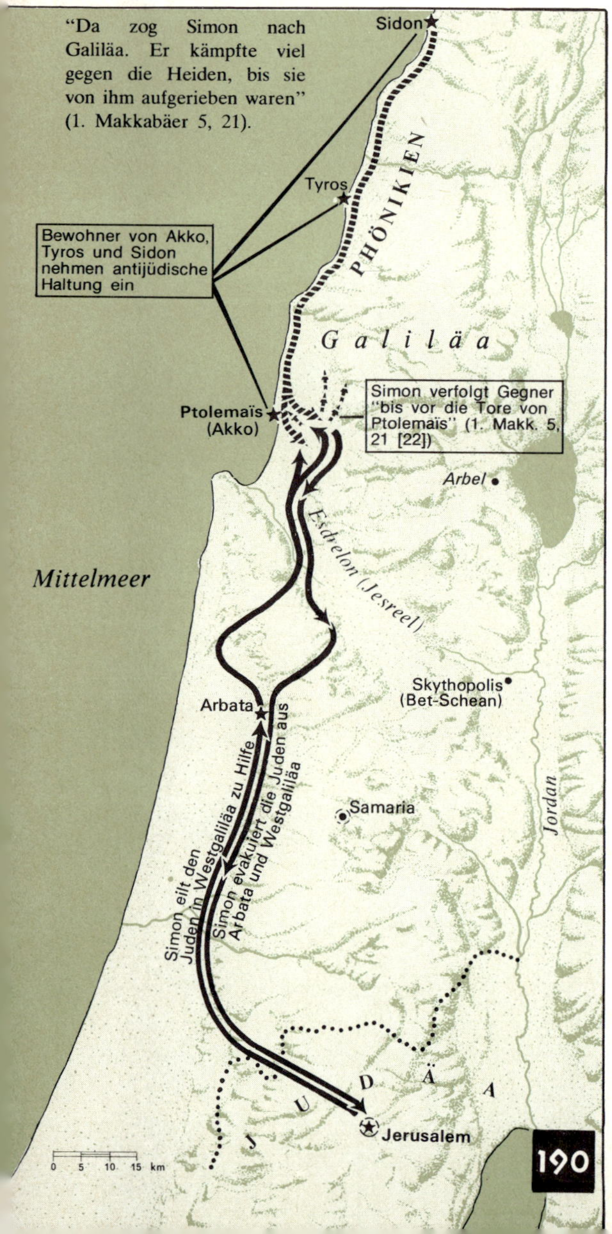

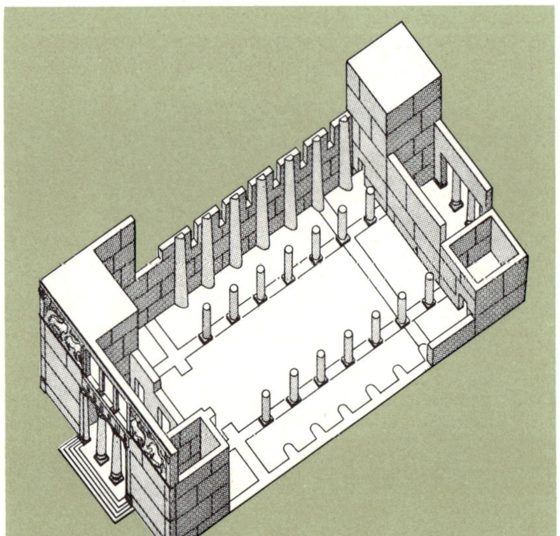

Plan des heute im Volksmund als *Qasr el-Abd* ("Sklavenschloß") bezeichneten Bauwerkes (wohl des Tempels) der Tobiadenresidenz Tyros (Araq el-Emir) im Ostjordanland

DER ZUG SIMONS NACH WEST-GALILÄA

Während Judas in Gilead Krieg führte, zog sein Bruder Simon an der Spitze von 3000 Mann nach Galiläa, weil es auch in Ptolemaïs, Tyros und Sidon Judenverfolgungen gegeben hatte. Simon zerstreute die Feinde und verfolgte sie bis zu den Toren der Stadt Ptolemaïs. Hierauf sammelte er die Juden Galiläas und die aus Arbate (Narbata?) in der Nähe von Stratonsturm und brachte sie sicher nach Jerusalem. Doch auch nach diesem Feldzug gab es in der Jesreel-Ebene und in Ostgaliläa noch jüdische Siedlungen.

1. MAKKABÄER 5, 14–15; 5, 20–23

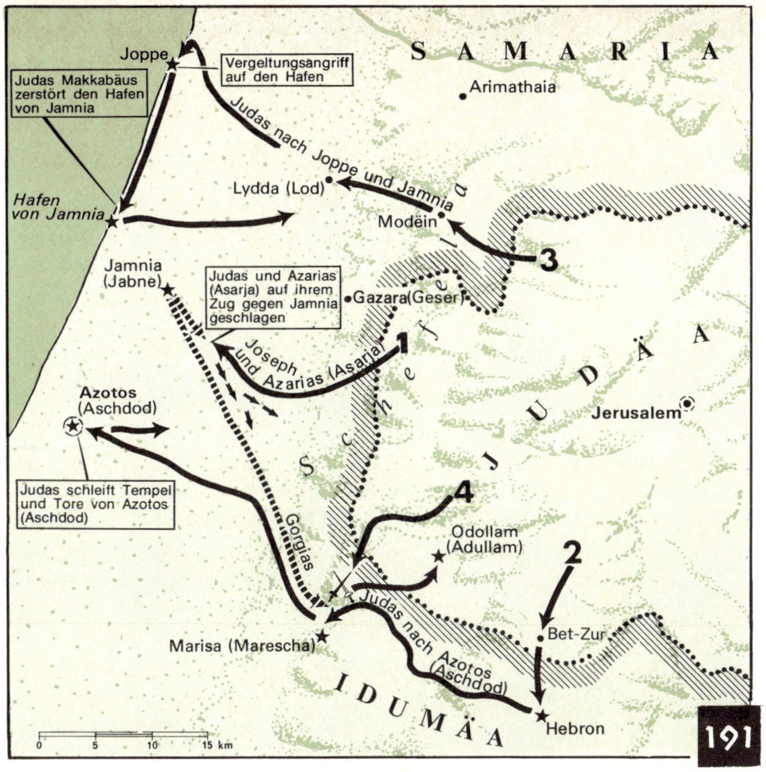

"Und Judas zog mit seinen Brüdern gegen die Kinder Esau im Süden..." (1. Makkabäer 5, 65).

JUDAS MAKKABÄUS IN DER KÜSTENEBENE UND IN IDUMÄA 163 V. CHR.

Während Judas und Simon in Gilead und Galiläa beschäftigt waren, versuchten Joseph, der Sohn des Zacharias, und Azarias, zwei Heerführer, die in Juda geblieben waren, ihr Kriegsglück in Jamnia. Hier hatte Gorgias, den wir aus der Schlacht bei Emmaus kennen, sein Lager aufgeschlagen. Vermutlich hielt er sich in seiner Eigenschaft als Statthalter von Idumäa dort auf. Diese Unternehmung schlug völlig fehl. Als Juda aus Gilead zurückkam, griff er selber Idumäa an, belagerte Hebron und Marisa und kam bis vor die Tore Asdods, wo er einen heidnischen Tempel zerstörte.
In einem weiteren Feldzug rächte Judas die Juden von Joppe, die von ihren Mitbürgern in gemeiner Weise verraten und brutal ertränkt worden waren. Er zerstörte den Hafen Joppes und verbrannte die dort liegenden Schiffe. Das gleiche tat er in Jamnia, als er vernommen hatte, daß die Einwohner dieser Stadt dem schlechten Beispiel Joppes folgen wollten. In einem Treffen bei Marisa wäre es Judas beinahe gelungen, Gorgias gefangenzunehmen, aber er löste sich schließlich vom Feind und zog sich nach Odollam ins Bergland von Juda zurück.

1. MAKKABÄER 5, 1–2; 5, 37–55; 5, 65–68;
2. MAKKABÄER 12, 1–15; 12, 20–31

DIE SCHLACHT BEI BET-SACHARJA 162 V. CHR.

Trotz der Siege Judas' in weiter entfernten Gebieten blieb Jerusalem geteilt: Der »Berg Sion« (der Tempelberg) befand sich in den Händen der Aufständischen, aber die »Hellenisten« hielten nach wie vor die »Akra« besetzt (vgl. Karte 204). Von seinen Kriegszügen zurückgekehrt, belagerte Judas die Akra, deren Besatzung sich an den jungen König Antiochos V. um Hilfe wandte (Antiochos IV. war 163 v. Chr. in Persien gestorben). Daraufhin eilte aus Syrien Lysias mit einer starken Armee herbei. Da sie aus der Erfahrung gelernt hatten, nahmen die Syrer den längeren, aber ungefährlicheren Weg durch Idumäa und griffen Bet-Zur an. Judas verließ Jerusalem und schlug bei Bet-Sacharja (nördlich von Bet-Zur) Lager auf. Die königliche Armee rückte langsam näher, und eine furchtbare Schlacht begann. Eleasar, auch Avaran genannt, Judas' jüngster Bruder, fiel. Im Glauben, ein mit den Waffen des Königs gezierter Kriegselefant trage den König selbst, tötete er das Tier, das ihn zu Tode quetschte. So starb der erste der Söhne des Mattatias. Seine Heldentat hatte keinerlei Einfluß auf den Ausgang der Schlacht. Die Juden »wichen zurück« (1. Makk. 6, 47). Bet-Zur ergab sich, weil ihm die Vorräte ausgegangen waren (da es ein Sabbatjahr war, in welchem die Felder brachlagen), und Judas sah sich gezwungen, sich in seinen ursprünglichen Zufluchtsort in den Bergen von Gophna zurückzuziehen. Antiochos und Lysias marschierten zum Tempelberg und zerstörten die Befestigungsanlagen. Da sie sich aber an die unbeugsame Haltung der Juden zur Zeit von Antiochos IV. erinnerten, mischten sie sich nicht in religiöse Angelegenheiten ein und störten auch den Tempeldienst in keiner Weise.

Seleukidischer Kriegselefant

"Als aber die Juden die Macht des Königs und die Stärke seiner Streitkräfte sahen, wichen sie zurück" (1. Makkabäer 6, 47).

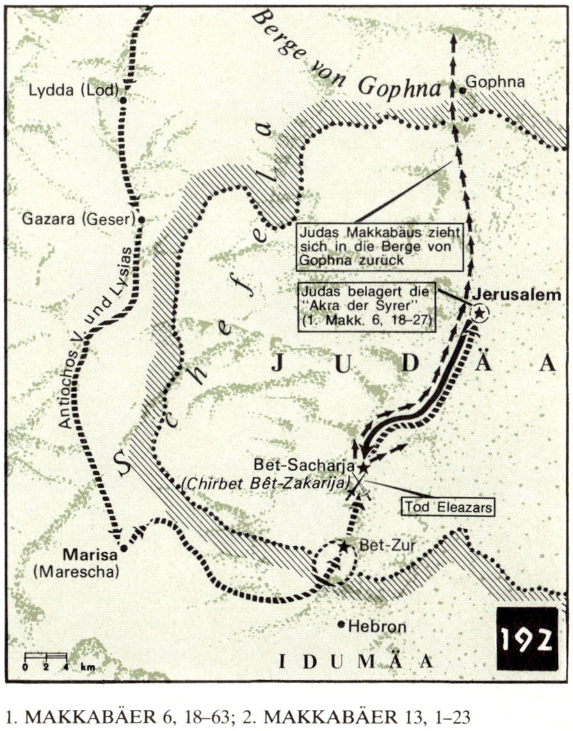

1. MAKKABÄER 6, 18–63; 2. MAKKABÄER 13, 1–23

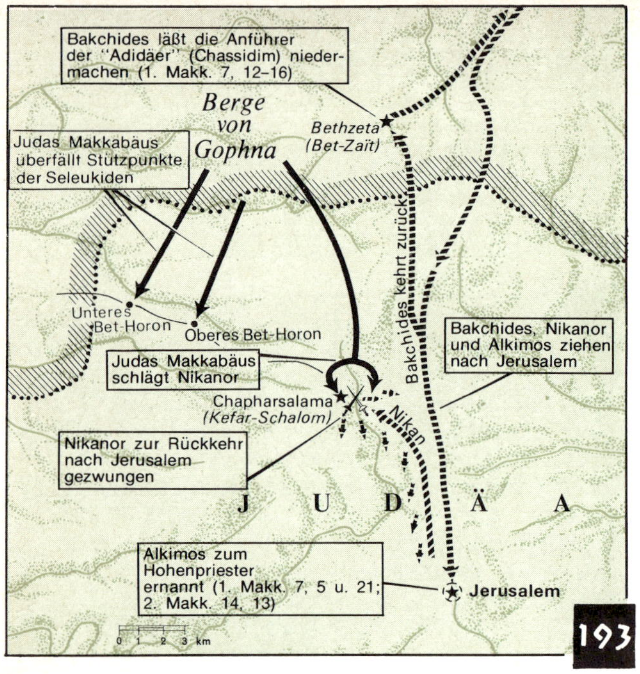

1. MAKKABÄER 7, 5–31;
2. MAKKABÄER 14, 15–18

"Als nun Alkimos erkannte, daß Judas und die Seinen die Oberhand gewonnen hatten..." (1. Makkabäer 7, 25).

DIE SCHLACHT VON CHAPHARSALAMA (KEFAR-SCHALOM) 162 V. CHR.

Im Jahre 162 v. Chr. landete Demetrios I., der Sohn Seleukos' IV., in Tripolis an der Küste Syriens. Damit begann eine Reihe von Bruderkriegen im Seleukidenhaus, die schließlich dessen Untergang heraufbeschworen. Antiochos V. wurde gefangengenommen und hingerichtet. Der neue König sandte seinen General Bakchides, der den Oberbefehl über die Gegenden westlich des Euphrats innehatte, nach Judäa, mit ihm einen gewissen Alkimos (Eljakim), den er zum Hohenpriester ernannte. Eine fromme Mehrheit (»Chassidim«) erkannte Alkimos als einen Nachkommen des Hohenpriesters Aaron an. Sie glaubten seinen Friedensbeteuerungen und verließen die Makkabäer, die nun ganz auf sich allein gestellt ihren Freiheitskampf fortführten.

In Jerusalem setzte Bakchides den Hohenpriester Alkimos ein, der seine Amtsführung damit begann, daß er mehrere Führer der Chassidim töten ließ. Bakchides seinerseits ließ auf dem Rückweg nach Antiochia nicht wenige Chassidim bei Bethzeta niedermetzeln. Judas setzte seinen Kampf mit geminderten Streitkräften indessen unverdrossen fort, und Alkimos mußte wieder um Hilfe bitten. König Demetrios I. sandte Nikanor, einen der Befehlshaber aus der Schlacht bei Emmaus. Als erstes versuchte Nikanor die Straße von Bet-Horon, die Jerusalem mit der Seleukidenbasis an der Küste verband, freizumachen. Judas machte ihm aber bei Chapharsalama einen Strich durch die Rechnung, und Nikanor zog sich gedemütigt nach Jerusalem zurück.

DIE SCHLACHT BEI ADASA 161 V. CHR.

Rasend vor Zorn, begann Nikanor den Kampf sogleich von neuem. Diesmal kam er bis Bet-Horon, wo syrische Hilfstruppen von der Küste her zu ihm stießen. Auf seinem Rückweg wurde er aber südlich der Hauptstraße bei Adasa angegriffen. Nikanor hatte offensichtlich einen Angriff aus Norden erwartet. Am 13. Adar (dem »Tag des Nikanor« in der jüdischen Überlieferung) wurde der Feind besiegt. Nikanor selbst fiel auf dem Schlachtfeld. Seine Armee, die von Jerusalem abgeschnitten war, floh in Richtung der königlichen Feste Gazara (Geser). Judas und die durch Trompetensignale zum Kampf gerufenen Dorfbewohner verfolgten die Fliehenden bis zu den Stadttoren.

"Dreizehnter Adar, Tag Nikanors" (sog. "Fastenrolle", vgl. 1. Makkabäer 7, 43 u. 49; 2. Makkabäer 15, 36).

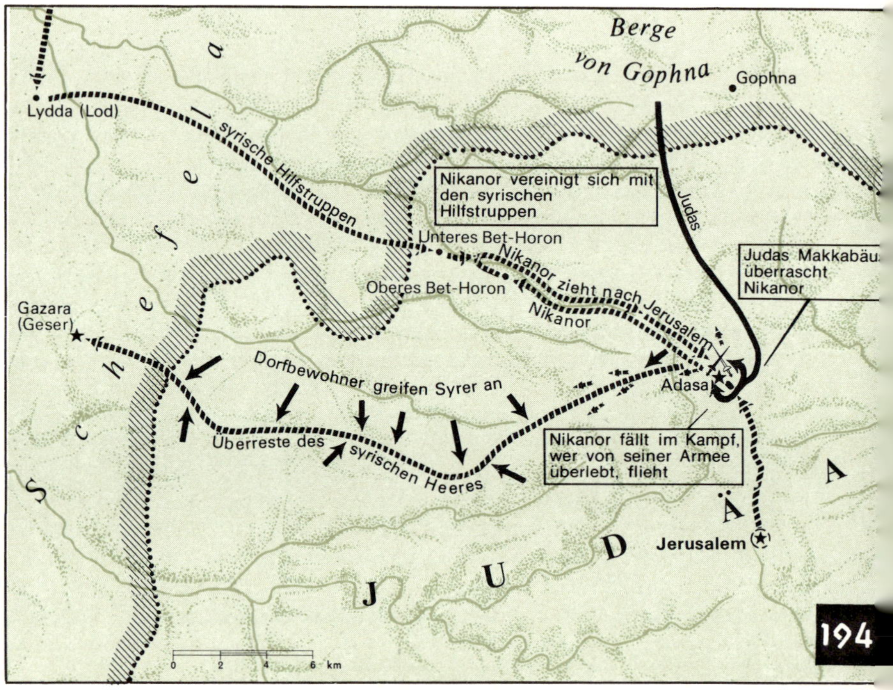

1. MAKKABÄER 7, 39–49; 2. MAKKABÄER 15, 25–28

"... sandte er Bakchides und Alkimos abermals nach Judäa..." (1. Makkabäer 9, 1).

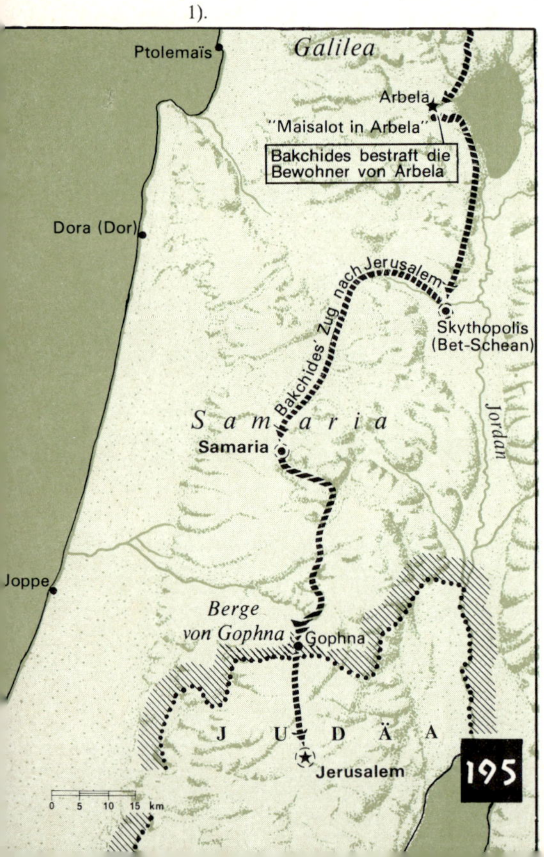

DER FELDZUG DES BAKCHIDES 161 V. CHR.

Die Nachricht von Nikanors Niederlage veranlaßte Demetrios I., abermals Bakchides nach Juda zu schicken, und zwar an der Spitze hervorragender Truppen – des sogenannten »rechten Flügels«. Die Niederwerfung des Aufstandes war nun für die Seleukiden eine dringliche Aufgabe geworden, denn in der Zwischenzeit hatte Judas die Römer ins Spiel gebracht, die natürlich nur allzu bereitwillig jeden Feind der Seleukiden unterstützten. Auf seinem Anmarsch aus Damaskus kam Bakchides durch Galiläa und rächte sich an den Juden von Arbela unweit vom »Galiläischen Meer«. Hierauf setzte er durch Samaria und Juda seinen Weg nach Jerusalem fort. Judas wagte nicht, diese mächtige feindliche Armee anzugreifen.

1. MAKKABÄER 9, 1–4; FLAVIUS JOSEPHUS: "JÜDISCHE ALTERTÜMER" (*ANTIQUITATES IUDAICAE*) 12, 420–422

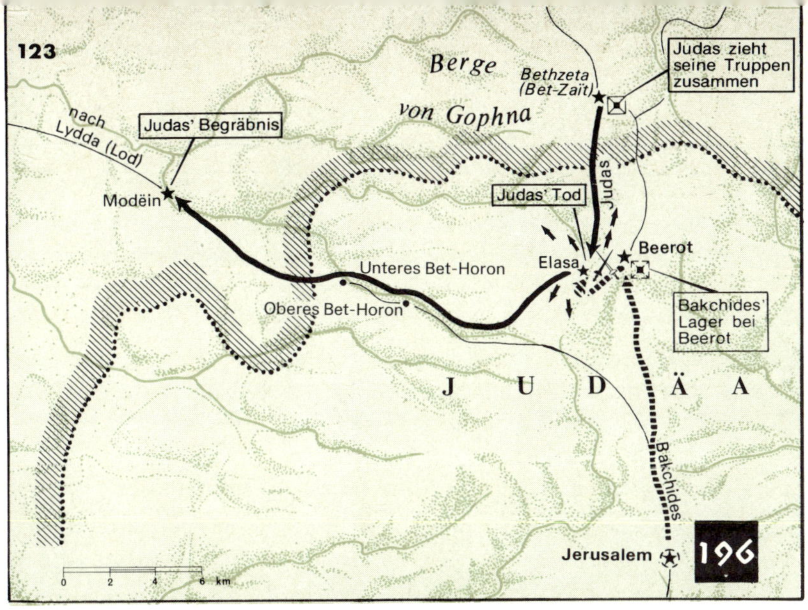

"Da sprach Judas: 'Da sei Gott vor, daß wir fliehen! Wenn es Zeit ist, laßt uns mannhaft sterben!'" (1. Makkabäer 9, 10).

DIE SCHLACHT BEI ELASA UND DER TOD JUDAS' MAKKABÄUS' 161 V. CHR.

Von Jerusalem marschierte Bakchides in die Berge von Gophna, um den dortigen Schlupfwinkel der Aufständischen zu zerstören. Er bezog bei Beerot ein Lager, während Judas seine Streitkräfte bei Bethzeta sammelte.

Als Bakchides seine Stellung wechselte, offensichtlich um die Straße von Bet-Horon zu sichern, versuchte Judas ihn von seiner Basis abzuschneiden und griff von Osten her an. Die Schlacht entwickelte sich in der Nähe von Elasa, wo der rechte (nördliche) Flügel der Armee des Bakchides stand. Judas zwang die Syrer, sich in Richtung auf die »Steige von Bet-Horon« zurückzuziehen. Der linke Flügel der Seleukiden, der unterdessen den schwächeren rechten Flügel der Juden besiegt hatte, umzingelte nun Judas' restliche Streitkräfte, während die Syrer des nördlichen Flügels sich neu formierten und wieder in die Schlacht eingriffen.

Judas fiel in der Schlacht, und sein Heer wurde zerstreut. Simon und Jonathan gelang es aber, seinen Leichnam wegzutragen und ihn in der Familiengruft in Modeïn zu bestatten.

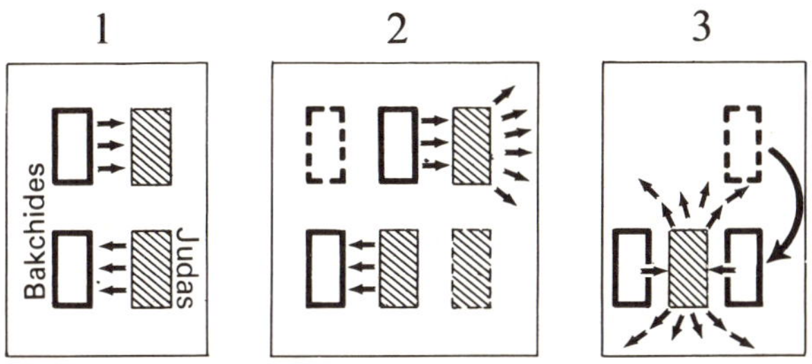

1. MAKKABÄER 9, 5–19; FLAVIUS JOSEPHUS: "JÜDISCHE ALTERTÜMER" (*ANTIQUITATES IUDAICAE*) 12, 426–434

Seleukidische Münze mit dem Bildnis des Gottes Apollon auf der Rückseite

JONATHAN IN DER WÜSTE VON TEKOA 160–155 V. CHR.

Nach der Niederlage von Elasa konnten die Makkabäer ihre Festung in den Bergen von Gophna nicht länger halten. Sie wählten Jonathan zu ihrem Führer und zogen sich rasch in die Einöde von Tekoa (in der Wüste Juda) zurück und lagerten in der Nähe des Brunnens von Asphar.

Seit Menschengedenken war die Wüste Juda Zufluchtsstätte für Unterdrückte und ein Versteck für Aufständische (vgl. Karte 92). Hier sammelte Jonathan seine Anhänger.

Um die Herrschaft über Judäa zu sichern, zog Bakchides einen Festungsgürtel rings um Jerusalem: Bet-El (Bethel) im Norden, Bet-Horon im Nordwesten, Emmaus im Westen, Thamna (Timna) und Tekoa im Südwesten bzw. Südosten, Jericho im Osten und Pharathon im Nordosten. Diese Festungen, dazu die königlichen Festungen der »Akra«, Gazara (Geser) und Bet-Zur, bildeten ein Verteidigungssystem, das durchaus geeignet erschien, im rebellischen Judäa Recht und Ordnung aufrechtzuerhalten.

"Jonathan übernahm damals den Oberbefehl und trat an die Stelle seines Bruders Judas" (1. Makkabäer 9,

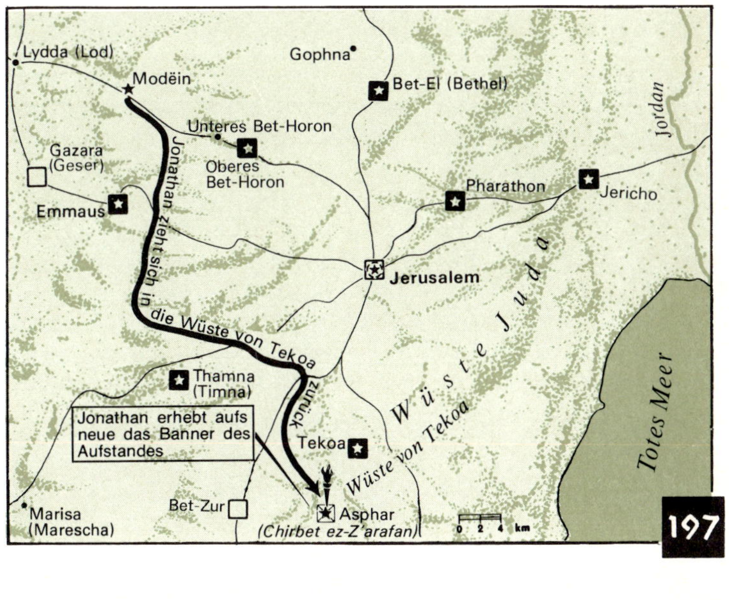

☐ von Bakchides ausgebaute Festung
■ von Bakchides erbaute Festung

1. MAKKABÄER 9, 28–33; 9, 50; FLAVIUS JOSEPHUS: "JÜDISCHE ALTERTÜMER" (*ANTIQUITATES IUDAICAE*) 13, 5–8; 13, 15

"Dann belagerte er Betbasi (Bet-Besseï) und kämpfte lange gegen diese Stadt. Er ließ auch Belagerungsmaschinen bauen" (1. Makkabäer 9, 64).

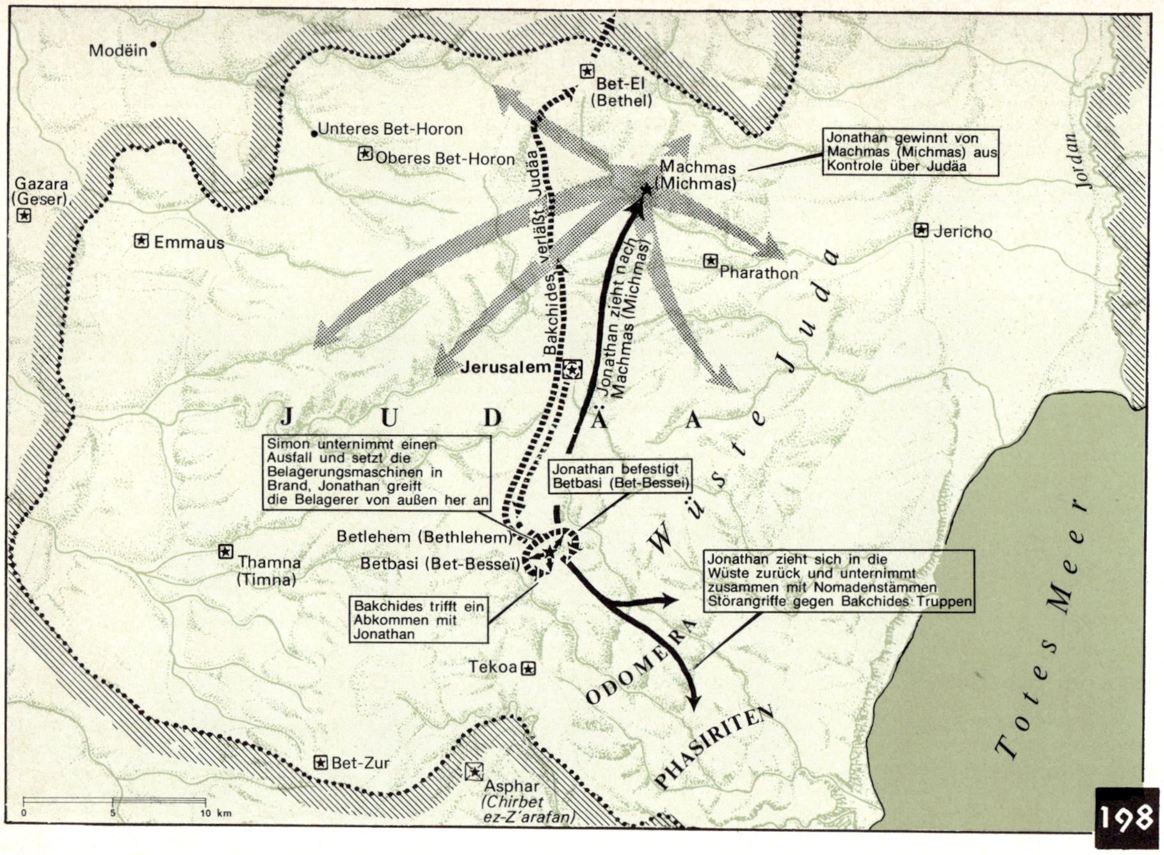

1. MAKKABÄER 9, 62–73; FLAVIUS JOSEPHUS: "JÜDISCHE ALTERTÜMER" (*ANTIQUITATES IUDAICAE*) 13, 26–34

198

DIE BELAGERUNG VON BETBASI (BET-BESSEÏ). JONATHAN IN MACHMAS (MICHMAS) 156–152 V. CHR.

Der Hohepriester Alkimos starb 159 v. Chr., nachdem er die Chassidim noch tödlich gekränkt hatte, indem er das Gitter öffnete, das den äußeren Tempelhof umgab und jeden Nichtjuden hindern sollte, sich über einen bestimmten Punkt hinaus dem Tempel zu nähern. Bakchides kehrte nach Antiocheia zurück, und im Lande herrschte zwei Jahre lang Friede. Doch dann erschien Bakchides erneut mit seiner Armee, aber all seine Versuche, Jonathan und dessen Getreue, die offensichtlich unbehelligt in Modeïn lebten, zu fangen, führten zu nichts. Die Makkabäer besetzten nun Betbasi (Bet-Besseï), eine verlassene Festung südlich von Bet(h)lehem. Ein gewagtes Unterfangen, denn es spielte sich in einer besiedelten Gegend, wenn auch am Rande einer Wüste, ab. Jonathan und seine Männer sicherten sich so einen festen Platz mitten im bevölkerten Judäa, nicht weit von der Straße, die an der Wasserscheide entlangführte.

Dadurch herausgefordert, griff Bakchides Betbasi (Bet-Besseï) mit schweren Belagerungsmaschinen an. Der erfahrene Jonathan ging aber dem Gegner nicht in die Falle. Er überließ die Verteidigung von Betbasi (Bet-Besseï) seinem Bruder Simon und begann, Bakchides mit Überfällen zu beunruhigen. Auf seinem Weg durch die Wüste traf er auf zwei Wanderstämme, die im 1. Makkabäerbuch als »Odomera« und »Phasiriten« bezeichnet werden, in anderen Quellen aber nicht vorkommen. »Odomera« ähnelt dem Namen eines Beduinenstammes, den Beni Ta'amre, die bis heute in der Gegend von Chirbet Bet-Besseï leben. Jonathans Auftreten beeindruckte die Beduinen dermaßen, daß sie sich seinem Angriff auf Bakchides anschlossen. Zur selben Zeit unternahm der in der Festung eingeschlossene Simon einen Ausfall und legte Feuer an die Belagerungsmaschinen. Hierauf sah sich Bakchides gezwungen zu verhandeln.

Die Lage des Seleukidenreiches war instabil geworden, und gegen Demetrios I. wurde manches Komplott geschmiedet. In einem Übereinkommen, vermutlich 155 v. Chr., erhielt Jonathan die Erlaubnis, sich in Machmas niederzulassen, während die »Hellenisten« weiterhin in Jerusalem ihre Stellung behaupteten. Doch dehnte Jonathan, nachdem Bakchides Judäa verlassen hatte, seine Herrschaft über das ganze Land aus, mit Ausnahme der Hauptstadt und der Festung Bet-Zur: »Und er begann das Volk zu richten und vertilgte die Gottlosen aus Israel« (1. Makk. 9, 79).

Hellenistischer "Kavallerist" (Malerei auf einem Grabstein aus Sidon)

"Er sandte ihm eine goldene Spange, wie man sie königlichen Verwandten schenkt, dazu gab er ihm Akkaron (Ekron) mit dem zugehörigen Gebiet" (1. Makkabäer 10, 89).

DIE AUSBREITUNG JUDÄAS IN DEN TAGEN JONATHANS 152–142 V. CHR.

Jonathan machte sich den Niedergang des Seleukidenreichs zunutze, um Judäas Prestige zu stärken. Als Demetrios erfuhr, daß Alexander Balas, der sich für einen Sohn Antiochos' IV. ausgab, Ptolemaïs überfallen hatte, fühlte er sich bedroht und stattete Jonathan mit den Machtbefugnissen eines Oberbefehlshabers aus. Er gestattete den Hasmonäern, eine Armee aufzustellen, Waffen zu schmieden und ließ auch die in der »Akra« zurückgehaltenen jüdischen Geiseln frei. Durch diese Zugeständnisse wurde es Jonathan möglich, sich in Jerusalem als Herrscher einzurichten und die Befestigungen des Tempelberges wiederherzustellen. Jonathan war nun de facto Herr über ganz Judäa mit Ausnahme der Akra und der Festung Bet-Zur. Alexander Balas, der ebenfalls auf die Unterstützung Jonathans hoffte, ernannte ihn zum Hohenpriester. Beim Laubhüttenfest des Jahres 152 v. Chr. trug Jonathan die Insignien dieses Amtes zum erstenmal. Demetrios seinerseits suchte Jonathan zu bestechen, indem er ihm die drei Bezirke mit jüdischer Bevölkerung, die immer noch unter der Verwaltung Samarias standen, zum Geschenk machte. Jonathan unterstützte aber Alexander, den schwächeren der beiden Rivalen, und Alexander besiegte Demetrios I. im Jahre 150 v. Chr. Bei einer Begegnung zwischen Alexander und Ptolemaios VI., die noch im selben Jahr in Ptolemaïs stattfand, war nun auch Jonathan anwesend. Der syrische König verlieh ihm den Titel *Strategos und Meridarches* (»Feldherr und Teilherrscher«) von Judäa. Nachdem Jonathan die Streitkräfte Demetrios' II. bei Jamnia geschlagen hatte (vgl. Karte 200), schenkte Alexander ihm den Bezirk Ekron (147 v. Chr.). Nun begriff auch Demetrios II., daß es besser wäre, Jonathan zum Freund als zum Feind zu haben, und er billigte die Abtretung der drei Bezirke (Lydda, Arimathaia und Apherema) Samarias an Judäa. Als Tryphon, der Regent Antiochos' VI., sich gegen Demetrios II. erhob, wünschte auch er, sich mit Jonathan gut zu stellen, und trat 144 v. Chr. vier von ihm annektierte Bezirke an ihn ab. Aus der Abtretungsformel können wir schließen, daß Jonathan unterdessen Peraia – den jüdischen Teil des Ostjordanlandes (ein Vermächtnis der Tobiaden) – seinem Herrschaftsbereich hinzugefügt hatte (vgl. Karte 177).

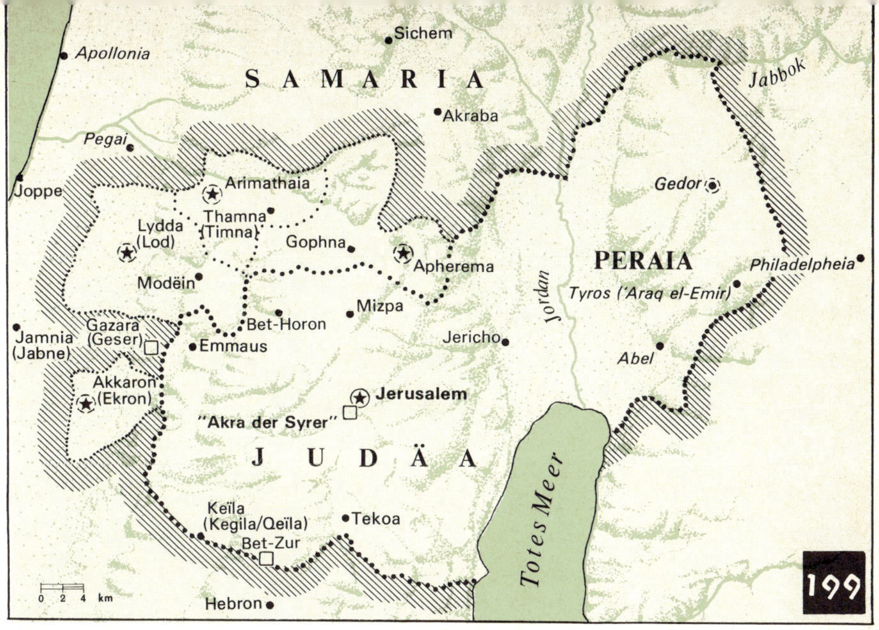

□ seleukidische Festung
•••••• Grenze Judäas bis 152 v. Chr.
Grenze Judäas nach Jonathans Eroberungen
……… Bezirksgrenze

1. MAKKABÄER 11, 33; 11, 57–74; FLAVIUS JOSEPHUS: "JÜDISCHE ALTERTÜMER" (*ANTIQUITATES IUDAICAE*) 13, 102; 13, 128

Münze Demetrios I.

"... und überschütteten das Kriegsvolk von früh bis spät mit Pfeilen. Doch die Männer hielten stand, wie Jonathan befohlen hatte, die Rosse der Feinde aber ermüdeten" (1. Makkabäer 10, 80–81).

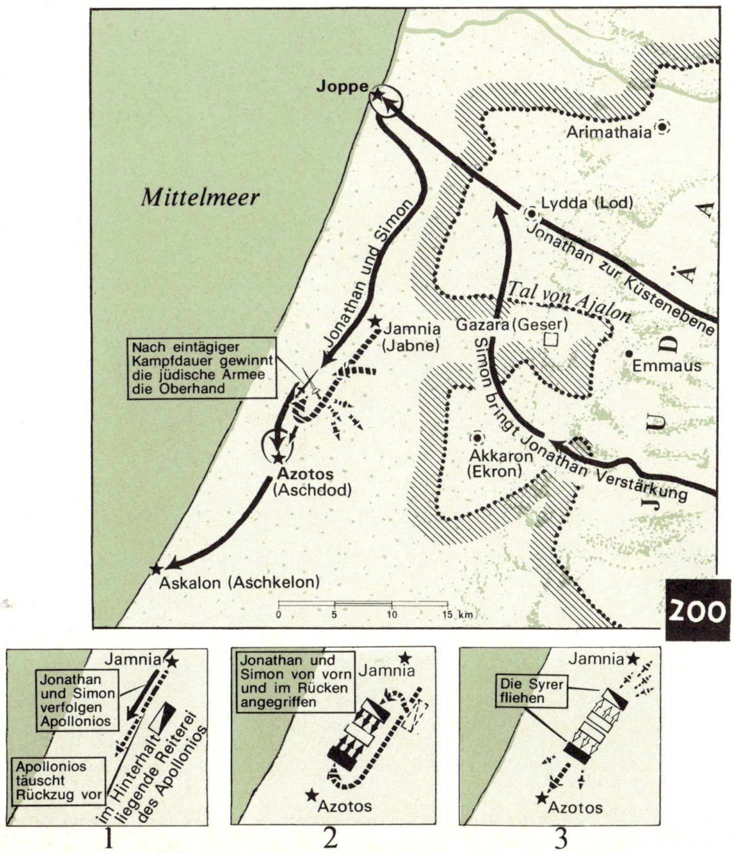

DIE ERSTE EROBERUNG JOPPES UND DIE SCHLACHT VON JAMNIA 147 V. CHR.

Als Demetrios II. im Jahre 147 v. Chr. über seinen Rivalen Alexander gesiegt hatte, ernannte er einen gewissen Apollonios zum Befehlshaber über Koilesyrien und gebot ihm, strenge Maßnahmen gegen Judäa zu ergreifen, das Alexander Balas unterstützt hatte. Apollonios, der sein Lager bei Jamnia aufgeschlagen hatte, forderte Jonathan zu einer Schlacht heraus, in »einem Tal, wo es keinen Stein gibt, keinen Felsen, keinen Zufluchtsort«. Er war der Überzeugung, daß die jüdische Armee nur im Partisanenkampf im unwegsamen Gebirge eine Siegeschance habe. Aber die Makkabäer hatten jetzt eine größere Armee, und Jonathan erschien mit 10000 Mann in der Ebene. Sein Bruder Simon folgte ihm mit zusätzlichen Truppen. Zu Beginn ihres Feldzuges zwangen die Makkabäer die Stadt Joppe, ihnen ihre Tore zu öffnen.

Unterdessen hatte Apollonios zwischen Jamnia und Azotos einen Hinterhalt gelegt. Er verbarg längs der Straße zwischen den beiden Städten ein Reiterregiment und fingierte einen Rückzug. Jonathan ging in die Falle. Als dann die beiden Armeen aufeinanderprallten, sah sich Jonathan auch von hinten angegriffen. In der folgenden Schlacht bewies die jüdische Armee nun ihren Mut und ihre Ausdauer. Das »Kriegsvolk« hielt einen ganzen Tag lang wacker durch, bis die Pferde der Feinde müde wurden. In der Abenddämmerung griff Simon die Kavallerie an, die zur Küste hin floh. Der Rest der Armee des Apollonios zog sich nach Azotos zurück. Jonathan jagte ihr nach, nahm Azotos ein und zog weiter nach Askalon, wo er herzlich empfangen wurde. Die makkabäische Armee ging aus dieser Schlacht als die stärkste Militärmacht in ganz Israel hervor.

seleukidische Truppen
Streitkräfte Jonathans
seleukidische Fußkämpfer
Reiterei der Seleukiden
□ seleukidische Festung

1. MAKKABÄER 10, 69–87; FLAVIUS JOSEPHUS: "JÜDISCHE ALTERTÜMER" (*ANTIQUITATES IUDAICAE*) 13, 88–101

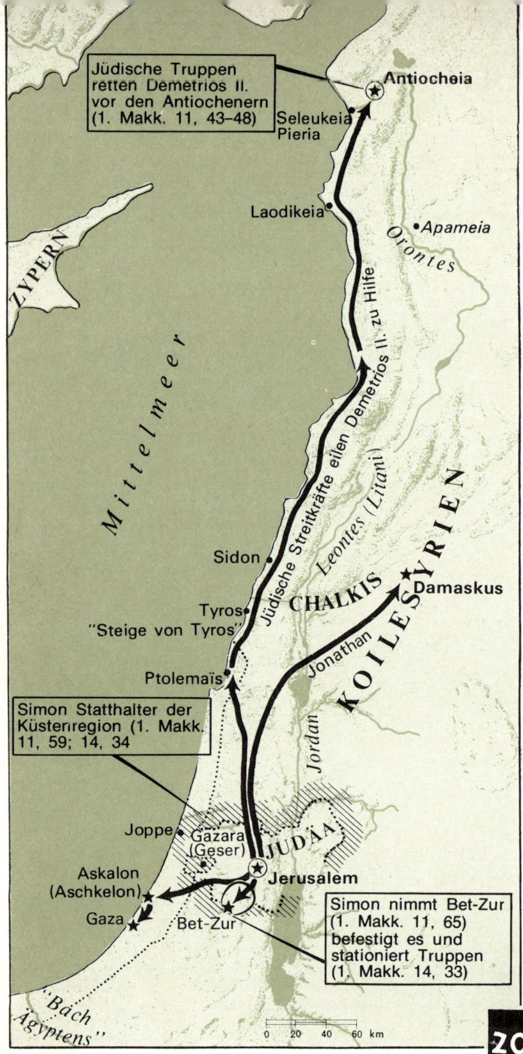

201

"Jonathan kehrte in Friede und Freude nach Jerusalem zurück" (1. Makkabäer 10, 66).

JONATHANS FELDZUG IN KOILESYRIEN 150 V. CHR.

Als Demetrios II. seine kretischen Söldner entließ, war seine Position noch schwächer geworden, und er sah sich gezwungen, Jonathan um Hilfe gegen den aufständischen Tryphon zu bitten. Jonathan schickte 3000 Mann, die Demetrios vor dem Pöbel Antiocheias schützten, der ihn in seinem Palast belagerte. Die Juden behielten die Oberhand und retteten wenigstens für eine kleine Zeit Demetrios' Thron. Demetrios allerdings vergaß, sobald er sich erst wieder sicher fühlte, ganz und gar, was er Jonathan versprochen hatte. Unterdessen gewannen Antiochos VI. und Tryphon immer mehr Macht. Um Jonathan für sich zu gewinnen, ernannte Tryphon Simon zum königlichen Landpfleger der Küstenebene, »von der ›Steige von Tyros‹ bis zum ›Bach Ägyptens‹«. Jonathan zog nun mit seiner Armee unbehindert durch ganz Koilesyrien, und sie kamen auch noch einmal nach Askalon, wo sie mit großem Pomp empfangen wurden. Die Bewohner von Gaza allerdings hielten ihre Tore geschlossen. Jonathan verwüstete hierauf die Vorstädte und zwang dadurch die Stadt, mit ihm einen Vertrag abzuschließen. Dann unternahm Jonathan einen Feldzug in die Gegend von Damaskus, während Simon die Festung Bet-Zur einnahm. Der einzige Ort, der nun in ganz Judäa noch in fremden Händen war, war die »Akra« in Jerusalem.

1. MAKKABÄER 10, 57–65; 11, 43–48; 14, 33–35; FLAVIUS JOSEPHUS: "JÜDISCHE ALTERTÜMER" (*ANTIQUITATES IUDAICAE*) 13, 103–105; 133–142; 146; 148–153

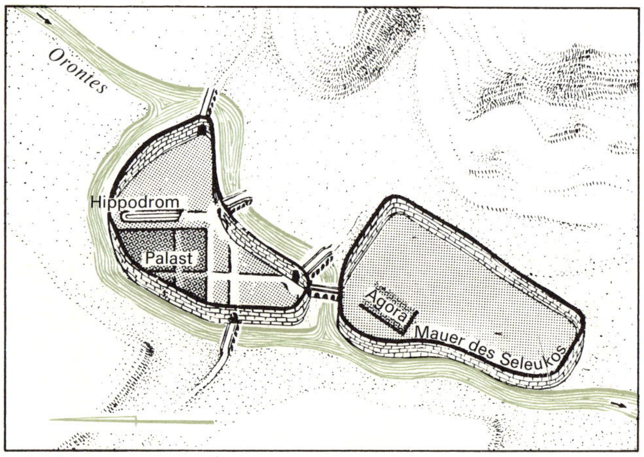

Plan der Stadt Antiocheia in hellenistischer Zeit

DIE SCHLACHT VON HAZOR 144 V. CHR.

Die Erfolge Jonathans in Koilesyrien ließen Demetrios' Generäle Verdacht schöpfen, denn es war ja sehr wohl möglich, daß Jonathan im Solde Antiochos' VI. stand und in dessen Interesse handelte. Um seinen Tatendrang einzudämmen, kamen Demetrios' Truppen über Damaskus nach Gadasa an der Grenze von Galiläa, wo sie Lager schlugen. Jonathan verließ Gennesaret (Genezareth) und begab sich hinauf zur Ebene von Hazor. Nun wandten Demetrios' Generäle die gleiche List an wie Apollonios bei Jamnia (vgl. Karte 200): Sie versteckten einen Teil ihrer Armee in den Hügeln von Kadasa (Qadesch) und fielen Jonathan in den Rücken, als dieser sich bereits mit seiner Hauptmacht in die Schlacht eingelassen hatte. Die Makkabäerarmee geriet in Panik, aber Jonathan und seine Generäle Mattatias, Sohn des Absalom, und Judas, Sohn des Hilphai, bewahrten kaltes Blut, hielten den Angriffen von beiden Seiten stand und besiegten schließlich den Feind, verjagten ihn nach Kadasa und eroberten sein Lager.

"Dann stürzte er sich in den Kampf gegen sie, brachte ihnen eine Niederlage bei und schlug sie in die Flucht" (1. Makkabäer 11, 72).

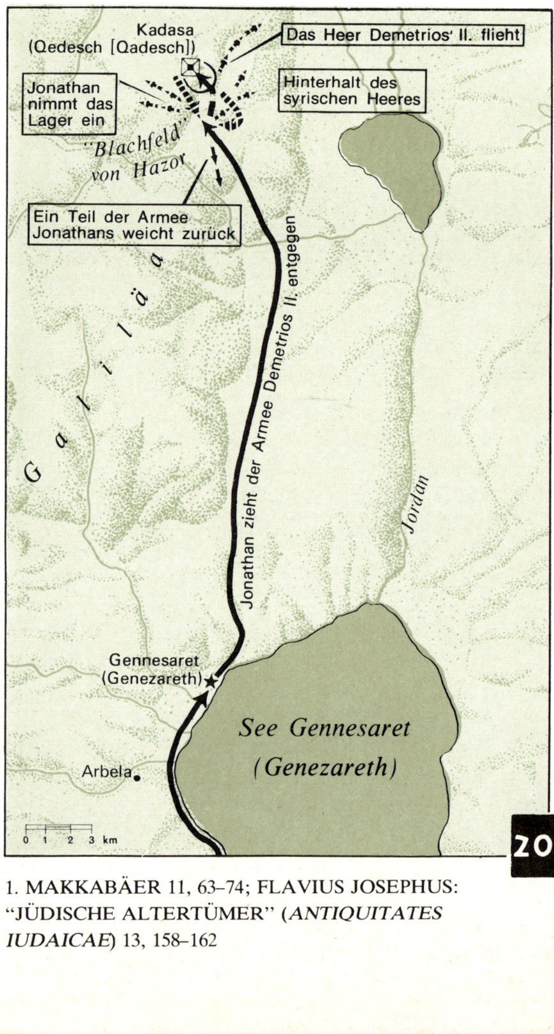

202

1. MAKKABÄER 11, 63–74; FLAVIUS JOSEPHUS: "JÜDISCHE ALTERTÜMER" (*ANTIQUITATES IUDAICAE*) 13, 158–162

127

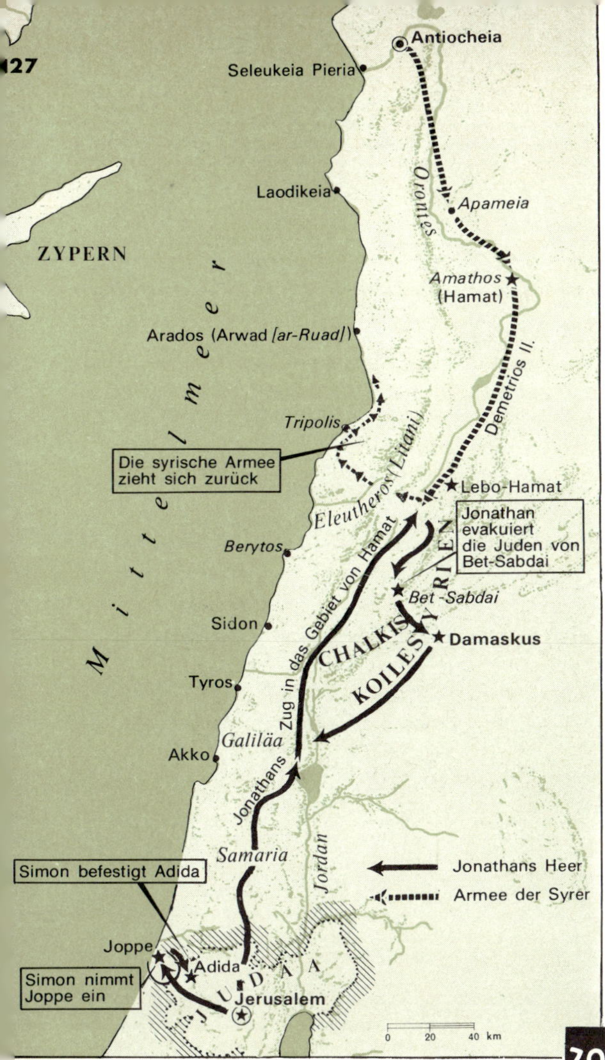

203

MAKKABÄER 12, 24–32; 12, 38: FLAVIUS JOSEPHUS:
ÜDISCHE ALTERTÜMER" (*ANTIQUITATES IUDAICAE*) 13, 174–180

"Am siebenten (Tag des Monats Adar) erhoben sich die Heiden gegen die noch übrigen Schriftgelehrten im Lande Chalkis und im Gebiet von Bet-Sabdai, und die Kinder Israel wurden gerettet" (Fastenrolle).

DER FELDZUG NACH HAMAT 143 V. CHR.

Jonathan sah, daß die Dinge für ihn günstig standen, und sandte Delegationen nach Rom und Sparta, um alte Bündnisse zu erneuern. Wieder setzten sich Demetrios' Armeen gegen ihn in Marsch, aber diesmal fand der Kampf nicht im Lande Israel statt, »denn er ließ ihnen nicht Zeit, in sein Land einzuziehen« (1. Makk. 12, 25). Die Heere trafen im Bezirk Hamat in der al-Beqaʿa-Talebene aufeinander. Als es den Seleukiden nicht gelang, Jonathan zu schlagen, zogen sie sich heimlich über den Eleutheros (Litani) zurück, der die Grenze nach Koilesyrien hin bildete. Jonathan wandte sich nach Bet-Sabdai im Land Chalkis (wo man wieder die übriggebliebenen jüdischen Bewohner verfolgte), befreite seine Glaubensgenossen und machte Beute. Von dort ging er weiter nach Damaskus und durchquerte dann ganz Koilesyrien. Unterdessen hatte Simon Joppe wieder eingenommen und Adida befestigt, das in der Nähe von Lydda (Lod) die »Meeresstraße« (Via Maris) beherrscht.

JERUSALEM ZUR ZEIT DER MAKKABÄER 164–141 V. CHR.

Zu Beginn der Hellenisierung fanden die »fortschrittlicheren« unter den Bürgern, die von uralten Mauern umgebene alte Stadt auf dem Osthügel eigne sich kaum als neues »Antiocheia«. Vermutlich schwebte ihnen eine Stadtanlage in »hippodamischer« Schachbrett-Bauweise vor: eine Stadt mit schnurgeraden Straßen, die einander rechtwinklig schnitten. Auf dem Westhügel zwischen dem Tyropoion- und dem Hinnomtal begann man diese Vorstellung zu verwirklichen. Eine an ihrer Westflanke durch ein kleines Tal geschützte niedrige Anhöhe im Osten der neuen, hellenistischen Stadt wurde zum Burgberg. Die Festung, die sich dort erhob, hieß zur Makkabäerzeit Akra (die »hochgelegene [Burg]«) – nicht zu verwechseln mit der alten Akra (der Zitadelle [Baris] aus den Tagen Nehemias) nördlich des Tempelberges! Nachdem Judas Makkabäus im Jahre 164 v. Chr. den Tempelberg erobert (vgl. Karte 188) und den Gottesdienst wieder eingeführt hatte, blieb die Stadt bis 141 v. Chr. geteilt. Die Makkabäer blieben zur Zeit Judas', Jonathans und Simons im Besitz des Tempelberges, die »Hellenisten« dagegen im Besitz ihrer Akra. Simon und Jonathan ließen einen Belagerungswall, die »Kaphernata«, um die Akra anlegen und nannten einen neuerbauten Stadtteil nach ihr. So versuchten sie die Garnison der Akra vom Marktplatz (griechisch: *agora*) abzuschneiden und sie auszuhungern.

Als die Juden endlich 141 v. Chr. die Akra erobert hatten, ließen sie jenen Teil der Festung schleifen, der durch seine Lage den Tempel beherrschte (Flavius Josephus, »Jüdische Altertümer« *[Antiquitates Iudaicae]* 13, 217). Die Makkabäer, denen nun die ganze Stadt gehörte, bauten eine Mauer um den Westhügel, schufen eine Brücke über das Tyropoiontal, die den Tempelberg mit dem Westhügel verband, und bauten für sich auf den Ruinen der Akra einen Palast. Sie verstärkten auch die »Zitadelle« durch mehrere Türme, von denen einer zur Zeit Aristobulos' I. den Namen »Stratonsturm« erhielt.

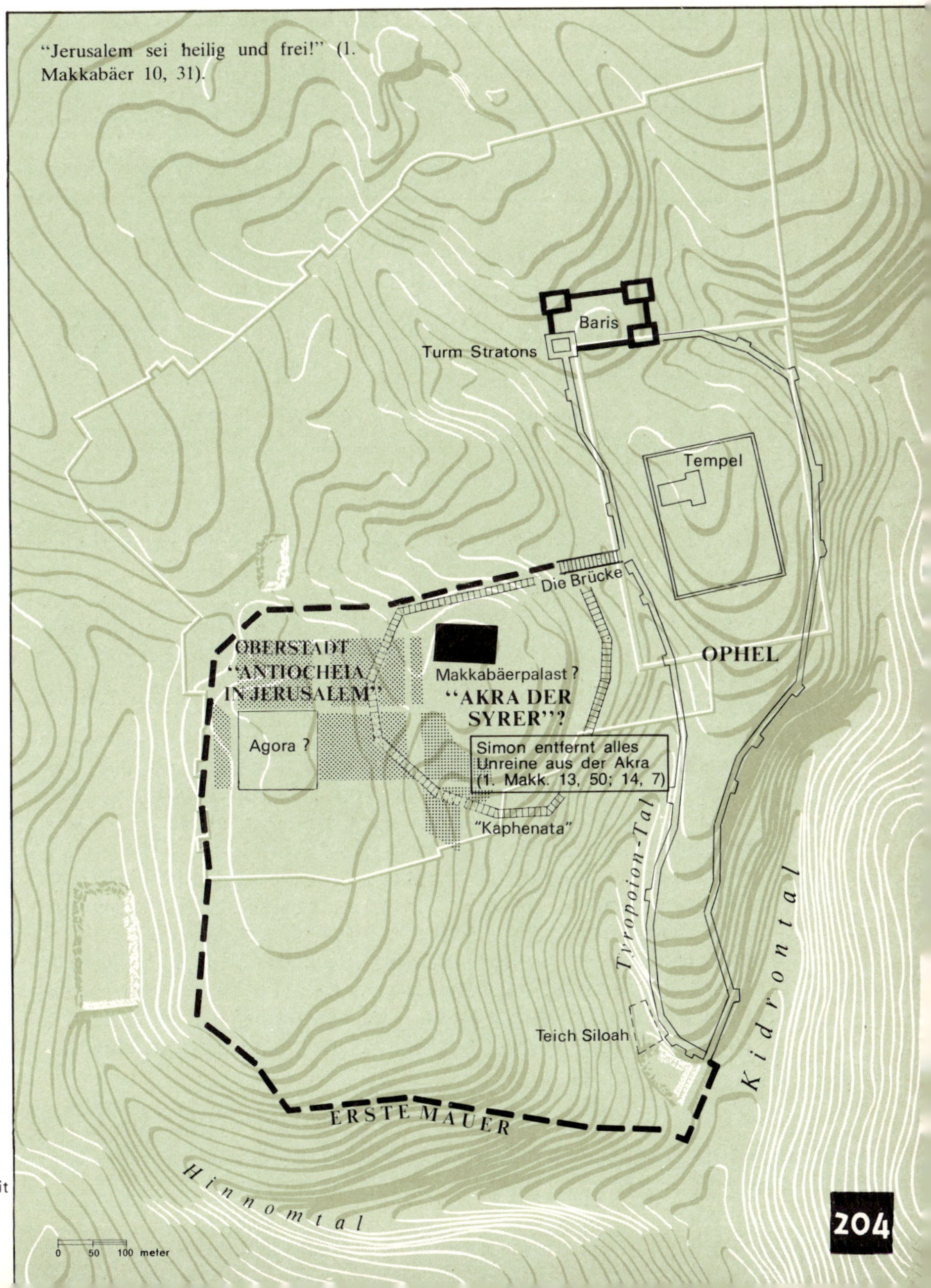

Bauwerk älteren Datums
Bauwerk aus der Makkabäerzeit
Belagerungswall
Gebiet von "Antiocheia"

204

1. MAKKABÄER 4, 36–60; 6, 61–62; 10, 10–12; 12, 36–37; 13, 49–53; 14, 7

"Und sie antworteten mit lauter Stimme: 'Sei du anstelle des Judas und deines Bruders Jonathan unser Anführer!'" (1. Makkabäer 13, 8).

TRYPHONS FELDZUG GEGEN JONATHAN 143–142 V. CHR.

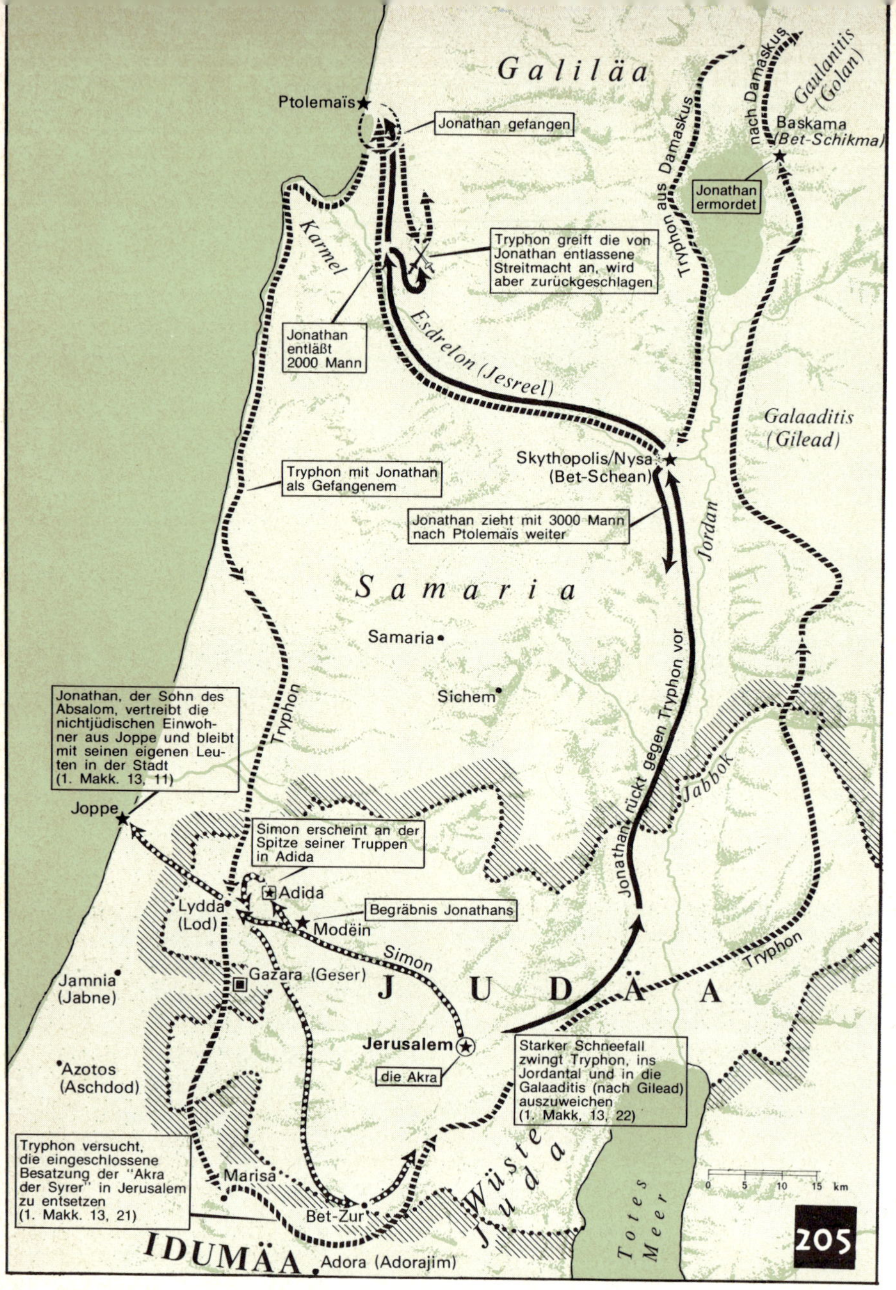

Kampf zwischen Reitern und Fußkämpfern (Relief an einem Sarkophag aus Sidon)

Grenze Judäas bei Simons Regentschaftsübernahme

1. MAKKABÄER 12, 39–54; 13, 1–30; FLAVIUS JOSEPHUS: "JÜDISCHE ALTERTÜMER" (*ANTIQUITATES IUDAICAE*) 13, 187–212

Nachdem Tryphon die Oberhand behalten hatte, weil sein Rivale Demetrios II. mit den Vorbereitungen für einen Krieg gegen die Parther beschäftigt war, beschloß er, Jonathan einen Denkzettel zu verpassen, denn offensichtlich war der Herrscher über Judäa etwas zu mächtig geworden. So zog er mit seiner Armee nach Judäa, wo ihm aber Jonathan bei Skythopolis (Bet-Schean) mit einer solchen Streitmacht entgegentrat, daß dem seleukidischen Regenten klar wurde: In einer offenen Feldschlacht standen für ihn die Chancen schlecht. Tryphon beschloß daher, Jonathan gefangenzunehmen, und köderte ihn zu diesem Zweck mit dem Versprechen, ihm die königliche Festung Ptolemaïs zu übergeben. Er überredete Jonathan, den Großteil seines Heeres zu entlassen. Dieser tat das und behielt nur eine Wache von 3000 Mann bei sich. Jonathan und Tryphon wandten sich nun gemeinsam zur Küste. In der Nähe von Ptolemaïs überredete Tryphon Jonathan abermals, und dieser ließ nun 2000 Mann in Westgaliläa und der Esdrelon-Ebene (Jesreel) zurück (wo offensichtlich wieder jüdische Siedlungen entstanden waren). So zog Jonathan mit nur 1000 Mann in der Stadt Ptolemais ein. Die Einwohner, die mit Tryphon im Bunde waren, schlossen die Tore und metzelten die jüdischen Truppen nieder. So wurde Jonathan von seinen Feinden hinters Licht geführt.

Tryphon versuchte nun die Verwirrung, die unter den Juden entstanden war, auszunützen, um sie zu unterwerfen. Aber sein Angriff auf die von Jonathan in Westgaliläa zurückgelassenen Truppen schlug fehl. Simon übernahm das Oberkommando und richtete die verwirrten und eingeschüchterten Leute wieder auf. Tryphon zog mit seinen Truppen hinauf gegen Judäa und führte dabei Jonathan als Gefangenen bei sich. Simon befahl seinem Heerführer Jonathan, dem Sohn des Absalom, Joppe einzunehmen und es neu mit Juden zu besiedeln. Dann führte er sein Heer zur neuen Festung Adida. Da Tryphon es nicht wagte, die jüdische Armee direkt anzugreifen, versuchte er es mit Lysias' alter List. Er ging durch Idumäa, vorbei an Adora, zu der an der Wasserscheide entlangführenden Straße. Die in der Akra belagerten »Hellenisten« riefen ihn in ihrer Verzweiflung zu Hilfe, und Tryphon versuchte Jerusalem in einem Gewaltmarsch durch die Wüste Juda zu erreichen. Er wurde jedoch von einem Schneesturm überrascht und zog ins warme Jordantal.
Nach diesem Mißerfolg marschierte Tryphon über Gilead zurück nach Damaskus. Auf dem Weg dorthin ließ er Jonathan bei Baskama (Bet-Schikma) hinrichten. Jonathan wurde mit allen Ehren im Familiengrab von Modeïn beigesetzt, und man wählte Simon an seines Bruders Stelle zum Führer des Volkes.

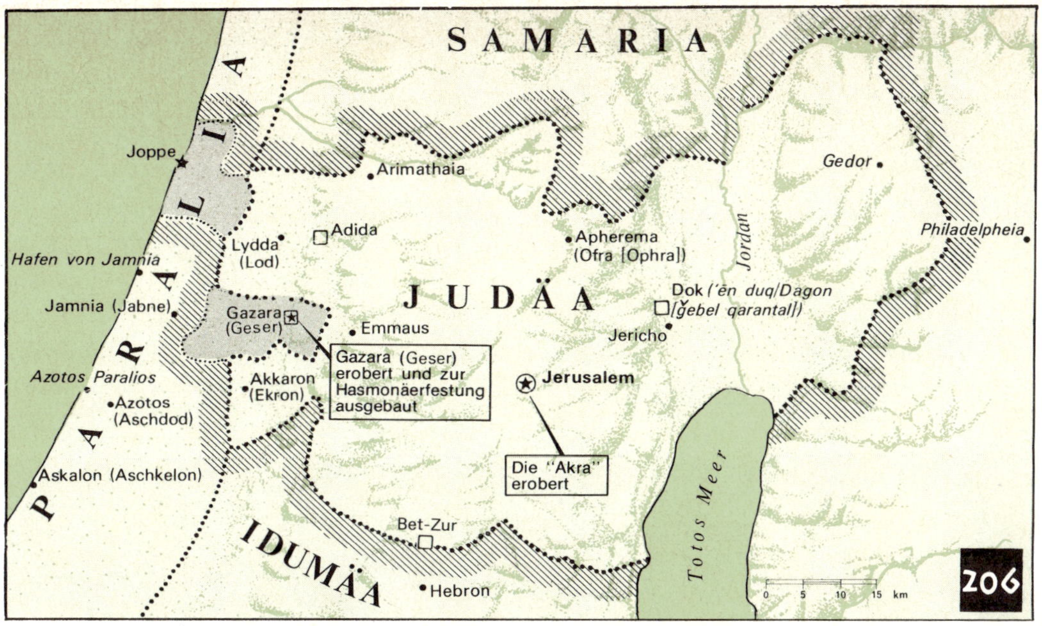

"Man bebaute in Frieden sein Land..." (1. Makkabäer 14, 8).

DIE EROBERUNGEN SIMONS 142–135 V. CHR.

☐ Makkabäerfestung

▨ von Simon erobertes Gebiet

1. MAKKABÄER 13, 42–48; FLAVIUS JOSEPHUS: "JÜDISCHE ALTERTÜMER" (*ANTIQUITATES IUDAICAE*) 13, 215

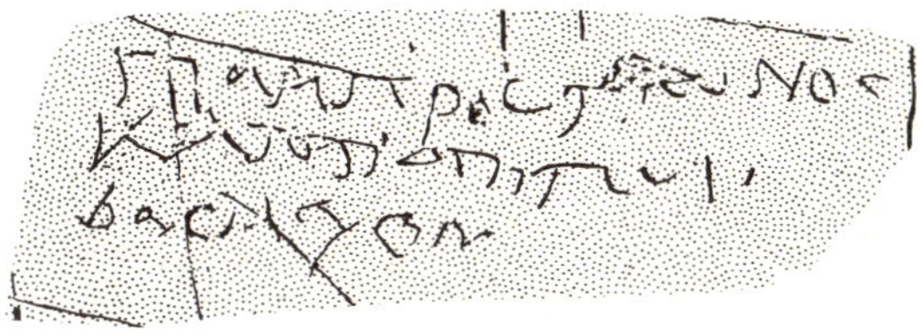

Ostrakon (beschriftete Scherbe) aus Gazara (Geser) mit schriftlicher Verwünschung gegen das "Haus des Simon"

Der Verrat Tryphons veranlaßte Simon, sich auf die Seite Demetrios' II. zu stellen, der Judäa im Jahre 142 v. Chr. die Unabhängigkeit verlieh. Jetzt »ward das Joch der Heiden von Israel genommen. Und das Volk Israel fing an in Urkunden und Kaufbriefen zu schreiben: Im ersten Jahr Simons, des großen Hohenpriesters, Heerführers und Fürsten der Juden.« Simon war aber mit Judäas Unabhängigkeit innerhalb der bestehenden Grenzen nicht zufrieden. Schon in den Tagen Tryphons hatte er Joppe erobert (vgl. Karte 205): »... nahm er... Joppe zum Hafen, und verschaffte den Schiffen des Meeres Zugang.« Er nahm auch Gazara (Geser) mit Hilfe einer Belagerungsmaschine *(heilepolis)* ein und baute dort eine Festung sowie einen Palast, und aus der Stadt wurde ein militärisches Zentrum, das an Bedeutung nur von Jerusalem übertroffen wurde. Zum Schluß nahm er auch die Akra ein, »und die Heiden wurden aus dem Lande vertilgt«.

DIE SCHLACHT BEI KEDRON (KIDRON) 137 V. CHR.

"Er selbst rückte mit seinen Truppen in anderer Richtung vor... er kam durch, ohne ein einziges Treffen zu verlieren" (Flavius Josephus: "Jüdische Altertümer" [*Antiquitates Iudaicae*] 13, 227).

Im Jahre 137 v. Chr. vertrieb Antiochos VII. den Thronprätendenten Tryphon aus Dora. Er befand sich nun mit einer starken Armee in Judäa und versuchte Simon die Bezirke zu entreißen, die die Juden seiner Meinung nach zu Unrecht in ihrem Besitz behielten, insbesondere galt dies für Joppe und Gazara (Geser). Der Seleukidenkönig ernannte seinen General Kendebaios zum Kommandanten des Küstengebietes (Paralia) und stellte ihm Fußtruppen und Reiterei zur Verfügung. Kendebaios erhielt den Befehl, bei Kedron (Kidron, in der Nähe des heutigen Gedera) an der Grenze Judas eine Festung zu bauen. Von dort verlagerte er sein Hauptquartier nach Jamnia (Jabne) und terrorisierte die Bevölkerung Judäas. Um dem zu begegnen, begab sich Simons Sohn, Johannes Hyrkanos, nach Gazara (Geser) gegenüber Kedron. Von hier aus zog er mit seinem Bruder Judas und 20000 Mann den Seleukiden entgegen. Sie verbrachten die Nacht bei Modeïn und waren in der Morgendämmerung in der Nähe Kedrons. Schließlich trennte sie nur noch der Flußlauf vom Feind. Die seleukidischen Streitkräfte waren in ihrer typischen Art aufgestellt – Infanterie in der Mitte, Kavallerie auf den Seiten. Trotz des schwierigen Terrains – es galt, den Fluß zu überqueren – siegten die Makkabäer. Die Syrer flohen, zuerst nach Kedron, dann in die Festungen im Gebiet von Azotos. Judas wurde bei Kedron verwundet. Johannes aber verfolgte die Feinde bis nach Azotos und zerstörte die dortigen Befestigungswerke. Simon war es nicht vergönnt, sich lange an den Siegen seiner Söhne zu erfreuen. Ptolemaios, der Sohn Habubs, sein eigener Schwiegersohn, den er zum Statthalter von Jericho ernannt hatte, ermordete ihn während eines Essens in der Festung Dok, seine Söhne Mattatias und Judas waren beteiligt. Doch der Plan des Mörders, Judäa Antiochos VII. in die Hände zu spielen, schlug fehl. Johannes Hyrkanos, der zur Zeit des Mordanschlags in der Festung Gazara (Geser) war, entrann den Mördern. Dies war das Ende Simons, des letzten Mattatias-Sohnes. Keiner von ihnen fand einen natürlichen Tod.

Damit endet die Geschichte der Hasmonäer im 1. Makkabäerbuch. Es heißt dort: »Was aber sonst von Johannes zu berichten ist, von seinen Kriegen... all das steht geschrieben im Buch der Chronik seines Hohenpriestertums« (1. Makk. 16, 23–24). Aber dieses Buch ist nicht erhalten, und wir sind für die weitere Geschichte des antiken Judentums vor allem auf die »Jüdischen Altertümer« des Flavius Josephus angewiesen.

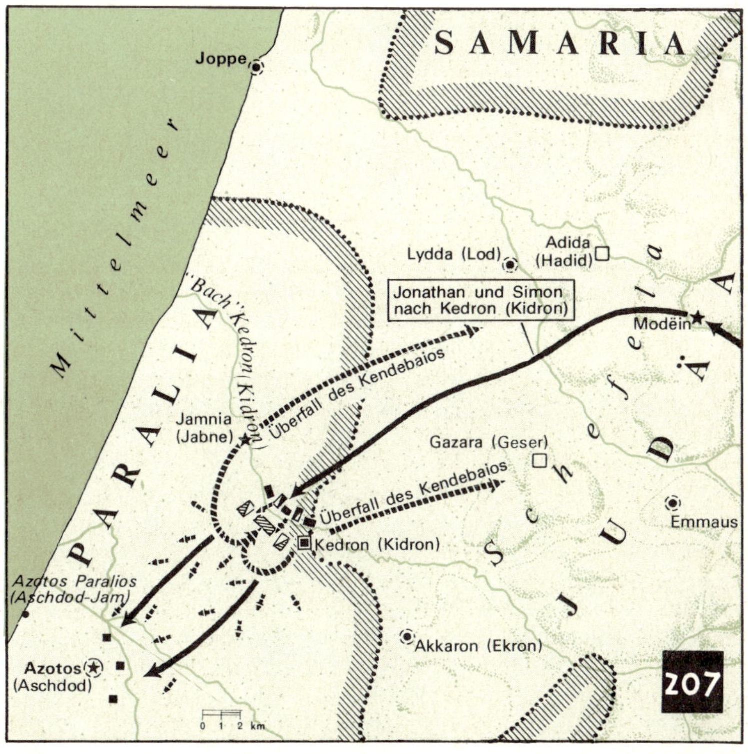

☐ Makkabäerfestung
▣ Seleukidenfestung
▪ Vorwerke von Azotos (Aschdod)
▬ Fußtruppen der Makkabäer
Reiterei der Makkabäer
seleukidische Fußtruppen
seleukidische Reiterei

1. MAKKABÄER 15, 38–16, 10; FLAVIUS JOSEPHUS: "JÜDISCHE ALTERTÜMER" (*ANTIQUITATES IUDAICAE*) 13, 223–235

"Und er eroberte Madeba... als nächste Stadt nahm er Samaga ein..." (Flavius Josephus: "Jüdische Altertümer" [*Antiquitates Iudaicae*] 13, 255).

DIE EROBERUNGEN JOHANNES' I. HYRKANOS' JENSEITS DES JORDANS 128 V. CHR.

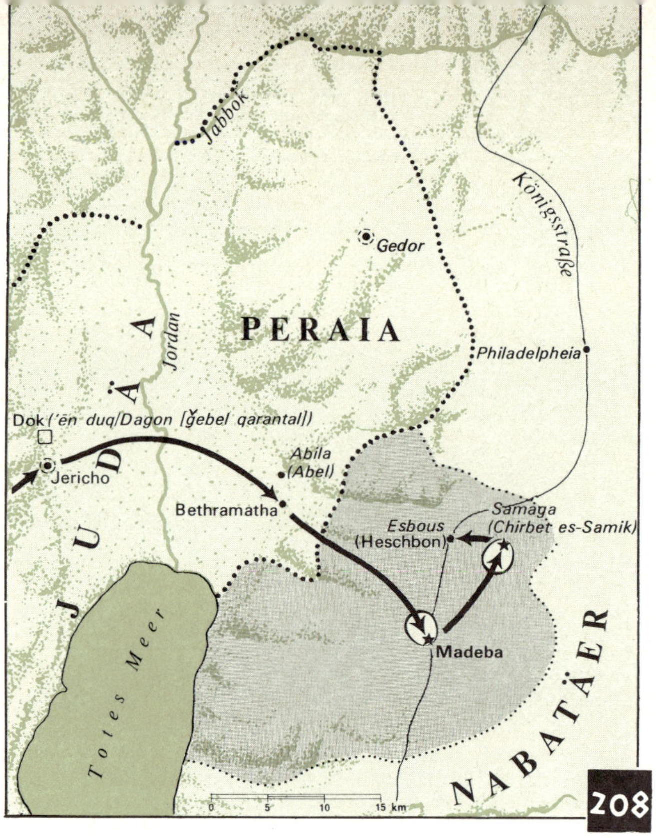

129 v. Chr. starb Antiochos VII. während eines Feldzuges gegen die Parther. Mit seinem Tod schwand die Macht des einstmals so großen Seleukidenreichs dahin. Hyrkanos wurde jetzt nicht mehr von den Syrern belästigt. Seine Armee war die stärkste weit und breit, und so machte er sich daran, das Land wiederzuerobern, das er als väterliches Erbteil der Israeliten seit den Tagen Davids betrachtete. Seine ersten Eroberungen machte er jenseits des Jordans in der Nähe Peraias, wo die Juden seit den Zeiten Jonathans und der Tobiaden einen Stützpunkt hatten (vgl. Karte 199). Er griff Madeba an und nahm die Stadt nach längerer Belagerung ein. Hierauf besetzte er Samaga in der Nähe von Esbous (Heschbon). Dies bedeutete für die Makkabäer großen Machtzuwachs, denn der Gewinn dieses Stützpunktes ermöglichte es ihnen, die »Königsstraße« zu überwachen, jene bedeutende internationale Route, die von Aila (Elat) am Roten Meer am Wüstenrand entlang bis nach Damaskus führte. Da Hyrkanos auch den Abschnitt der *Via Maris* zwischen Lydda und Pegai kontrollierte, hatte er Übersicht über die beiden wichtigsten Handelswege durch Israel.

FLAVIUS JOSEPHUS: "JÜDISCHE ALTERTÜMER" (*ANTIQUITATES IUDAICAE*) 13, 255; "DER JÜDISCHE KRIEG" (*BELLUM IUDAICUM*) 1, 63

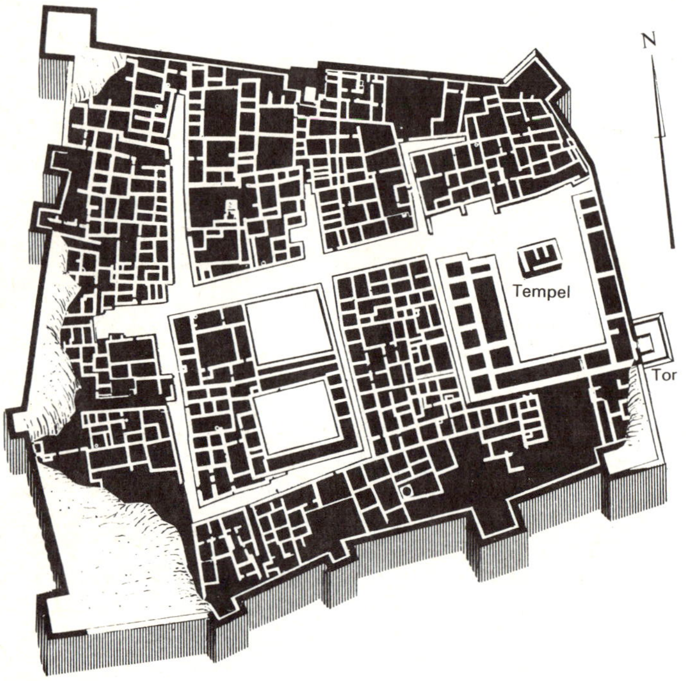

Plan von Marisa (Marescha) in hellenistischer Zeit

□ Festung der Makkabäer
...... Grenze Judäas bei Hyrkanos' Amtsantritt
von Hyrkanos erobertes Gebiet

HYRKANOS' EROBERUNGEN IN IDUMÄA 125 V. CHR.

Nun wandte sich Hyrkanos gegen zwei kleine Völker, die zwischen dem aufstrebenden Judäa und den griechischen Städten förmlich »eingeklemmt« waren: die Samariter (vgl. Karte 210) und die Idumäer. Letztere hatten früher im südlichen Transjordanien gelebt, waren aber von den fruchtbaren Landstrichen Südjudäas angelockt worden, als diese infolge der Deportation der Juden nach Babylon entvölkert waren (vgl. Karte 163). Diese Idumäer unterhielten wenig Kontakte zu ihren arabischen Nachbarn und setzten sich auch kaum zur Wehr. Ihre Unterwerfung brachte Hyrkanos Hebron, Adora (Adorajim) und En-Gedi im östlichen Idumäa ein. Selbst im halbwegs hellenisierten Marisa (Marescha) hatte die Tatsache, daß nun Hyrkanos herrschte, keinen wesentlichen Einfluß auf das Alltagsleben. Da die Politik der Makkabäer darauf abzielte, sich die Loyalität der eroberten Gebiete zu sichern, wurden die Idumäer gezwungen, die jüdische Religion anzunehmen, und sie waren innerhalb weniger Generationen in die jüdische Nation integriert, wie ihre große Tapferkeit im Kriege gegen die Römer bewies. Durch die Eroberung Idumäas war das Gebiet Judäas bis nach Beerscheba und Orda erweitert worden.

FLAVIUS JOSEPHUS: "JÜDISCHE ALTERTÜMER" (*ANTIQUITATES IUDAICAE*) 13, 257–258; "DER JÜDISCHE KRIEG" (*BELLUM IUDAICUM*) 1, 63

"Weiterhin eroberte er zahlreiche Städte in Idumäa, darunter Adora (Adorajim) und Marisa (Marescha)" (Flavius Josephus: "Der Jüdische Krieg" [*Bellum Iudaicum*] 1, 63).

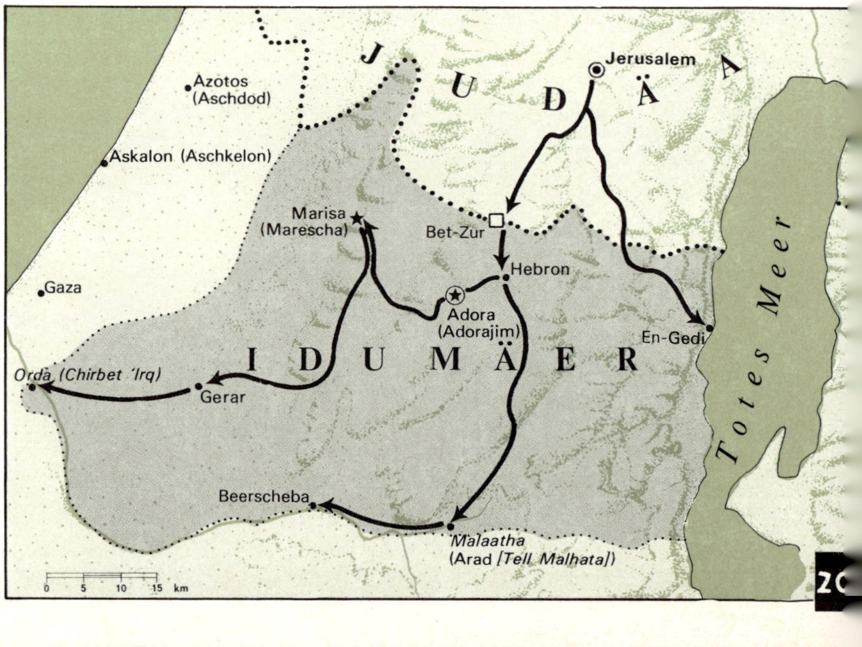

"Am fünfundzwanzigsten (Tage des Monats [Mar]heschwan [September-Oktober]) wurde die Mauer Samarias erobert" (sog. "Fastenrolle").

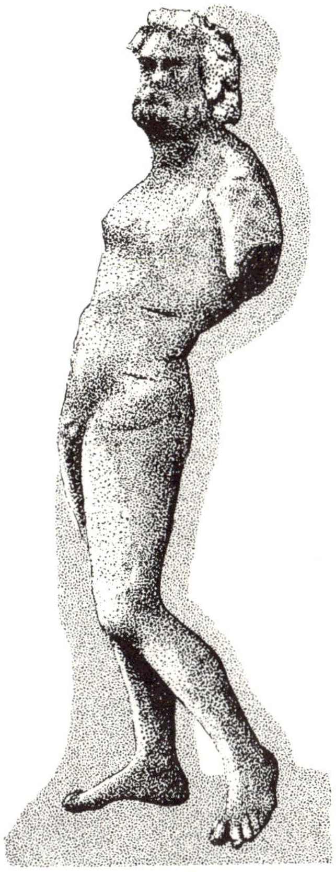

In Samaria gefundene Heraklesstatue

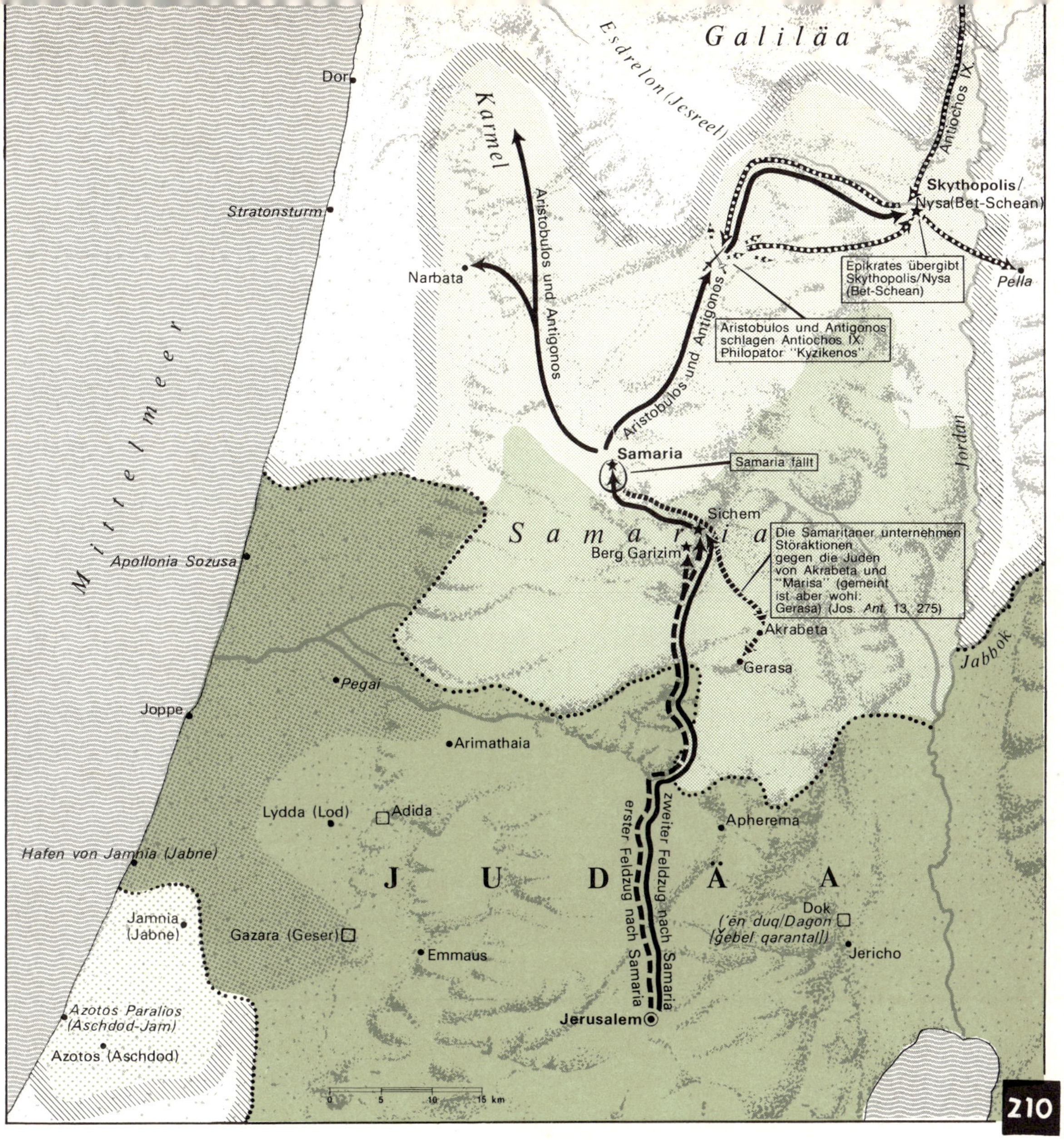

judäisches Gebiet – 129 v. Chr.

beim ersten Feldzug nach Samaria erobertes Gebiet

beim zweiten Feldzug nach Samaria erobertes Gebiet

Hyrkanos' Eroberungen in der Küstenebene

FLAVIUS JOSEPHUS: "JÜDISCHE ALTERTÜMER" (*ANTIQUITATES IUDAICAE*) 13, 255–256; 13, 275–283; "DER JÜDISCHE KRIEG" (*BELLUM IUDAICUM*) 1, 63–66; "FASTENROLLE": 21. KISLEW, 25. [MAR]HESCHWAN, 15.–16. SIWAN

HYRKANOS' EROBERUNGEN IN SAMARIA UND IN DER KÜSTENEBENE 126–104 V. CHR.

Bevor er die Idumäer unterwarf (vgl. Karte 209), hatte Hyrkanos eine Expedition gegen die Samariter unternommen. Dieses Volk lebte isoliert im Bergland von Ephraim. Hyrkanos eroberte Sichem und auch den Tempel auf dem Berge Garizim. Die Samariter lehnten allerdings das Judentum in seiner orthodoxen Form ab und bewahrten (bis heute!) ihre eigenen Sitten und Gebräuche. Nur der Bezirk von Akrabeta, wo es viele Juden gab, wurde Judäa wirklich einverleibt. Hyrkanos erweiterte seinen Machtbereich auch zur Küste hin. Kurz nach dem Tode Antiochos' VII. eroberte er die Bezirke zurück, die im Jahre 132 v. Chr. verlorengegangen waren, das heißt Joppe, Gazara (Geser), Pegai und »die Häfen« (Apollonia und den Hafen von Jamnia). Bevor er starb, waren auch Jamnia selbst sowie Azotos (Aschdod) und die zugehörige Hafenstadt Azotos Paralios (Aschdod-Jam [»Aschdod am Meer«]) in seinem Besitz.

Nach der Annektion Idumäas und Samarias wandte sich Hyrkanos seinem Hauptziel zu: den Griechenstädten, die Judäas Ausdehnung nach Norden und seinen Zusammenschluß mit Galiläa verhinderten. Es waren dies Stratonsturm, Samaria und Skythopolis (Bet-Schean), die vom Meer zum Jordan eine Linie bildeten. Im Jahre 108/107 begann Hyrkanos Samaria zu belagern. Dessen Einwohner hatten ihn provoziert, und zudem hörten sie nicht auf, die Juden von Gerasa im Bezirk Akrabeta zu drangsalieren (bei Flav. Jos., »Jüd. Alt.« [*Ant.* 13, 275] liest man allerdings »Marisa« statt »Gerasa«).

Die Belagerung Gerasas war langwierig und mühselig, denn die Griechen setzten sich unerschrocken zur Wehr. Sie riefen Antiochos IX. von Kyzikos zu Hilfe, der nach Skythopolis kam, aber auf dem Weg nach Samaria von Aristotulos I. und Antigonos, Hyrkanos' Söhnen, vernichtend geschlagen wurde. Antigonos verfolgte ihn und nahm Skythopolis ein (so Josephus in den *Antiquitates*). Im *Bellum Iudaicum* dagegen behauptet Josephus, die beiden hätten die Stadt vom Stadtkommandanten Epikrates gekauft. Damals waren die beiden Brüder auch in das Gebiet des Karmelgebirges vorgedrungen und hatten vermutlich die Gegend von Narbata erobert. Endlich gelang es Hyrkanos, Samaria einzunehmen, dem archäologischen Befund zufolge muß sein Zerstörungswerk außerordentlich gründlich gewesen sein. Die Bevölkerung wurde ins Exil geführt. Die Stadt selbst wurde wenig später unter Alexander Iannaios wieder besiedelt. Damit aber war für die Juden der Weg nach Galiläa offen.

"Nach Verlauf dieser Tage aber kehrte ein jeder zu seinem Erbbesitz heim" (Judith 16, 21).

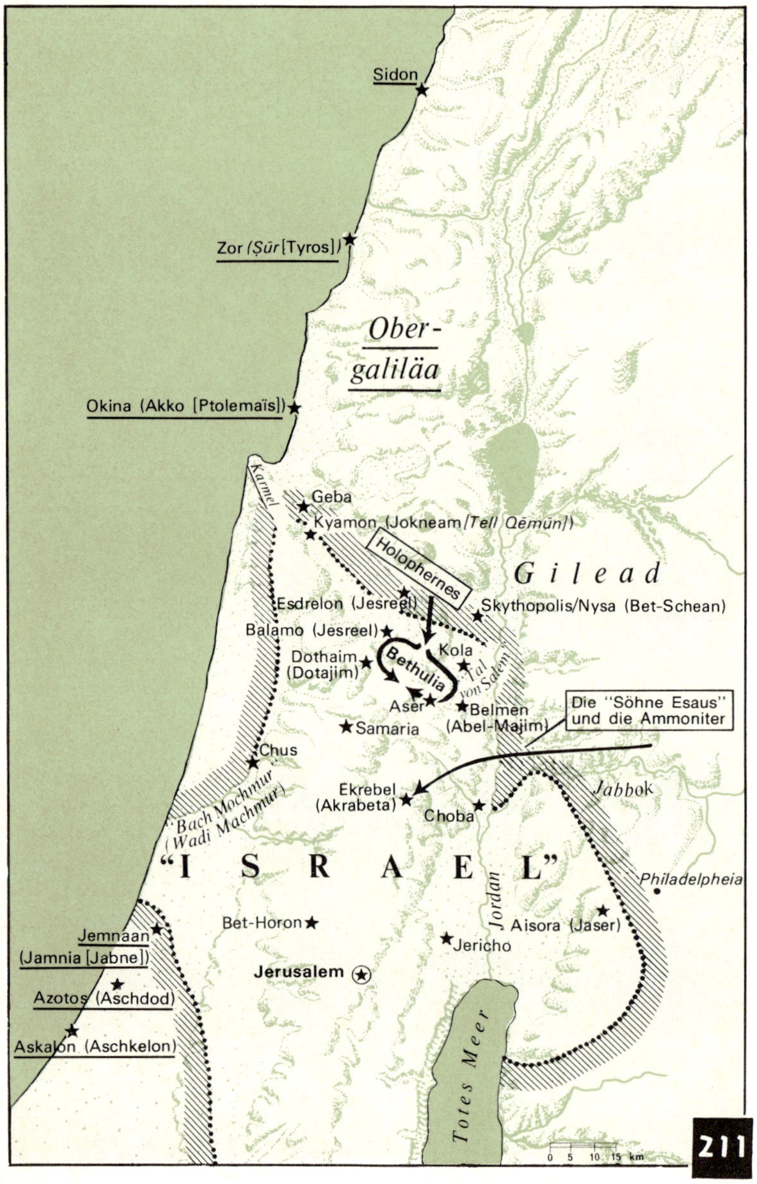

Azotos (Aschdod) von Holophernes eroberte Stadt oder Gegend

JUDITH 1, 8–9; 2, 28; 3, 1–6; 3, 10; 4, 4; 4, 6; 7, 4

JUDÄAS GRENZEN NACH DEM BUCH JUDITH 108–107 V. CHR.

Oft spiegelt eine Erzählung mit unhistorischem Inhalt die historische Realität zur Zeit ihrer Niederschrift. Das Buch Judith scheint in den Tagen der Belagerung Samarias verfaßt worden zu sein. Das hebräische Original ist verloren, nur eine griechische Übersetzung ist überliefert. Unser Zeitansatz gründet sich nicht nur auf den national-religiösen Geist, der das Buch durchweht, sondern vor allem auf die Grenzen eines imaginären »Israel«, wie sie der Verfasser zeichnet.

Die Erzählung des Buches Judith spielt in den Tagen »Nebukadnezars, des Königs von Assyrien«, und es ist die Rede von einer Stadt namens Betylua oder Bethulia (d. h. Bet-El [»Haus Gottes«] – ein Synonym für Judäa), die von Holophernes, dem Oberbefehlshaber der assyrischen Armee, belagert wird. Holophernes (der Name erscheint tatsächlich in der Liste der persischen Satrapen) wird von der heldenhaften Jüdin Judith getötet, und die verwirrte assyrische Armee löst sich auf. Aus dem, was die Geschichte erzählt, und dem, was sie verschweigt, lassen sich auf die Ausdehnung der jüdischen Herrschaft zur Zeit der Niederschrift der Geschichte Rückschlüsse ziehen. So wendet sich Nebukadnezar gegen »die Leute des Karmelgebirges, gegen Gilead und Obergaliläa« (Judith 1, 18) und auch nach Sidon, Tor (Ṣūr [Tyros]), Okina (Akko [Ptolemaïs]), Jemnaan (Jamnia [Jabne]), Azotos und Askalon (2, 28). Demzufolge befanden sich diese Städte nicht unter jüdischer Herrschaft. Holophernes lagerte »gegen die Jesreelebene hin in der Nähe von Dothaim. Und er schlug seine Zelte zwischen Geba und Skythopolis auf« (3, 9–10), desgleichen von »Belmen (Abel-Majim) . . . bis Kyamon (Jokneam)«. Er sandte Truppen der »Söhne Esaus« (Edomiter) und Ammoniter nach Ekrebel (Akrabeta), das nahe Chus am »Bach Mochmur« gelegen ist (Wadi Machmur, einer der Zuflüsse des Jarkon [7, 18]). Um diese Gefahr abzuwenden, sandten die »Kinder Israels, die in Judäa lebten«, Boten zur »Küste von Samaria«, nach Kola (Qu'an), »Bet-Horon und Belmen (Abel-Majim), desgleichen nach Jericho sowie nach Choba, Aisora (Jaser) und ins Tal von Salem« (4, 4). Dies ermöglicht uns, die Grenze Judäas zu ziehen von Samaria nach Jokneam und ins Salemtal, südlich von Skythopolis, das selbst allerdings nicht zu Juda gehört, weiterhin nach Geba, dem Karmel, Jamnia, Azotos und Askalon. Das gesamte Jordantal und Transjordanien bis nach Jaser hinauf gehörten zu Judäa. Ptolemaïs, Tyros, Sidon, Philadelpheia und Askalon waren unabhängige Städte.

Diesen Grenzverlauf, wie ihn das Buch Judith schildert, gab es in Wirklichkeit nur in einem engumrissenen Zeitraum – nämlich von 108–107 v. Chr., während der Belagerung Samarias und vor der Einnahme von Skythopolis.

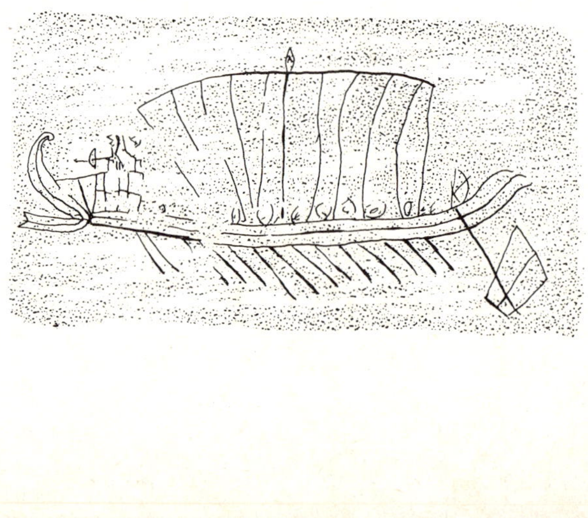

Kriegsschiff (Darstellung im sogenannten Grab Jasons in Jerusalem)

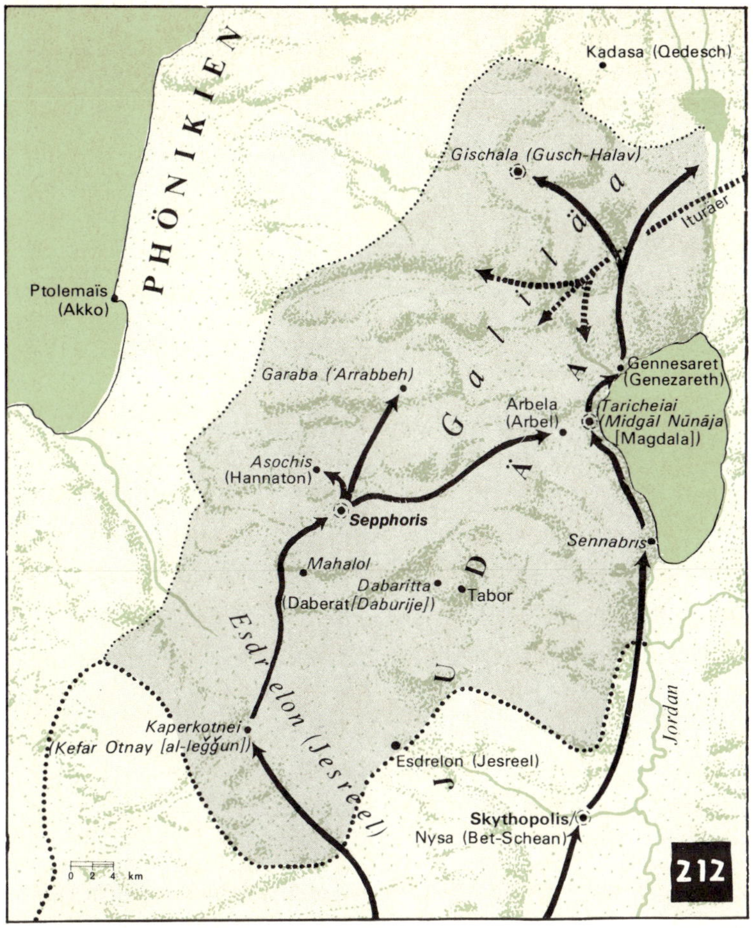

Ituräer
Aristobulos' Heer
Grenze Judäas bei Aristobulos' Amtsantritt
von Aristobulos erobertes Gebiet

FLAVIUS JOSEPHUS: "JÜDISCHE ALTERTÜMER" (*ANTIQUITATES IUDAICAE*) 13, 319; "DER JÜDISCHE KRIEG" (*BELLUM IUDAICUM*) 1, 76

"Dieser Mann war freundlich und sehr nützlich für die Juden" (Strabon nach Flavius Josephus: "Jüdische Altertümer" [*Antiquitates Iudaicae*] 13, 319).

ARISTOBULOS I. EROBERT GALILÄA 104–103 V. CHR.

Johannes Hyrkanos wurde sehr alt, und als er starb, hinterließ er ein blühendes Königreich, trotz der Spaltung zwischen Pharisäern und Sadduzäern, einem inneren Zerwürfnis, das freilich für die Zukunft nichts Gutes verhieß. Sein Nachfolger, Judas Aristobulos I., regierte nur ein Jahr, aber es gelang ihm während dieser kurzen Zeit, Galiläa zu erobern. Diese Gegend, die auch vor ihrem Anschluß an Judäa von zahlreichen Juden bewohnt war, schwebte in konstanter Gefahr, eine Beute der Ituräer zu werden, eines Araberstammes, der die Schwäche der Seleukiden ausgenutzt hatte, um sich gegen den Libanon und das Mittelmeer hin auszubreiten. Aristobulos kam ihnen jedoch zuvor und brachte Galiläa fest in jüdische Hand. Ein bis zwei Jahre, nachdem er die Städte Sepphoris und Asochis erobert hatte, waren diese bereits vollkommen judaisiert. Mit der Erwerbung Galiläas befand sich das gesamte westlich des Jordans gelegene Bergland unter der Herrschaft der Makkabäer.

Münze des Alexander Iannaios

DAS REICH DES ALEXANDER IANNAIOS 103–76 V. CHR.

Aristobulos' Nachfolger war sein Bruder Alexander Iannaios, der die Eroberung Israels vollendete. Obwohl als Feldherr nicht sonderlich geschickt, hatte er dank der Beharrlichkeit, mit der er seine militärischen Ziele verfolgte, schließlich doch Erfolg. Dem Makkabäerreich schloß er Dora an, desgleichen Stratonsturm und den als Vorgebirge ins Meer vorgeschobenen Teil des Karmelmassivs, Gaza mit seinen Satellitenstädten bis hinunter nach Rhinokorura am »Bach Ägyptens«, das Land um das Tote Meer sowie den größten Teil des Ostjordanlandes von Paneion an der Jordanquelle nach Süden – nur Philadelpheia blieb unerobert. Alexander verstand es auch, sich Feinde vom Halse zu halten – so Ptolemaios Lathyros, den König von Zypern, die Seleukiden Demetrios III. und Antiochos XII. sowie schließlich die Nabatäerkönige. Im Innern seines Landes war er weniger erfolgreich. Zerwürfnisse zwischen der herrschenden Dynastie und ihren sadduzäischen Anhängern und den Pharisäern, die unter Hyrkanos erstmals auf der Bildfläche erschienen waren, arteten unter Iannaios zu einem regelrechten Bürgerkrieg aus, der in der Folge mit großer Grausamkeit niedergeschlagen wurde. Dennoch erreichte unter Iannaios der Staat der Makkabäer fraglos seine Blütezeit.

"Nun befanden sich damals folgende Städte Syriens in jüdischer Hand..." (Flavius Josephus: "Jüdische Altertümer" [*Antiquitates Iudaicae*] 13, 395).

Bezirksgrenze
Festung
griechische Stadt in der Hand Alexander Iannaios'

FLAVIUS JOSEPHUS: "JÜDISCHE ALTERTÜMER" (*ANTIQUITATES IUDAICAE*) 13, 395–404; "DER JÜDISCHE KRIEG" (*BELLUM IUDAICUM*) 1, 106

"Pompeius… nahm das Heer… und die Hilfstruppen sowie die römischen Legionen, die zu seiner Verfügung standen, und zog gegen Aristobulos" (Flavius Josephus: "Jüdische Altertümer" [*Antiquitates Iudaicae*] 14, 48).

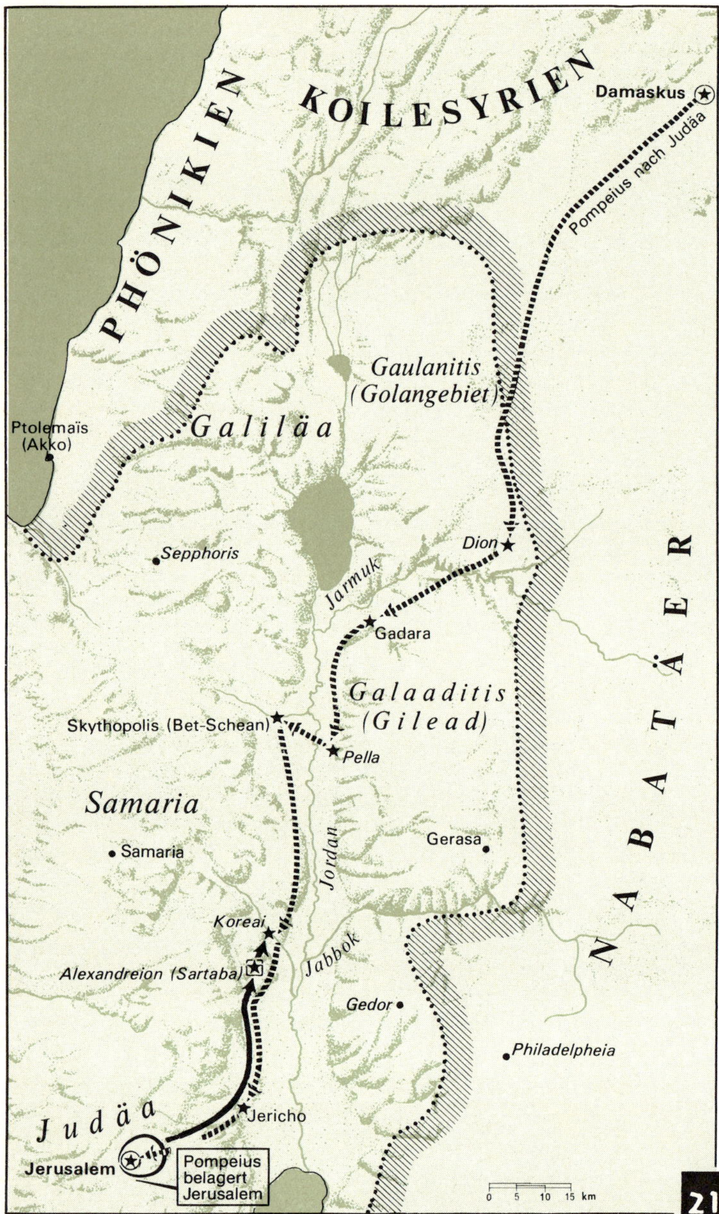

214

Aristobulos' Heer
Pompeius' Heer

FLAVIUS JOSEPHUS: "JÜDISCHE ALTERTÜMER" (*ANTIQUITATES IUDAICAE*) 14, 48–55; "DER JÜDISCHE KRIEG" (*BELLUM IUDAICUM*) 1, 133–139

POMPEIUS' FELDZUG IN PALÄSTINA 63 V. CHR.

Pompeius (nach einem Münzbild)

Nach Iannaios' Tod (76 v. Chr.) regierte seine Witwe Alexandra bis 67 v. Chr. Nachdem auch sie gestorben war, brach zwischen ihren Söhnen Hyrkanos II. und Aristobulos II. ein Bruderkrieg aus. Der schwache Hyrkanos ließ sich von dem Idumäer Antipatros, dem bösen Geist der Hasmonäischen Dynastie, beschwatzen, den Nabatäerkönig Aretas zu Hilfe zu rufen. Die Angreifer belagerten Jerusalem, aber jetzt erschienen die Römer auf dem Schauplatz der Ereignisse.

Rom hatte nach seinem Sieg über die Seleukiden Schritt für Schritt den gesamten hellenistischen Osten unterworfen. Von 88 – 64 v. Chr. kämpften römische Legionen gegen Mithridates, den König von Pontos, ihren gefährlichsten Gegner im Osten. Nachdem es Pompeius endlich gelungen war, Mithridates zu besiegen, erschien er im Jahre 64 v. Chr. in Damaskus, annektierte das seleukidische Königreich, das zur Provinz Syrien umgewandelt wurde, und richtete dann sein Augenmerk auf Judäa.

Er schickte Scaurus, einen seiner Heerführer, voraus und befahl Waffenruhe. Aretas und Hyrkanos, die sich zurückgezogen hatten, wurden bei Papyron in der Nähe des Jordan von Aristobulos vernichtend geschlagen. Pompeius zitierte die beiden Rivalen zu sich, und als er erkannte, daß Hyrkanos die schwächere Persönlichkeit war, ernannte er ihn zum Herrscher über die Juden. Aristobulos zog sich in die das Jordantal beherrschende Feste Alexandreion zurück. Pompeius und seine Armee folgten ihm, vorbei an Dion (und vermutlich auch Gadara), Pella und Skythopolis. Bei Koreai betrat die römische Armee den Boden Judäas, Aristobulos ließ sich aus Schwäche aufs Verhandeln ein und ergab sich schließlich. Pompeius zog weiter nach Jericho, wo man ihm meldete, daß die Verbündeten des Aristobulos sich weigerten, die Hauptstadt zu übergeben. Hierauf zog die römische Armee, durch die Nachricht vom Tode ihres Erbfeindes Mithridates in Hochstimmung, gegen die Heilige Stadt.

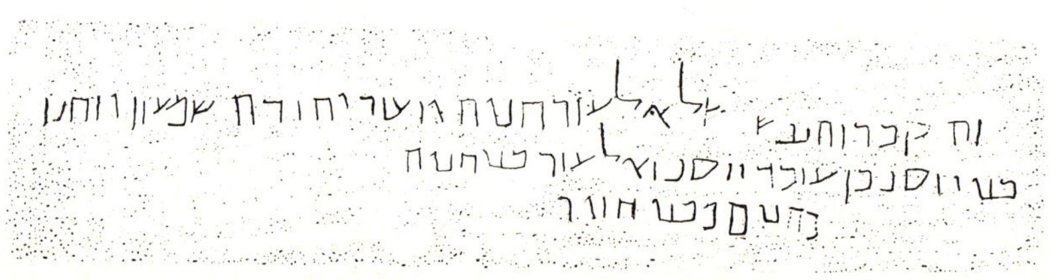

Inschrift am Grab der Söhne Hezirs in Jerusalem

"Denn wir büßten unsere Freiheit ein und wurden von den Römern unterworfen; und man zwang uns, das Land, das wir mit unseren Waffen errungen hatten, wieder zurückzugeben" (Flavius Josephus: "Jüdische Altertümer" [*Antiquitates Iudaicae*] 14, 77).

JERUSALEMS BELAGERUNG DURCH POMPEIUS 63 V. CHR.

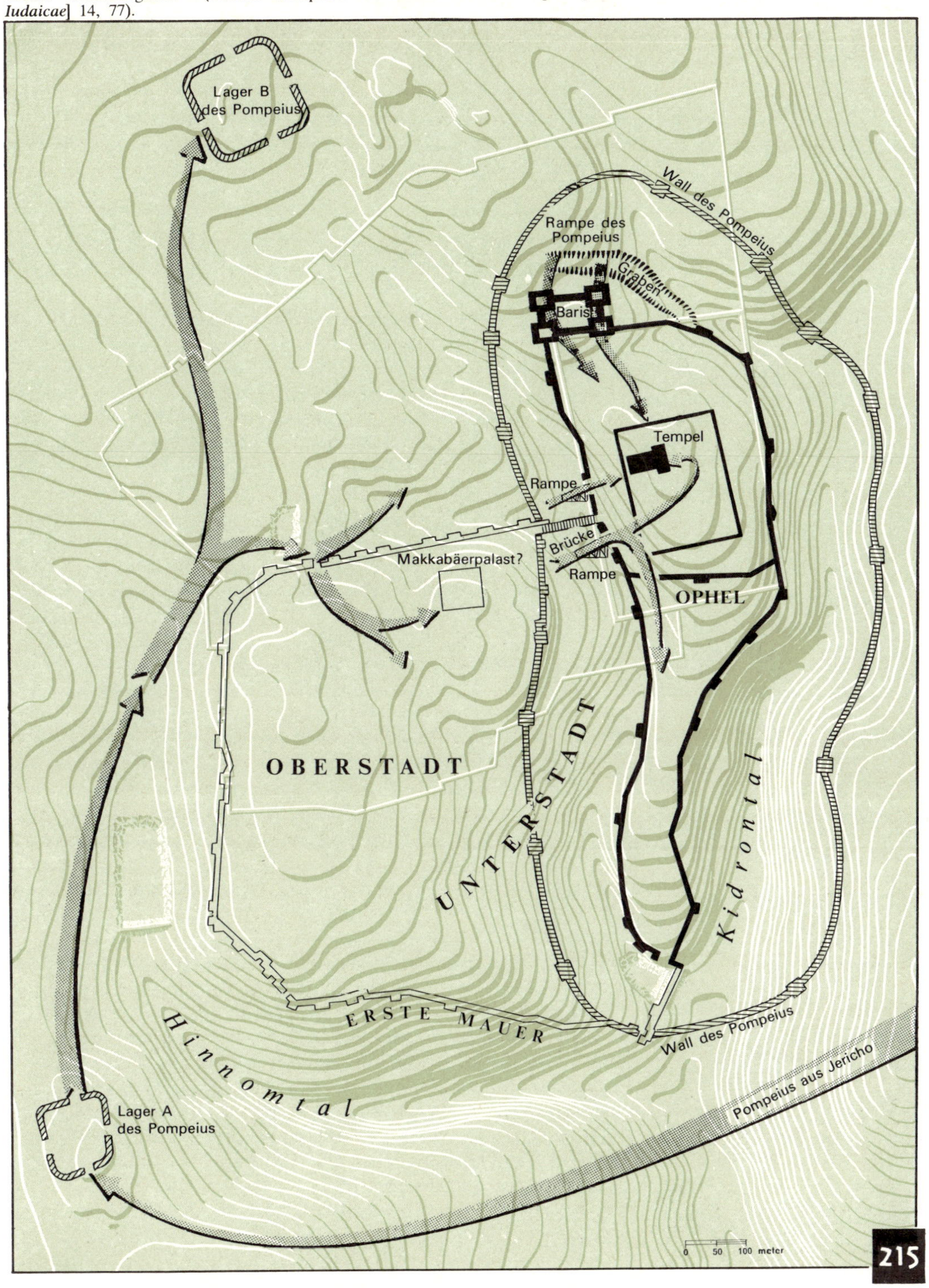

215

Pompeius' Heer

von Aristobulos' Anhängern gehaltener Manerabschnitt

FLAVIUS JOSEPHUS: "JÜDISCHE ALTERTÜMER" (*ANTIQUITATES IUDAICAE*) 14, 57–71; "DER JÜDISCHE KRIEG" (*BELLUM IUDAICUM*) 1, 141–151

Vor Jerusalems Toren eingetroffen, lagerten die Römer südlich der Stadt. Die Oberstadt und der Königspalast befanden sich in den Händen der Hyrkanos-Anhänger. Aristobulos' Parteigänger zerstörten die Brücke, die die Oberstadt mit dem Tempelbezirk verband, und bereiteten sich auf die Verteidigung des Tempelberges sowie der nahegelegenen Zitadelle (Baris) vor. Die Römer zogen einen Wall rings um die Tempelbefestigungen und errichteten ein Lager im Norden. Sie hatten einen Zangenangriff vor: von Norden über den Graben unter den »Türmen« der Baris sowie von Westen her über die zerstörte Brücke. Sie bauten eine Rampe und brachten ihre Belagerungs- und Wurfmaschinen in Stellung. Ihre Arbeit wurde erleichtert durch die Scheu der Juden, an einem Sabbat zu kämpfen: An diesem Tag unternahmen die Juden nichts gegen den Bau der Rampe, wenn sie nicht gerade unmittelbar körperlich angegriffen wurden. Der Schlußangriff erfolgte natürlich an einem Sabbat. Die Türme und die Mauer gaben nach, und die Römer drangen in den Tempel ein, wo die Priester den Gottesdienst zelebrierten, als sei nichts geschehen. Josephus zufolge starben an diesem einen Tag 12 000 Menschen. Pompeius betrat aus Neugierde das Allerheiligste, vergriff sich aber weder am Tempel noch an seinen Schätzen.

"Er setzte auch fünf Verwaltungsbehörden ein und unterteilte das Land in ebenso viele Verwaltungsbezirke" (Flavius Josephus: "Jüdische Altertümer" [*Antiquitates Iudaicae*] 14, 91).

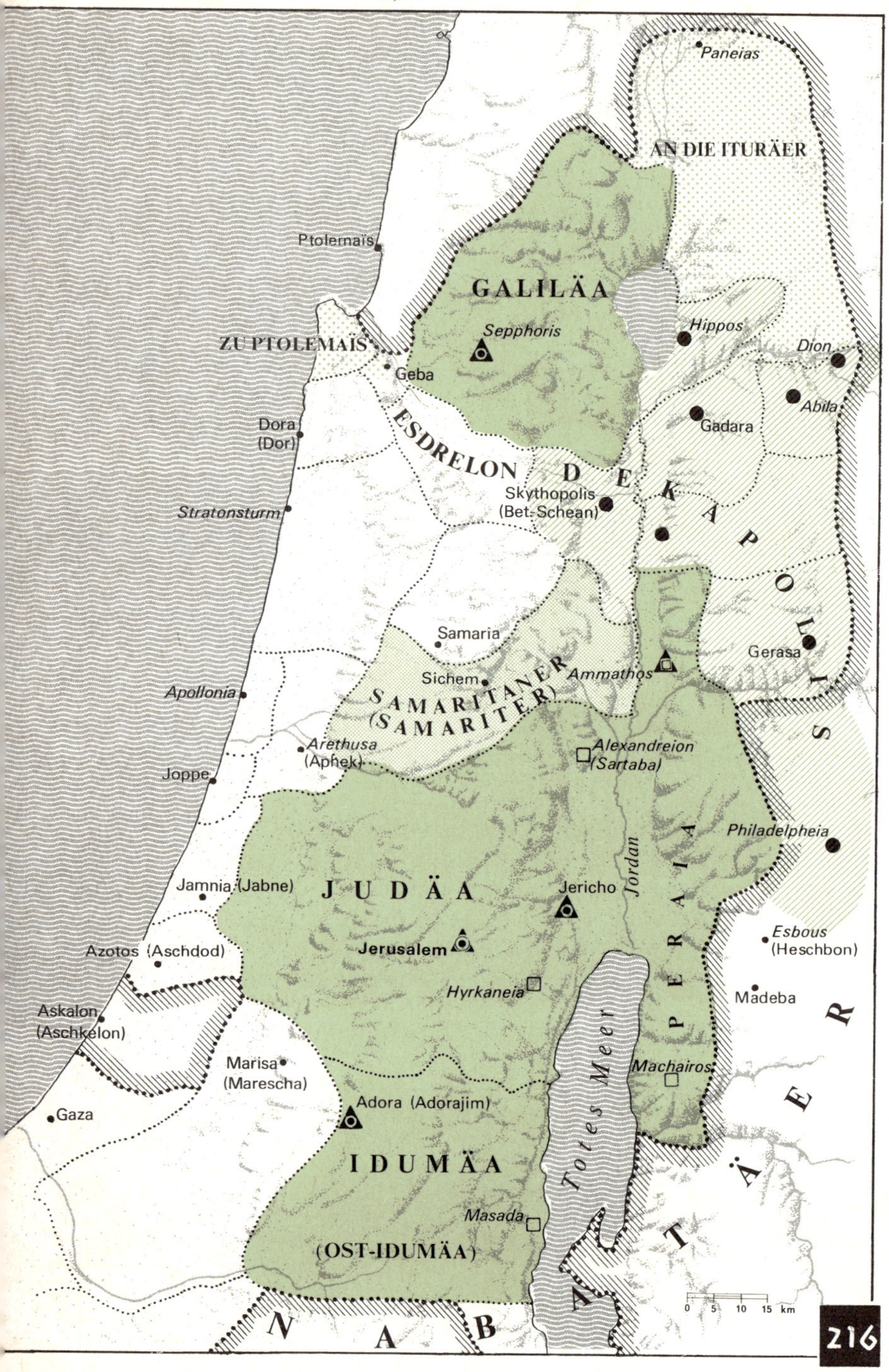

FLAVIUS JOSEPHUS: "JÜDISCHE ALTERTÜMER" (*ANTIQUITATES IUDAICAE*) 14, 74–76; 14, 88; "DER JÜDISCHE KRIEG" (*BELLUM IUDAICUM*) 1, 156–166; 1, 169–170

- Grenze Judäas vor der Neuordnung durch Pompeius
- judäisches Gebiet nach der Neuordnung durch Pompeius
- an die Ituräer sowie an Ptolemaïs(Akko) abgetretene Gebietsteile
- Land der kûtîm ("Leute aus Kuta" [vgl. Karte 150])
- unabhängige Stadt unter dem römischen Prokonsul Syriens
- Stadt des "Zehnstädtebundes" (Dekapolis)
- Sitz der von Aulus Gabinius geschaffenen Distriktsverwaltungen
- Stadtgebietsgrenze

POMPEIUS' GEBIETSNEUORDNUNG 63–55 V. CHR.

Die Landverteilung, die Pompeius begann und die Gabinius (der Prokonsul Syriens in den Jahren 57–55 v. Chr.) vollendete, wirkte sich relativ mild für die Nabatäer aus, streng für die Ituräer und schrecklich für den jüdischen Staat. Pompeius »befreite« die griechischen und hellenisierten Städte, die seit Hyrkanos' Zeit von Juden bewohnt waren, und machte die ländliche Bevölkerung der zugehörigen Gebiete zu Untertanen der »griechischen« Gemeinwesen. So wurden unter der Oberheit des römischen Prokonsuls von Syrien die folgenden Städte wieder autonom: Gaza, Azotos, Jamnia, Joppe, Apollonia. Arethusa (Aphek), Stratonsturm und Dora an der Küste. Im Landesinnern Marisa, Samaria und Skythopolis. Jenseits des Jordans wurden Gadara, Hippos, Abila, Dion, Pella und Gerasa »befreit«. Den Juden verblieben noch Judäa, Ostidumäa, Peraia und Galiläa. Die Samariter wurden unabhängig, und die Esdrelon-Ebene (Jesreel-Ebene) wurde von Galiläa abgetrennt. Esbous (Heschbon) wurde den Nabatäern zurückgegeben, die, abgesehen davon, daß man sie aus Damaskus vertrieb, kaum eine Gebietsminderung hinnehmen mußten. Die Gegend um den See Samachonitis, Paneias und die Gaulanitis wurden den Ituräern zugeteilt, die dafür aber ihren Landstrich an der Mittelmeerküste verloren.

Hierauf vereinigte Pompeius die Mehrzahl der Städte jenseits des Jordans zu einem »Zehnstädtebund« – der Dekapolis (zu der auch Skythopolis westlich des Jordans gehörte), um die Gefahr ihrer Isolierung zu verringern. Der Berg Karmel wurde an Ptolemaïs zurückgegeben. Die Juden blieben auf den Gebieten, die sie dicht besiedelt hatten, mit Ausnahme von Joppe und seiner Umgebung sowie der Esdrelon-Ebene (Jesreel).

In allen griechischen Städten, die Pompeius und Gabinius »befreit« hatten, wurde die von den Makkabäern verbannte Bevölkerung wieder angesiedelt. Hyrkanos II. wurde wieder Hoherpriester von Jerusalem, aber die Verwaltung oblag Antipatros. Aristobulos II. schickte man samt seiner Familie nach Rom ins Exil.

Während seiner Herrschaft machte Gabinius den Versuch, den jüdischen Staat in fünf Bezirke aufzuteilen, eine Taktik, die die Römer auch in Makedonien anwandten. Die betreffenden Verwaltungssitze befanden sich in Sepphoris (Galiläa), Amathos (Peraia), Jericho, Jerusalem und Adora (Ostidumäa). Die Einheit des Volkes konnte aber durch solche Maßnahmen nicht zerstört werden, und nach kurzer Zeit wurden die Synedrien wieder aufgelöst.

Der Bürgerkrieg zwischen Pompeius und Julius Caesar verschaffte Judäa eine Ruhepause. Caesar, der Pompeius schlug, verfolgte ihn nach Ägypten und wurde bei Alexandreia in eine Schlacht verwickelt. Antipatros machte sich ihm nützlich, indem er das Ersatzheer des Mithridates von Pergamon unterstützte. Caesar vergaß ihm das nicht.

Hyrkanos wurde zum Ethnarchen ernannt und Antipatros zum eigentlichen Chef der Verwaltung. Zum Dank für die Hilfe, die die Juden ihm geleistet hatten, gab ihnen Caesar Joppe und die Jesreel-Ebene zurück. Von da an war Antipatros de facto der Herrscher des Landes. Er ernannte Phasaël, seinen Erstgeborenen, zum Statthalter Jerusalems und seinen jüngeren Sohn Herodes, der noch ein Knabe war, zum Gouverneur Galiläas.

Münze des Antigonos Mattatias

JULIUS CAESAR UND JUDÄA 47 V. CHR.

Julius Caesar

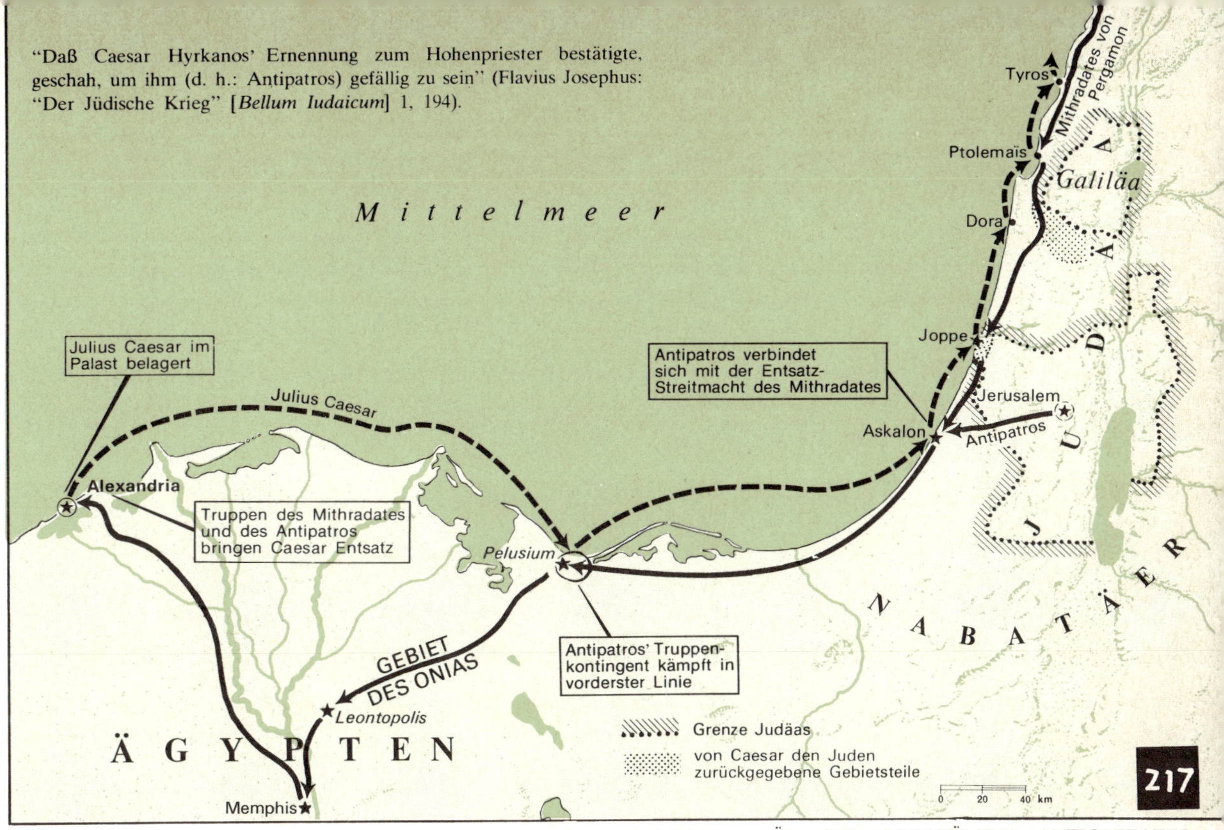

FLAVIUS JOSEPHUS: "JÜDISCHE ALTERTÜMER" (*ANTIQUITATES IUDAICAE*) 14, 127–143; 14, 205 UND 14, 207

"Mattatias der Hohepriester und die Gemeinschaft der Juden" (Münze des Antigonos Mattatias).

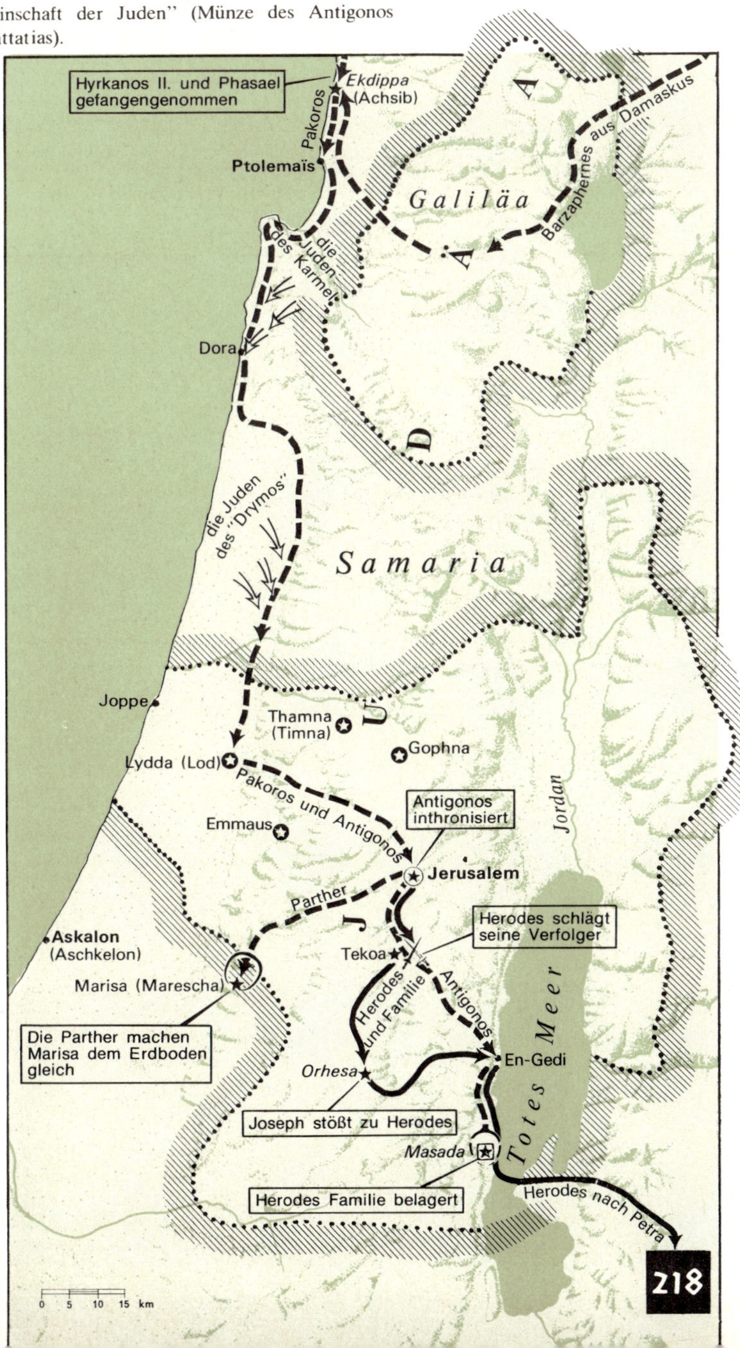

von Gaius Cassius Longinus mit Repressalien gequälte Stadt
Herodes
Parther und Antigonos

PARTHEREINFALL UND HERODES' FLUCHT 40 V. CHR.

Nach der Ermordung Julius Caesars in Rom (44. v. Chr.) flammte der Bürgerkrieg wieder auf, aber es gelang Antipatros und seinen Söhnen, die Zügel der Herrschaft in der Hand zu behalten, indem sie sich den verschiedenen römischen Machthabern unterwarfen. Einer davon war Cassius, der Prokonsul von Syrien, der die Bevölkerung Judäas tyrannisierte. Als die Bewohner von Lydda, Thamna, Gophna und Emmaus ihre Steuern zu spät entrichteten, verkaufte er sie kurzerhand in die Sklaverei und zerstörte ihre Städte. Im Jahre 43 v. Chr. wurde Antipatros von einem politischen Gegner ermordet, doch Herodes rächte seinen Vater und schlug den Aufstand nieder. Zusammen mit seinem Bruder Phasaël wurde er im Jahre 42 v. Chr. zum Herrscher über ganz Judäa ernannt.

Als zwei Jahre später die Parther in Syrien einfielen, fanden sie Unterstützung bei Antigonos (Mattatias), dem Sohn Aristobulos' II. Er begleitete Pakoros, den Sohn des Partherkönigs Orodes, auf dessen Zug die Küste entlang, während der Satrap Barzapharnes, aus Damaskus kommend, gleichzeitig in Galiläa einfiel. Als Pakoros vor Jerusalem erschien, stießen die Juden vom Berg Karmel und vom Drymos (dem großen Waldgebiet in der Scharon-Ebene) zu ihm. In der Stadt revoltierte die Bevölkerung gegen Phasaël und Herodes, die gezwungen wurden, den Parthern die Tore zu öffnen. Phasaël unterwarf sich Barzapharnes, wurde aber in der Nähe von Ekdippa zusammen mit Hyrkanos II. eingekerkert. In der Gefangenschaft beging er Selbstmord, und Hyrkanos verstümmelte man, damit er zum Priesteramt untauglich war. Hierauf wurde Mattatias Antigonos in Jerusalem gekrönt.

Herodes floh mit seiner Verlobten Mariamne, der Hasmonäerin (einer Tochter Alexanders und Enkelin des Aristobulos), sowie mit seiner Familie in Richtung Süden. Bei Tekoa, wo später die Feste Herodeion stehen sollte, besiegte er seine Verfolger und setzte seinen Weg nach Idumäa fort. In Orhesa stieß sein Bruder Joseph zu ihm, und sie zogen weiter nach Masada, wo Herodes' Familie später belagert wurde. Nachdem Herodes das Tote Meer überquert hatte, bat er die Nabatäer um Unterstützung. Als der Araberkönig Malchos II. diese verweigerte, zog Herodes weiter nach Alexandreia in Ägypten und von dort nach Rom. Unterdessen wurde Masada ohne sonderlichen Kampfeseifer belagert. Einmal rettete ein Wolkenbruch die Verteidiger vor dem Verdursten. Die Parther, mit denen Antigonos im Bunde stand, zogen sich nach ihrem Überfall auf Judäa wieder hinter den Euphrat zurück.

FLAVIUS JOSEPHUS: "JÜDISCHE ALTERTÜMER" (*ANTIQUITATES IUDAICAE*) 14, 330–362; "DER JÜDISCHE KRIEG" (*BELLUM IUDAICUM*) 1, 248–268

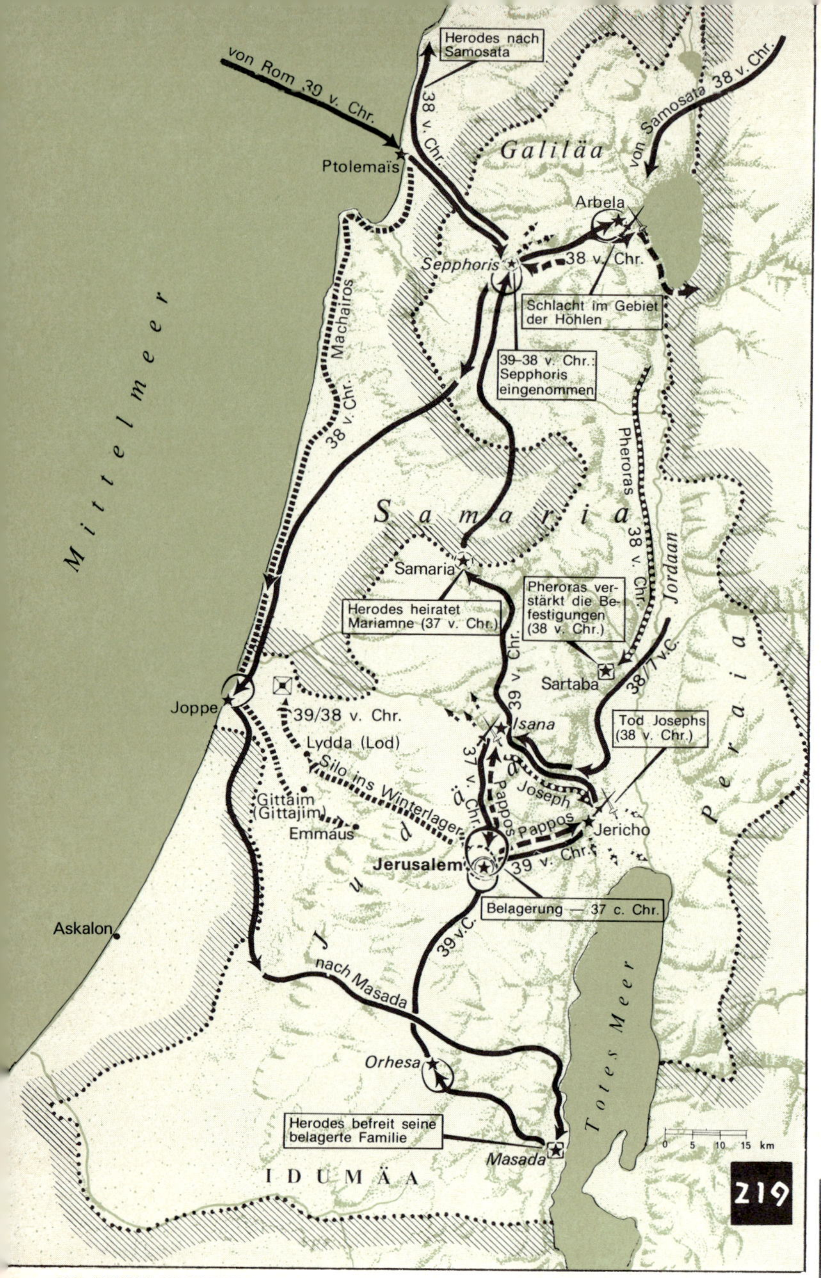

FLAVIUS JOSEPHUS:
"JÜDISCHE ALTERTÜMER"
(*ANTIQUITATES IUDAICAE*) 14, 394–491;
"DER JÜDISCHE KRIEG"
(*BELLUM IUDAICUM*) 1, 290–353

Herodes' Heer
Herodes' Brüder
Römische Streitkräfte
Truppen des Antigonos
39 v. Chr. Jahr des Feldzugs

"Doch durch innere Streitigkeiten verloren sie [die Hasmonäer] das Königtum, das auf Herodes, den Sohn des Antipatros, überging" (Flavius Josephus: "Jüdische Altertümer" [*Antiquitates Iudaicae*] 14 [Ende]).

HERODES' AUFSTIEG 40–37 V. CHR.

In Rom wurde Herodes mit allen Ehren empfangen. Octavian, der Großneffe und Nachfolger Caesars, und Marcus Antonius überredeten den Senat, ihn zum König der Juden zu ernennen, und sie fügten auch Westidumäa und Samaria seinem Königreich hinzu. Der neue König mußte sich aber jeden Fußbreit seines Reiches erkämpfen, denn das Land, das ihm bestimmt war, befand sich in den Händen seines Rivalen Antigonos, und die Bevölkerung haßte den »idumäischen Sklaven«. Selbst seine römischen Bundesgenossen fielen zeitweise von Herodes ab, doch dieser blieb schließlich Herr der Lage.

Er landete in Ptolemaïs, denn Joppe, der Hafen Jerusalems, war in Feindeshand. Im Winter 39 v. Chr. begann er seine Herrschaft in Galiläa durchzusetzen, zog von dort nach Joppe, das er einnahm, und hierauf nach Masada, wo er seine Familie befreite. Hierauf kehrte er nach Idumäa zurück, eroberte Orhesa und wandte sich nun gegen Jerusalem, das er gemeinsam mit dem römischen Befehlshaber Silo angriff. Die von Antigonos bestochenen Römer brachen jedoch die Belagerung ab und zogen sich in ihre Winterquartiere an der Küste zurück. Herodes kehrte nach Galiläa zurück, nahm Sepphoris während eines Schneesturms im Winter 38/39 v. Chr. ein, verfolgte seine Gegner bis zum Jordan und erstürmte trotz erbitterten Widerstands ihre befestigten Höhlen bei Arbela.

Im Sommer 38 v. Chr. kam ihm der Heerführer Machaeras zu Hilfe, der Emmaus angriff, während Pheroras, Herodes' jüngster Bruder, durchs Jordantal zog und die Burg Alexandreion neu befestigte. Herodes selber traf sich mit Marcus Antonius, der am Euphrat Samosata belagerte. Bei seiner Rückkehr erhielt er die Nachricht, daß Pappos, ein General des Antigonos, seinen Bruder Joseph besiegt und eigenhändig umgebracht habe. Herodes verließ Jericho und zog in die Berge Judäas, wo er Pappos bei Isana schlug. Im Winter 38/37 v. Chr. wandte er sich mit seinen Verbündeten wieder gegen Jerusalem. Während der Belagerung heiratete er in Samaria Mariamne. Jerusalem fiel im Sommer 37 v. Chr., und viele Einwohner fanden den Tod. Antigonos wurde auf Befehl des Marcus Antonius hingerichtet, Herodes war nun Alleinherrscher von Judäa.

DAS WACHSTUM DES HERODIANISCHEN REICHES 40–4 V. CHR.

Unter Kleopatra konnte Herodes seine Stellung behaupten, und als nach der Schlacht von Actium (31 v. Chr.) Octavian Alleinherrscher im Römischen Reich wurde, dem man fortan den Ehrentitel Augustus zuerkannte, machte sich Herodes schnell bei seinem neuen Oberherrn beliebt. Er wurde in seinem Königreich bestätigt, dem Augustus im Jahre 30 v. Chr. Gaza und die Küstenstädte (mit Ausnahme von Askalon und Dora) sowie Gadara und Hippos (Susita) hinzufügte. Im Jahre 23 v. Chr. hatte Herodes in Batanaia (Baschan), desgleichen in der Trachonitis und der Auranitis (im Gebiet von Heuran) Aufstände niederzuwerfen, und 20. v. Chr. kamen Paneias und die Gaulanitis (das Golangebiet) unter seine Herrschaft. Damit hatte das Königreich seine größte Ausdehnung erreicht.

Mit Waffengewalt eroberte Herodes nur sein eigenes Königreich, mit Ausnahme von Esbous (Heschbon), das er annektierte und mit Veteranen besiedelte, nachdem er 32 v. Chr. die Nabatäer geschlagen hatte.

Landgewinn – 40 v. Chr.
Landgewinn – 30 v. Chr.
Landgewinn – 23 v. Chr.
Landgewinn – 20 v. Chr.
erobertes Nabatäergebiet

FLAVIUS JOSEPHUS: "JÜDISCHE ALTERTÜMER" (*ANTIQUITATES IUDAICAE*) 15, 217; 15, 343–344 UND 15, 360; "DER JÜDISCHE KRIEG" (*BELLUM IUDAICUM*) 1, 396; 1, 398 UND 1, 400; APPIAN: *BELLUM CIVILE* ("BÜRGERKRIEG") 5, 75

Tempel des Herodes (Rekonstruktionsmodell von Prof. Avi-Yonah)

HERODES' BAUTÄTIGKEIT IN JERUSALEM

Münze Herodes' des Großen

"Wer Herodes Tempel nicht sah, hat nie ein schönes Bauwerk gesehen" (Baba Bathra 4a).

Herodes' enorme Bautätigkeit in Jerusalem hatte wohl mit einer gewissen Prunksucht zu tun, mit dem Ehrgeiz, seinen Namen unsterblich zu machen, seine Macht zu festigen, die ihm feindlich gesinnte Bevölkerung zu beeindrucken und, nicht zuletzt, ihr Arbeit zu verschaffen. Seine Einnahmen aus Handel und Steuern gestatteten ihm, in der Nordwestecke der Oberstadt einen prächtigen Palast zu errichten, den im Norden drei starke Türme überragten. Herodes nannte sie Phasaël (nach seinem Bruder), Mariamne (zu Ehren seiner Frau) und Hippikos (zum Andenken an einen Freund). Er baute im Stadtteil der wohlhabenderen und gräzisierten Juden ein Theater, errichtete zum Schutz der Oberstadt eine innere Mauer und verstärkte das Nordtor des zweiten Mauerzuges. Südlich des Tempelberges – vermutlich im Tyropoiontal – baute er ein Stadion. Sein besonderes Interesse aber galt dem Tempelberg. Er verdoppelte die Tempelplattform und faßte sie mit Mauern und Säulengängen ein. Am auffallendsten war der »Königliche Säulengang« (Basilika) im Süden der Anlage. Herodes verband ihn durch eine zweite Brücke mit der Oberstadt (der Rest dieser Brücke heißt heute nach seinem Entdecker »Robinsonbogen«). Auch den Tempel selbst baute Herodes wieder auf und verwandelte zu seinem Schutz die alte Zitadelle Baris in der Tempelberg-Nordwestecke in eine gewaltige Festung, die er zu Ehren des römischen Triumvirn Marcus Antonius »Antonia« nannte.
Herodes war aber auch außerhalb der Stadt als Bauherr tätig. An der Stelle von Stratonsturm entstand die Hafenstadt Caesarea Maritima, und Samaria wurde – zu Ehren des Kaisers Augustus in Sebaste umbenannt – entsprechend baulich ausgestattet. Ferner errichtete Herodes Festungen bei Herodeion sowie in der Nähe von Jericho. Machairos und Masada, die einander am Ost- und Westufer des Toten Meeres gegenüberliegen, erneuerte er von Grund auf.

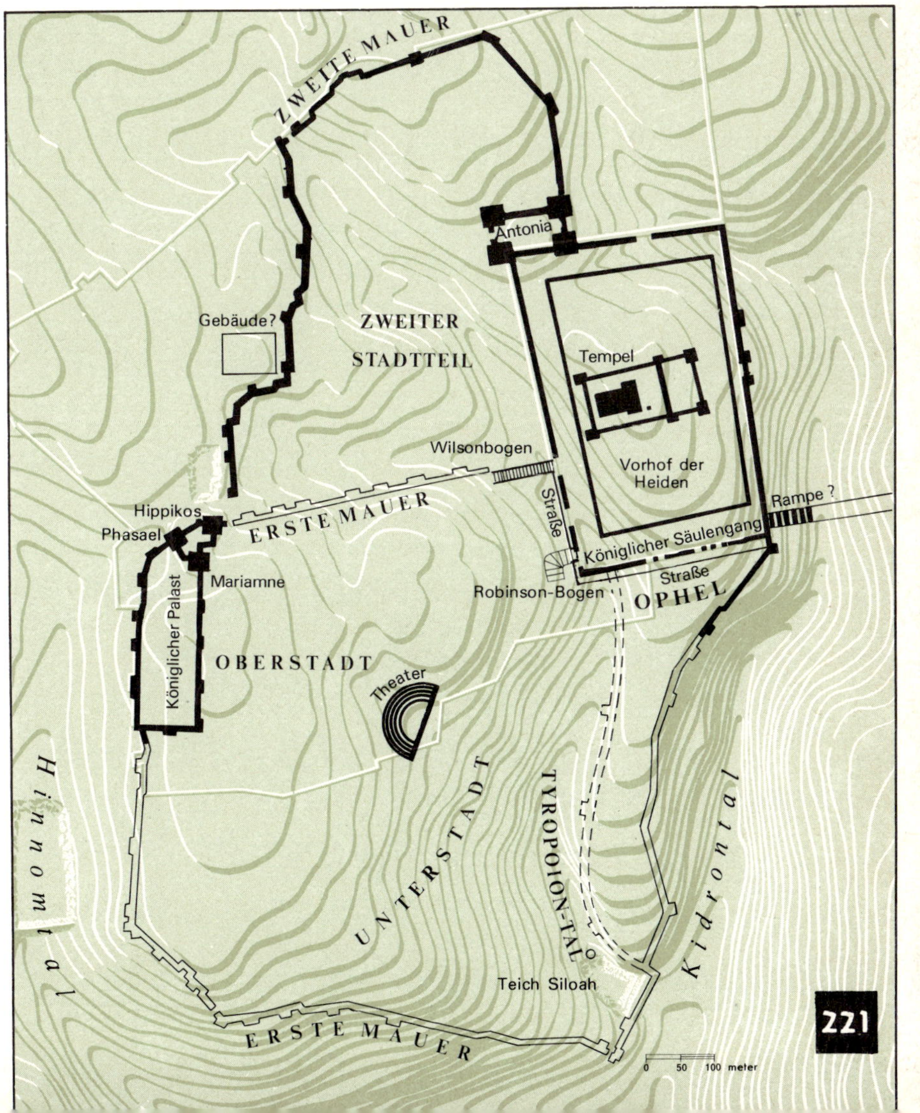

Herodianisches Bauwerk

FLAVIUS JOSEPHUS: "JÜDISCHE ALTERTÜMER" (*ANTIQUITATES IUDAICAE*) 15, 318; 15, 380–425; "DER JÜDISCHE KRIEG" (*BELLUM IUDAICUM*) 1, 401; 5, 108; 5, 161; 5, 238; 5, 246: 5, 507; 7, 172–177

"... Caesar (Augustus)... ernannte den Archelaos nicht wirklich zum König, sondern zum Ethnarchen ('Volksfürsten' [Klientelfürsten unter römischer Oberhoheit]) der Hälfte des Gebietes... Antipas erhielt... Peraia und Galiläa..." (Flavius Josephus: "Jüdische Altertümer" [*Antiquitates Iudaicae*] 17, 317–318).

DIE AUFTEILUNG DES HERODIANISCHEN KÖNIGREICHES 4 V. CHR. – 6 N. CHR.

Nach längerem Zögern entschied sich Augustus 4 v. Chr., Herodes' Königreich unter dessen drei Söhne zu verteilen, wie es Herodes gewünscht hatte. Archelaos, der Sohn der Samariterin Malthake, wurde zum Ethnarchen (»Herrscher der Nation«) Judäas, Idumäas und Samarias ernannt. Zu seinem Herrschaftsbereich, in dem etwa so viele Juden wie Nichtjuden lebten, gehörten auch Caesarea Maritima und Samaria-Sebaste.

Herodes Antipas, der zweite Sohn, bekam zwei rein jüdische, aber weit voneinander entfernt liegende Gebiete: Galiläa und Peraia (den jüdischen Teil Transjordaniens). Der dritte Sohn, Herodes Philippos, erhielt die frisch besiedelten Gebiete Gaulanitis, Trachonitis, Batanaia und Auranitis Paneias (Caesarea Philippi). Die meisten seiner Untertanen waren wahrscheinlich Nichtjuden, aber die jüdische Minderheit in seinem Land war von Herodes dem Großen angesiedelt worden und verhielt sich daher gegenüber der Dynastie loyal. Salome, Herodes' Schwester, wurde mit Jamnia und Azotos sowie mit Phasaëlis im Jordantal bedacht. Die Städte Gaza, Gadara und Hippos, die mit Herodes' Herrschaft sehr unzufrieden gewesen waren, wurden der Provinz Syrien angegliedert.

Alle drei Herodessöhne versuchten, es ihrem Vater im Städtebauen gleichzutun. Archelaos taufte sogar eine neue Stadt auf seinen Namen: Archelaïs. Antipas baute Tiberias (zu Ehren des Kaisers Tiberius) und Livias (zu Ehren der Mutter des Kaisers). Philippos fügte seinen Namen dem der Stadt Caesarea Paneas (Paneias) hinzu, die seitdem Caesarea Philippi hieß, und gründete (gleichfalls zu Ehren der Livia) Julias bei Betsaïda. Archelaos' Herrschaft war kurz und turbulent. 6. n. Chr. wurde er verbannt, seine Länder verwaltete ein römischer Procurator. Herodes Antipas regierte bis zum Jahre 39 n. Chr. (vgl. Karte 249). Nur Philippos blieb bis zu seinem Tod im Jahre 34 n. Chr. im Besitz seiner Tetrarchie.

Reichsgrenze unter Herodes d. Gr.
an Archelaos
an Herodes Antipas
an Herodes Philippos
an die römische Provinz Syria
Salomes Anteil
★ *Julias* von Herodes' Söhnen gegründete Stadt

FLAVIUS JOSEPHUS: "JÜDISCHE ALTERTÜMER" (*ANTIQUITATES IUDAICAE*) 17, 317–321; "DER JÜDISCHE KRIEG" (*BELLUM IUDAICUM*) 2, 93–98

JUDÄAS WIRTSCHAFT 4. JH. V. CHR. BIS 1. JH. N. CHR.

Dank seines wirtschaftlichen Reichtums entfaltete sich in Judäa seit Beginn der hellenistischen Zeit ein beachtlicher Wohlstand. Allerdings gab es nur wenige Weizenanbaugebiete: die Jesreel-Ebene, Teile der Küstenebenen und einige größere Gebirgstäler. Im Süden pflanzte man statt des Weizens Gerste an. In den Bergen gediehen Oliven und Wein. Dattelpalmen gab es vor allem im heißen Jordantal, und die königlichen Güter in der Nähe Jerichos lieferten Balsam. Flachs aus Galiläa und Wolle aus den Bergen Judäas waren das Rohmaterial, aus dem man Textilien anfertigte. Wälder bedeckten die Berghänge beiderseits des Jordans, und in der Scharon-Ebene wuchsen Eichen. Überall dort gab es auch Weideland für Schafe und Rinder.

In Jerusalem hatten sich mehrere für den Tempel und das tägliche Leben unentbehrliche Industriezweige entwickelt. Eine der Hauptindustrien des Landes war vermutlich die Töpferei, die allerdings an Orte mit Tonvorkommen gebunden war. Die andere war die Weberei, eine Heimindustrie. Fischerboote durchpflügten das »Galiläische Meer« und das Mittelmeer, und in Azotos (Aschdod), Dora (Dor) sowie weiter im Norden verarbeitete man Seeschnecken der Gattung *Murex* (Stachelschnecken, Purpurschnecken) zu begehrtem Farbstoff für Textilien (Purpur). Der Ortsname Taricheiai (»Fischräucherei«) am See Gennesaret (Genezareth) beweist das Vorhandensein einer Räucher- und Pökelfischindustrie, die ihre Erzeugnisse vermutlich auch exportierte. Kupfer aus dem Arabagebiet, Eisen aus den Bergen der Galaaditis (Gilead) und Bitumen aus dem Toten Meer waren die wichtigsten Bodenschätze. Auch die heißen Quellen von Kallirhoë und Baaras, desgleichen die Thermalquellen bei Pella, Gadara und Tiberias nutzte man kommerziell.

In Tiberias geschlagene Münze des Herodes Antipas

DIE SEKTE VOM TOTEN MEER UND IHRE »SCHATZVERSTECKE«

"Unser Land aber ist nicht meerverbunden, [wir treiben] weder Handel noch... Wir bebauen das fruchtbare Land, mit dem wir gesegnet sind" (Flavius Josephus: "Gegen Apion" [*Contra Apionem*] 1, 60).

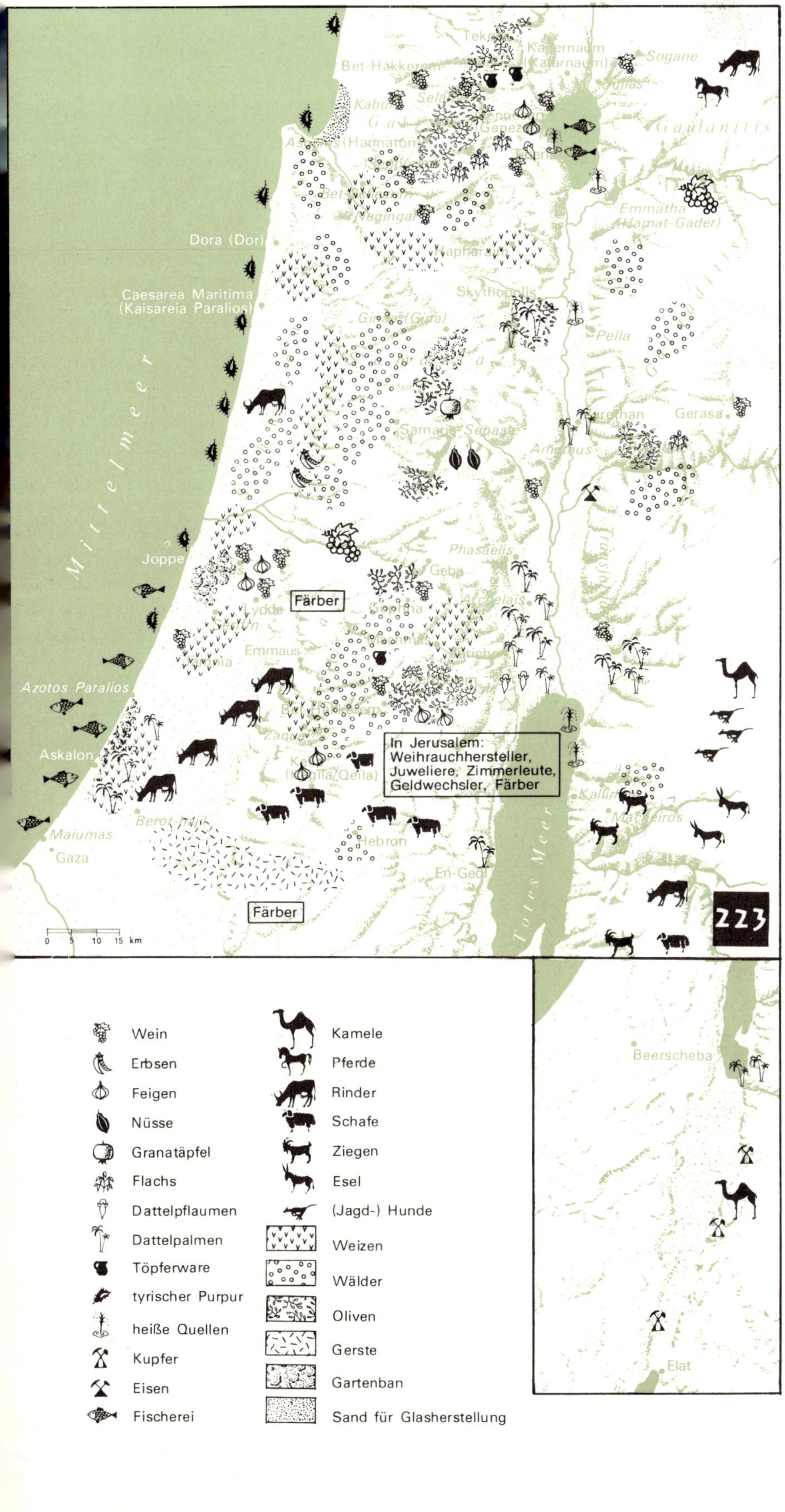

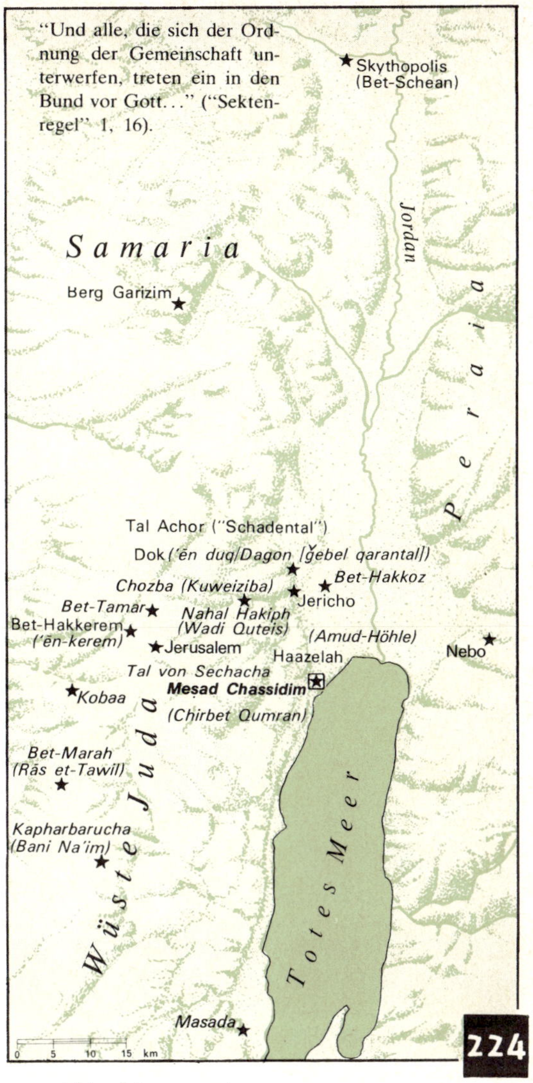

★ angebliche Schatzverstecke der Sekte vom Toten Meer

KUPFERROLLE, SEKTENREGEL, DANKESHYMNEN UND SOG. "DAMASKUSSCHRIFT"

Als die Tage des Zweiten Tempels zu Ende gingen, tauchte eine Sekte auf, die wir allein aus den bei Chirbet Qumran (südlich von Jericho) gefundenen Schriftrollen kennen. Möglicherweise ist Qumran identisch mit einem Ort namens Meṣad Chassidim (»Festung der Frommen«). Diese Sekte, die ungefähr zur Zeit des Alexander Iannaios von einem Propheten gegründet wurde, der sich »Lehrer der Gerechtigkeit« nannte, erwuchs aus den kulturellen und religiösen Umwälzungen. Der Hasmonäerdynastie sprach sie das Recht ab, das Amt des Hohenpriesters zu bekleiden. Deshalb (und wegen des Eintretens der Sekte für die Priesterdynastie der Zadokiden) ließ Alexander Iannaios den »Lehrer der Gerechtigkeit« hinrichten. Die Sekte lebte in der Wüste am Toten Meer. Ihre »Sektenregel«, der Kodex der Qumran-Leute, erklärte Besitz zu Gemeingut. Die Mitglieder glaubten an Prädestination: Des Menschen Schicksal war von Gott vorausbestimmt, und kein Sterblicher konnte das ändern. Sie hielten sich für Gottes Auserwählte. Ihr Kalender hatte andere Feier- und Festtage als der der übrigen Juden. Sie lehnten auch den Gottesdienst im Tempel von Jerusalem ab. Unter Herodes d. Gr. lebte die Sekte in Jerusalem, aber unter Archelaos zog sie sich in die Wüste zurück, wo sie noch bis 68 n. Chr. existierte (vgl. Karte 254).

Unter den Dokumenten aus den Höhlen bei Qumran befanden sich auch zwei Kupferrollen, die erst kürzlich geöffnet und entziffert wurden. Sie enthalten Listen verborgener Reichtümer wie Silber, Gold, Weihrauch, Gewürze und wertvolle Hölzer – Schätze von enormem Wert, nur sind sich die Gelehrten nicht einig, ob es sich um wirkliche Reichtümer handelt oder ob diese nur in der Phantasie der Sektenmitglieder existierten. Von den 28 angegebenen Verstecken befinden sich 26 in Jerusalem oder Umgebung. Gefunden wurden sie noch nicht. Viele Gelehrte setzen die Qumran-Sekte mit den Essenern gleich, die wir aus antiken Quellen kennen. Tatsächlich bestehen zahlreiche enge Berührungen zwischen der Sekte vom Toten Meer, über die uns ihre Schriften informieren, und den Essenern, die Flavius Josephus und Plinius beschrieben.

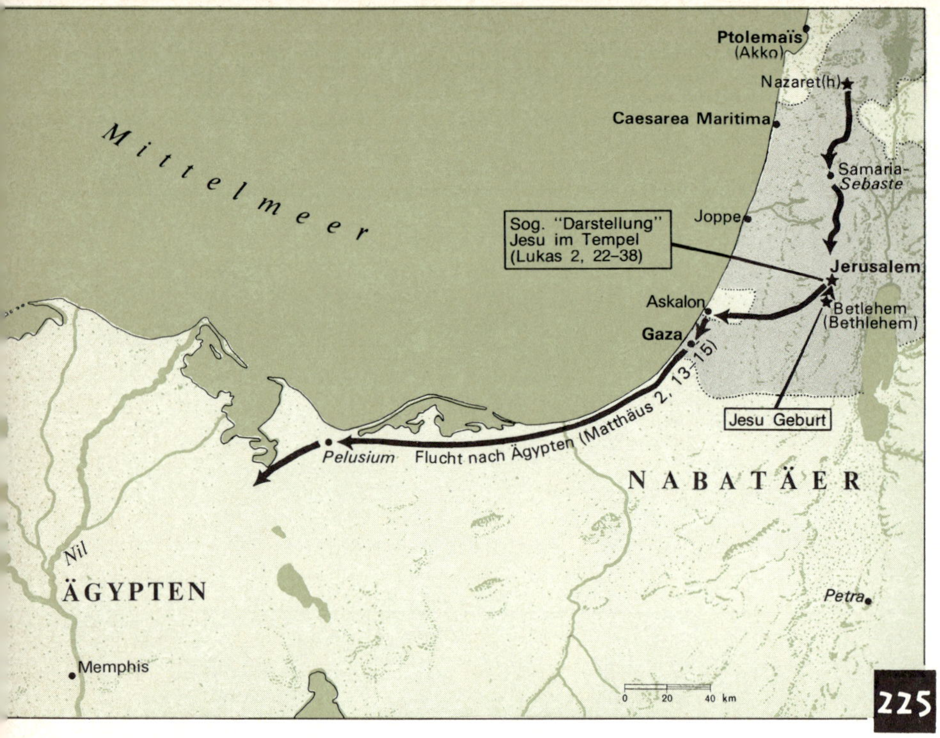

225

MATTHÄUS 1, 18–2, 15; LUKAS 2, 4–38

"Und sie gebar ihren Sohn, den Erstgeborenen, wickelte ihn in Windeln und legte ihn in eine Krippe, denn in der Herberge war kein Platz für sie" (Lukas 2, 7).

JESU GEBURT UND FLUCHT NACH ÄGYPTEN

Vom Leben Jesu berichten die vier Evangelisten Matthäus, Markus, Lukas und Johannes. Die ersten drei bezeichnet man als »Synoptiker« (griech. *synopsis* – »Zusammenschau«). Sie weisen viele Gemeinsamkeiten auf. Das vierte Evangelium dagegen, das des Johannes, enthält zahlreiche Einzelheiten, die sich bei den anderen Evangelisten nicht finden, und unterscheidet sich auch sonst nicht unerheblich von ihnen. Nach christlicher Überlieferung wurde Jesus zur Zeit des Königs Herodes in Bet(h)lehem geboren. (Herodes starb im Frühjahr 4 v. Chr., Jesus kam wohl im Dezember des Jahres 5 v. Chr. zur Welt.) Nach Lukas (2, 22–24) wurde das Kind im Tempel dem Herrn dargestellt. Von Herodes bedroht, beschlossen Joseph und Maria, bei Nacht und Nebel nach Ägypten zu fliehen. Der kürzeste Weg aus Herodes' Machtbereich führte über Askalon, das an der Hauptstraße nach Ägypten lag. Der sichere Weg durch die Wüste war wohl für eine Frau mit einem Neugeborenen zu anstrengend. Die Familie traf heil im Land am Nil ein, wo sie anscheinend Unterkunft und Verpflegung bei einem der vielen Juden fand, die damals in Ägypten lebten (vgl. Karte 238).

Nach Herodes' Tod erschien dem Joseph ein Engel im Traum und befahl ihm, ins Land Israels zurückzukehren. Da er Archelaos, den Ethnarchen von Judäa, fürchtete, beschloß Joseph, seine Heimatstadt Nazaret(h) aufzusuchen, über die damals der tolerantere, mildere Herodes Antipas herrschte (vgl. Karte 222). Nazaret(h) war eine wenig bedeutende jüdische Ortschaft etwa elf Kilometer südöstlich von Sepphoris, der Hauptstadt Westgaliläas. Dort wuchs Jesus zum Manne heran. Wir wissen von diesen »verborgenen Jahren« nur das, was Lukas überliefert (2, 41–51). So ging der zwölfjährige Jesus einst mit seinen Eltern nach Jerusalem und blieb dort zurück, während sie bereits eine Tagesreise auf dem Heimweg waren (wir dürfen annehmen, daß sie nicht durch Samaria zogen, sondern den Weg über Jericho und Peraia wählten). Als sie den Knaben, den sie bei ihrem Weggefährten vermutet hatten, schließlich vermißten und in der Heiligen Stadt suchten, fanden sie ihn im Tempel, wo er mit den Lehrern diskutierte. Hierauf kehrten sie mit ihm nach Nazaret(h) zurück.

Der Name "Jesus" in hebräischer Schrift auf einem Ossuar (Gebein-Behälter)

DIE RÜCKKEHR AUS ÄGYPTEN UND DER ZWÖLFJÄHRIGE JESUS IM TEMPEL

"Und Jesus nahm zu an Weisheit und Alter und Gnade vor Gott und den Menschen" (Lukas 2, 52).

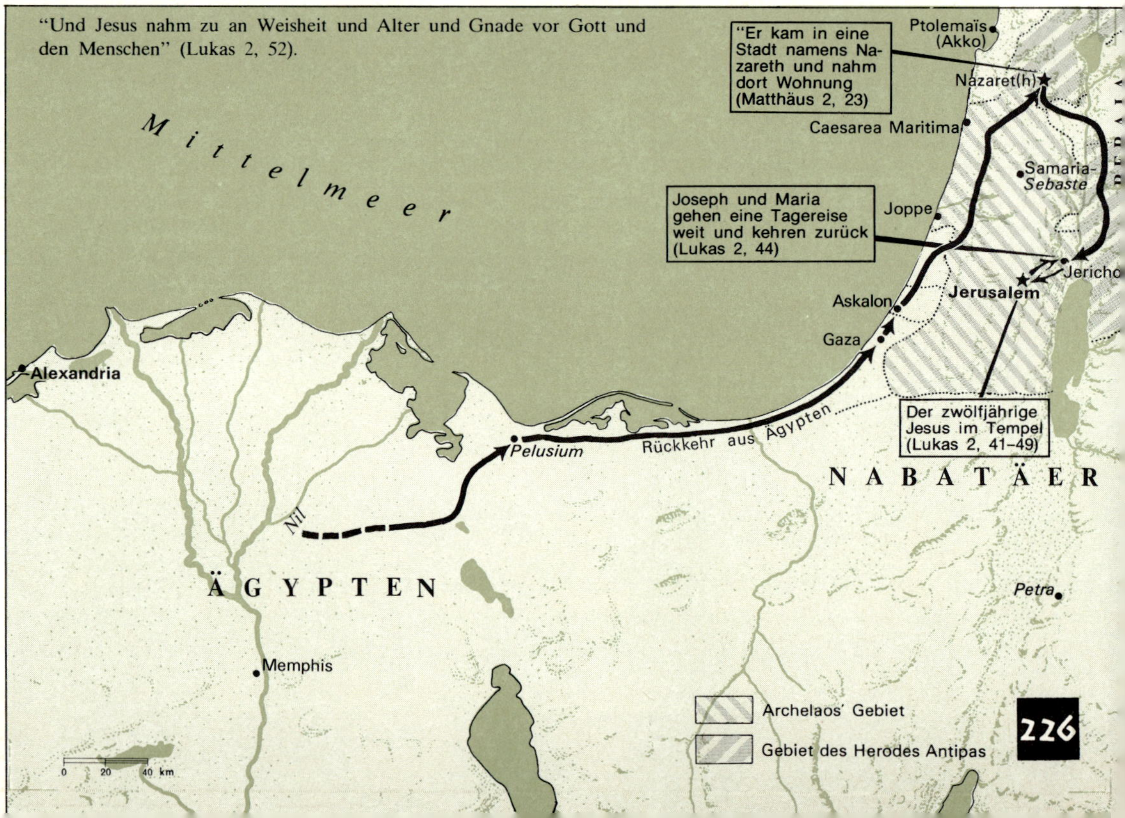

226

MATTHÄUS 2, 19–23; LUKAS 2, 41–52

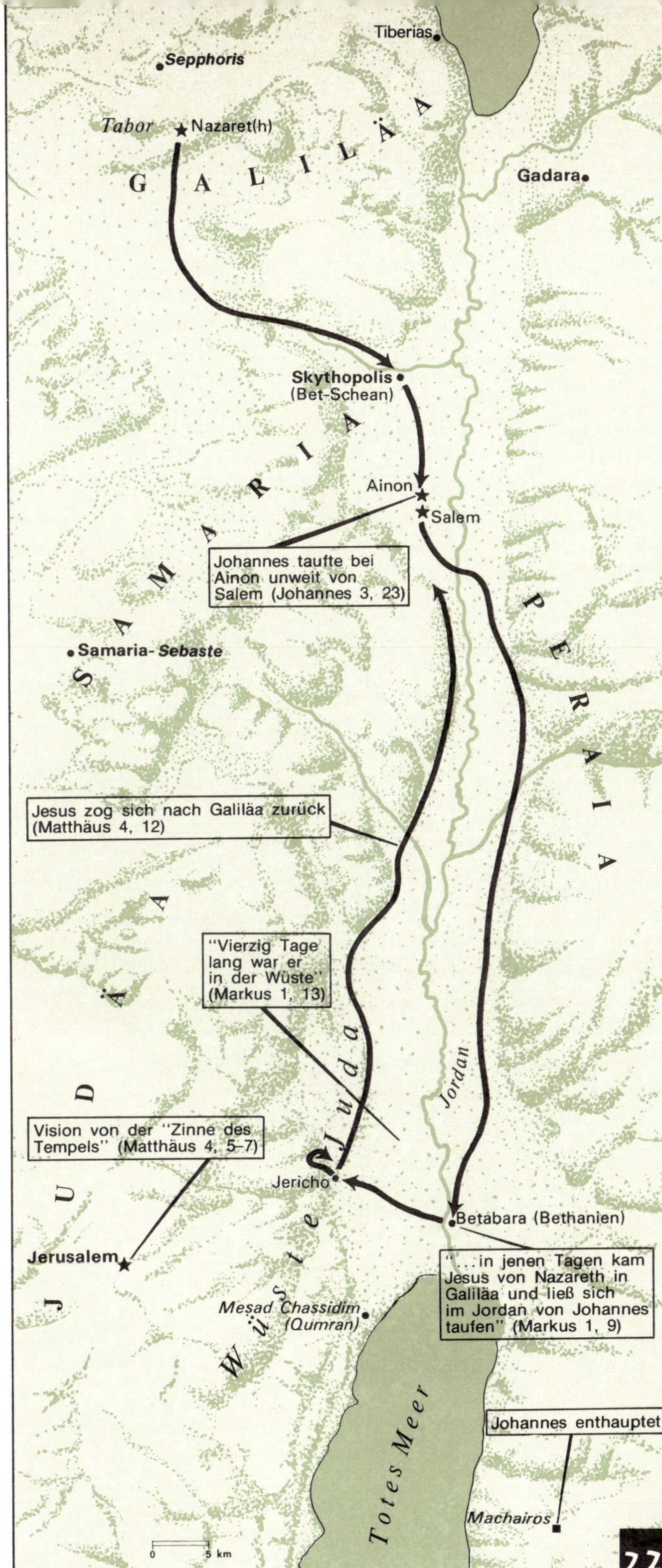

227

"Im fünfzehnten Jahr der Regierung des Kaisers Tiberius aber... erging das Wort Gottes an Johannes, den Sohn des Zacharias, in der Wüste" (Lukas 3, 1–2).

JESU TAUFE UND SEIN VIERZIGTÄGIGES FASTEN IN DER WÜSTE

Der Anfang des öffentlichen Wirkens Jesu fiel in das »fünfzehnte Jahr der Herrschaft des Kaisers Tiberius« (also in das Jahr 27–28 n. Chr.). Damals trat auch Johannes der Täufer auf, der die »Bußtaufe zur Vergebung der Sünden« predigte (Luk. 3, 1–3). Vergleicht man die Evangelien mit anderen Geschichtsquellen aus damaliger Zeit (insbesondere mit Flavius Josephus und den Qumran-Dokumenten), so begreift man Johannes' Wirken als Teil einer allgemeinen geistigen Bewegung, die ganz Judäa erfaßte.

Johannes predigte meistens im Jordantal, entweder bei Betabara, an einer Jordanfurt nahe bei Jericho, oder weiter flußaufwärts bei Ainon unweit von Salem, südlich von Skythopolis (Bet-Schean). Unter der großen Menge, die kam, um sich taufen zu lassen, war auch Jesus aus Nazaret(h) in Galiläa. Damit begann seine Wanderpredigertätigkeit. Den Evangelien zufolge zog er sich nach seiner Taufe für 40 Tage in die Wüste zurück – vermutlich in die Wüste Juda nahe bei Jericho. Diese war seit Menschengedenken Zufluchtsstätte all derer, die sich von der Welt absondern wollten. Taufe mit anschließendem Aufenthalt in der Wüste war damals üblich, vor allem bei den Sektierern vom Toten Meer, die ihren Hauptsitz ganz in der Nähe bei Meṣad Chassidim (wohl Chirbet Qumran) hatten. Beweise für engere Beziehungen zwischen Johannes, Jesus und den Qumran-Leuten liegen allerdings nicht vor. Nach den Evangelien wurde Jesus in der Wüste vom Bösen Geist versucht. Nachdem er indessen allen Versuchungen widerstanden hatte, kehrte er nach Galiläa zurück. Johannes fuhr fort zu predigen und zu taufen, wurde auf Befehl des Herodes Antipas verhaftet, einige Zeit im Gefängnis gehalten (und zwar, der Überlieferung nach, in der Festung Machairos in Südperaia) und schließlich hingerichtet. Dabei soll eine List der Herodias, der Gattin des Herodes Antipas, im Spiel gewesen sein, die Johannes haßte, weil er öffentlich ihren sittenlosen Lebenswandel angeprangert hatte (Mark. 6, 14–29: Matth. 14, 1–12; Luk. 3, 19–20). Dies geschah während des öffentlichen Wirkens Jesu, läßt sich aber anhand der uns vorliegenden Quellen chronologisch nicht genau fixieren.

Ehreninschrift für Philippos, den Sohn des Herodes

MATTHÄUS 3, 1–4, 12; 14, 1–12;
MARKUS 1, 4–14; 6, 14–29;
LUKAS 3, 1–22; 7, 18–30; 9, 7–9;
JOHANNES 1, 6–8; 1, 15–42; 3, 22–24

Kaiser Tiberius

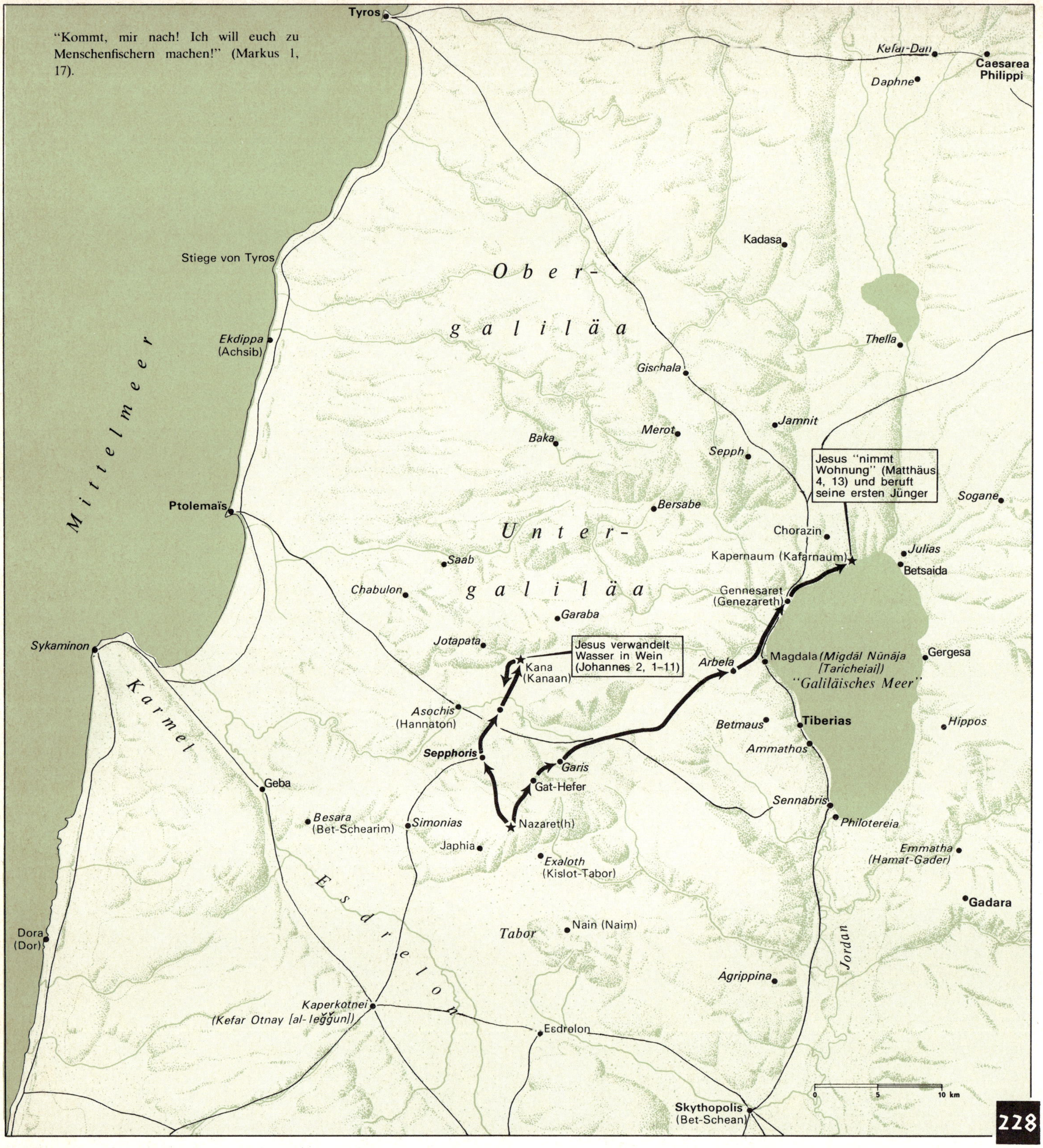

228

VON NAZARETH NACH KANA (KANAAN) UND KAPERNAUM (KAFARNAUM)

MATTHÄUS 4, 12–22; 8, 5–17: 9, 9–10: 9, 18–20; MARKUS 1, 16–34; 2, 1–17; 5, 22–43; LUKAS 4, 31–41; 5, 27–32; 7, 1–10; 8, 40–56; JOHANNES 2, 1–12

Lukas 3, 23 zufolge war Jesus 30 Jahre alt, als er öffentlich zu predigen begann. In seiner Heimat Nazaret(h) scheint er damit nicht sehr erfolgreich gewesen zu sein. Er verließ den Ort, um sich in Kapernaum (Kafarnaum) am »Galiläischen Meer« niederzulassen. Kapernaum (hebräisch: Kefar-nahum [»Nahumsdorf«]) war ein blühendes Städtchen, dessen Einwohner vor allem Fischfang betrieben (vgl. den wunderbaren Fischzug bei Lukas 5, 6). Als Grenzort zwischen den Herrschaftsgebieten des Antipas und des Philippos hatte es eine Zollstätte (der Zöllner Matthäus könnte dort seine Berufung zum Apostel erfahren haben. [Matth. 9, 9; Mark. 2, 13–14; Luk. 5, 27]). Ein Hauptmann der lokalen Garnison hatte, obwohl Heide, die Synagoge erbaut (Luk. 7, 5), wo Jesus oft predigte. In Kapernaum berief Jesus seine ersten Jünger, die Fischer Simon (Petrus) und Andreas, Männer aus dem nahen Betsaïda östlich des Jordans (Joh. 1, 44), sowie Jakobus und Johannes, die Söhne des Zebedäus. Hier begründete er auch das Kollegium der Zwölf Apostel (Mark. 3, 3–19; Matth. 10, 1–4). Kapernaum war schließlich Schauplatz zahlreicher Wunder Jesu, von denen in den Evangelien die Rede ist. Jedenfalls nannte man Kapernaum nicht zufällig »seine Stadt« (Matth. 9, 1).

Da diese Stadt eine gemischte Bevölkerung hatte und näher an der Grenze der Dekapolis lag als das provinzielle Nazaret(h), ist zu vermuten, daß es offener gegenüber neuen Lehren war. Doch löste sich Jesus nicht ganz von der Stadt seiner Jugend. Johannes (2, 11) zufolge wirkte Jesus kurz nach seiner Taufe zu Kana(an) in Galiläa in Gegenwart seiner Mutter Maria und der Jünger ein Wunder. Jesu Besuch in Kana(an) müßte demnach ganz am Anfang seines öffentlichen Wirkens gestanden haben.

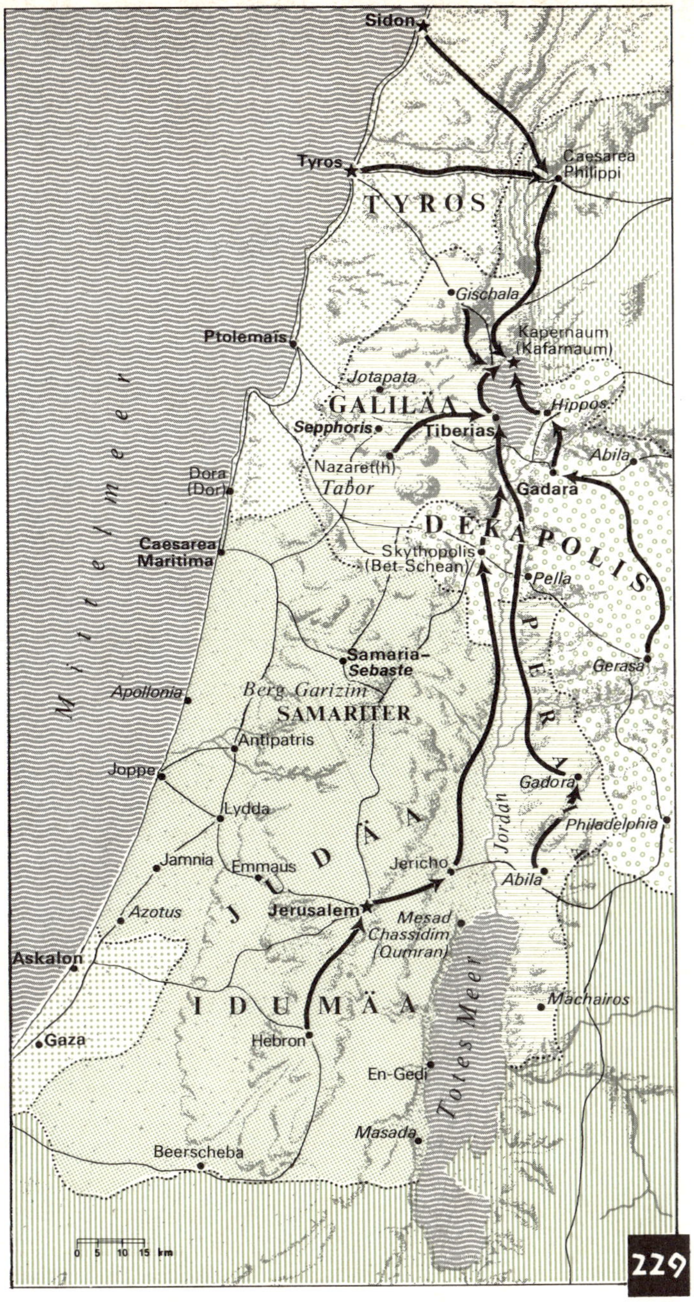

Gebiet des Herodes Antipas

Gebiet des Herodes Philippos

dem römischen Procurator von Judaea unterstelltes Land

Gebiet des "Zehnstädtebundes" (der Dekapolis)

Königreich der Nabatäer

dem Prokonsul der römischen Provinz Syria unterstellte Städte und ihr Gebiet

MATTHÄUS 4, 25; MARKUS 3, 7–8; LUKAS 6, 17

"Und eine große Volksschar... kam zu ihm, als sich die Kunde von seinen Taten verbreitete" (Markus 3, 8).

DAS HEILIGE LAND UND KOILESYRIEN ZUR ZEIT JESU

Aus den Evangelien erfahren wir, daß Jesu Lehren viel Volk aus Galiläa, Judäa, Jerusalem, Idumäa, den Gebieten jenseits des Jordans sowie aus Tyros und Sidon anzogen (Mark. 3, 7–8; Matth. 4, 25 [er fügt noch die Dekapolis hinzu] und Luk. 6, 17). Diese Liste von Städten und Ländern spiegelt die damalige Verbreitung jüdischer Siedlungen im Heiligen Land. Jerusalem wird als einzige »wirkliche Stadt« in Judäa bezeichnet. Idumäa war seit der Zeit Alexander Iannaios' ein besonderes Verwaltungsgebiet, aber seine Bewohner vermischten sich mehr und mehr mit den Juden. Die Gebiete »jenseits des Jordans« (Peraia) hatten seit der Begründung des Fürstentums der Tobiaden jüdische Bewohner (vgl. Karte 213). Aber auch in den überwiegend mit Heiden bevölkerten Städten der Dekapolis gab es jüdische Gemeinden, desgleichen in den Gebieten der phönikischen Küstenstädte Tyros und Sidon (vgl. Karte 229). Obwohl politisch unter verschiedene Herren und Länder aufgeteilt (die freilich alle der römischen Oberhoheit unterstanden), bildeten die Juden des Heiligen Landes doch geistig eine Einheit. Eine religiöse Bewegung in einer einzigen dieser Gemeinden konnte leicht auf alle anderen übergreifen. Auffallenderweise fehlen Samaria und die palästinensischen Küstenstädte in der obigen Aufzählung, obwohl sich das Christentum später auch dort stark ausbreitete (vgl. Karte 258).

Zimmerleute bei der Arbeit (römisches Goldglas)

JESUS ABERMALS IN KANA(AN) UND NAZARET(H)

Markus flicht in seinen Bericht über Jesu Lehrtätigkeit am »Galiläischen Meer« (Mark. 6, 1–6) die Episode von Jesu Besuch in Nazaret(h) ein. Jesus predigte in der dortigen Synagoge, stieß aber auf Ablehnung, weil man sich nicht mit dem Gedanken befreunden konnte, ein Zimmermann könne ein begnadeter Prophet sein. Matthäus (13, 53–58) erzählt die Episode im selben Zusammenhang, aber Jesus wird hier als »Zimmermannssohn« bezeichnet. Lukas wiederum stellt das Ereignis ganz an den Anfang der Lehrtätigkeit Jesu (4, 16–30). Vielleicht fällt Jesu zweiter Besuch in Kana(an) in dieselbe Zeit wie dieser Besuch in Nazaret(h). Dem Evangelisten Johannes (4, 46) zufolge heilte Jesus in Kana(an) den Sohn eines »Beamten« (der griechische Text enthält die Formulierung *basilikos* [»Königsmann«]). Kana lag am Rande der Ebene von Asochis (Hannaton), wo sich königliche Ländereien befanden, und »der Mann des Königs« könnte möglicherweise königlicher Gutsverwalter gewesen sein.

Ein andermal, als sich Jesus in dieser Gegend aufhielt, heilte er den Sohn einer Witwe in Nain (Luk. 7, 11–17). Nain (Naim) wird zwar als »Stadt« bezeichnet, war aber nur ein Dorf acht Kilometer südöstlich von Nazaret(h), das am Abhang eines Hügels lag und eine Mauer sowie ein Tor besaß. In späteren Zeiten wurde Nain Hauptort eines eigenen Bezirks. Reste des Friedhofes dieser alten Ortschaft sind auf dem steinigen Gelände neben der Straße von Nain zur Via Maris noch sichtbar.

MATTHÄUS 13, 53–58; MARKUS 6, 1–6;
LUKAS 4, 16–30; 7, 11–17; JOHANNES 4, 46–54

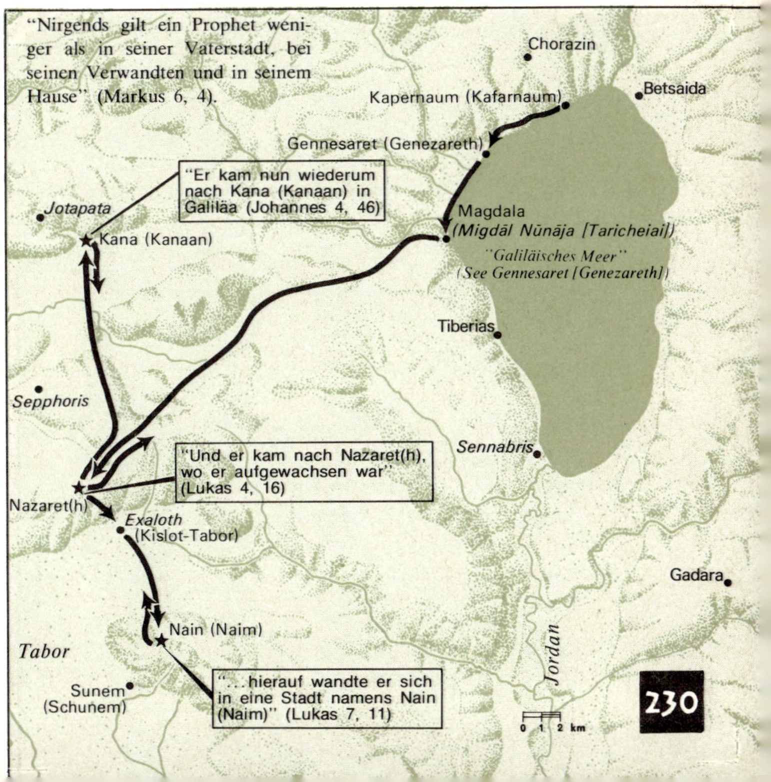

"Wer ist dieser, daß ihm sogar Wind und See gehorchen?" (Markus 4, 41).

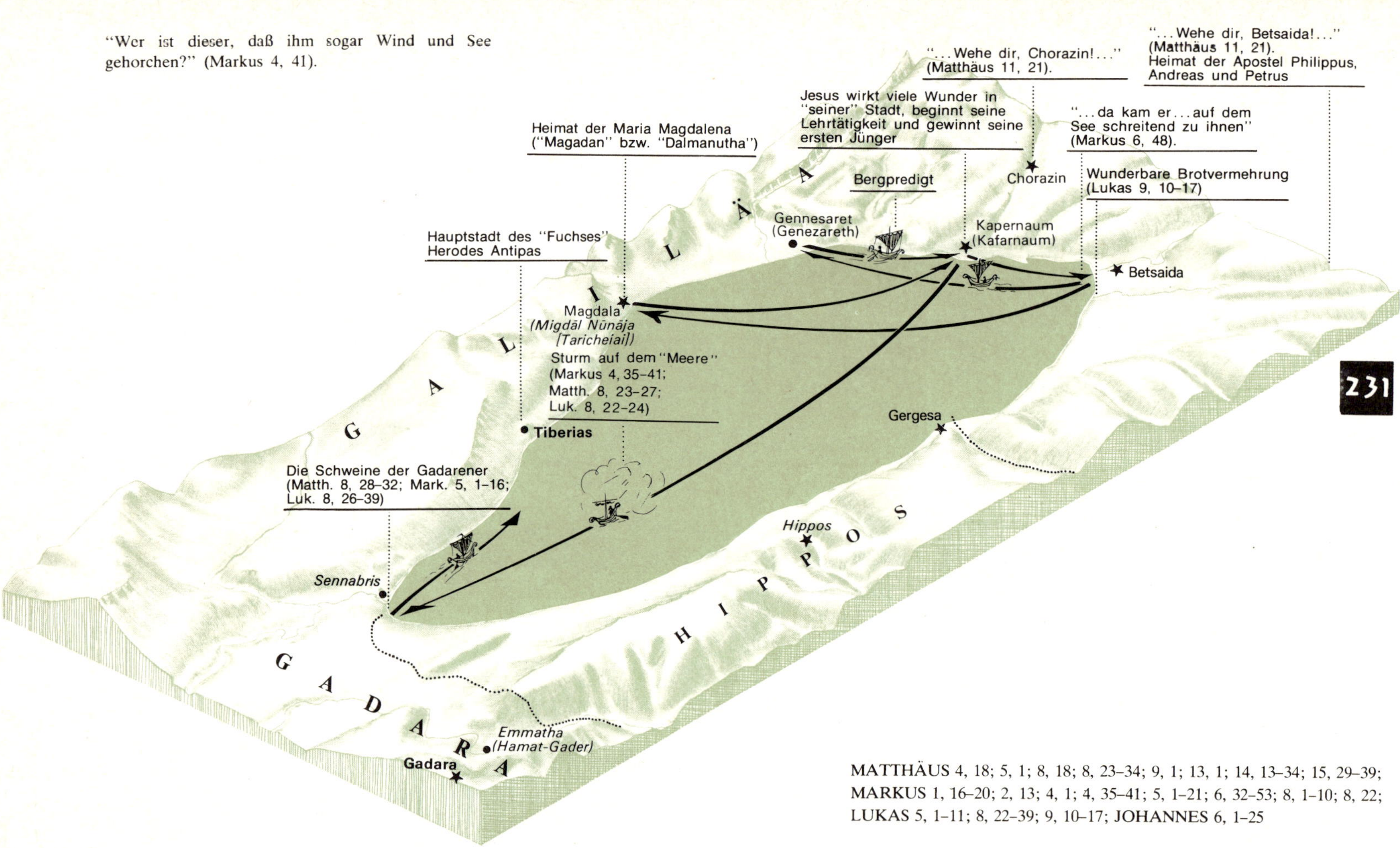

MATTHÄUS 4, 18; 5, 1; 8, 18; 8, 23–34; 9, 1; 13, 1; 14, 13–34; 15, 29–39; MARKUS 1, 16–20; 2, 13; 4, 1; 4, 35–41; 5, 1–21; 6, 32–53; 8, 1–10; 8, 22; LUKAS 5, 1–11; 8, 22–39; 9, 10–17; JOHANNES 6, 1–25

RINGS UM DAS »GALILÄISCHE MEER«

Von einigen Reisen abgesehen, konzentrierte Jesus, bevor er nach Jerusalem ging, um nie mehr zurückzukehren, seine Tätigkeit ganz und gar auf das Gebiet um das »Galiläische Meer« (Matth. 15, 29; Mark. 1, 16; 6, 31), das auch See Gennesaret (Genezareth) – so Lukas 5, 1 – oder See von Tiberias (Joh. 6, 1; 21, 1) genannt wird, meist aber in den Evangelien nur »der See« heißt. Gennesaret (Genezareth) ersetzt als Name des Sees wohl einfach das alte »See von Kinneret(h)« (Num. [4. Mos.] 34, 11), zumal die Stadt Gennesaret (Genezareth) auf ein und demselben Schutthügel (Tell Ureime) über den Trümmern der alten Stadt Kinneret(h) errichtet war. Als »See von Tiberias« konnte man das Gewässer ganz offensichtlich erst bezeichnen, nachdem 18/19 n. Chr. die Stadt Tiberias gegründet worden war (vgl. Karte 222). Jesu erste Jünger waren Fischer. Manchmal predigte Jesu der am Ufer lagernden Menge von einem Boot, aber auch die Bergpredigt hielt er, der Überlieferung zufolge, in unmittelbarer Nähe von Kapernaum (Kafarnaum [Matth. 8, 1 und 5]). Nur selten tadelte Jesus die Städte, die nicht Buße tun wollten (»Wehe dir, Chorazin! Wehe dir, Betsaida!... und du, Kapernaum: zur Unterwelt wirst du hinfahren!« (Matth. 11, 21–23; Luk. 10, 13–15).

Auf dem »Galiläischen Meer« gibt es häufig Stürme. Während eines solchen schlief Jesus, der in das Gebiet der Gadarener segelte (Mark. 4, 35–41; Matth. 8, 23–27; Luk. 8, 22–24). Als er erwachte, beruhigte sich der See sofort. Schwierig ist die Lokalisation eines besessenen Gadareners (die gewöhnliche Lesart »Gerasener« ist falsch, denn Gerasa besaß am Ufer des Sees kein Land). Die beiden Möglichkeiten sind »Gergesener« – dies wiese auf Gergasa (Kursi) am östlichen Seeufer im Gebiet von Hippos – und »Gadarener«; Gadara könnte einen Küstenstreifen zwischen dem Jordan und Kefar-Semach besessen haben, wo das Ufer ausgesprochen steil ist. Man kann sich durchaus vorstellen, wie dort die Schweine, in die der unreine Geist fuhr, in die Tiefe stürzten. Im übrigen waren die Einwohner von Gadara keine Juden. Sie hatten daher wohl nichts gegen Schweinezucht einzuwenden. Weitere Ereignisse, die sich am See Gennesaret (Genezareth) abgespielt haben sollen, sind: die wunderbare Brotvermehrung (die Speisung der 5000 mit fünf Broten und zwei Fischen) an einem einsamen Ort nahe der Stadt Betsaïda; Jesu Wandeln auf dem See und Petri Versuch, dem Beispiel seines Meisters zu folgen (Mark. 6, 45–51; Matth. 15, 22–23; Joh. 6, 15–21).

Außerdem besuchte Jesu »Magadan« bzw. »Dalmanutha« (so bei Markus 8, 10), beide Male sollte es wohl Magdala heißen. Es handelt sich um die bedeutendste Stadt am Seeufer nach Tiberias, die für ihre Fischräuchereien berühmt war (ihr griechischer Name *Taricheiai* bedeutet denn auch »Fischräucherei«). Diese Stadt war der Wohnort der Maria Magdalena, die Jesus nach Jerusalem folgte. Maria Magdalena gehörte zu einer Gruppe von Frauen, »die er gesund gemacht hatte von bösen Geistern und Krankheiten und die nun mit ihrem Vermögen für sie sorgten« (Luk. 8, 2–3).

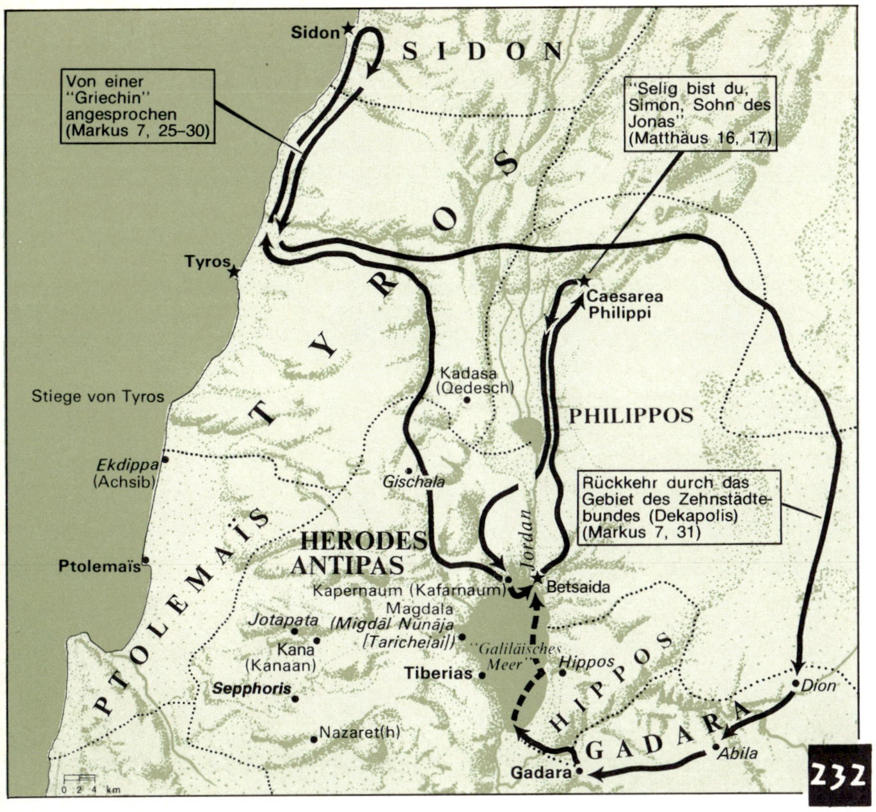

232

"Von dort brach er auf und begab sich in das Gebiet von Tyros" (Markus 7, 24).

JESUS IN TYROS, SIDON UND CAESAREA PHILIPPI

Jesus verließ das Heilige Land ein einziges Mal, und zwar als er nach Tyros und Sidon ging. Nach Markus (7, 24) und Matthäus (15, 21) führte diese Reise ins »Gebiet« bzw. in die »Gegend« der genannten zwei Städte. Wir erfahren nicht, ob Jesus die Städte selbst betreten hat. Beide besaßen ein ausgedehntes Hinterland. Sidon hatte tief im Landesinnern eine gemeinsame Grenze mit der Stadt Damaskus, und das Gebiet von Tyros reichte ins Bergland hinauf bis nach Kadasa (Qedesch), wo man das Tal des Hulesees (Ulatha) überblicken konnte. Auf dieser Reise heilte Jesus die Tochter einer »griechischen« oder »syrophönikischen« Frau, das heißt einer Phönikierin, die die damals in den Ostgebieten des Römerreiches allgemein verbreitete hellenistische Kultur angenommen hatte. Nach Markus (7, 31) zog Jesus auf seiner Rückkehr zum »Galiläischen Meer« durch das Gebiet der Dekapolis – vielleicht machte er einen Umweg durch die Gaulanitis nach Abila, Dion, Hippos und Gadara.

Eine andere kürzere Reise führte Jesus und seine Jünger in das Gebiet von Caesarea Philippi, das von Herodes und seinem Sohn Philippos neuerbaute ehemalige Paneias. Das auffallendste Landschaftsmerkmal waren die ragenden Felsen in der Nähe dieser Stadt. Es gab ein Höhlenheiligtum des Gottes Pan, und in den Fels gehauene Nischen enthielten Statuen von Nymphen. Der Anblick dieser mächtigen Felsabbrüche mag Jesus dazu angeregt haben, vom »Felsen« [Petrus] zu sprechen, auf dem er seine Kirche bauen wolle.

MATTHÄUS 15, 21–29; 16, 13–20; MARKUS 7, 24–31; 8, 27–30

Phönikerin (von einem Sarkophag aus Sidon)

JESU VERKLÄRUNG

Nach der Rückkehr an das »Galiläische Meer« bestieg Jesus zusammen mit den Aposteln Petrus, Jakobus und Johannes »einen hohen Berg« – wo seine Verklärung stattgefunden haben soll. Welcher Berg es ist, wird nicht ausdrücklich gesagt, aber die Überlieferung verbindet das Ereignis mit dem Berg Tabor, einer auffälligen Landmarke, wo in biblischen Zeiten drei Stämme Israels aneinandergrenzten. Später errichtete man auf ihm eine jüdische und (noch später) eine hellenistische Festung. Seiner Form und isolierten Lage wegen ist er praktisch von ganz Untergaliläa und der Jesreel-Ebene aus sichtbar. Im Anschluß an die Verklärung, so berichtet der Evangelist Matthäus, befahl Jesus dem Petrus, die Tempelsteuer zu zahlen: »Damit wir ihnen keinen Anstoß geben, geh an den See, wirf die Angel aus und nimm den ersten Fisch, der heraufkommt. Und wenn du sein Maul öffnest, wirst du ein Vierdrachmenstück finden; das nimm und gib es ihnen für mich und dich« (Matth. 17, 24–27).

MATTHÄUS 17, 1–8; 17, 24–27; MARKUS 9, 2–8; LUKAS 9, 28–36

"Und nach sechs Tagen nahm Jesus den Petrus, den Jakobus und den Johannes und führte sie auf einen hohen Berg..." (Markus 9, 2).

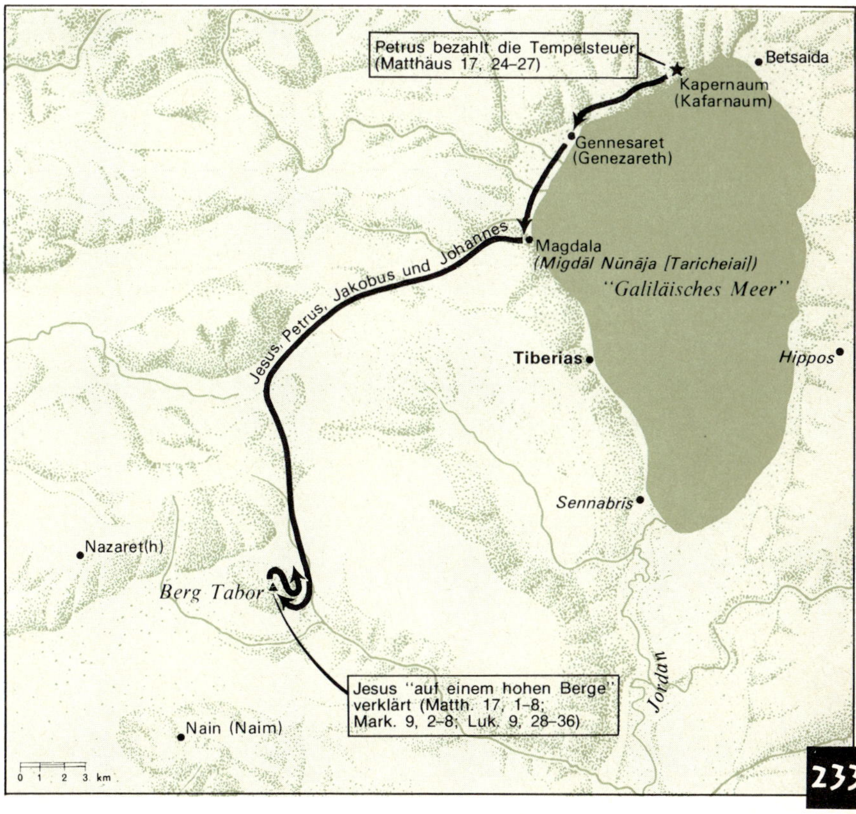

233

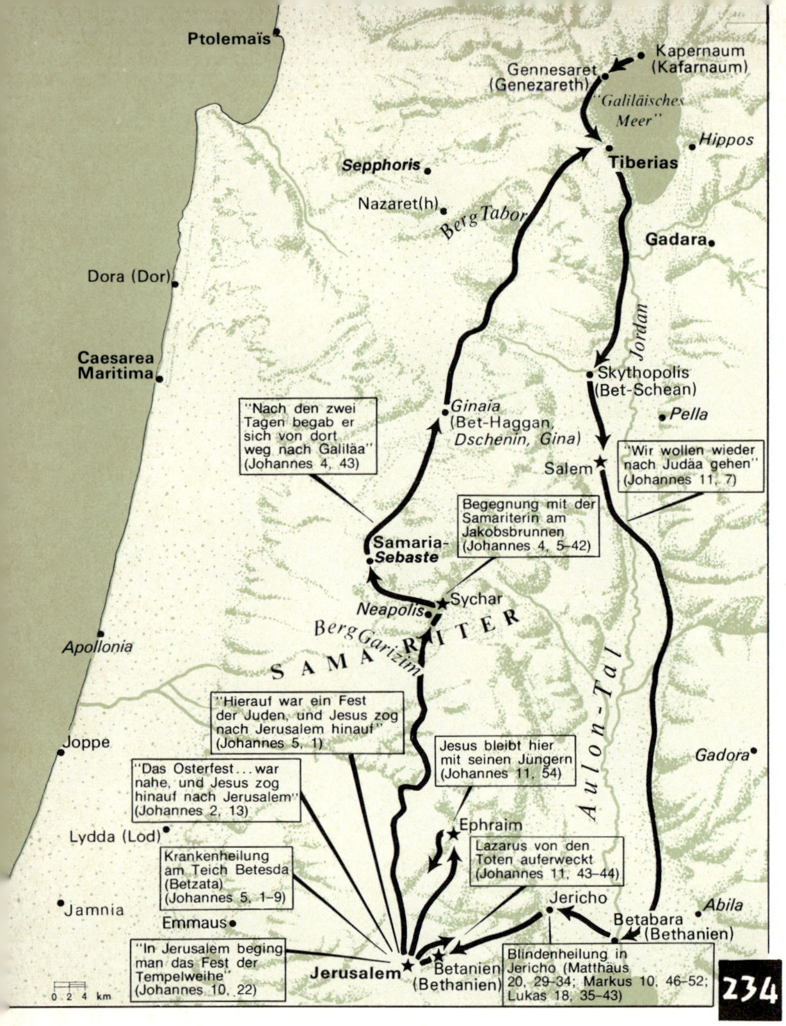

234

"Das Osterfest der Juden war nahe, und Jesus zog hinauf nach Jerusalem" (Johannes 2, 13).

JESUS BESUCHT JERUSALEM

Das Johannesevangelium berichtet von Reisen Jesu nach Jerusalem, die die anderen Evangelien nicht erwähnen. So ist bei Johannes (2, 13–3, 21) von einer Reise Jesu zum Passahfest in Jerusalem die Rede, wo Jesus die Händler und Wechsler aus dem Tempel vertrieb, ein Ereignis, das die anderen Evangelien in seine letzten Tage in Jerusalem einordnen (Mark. 11, 15–17; Matth. 21, 12–13; Luk. 19, 45–46). Während dieses Aufenthaltes taufte Jesus in Judäa – wie Johannes der Täufer in der fruchtbaren Ebene von Ainon bei Salem (Joh. 3, 22–24). Auf der Rückkehr kam Jesus durch Samaria und traf die Samariterin am Brunnen von Sychar. Zwei Tage blieb er bei den Samaritern, von denen viele an ihn glaubten.
Johannes (5) erwähnt noch eine Reise nach Jerusalem, bei der Jesus am Teich von Bethesda in der Heiligen Stadt einen Lahmen heilte.
Im Kapitel 7 gibt Johannes eine von den drei anderen Evangelien leicht abweichende Version der Ereignisse bei Jesu letzter Reise nach Jerusalem. Laut Johannes begab sich Jesus im Herbst heimlich zum Laubhüttenfest nach Jerusalem, und beim Fest der Tempelweihe zu Beginn des Winters war er immer noch dort. Hierauf ging er zurück über den Jordan, vermutlich nach Betabara (Joh. 10, 40), und von dort nach Betanien, wo er Lazarus von den Toten erweckte (Joh. 11, 1–46). Dann zog er sich in die nordöstlich von Jerusalem gelegene Wüste Ephraim zurück (Joh. 10, 54).

MATTHÄUS 20, 29–34; MARKUS 10, 46–52; LUKAS 18, 35–43;
JOHANNES 2, 13–22; 3, 22; 4, 1–22; 5, 1–18; 7, 1–10; 10, 22–40; 11, 1–44; 11, 54

JESU LETZTE REISE NACH JERUSALEM

»Als sich die Tage erfüllten, da er hinweggenommen werden sollte« (Luk. 9, 51), am Ende seines Aufenthaltes in Galiläa, begann Jesu seinen Jüngern sein Schicksal in Jerusalem vorauszusagen, »und sie wurden sehr betrübt« (Matth. 7, 23).
Auf dieser letzten Reise dürften sich die von Lukas (9, 52–56) erwähnte Begegnung mit den ungastlichen Bewohnern eines Samariterdorfes ereignet haben. Vielleicht wollte Jesus den kürzeren Weg über Samaria nehmen, aber als die Einwohner eines Dorfes ihn nicht aufnehmen wollten, wandte er sich ostwärts und ging durch Peraia, das »Judäa jenseits des Jordans«. Von dort zog er mit seinen Jüngern über den Jordan nach Jericho, wo er im Hause des reichen Oberzöllners Zachäus blieb (Zachäus war wohl Steuereinnehmer der Ländereien im Jordantal, die der Kaiser von der Dynastie der Herodier geerbt hatte). Vor der Stadt heilte Jesus zwei blinde Bettler. Hierauf zog Jesus auf der Pilgerstraße weiter zum Ölberg und dem dort gelegenen Betphage sowie nach Betanien, wo er im Hause von Martha und Maria, den Schwestern des Lazarus, aufgenommen wurde.

MATTHÄUS 16, 21; 17, 22–27; 19, 1–2; 20, 17; 20, 29–34; MARKUS 8, 31; 10, 1; 10, 32; 10, 46–52; 11, 1–2; LUKAS 9, 22; 9, 43–45; 9, 51–56; 10, 38–42; 13, 22; 18, 31–42; 19, 1–10; 19, 28–35; JOHANNES 12, 1–8

"Es begab sich aber, als die Tage sich erfüllten, da er hinweggenommen werden sollte, nahm er entschlossen seinen Weg nach Jerusalem" (Lukas 9, 51).

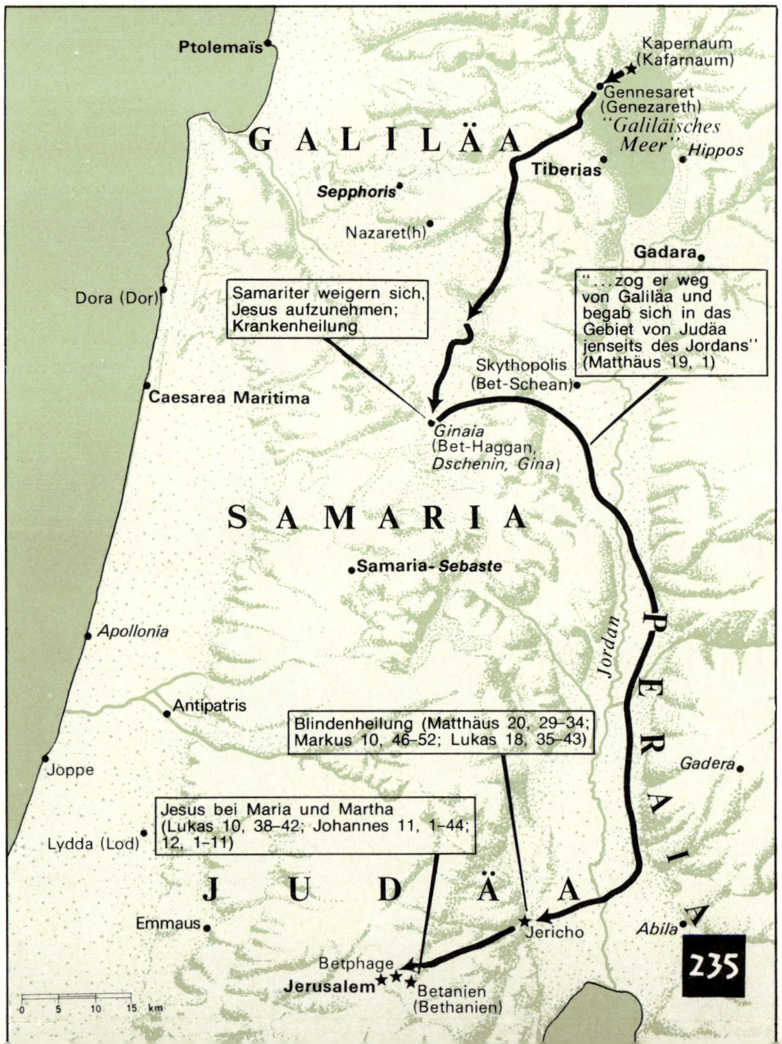

235

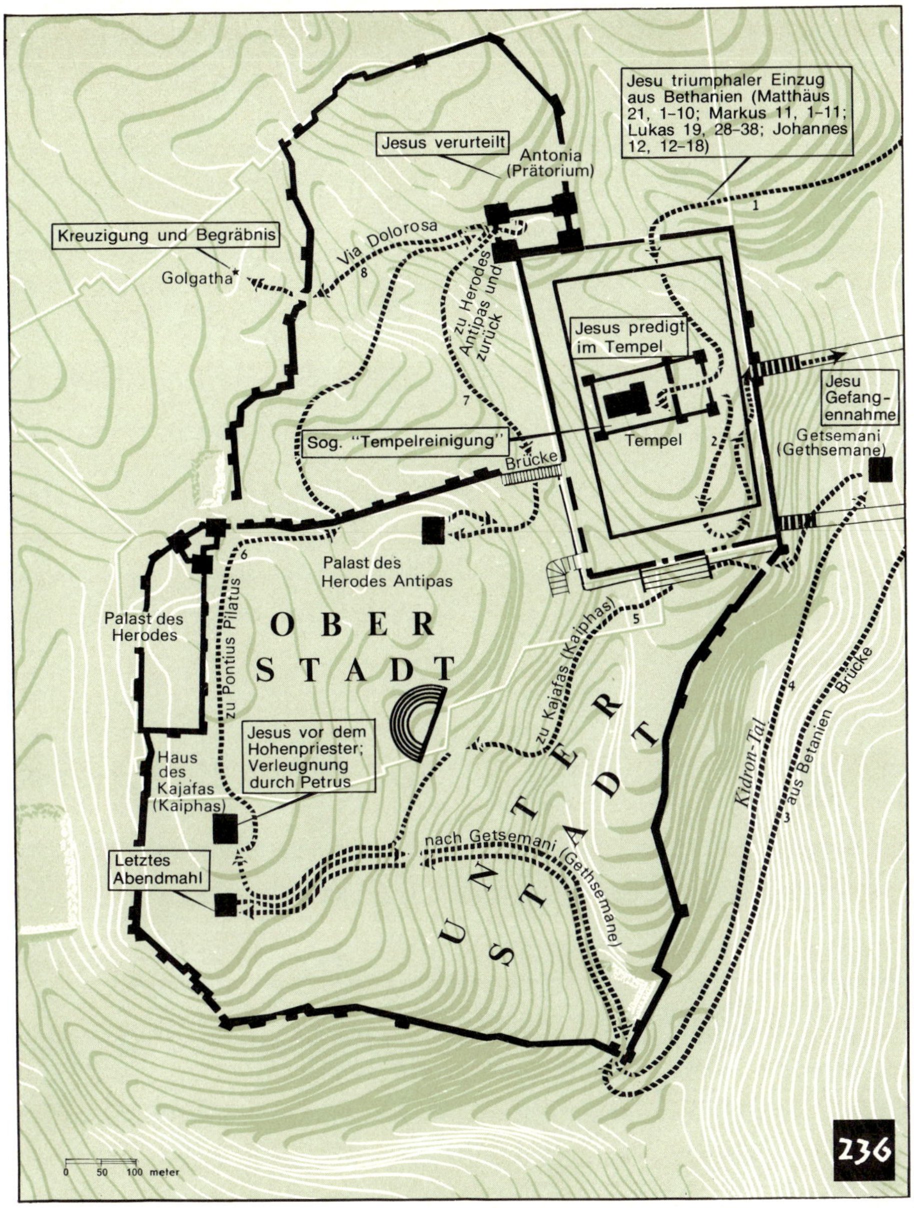

"O Jerusalem, Jerusalem, das du die Propheten mordest und die steinigst, die zu dir gesandt sind!" (Matthäus 23, 37).

JESU PROZESS, URTEIL UND KREUZIGUNG

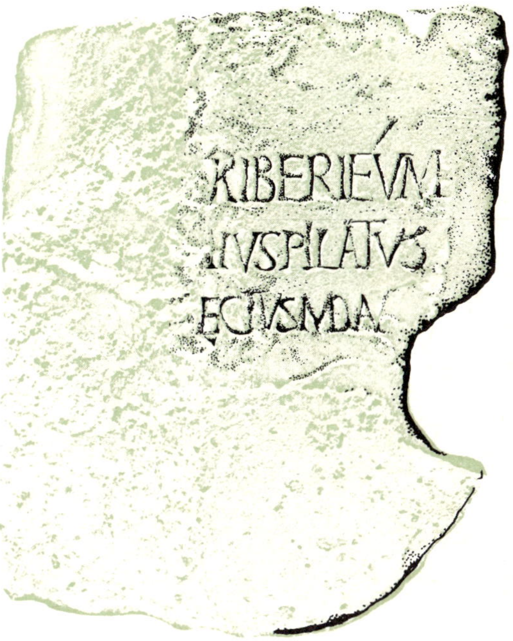

In Caesarea Maritima gefundene Inschrift des Pontius Pilatus

MATTHÄUS 21–27; MARKUS 11–15; LUKAS 19, 28–23; JOHANNES 12–19

Alle vier Evangelien schildern Jesu Einzug in Jerusalem als wahren Trimphzug. Jesus ritt auf dem Füllen einer Eselin, das die Jünger in einem Ort gegenüber Betphage gefunden hatten. »Dies geschah aber, damit erfüllt würde, was durch den Propheten gesagt worden ist, der da spricht: ›Saget der Tochter Sion: Siehe, dein König kommt zu dir sanftmütig, er reitet auf einer Eselin und einem Füllen, dem Jungen des Lasttiers« (Matth. 21, 4–5). Die Volksmenge empfing ihn mit Hosiannarufen, die Menschen breiteten ihre Kleider auf dem Weg vor ihm aus und winkten mit Palmenzweigen. Nachdem er im Tempel gelehrt hatte, kehrte er nach Betanien zurück. Nach den synoptischen Evangelien vertrieb er auf dieser letzten Reise die Händler und Wechsler aus dem Tempel (siehe auch Karte 234). Am folgenden Tag feierte er mit seinen Jüngern das Abendmahl in einem Haus, dessen großes Obergemach mit »Polstern belegt und bereit« war (Mark. 14, 15; Luk. 22, 12). Wir dürfen annehmen, daß es das Haus eines Anhängers Jesu in der reichen Oberstadt von Jerusalem war. Jesu Abendmahl ist das jüdische Passahmahl, es weist so manchen Zug auf, der darauf hinweist. Nach dem Abendmahl ging Jesus mit seinen Jüngern ins Kidrontal nach Getsemani (»Ölpresse«) am Fuß des Ölbergs. Dort fiel er in die Hände einer mit Schwertern und Stöcken bewaffneten Menge, die von Judas Ischariot angeführt wurde, einem der zwölf Apostel, der seinen Herrn verraten hatte. Den Evangelien zufolge führte man Jesus zum Hause des Hohenpriesters Kaiphas. Dort wurde er zuerst vom ehemaligen Hohenpriester Annas und anschließend von einem illegalen Tribunal, dem der Hohepriester selbst vorsaß, verhört. Während dies geschah, verleugnete Petrus, der im Hofe des Palastes wartete, dreimal den Herrn. Man fragte Jesus nach seiner religiösen Einstellung. Aber obwohl die Richter seine Äußerungen als Gotteslästerung empfanden, rechtfertigten diese allein nach Ansicht der meisten Gelehrten die Todesstrafe noch nicht. Gleichviel – die Hohenpriester und Ältesten beschlossen jedenfalls, Jesus vor dem römischen Statthalter Pontius Pilatus eines politischen Verbrechens anzuklagen: Auflehnung gegen den Kaiser, und zwar durch den Anspruch, »König der Juden« zu sein. Nach Lukas (23, 6–12) sandte Pontius Pilatus Jesus zu Herodes Antipas (da »er unter Herodes' Zuständigkeit gehörte«), doch dieser schickte ihn zu Pilatus zurück. Antipas hielt sich vermutlich in der Residenz der Herodier in Jerusalem (im alten Hasmonäerpalast) auf. Der Statthalter Pilatus wohnte entweder im Palast des Herodes auf der Westseite der Stadt oder in der Festung Antonia nördlich des Tempels. Da der Hauptgrund seines Aufenthaltes in Jerusalem die Überwachung der Pilgermassen des Passahfestes war, können wir wohl der Überlieferung Glauben schenken, wonach Jesus im Sitz der Prätur in der Festung Antonia verurteilt wurde. Von dort aus führten ihn die römischen Soldaten nach Golgatha, einem Platz außerhalb der zweiten Mauer von Jerusalem. Hier wurde er nach römischem Brauch hingerichtet, das heißt ans Kreuz geschlagen. Nach derselben Überlieferung bestattete man ihn ganz in der Nähe, in einer Grabstätte, die dem Ratsherrn Joseph von Arimathaia gehörte.

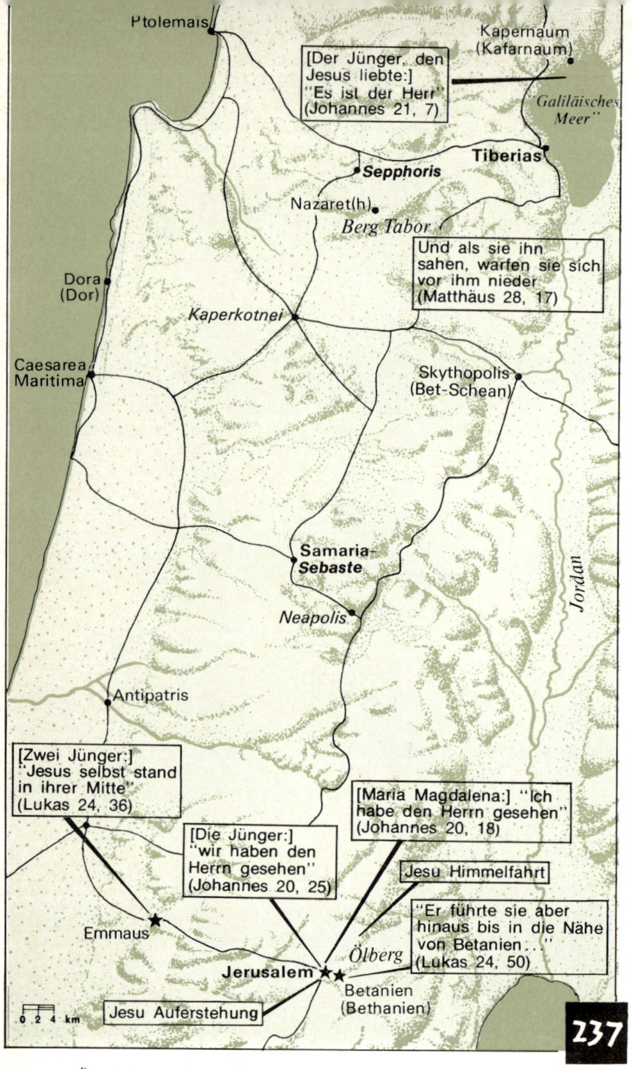

MATTHÄUS 28; MARKUS 16; LUKAS 24; JOHANNES 20–21; APOSTELGESCHICHTE 1, 1–8; 1. KORINTHER 15, 3–8

"Da fanden sie den Stein vom Grabe weggewälzt und gingen hinein, fanden aber den Leichnam nicht" (Lukas 24, 2–3).

JESU AUFERSTEHUNG UND HIMMELFAHRT

Mit Jesu Kreuzigung ist für die Evangelisten die Geschichte Jesu keineswegs zu Ende. Christlichem Glauben zufolge erstand Jesus vielmehr drei Tage nach der Kreuzigung wieder von den Toten. Den Evangelien nach erschien der auferstandene Christus in Galiläa (Matthäus und Markus) sowie in Judäa, in Emmaus, Betanien und Jerusalem (Johannes und Lukas, Matthäus deutet dergleichen wenigstens an). Schließlich wurde er vom Ölberg in den Himmel entrückt (Apg. 1, 2–12).

Rollstein in Herodes Familiengrab zu Jerusalem

APOSTELGESCHICHTE 2, 8–11; 1. MAKKABÄER 15, 23; FLAVIUS JOSEPHUS: "JÜDISCHE ALTERTÜMER" (*ANTIQUITATES IUDAICAE*) 14, 213–264; PAPYRI; INSCHRIFTEN

DIE JÜDISCHE DIASPORA ZUR ZEIT JESU

Zu Beginn der christlichen Ära konzentrierten sich die jüdischen Gemeinden auf den östlichen, griechisch sprechenden Teil des Römischen Reiches. Ausnahmen waren Mittelitalien, wohin die Juden nach Pompeius' Feldzug als Sklaven kamen, aber unter Julius Caesar bessere Lebensbedingungen erhielten, und Babylonien, dessen Judengemeinden unter der Partherherrschaft aufblühten. Vorwiegend aber lebten die Juden in einer von griechischer Kultur geprägten Welt. Ihre Gemeinden gruppierten sich hier um die Synagogen, hatten innere Autonomie sowie ihre eigenen Archonten und Ältesten, standen aber untereinander und mit Jerusalem in Verbindung. Dieser Zustand erklärt zum großen Teil die Missionarstätigkeit des Apostels Paulus (vgl. Karten 242–247). Im allgemeinen hatten die Gemeinden nicht zu leiden, waren aber abhängig vom guten Willen nichtjüdischer Staaten und daher ängstlich darauf bedacht, gute Beziehungen zu pflegen.

"Wir hören sie in unseren Sprachen die Großtaten Gottes künden" (Apostelgeschichte 2, 11).

APOSTELGESCHICHTE 2, 9–11

DAS PFINGSTWUNDER

Die jüdische Diaspora war durch starke religiöse Bande mit Jerusalem verknüpft. Solange der Tempel stand, kamen jedes Jahr Tausende von Pilgern aus den umliegenden Gemeinden, um an einem der drei Hauptfeste »hinauf zu gehen zum Berge des Herrn«. Zu dieser Zeit herrschte in Jerusalem ein ungewohnt kosmopolitisches Klima. Menschen aus West und Ost trafen hier aufeinander. Aus der Apostelgeschichte wissen wir, daß viele Pilger, die kamen, um die Apostel zu hören, erstaunt waren, in ihrer Muttersprache angesprochen zu werden. Bei dieser Gelegenheit gibt der Verfasser der Apostelgeschichte (Apg. 2, (9–10) eine ausführliche Übersicht über die Diaspora seiner Zeit (möglicherweise mit symbolträchtigen Anklängen an den Turmbau zu Babel und die Verkündung des Gesetzes). Er beginnt im Osten jenseits der Grenzen des römischen Imperiums mit Parthien, Medien, Elam und Mesopotamien. Dann erwähnt er Judäa, wendet sich nordwärts und fügt Kappadokien und Pontos hinzu. Von den Ufern des Schwarzen Meeres wendet er sich weiter nach Westen zur Provinz Asia, hierauf landeinwärts nach Phrygien und Pamphylien. Dann wandern seine Gedanken übers Mittelmeer nach Ägypten und dessen Nachbarland Kyrene. Rom, mit seinen Juden und Proselyten, stellt die westliche Diaspora dar. Mit einem Blick auf Kreta und Arabien (die »Nabatäer«) endet seine Übersicht.

"Mir... hat Gott gezeigt, daß man keinen Menschen unheilig und unrein nennen darf" (Apostelgeschichte 10, 28).

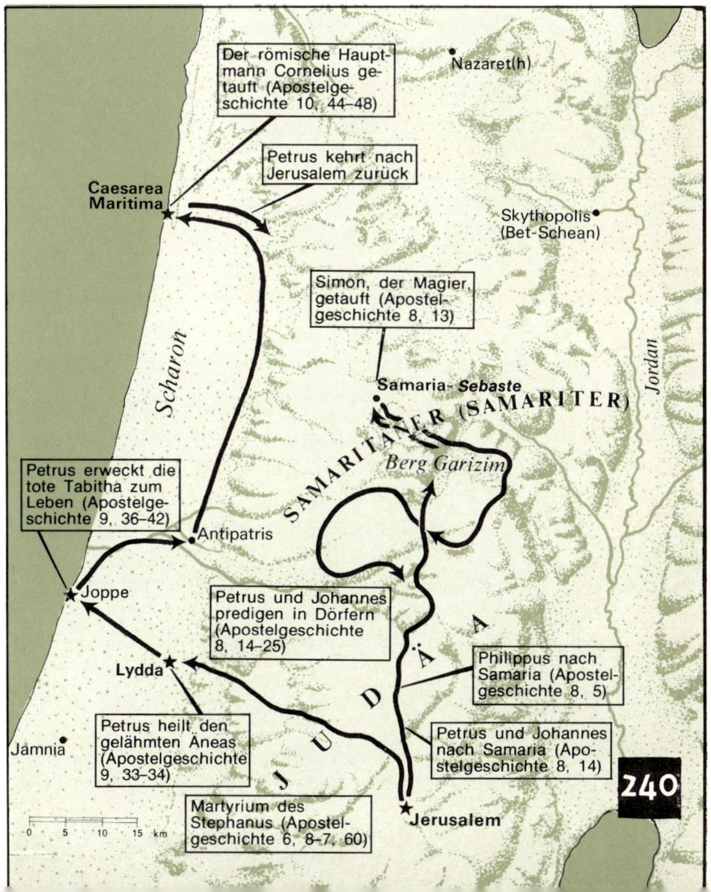

DIE MISSIONSREISEN DER APOSTEL PETRUS UND PHILIPPUS NACH SAMARIA UND IN DAS KÜSTENGEBIET

Selbstverständlich erregte die Predigt der Apostel in Jerusalem Ärgernis. Einige von ihnen wurden verhaftet, allerdings auf den weisen Rat des Pharisäers Gamaliel wieder freigelassen. Aber als die Männer aus der Synagoge der Libertiner (ehemalige Sklaven) Stephanus, einen Diakon der christlichen Gemeinde, anschuldigten, wurde ihm wegen »Gotteslästerung« der Prozeß gemacht, und man steinigte oder lynchte ihn. Die Apostel zerstreuten sich nun. Philippus predigte in Samaria und bekehrte sogar einen gewissen »Zauberer Simon«, der der Kirche aus unlauteren Motiven beigetreten war, aber von Petrus und Johannes, die auch in den Ortschaften Samariens predigten, beschämt wurde. Petrus zog weiter nach Lydda, wo er Äneas heilte, und begab sich von dort nach Joppe, wo er Tabitha vom Tode erweckte. In Joppe blieb er einige Tage bei einem gewissen Simon, einem Gerber. Er hatte dort eine Vision, die ihn veranlaßte, der Einladung eines heidnischen Centurio namens Cornelius nach Caesarea Folge zu leisten. Das brachte Petrus, der im allgemeinen eine konservative Haltung einnahm, dazu, die Lehren Christi auch unter Nichtjuden zu verbreiten.

APOSTELGESCHICHTE 8, 4–25; 9, 32–11, 2

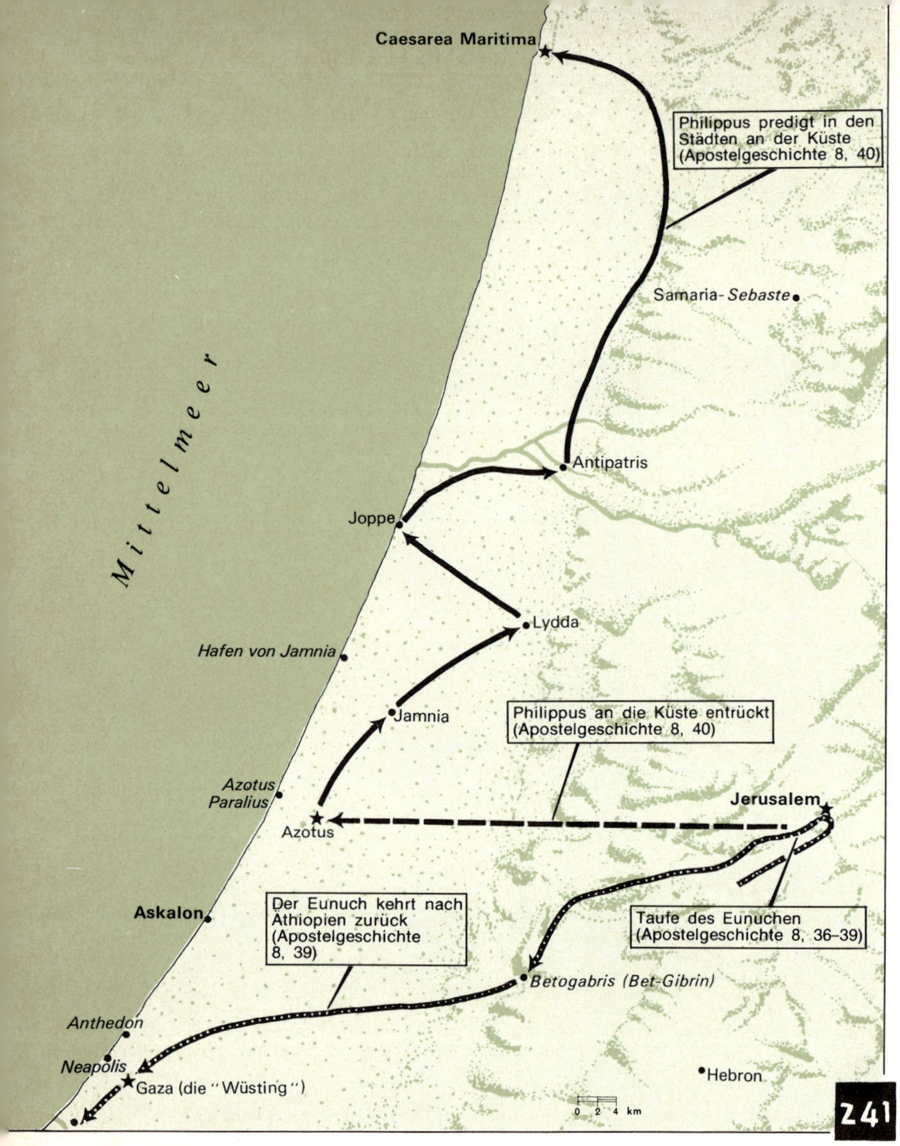

241

"Er zog umher und verkündet in allen Städten das Evangelium, bis er nach Caesarea gelangte" (Apostelgeschichte 8, 40).

DIE REISE DES APOSTELS PHILIPPUS 36 N. CHR.

Dem Apostel Philippus wurde aufgetragen, nach der »Wüstung« Gaza zu gehen. Diese Stadt, die Alexander Iannaios zerstört hatte, war nach vielen Jahren wieder aufgebaut worden, hatte aber – im Gegensatz zu »Alt Gaza« (Bet-Eglaim) und »Neu Gaza« (Neapolis) an der Küste – lange Zeit als verlassene, menschenleere Wüstung in Trümmern gelegen. Der Apostel machte sich in Richtung Betogabris (Bet-Gibrin) auf den Weg, war aber noch nicht weit gekommen, als er auf einen Eunuchen traf, einen Proselyten im Dienste der äthiopischen Königin Kandake. Philippus bekehrte ihn und taufte ihn auch gleich an einer Quelle nahe der Straße. Der Äthiopier zog weiter nach Hause, vermutlich über Gaza, während Philippus entlang der Küste von Azotus bis Caesarea das Evangelium verkündete.

Römischer Reisewagen, wie ihn wohl auch der von Philippus getaufte Eunuch der äthiopischen Königin Kandake benutzte

APOSTELGESCHICHTE 8, 26–40

"... dieser Mann ist mir ein auserwähltes Werkzeug, um meinen Namen vor Heiden und Könige zu tragen..." (Apostelgeschichte 9, 15).

DIE REISE DES SAULUS NACH DAMASKUS SAULUS' BEKEHRUNG: AUS SAULUS WIRD PAULUS 36–38 N. CHR.

Saulus, ein Pharisäer aus Tarsus, war an der Tötung des Diakons Stephanus (vgl. Karte 240) beteiligt gewesen. Er bat den Hohenpriester, ihn nach Damaskus zu schicken, um dort Christen aufzuspüren. Dieser Wunsch wurde ihm gewährt. Doch als er sich Damaskus näherte, hatte er eine Christuserscheinung und wurde bekehrt. Er war eine Zeitlang geblendet, und man führte ihn in die Stadt, wo ihn ein gewisser Judas empfing. Ein Jünger namens Ananias kam zu Saulus. Saulus gewann sein Augenlicht wieder und ließ sich taufen. Seine eifernden Predigten in der Synagoge von Damaskus erregten den Zorn der Juden, und um sein Leben zu retten, schmuggelte man ihn aus der Stadt. Als er wieder in Jerusalem war, zögerte die dortige Christengemeinde lange, bevor sie ihn aufnahm. Als ihm schließlich die Gegner des Christentums nach dem Leben trachteten, ging Paulus nach Caesarea und von dort in seine Vaterstadt Tarsus.

APOSTELGESCHICHTE 9, 1–30

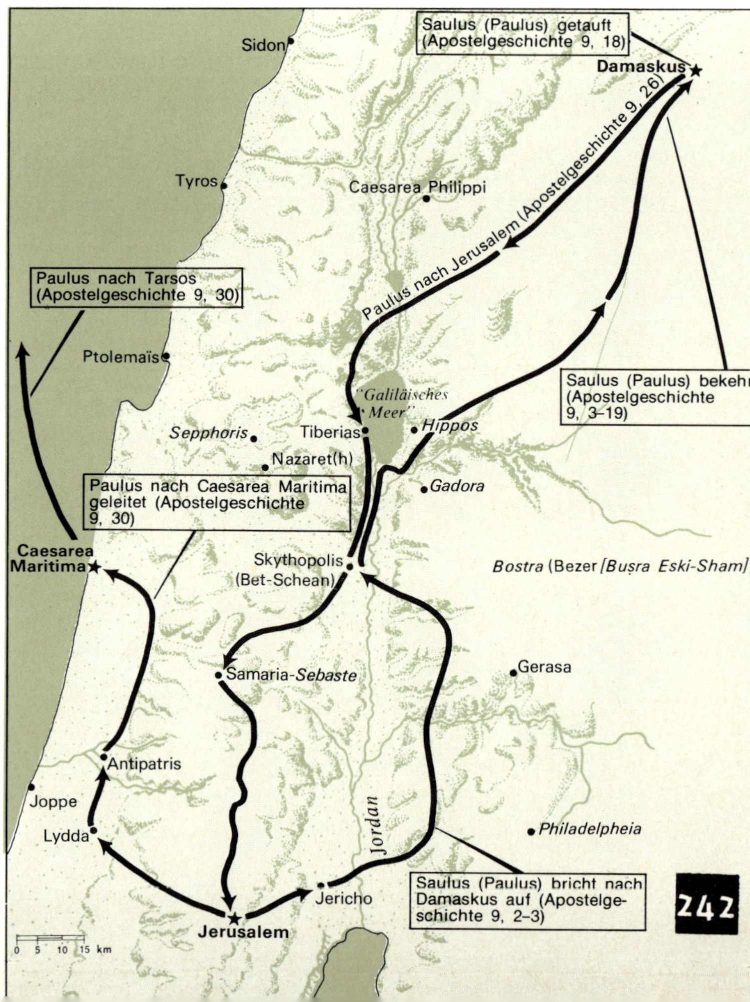

242

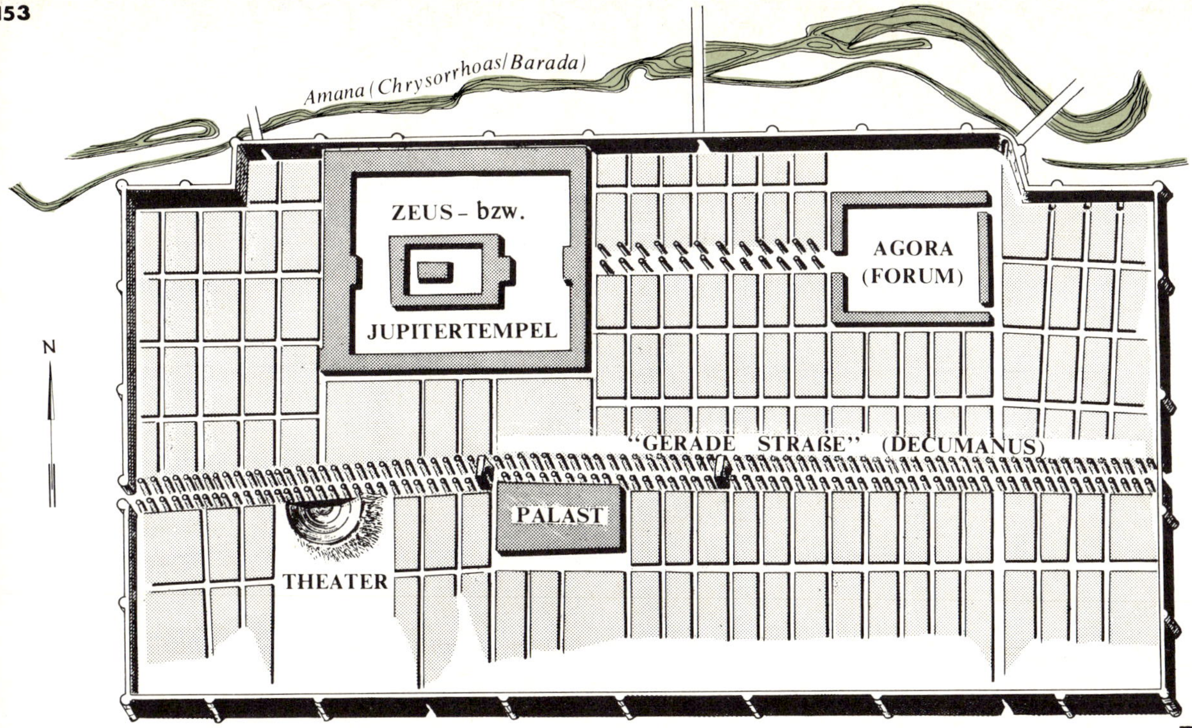

"Mache dich auf und gehe in die Straße, die man die Gerade heißt" (Apostelgeschichte 9, 11).

APOSTELGESCHICHTE 9, 8–25

243

DAMASKUS ZUR ZEIT DES APOSTELS PAULUS

Das alte Damaskus, an einer von den Flüssen Amana und Parphar bewässerten Oase gelegen, wurde in hellenistischer Zeit völlig neu erbaut, da es damals eine der bedeutendsten Städte des Seleukidenreichs war. Noch heute erkennt man die Spuren der hippodamischen Bauweise. Eine Mauer mit Toren umgab die Stadt (Paulus soll in einem Korb über die Mauern hinuntergelassen worden sein, da die Tore bewacht waren). Sie umgab ein Stadtgebiet von rechteckigem Zuschnitt mit zwei parallel verlaufenden Hauptstraßen. Eine dieser Straßen ist »die Straße, die man die Gerade heißt« (Apg. 9, 11). Sie führt am Theater und am ehemaligen Königspalast vorbei, der zu Paulus' Zeit die Residenz des nabatäischen Statthalters von Damaskus war (2. Kor. 11, 32). Die andere Straße verband den Marktplatz (die Agora) mit dem Zeus- bzw. Jupitertempel. Hier befand sich einst das Heiligtum des Gottes Hadad, später die Johanneskirche, und heute erhebt sich hier die Omaijadenmoschee.

PAULUS' REISE NACH ANTIOCHIEN UND SEINE RÜCKKEHR NACH JERUSALEM

Antiochien, die Hauptstadt Syriens, die drittgrößte Stadt des Römischen Imperiums, hatte eine alteingesessene Judengemeinde, die wohl zu einem wichtigen Stützpunkt für die Verkündung der christlichen Lehre wurde. Barnabas wurde als erster Apostel dorthin gesandt. In Antiochien nannte man Jesu Anhänger zum erstenmal »Christen« – Anhänger Christi, des »Gesalbten« (= des Messias). Die dortige Gemeinde unterstützte die Kirche Jerusalems, als unter Kaiser Claudius eine Hungersnot ausbrach (Apg. 11, 27–30). Nachdem Barnabas die Christengemeinde in Antiochien »ermahnt« hatte, »dem Herrn treu zu bleiben«, ging er nach Tarsus, kehrte aber mit Paulus zurück. Es kostete die beiden Apostel noch ein Jahr, ehe sie der Christengemeinde eine feste Basis gegeben hatten. Die Apostelgeschichte erzählt, daß zu jener Zeit »König Herodes« (Agrippa I.) »Hand anlegte«, um einigen Gemeindemitgliedern »Böses zuzufügen«. 44 n. Chr. starb Agrippa, und etwas später kehrten Barnabas und Paulus nach Jerusalem zurück. Mit ihnen kam Johannes »mit dem Beinamen Markus« (Apg. 12, 12).

APOSTELGESCHICHTE 11, 22–30

"In Antiochien nannte man die Jünger erstmals 'Christen'" (Apostelgeschichte 11, 26).

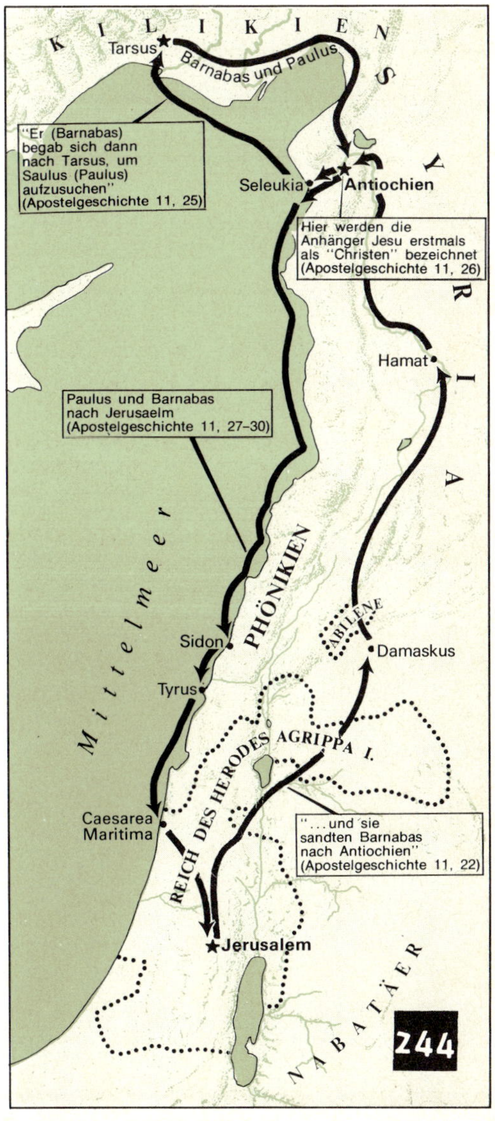

244

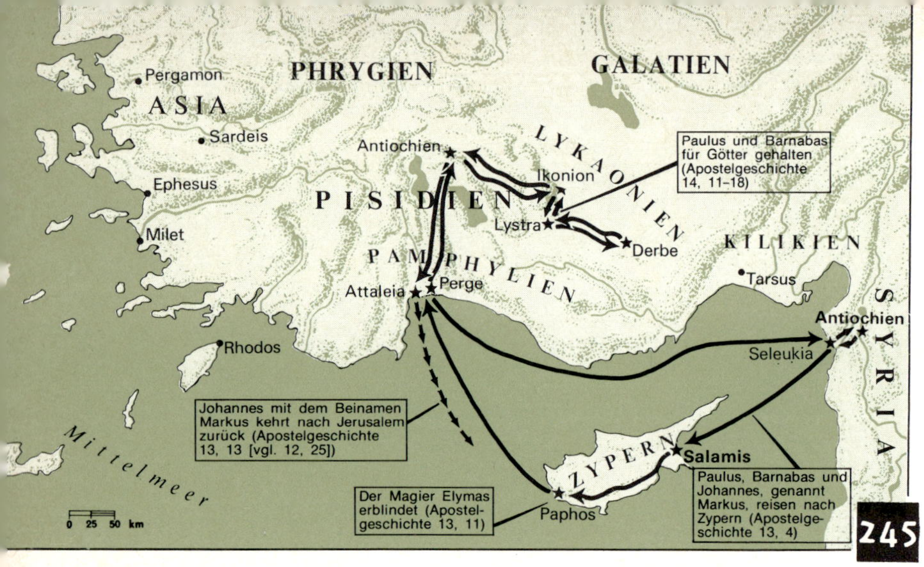

APOSTELGESCHICHTE 13–14

"... daß aus meinem Munde die Heiden das Wort Gottes vernehmen und zum Glauben kommen sollen" (Apostelgeschichte 15, 7).

DIE ERSTE MISSIONSREISE DES APOSTELS PAULUS 46–48 N. CHR.

Paulus verließ Jerusalem wieder und ging nach Antiochien. Von hier brach er mit Barnabas und Markus zu den drei Missionsreisen auf, die in der Apostelgeschichte ausführlich geschildert werden. Von Seleukia, dem Hafen Antiochiens, segelten sie nach Zypern, wo sie zuerst in Salamis und dann in der Hauptstadt Paphos predigten. Sie beschämten dort einen jüdischen Zauberer namens Elymas und beeindruckten damit Proconsul Sergius Paulus ganz außerordentlich. Von Paphos fuhren sie weiter nach Perge in Pamphylien (wo Markus, sehr zu Paulus' Mißvergnügen, sie verließ [Apg. 15, 38]). Paulus und Barnabas zogen weiter nach Pisidien, predigten im pisidischen Antiochien am Sabbat in der Synagoge und riefen große Zwietracht in der Gemeinde hervor. Die besonders traditionsbewußten Juden beschwerten sich bei den Herrschern der Stadt und zwangen so die Apostel weiterzuziehen. Das gleiche geschah in Ikonion. Paulus und Barnabas reisten weiter nach Derbe, und in Lystra heilten sie einen Lahmgeborenen. Es hätte nicht viel gefehlt, und sie wären als Götter verehrt worden.

Hierauf zogen sie durch Pamphylien wieder zur Küste, bestiegen in Attaleia ein Schiff und fuhren zurück nach Antiochien in Syrien.

Ein Altar, geweiht den "unbekannten Göttern" (aus Pergamon)

"Ihr Männer von Athen, ich finde, daß ihr in jeder Hinsicht sehr religiös seid" (Apostelgeschichte 17, 22).

DIE ZWEITE MISSIONSREISE DES APOSTELS PAULUS 49–52 N. CHR.

Auf seine zweite Reise nahm Paulus als Reisegenossen Silas mit. In Ikonion gesellte sich Timotheus zu ihnen. Barnabas und Markus gingen unterdessen nach Zypern. Paulus nahm den Landweg und besuchte die Städte seiner ersten Reise. Er durchquerte Pisidien und Phrygien und ging bis nach Alexandreia Troas am Ägäischen Meer. Dort erhielt er in einem Traum den Befehl, nach Makedonien zu reisen. Als er in Philippi angekommen war, bekehrte er viele Heiden, darunter Lydia aus Thyateira, »eine Purpurhändlerin und gottesfürchtige Frau«, die zum Judentum übergetreten war (Apg. 16, 14). Paulus und Silas wurden dort verhaftet, aber mit vielen Entschuldigungen wieder auf freien Fuß gesetzt, als den Behörden klar wurde, daß Paulus römischer Bürger war. Sie setzten ihre Reise bis nach Thessalonike fort, wo Paulus' Gastgeber Iason überfallen wurde, und fuhren dann mit dem Schiff nach Athen. In diesem Zentrum griechischen Geisteslebens soll Paulus auf dem Areopag seine berühmte Rede gehalten haben. Vor den versammelten Philosophen begann er mit einem Hinweis auf den Altar mit der Aufschrift »einem unbekannten Gott« und fuhr dann fort: »Was ihr, ohne es zu kennen, schon verehrt, das verkündige ich euch.« Von Athen ging Paulus nach Korinth, der Hauptstadt der Provinz Achaia, wurde dort verhaftet und vor den Proconsul Iunius Gallio gebracht. Dieser lehnte es allerdings ab, sich in religiöse Dinge einzumischen. Von Korinth segelte Paulus nach Ephesus und von dort nach Caesarea in Palästina. Nachdem er »die Gemeinde in Jerusalem begrüßt« hatte, zog er hinab nach Antiochien.

APOSTELGESCHICHTE 15, 39–18, 22

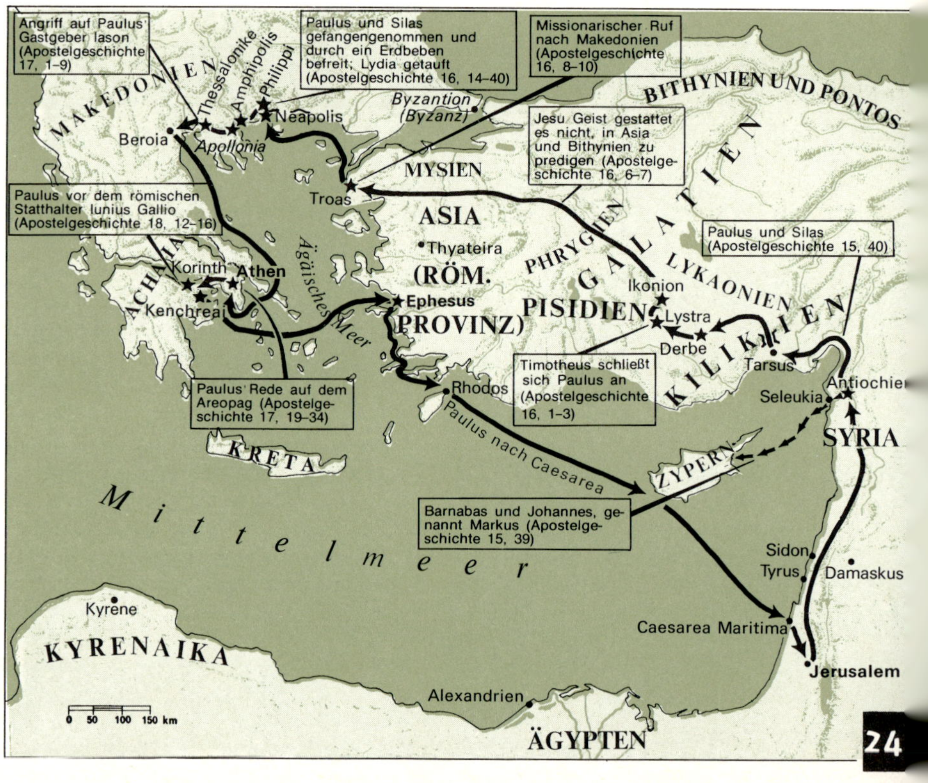

"... und lehrte täglich im Hörsaal eines gewissen Tyrannos" (Apostelgeschichte 19, 9).

DIE DRITTE MISSIONSREISE DES APOSTELS PAULUS 53–57 N. CHR.

Paulus verließ Antiochien und zog durch die Provinzen Galatien und Phrygien (eine Gegend, die teils zu Galatien, teils zur Provinz Asia gehörte), bis er nach Ephesus, der Provinzhauptstadt von Asia, kam. Dieses Land hatte er früher nicht betreten dürfen. Er ließ sich dort für zwei Jahre nieder, lehrte im »Hörsaal des Tyrannos« und legte den Grundstein für die Kirche in Westkleinasien. Timotheus und Erastos schickte er nach Makedonien. Seine Erfolge erbitterten die Silberschmiede, die Votivfigürchen für den Artemistempel von Ephesus anfertigten und nun befürchteten, durch Paulus um Arbeit und Brot gebracht zu werden. Angeführt von Silberschmied Demetrius, demonstrierten sie in der Stadt und im Theater und schrien etwa zwei Stunden lang: »Groß ist die Artemis der Epheser!«, bis die Behörden für Ruhe sorgten. Paulus reiste dann weiter nach Makedonien und Griechenland. Auf seiner Rückreise kam er durch die Troas, wo er einen jungen Mann namens Eutychos, der aus dem Fenster gefallen war, »zum Leben erweckte«. Dann segelte er über Assos, Mytilene, Chios, Samos und Milet nach Kos, Rhodos und dann nach Patara. Dort bestieg er ein Schiff, das an Zypern vorbei nach Phönikien fuhr. Die Apostel landeten in Tyrus und kehrten über Ptolemaïs und Caesarea nach Jerusalem zurück.

247

APOSTELGESCHICHTE 18, 22–21, 16

Bei seiner Rückkehr nach Jerusalem wurde Paulus von einem Juden aus Asia erkannt, der ihn bezichtigte, den Tempel entweiht zu haben. Paulus rettete sich nur mit Mühe und wurde von den Römern in Schutzhaft genommen. Aus der Festung Antonia brachte man ihn unter militärischer Bewachung nach Caesarea, wo ihn der Procurator Felix verhörte. Von der schwungvollen Verteidigungsrede des Paulus beeindruckt, beschloß der Statthalter, ihm eine Haft mit Erleichterungen zu gewähren. Sie dauerte zwei Jahre. Als Paulus vor den neuen Statthalter Festus gebracht wurde, berief er sich auf sein Recht als römischer Bürger und legte Berufung beim Kaiser ein. Festus antwortete: »An den Kaiser hast du Berufung eingelegt, zum Kaiser sollst zu ziehen« und schickte ihn nach Rom. Der erste Teil der Reise ging über Sidon nach Myra in Lykien. Dort schiffte sich die Gruppe auf einem Getreideschiff ein, das von Alexandrien nach Rom unterwegs war. Trotz der fortgeschrittenen Jahreszeit beschloß der Kapitän, dem Wetter zu trotzen. Nachdem sie Kreta passiert hatten, geriet das Schiff aber in Höhe der Adria in einen Sturm und erlitt vor Malta Schiffbruch. Paulus und seine Gefährten verbrachten den Winter auf der Insel, und im Frühling reisten sie weiter. Nach Aufenthalten in Syrakus und Rhegion (Rhegium) landeten sie in Puteoli, von hier zogen sie nach Rom weiter. Dort blieb Paulus zwei volle Jahre und konnte auch ungehindert seine Missionstätigkeit ausüben.

Antikes Handelsschiff (Darstellung auf einem Sarkophag aus Sidon)

"Berufung an den Kaiser hast du eingelegt, zum Kaiser sollst du gehen!" (Apostelgeschichte 25, 12).

PAULUS ALS GEFANGENER NACH ROM ÜBERFÜHRT 59–62 N. CHR.

248

APOSTELGESCHICHTE 21, 27 (BZW. 27, 1)–28, 16

"Seinen Landsleuten gegenüber war er dementsprechend um so großzügiger... und die Überlieferungen seines Volkes beobachtete er peinlich genau" (Flavius Josephus: "Jüdische Altertümer" [*Antiquitates Iudaicae*] 19, 33).

DAS REICH DES HERODES AGRIPPA I. 37–44 N. CHR.

Agrippa war Enkel des Königs Herodes und Sohn des Aristobulos, dessen Mutter Mariamne war, die letzte aus dem Geschlechte der Hasmonäer. Er verbrachte seine abenteuerliche Jugend größtenteils in Rom, wo er sich der Gunst Kaiser Caligulas erfreute, der nach Tiberius die Herrschaft angetreten hatte. 37 n. Chr. machte ihm Caligula die Tetrarchie Philipps zum Geschenk, und als Antipas, sein anderer Oheim, 39 n. Chr. beim Kaiser in Ungnade fiel, erhielt Agrippa auch dessen Vierfürstentum. 41 n. Chr. wurde Caligula in Rom ermordet. Agrippa, der gerade dort weilte, erwies Caligulas Nachfolger Claudius bei der Thronbesteigung solche Dienste, daß dieser ihm das Gebiet des Archelaos schenkte. So vereinigte Agrippa fast das gesamte Königreich seines Großvaters in seiner Hand. In Jerusalem wurde er sehr verehrt, weil er auf die Einhaltung der jüdischen Gesetze großen Wert legte. Seine Regierungszeit betrachtete man als letzten Höhepunkt der Periode des Zweiten Tempels. Schon bald sollte über das jüdische Volk die Katastrophe hereinbrechen. Seine orthodoxe Politik ließ Agrippa mit den Christen in seinem Land sehr streng verfahren (s. Karte 244). Er starb während einer Theatervorstellung in Caesarea, und sein plötzlicher Tod wurde als Strafe des Himmels betrachtet, weil er sich wie einen Gott verehren ließ.

37 n. Chr. von Caligula zugewiesen
39 n. Chr. von Caligula zugewiesen
41 n. Chr. von Claudius zugewiesen
Königreich des Herodes von Chalkis
Reich Agrippas I. i. J. 44 n. Chr.

FLAVIUS JOSEPHUS: "JÜDISCHE ALTERTÜMER" (*ANTIQUITATES IUDAICAE*) 18, 237; 18, 252; 19, 274–275; "DER JÜDISCHE KRIEG" (*BELLUM IUDAICUM*) 2, 181; 2, 183; 2, 215

"Nach dem Tode des Herodes... übertrug (Kaiser) Claudius dessen Reich seinem Neffen Agrippa, einem Sohn des Agrippa" (Flavius Josephus: "Der Jüdische Krieg" [*Bellum Iudaicum*] 2, 223).

DAS REICH DES (HERODES) AGRIPPA II. 44–66 N. CHR.

Als Agrippa I. starb, war sein Sohn noch ein Jüngling, und Kaiser Claudius beschloß deshalb, Judäa wieder römischen Procuratoren zu unterstellen. Vier Jahre später jedoch verlieh er Agrippa II. die Herrschaft über Chalkis im Libanon und tauschte im Jahre 53 dieses Gebiet gegen Abila bei Damaskus sowie die Tetrarchie Philipps (Gaulanitis, Batanea, Trachonitis, Auranitis und Caesarea Philippi). Unter Nero erhielt Agrippa II. auch Taricheiai und Abila in Peraia samt den umliegenden Ortschaften. Der Aufstand gegen die Römer verhinderte, daß Agrippa II. sein Königreich ebenso vergrößerte wie sein Vater, aber er blieb bis zu seinem Tod (um 95 n. Chr.) an der Macht.

Zu den römischen Procuratoren, die Judäa bis zum Ausbruch des Aufstandes verwalteten, gehörten Tiberius Alexander (der Nachkomme einer jüdischen Patrizierfamilie aus Ägypten, ein Neffe Philos, der seiner Religion abgeschworen hatte und Römer geworden war) und Felix, ein von Claudius freigelassener Sklave. Felix sowie nach ihm Albinus (62–64 n. Chr.) und Gessius Florus (64–66 n. Chr.) waren korrupt und grausam, und ihr Verhalten trug erheblich dazu bei, daß es zum Aufstand kam.

Gebiet 48–53 n. Chr. in der Hand Agrippas II.
53 n. Chr. Agrippa II. übertragenes Gebiet
61 n. Chr. Agrippa II. übertragenes Gebiet
Gebiet unter Verwaltung der römischen Prokuratoren Judäas
Königreich Agrippas II. i. J. 61 n. Chr.

FLAVIUS JOSEPHUS: "JÜDISCHE ALTERTÜMER" (*ANTIQUITATES IUDAICAE*) 20, 104; 20, 138; 10, 159; "DER JÜDISCHE KRIEG" (*BELLUM IUDAICUM*) 2, 223; 2, 247; 2, 252

"Dies führte zum Krieg mit den Römern, denn künftig weigerte man sich, Rom und dem Kaiser (die vorgeschriebenen) Opfer darzubringen (Flavius Josephus: "Der Jüdische Krieg" [*Bellum Iudaicum*] 2, 409).

DER AUSBRUCH DES ERSTEN AUFSTANDS GEGEN ROM

Da die Pharisäer fürchteten, ein neuer Kaiser Caligula könnte versuchen, den Tempel zu entweihen und seine Statue dort aufstellen zu lassen, schlossen sie sich, von messianischen Hoffnungen beflügelt, zum großen Teil den Zeloten an, die seit Herodes unermüdlich gegen die Römer gekämpft hatten. So kam es zum Volksaufstand. Der Auftakt fand in Caesarea statt, wo die Juden nach einem Zusammenprall mit den Griechen gezwungen wurden, nach Narbata auszuziehen. Als die Nachricht hiervon Jerusalem erreichte, brach die Erhebung auch dort los, und das Erscheinen des verhaßten Gessius Florus mit seinem Heer vergrößerte die Erbitterung nur. Die Versuche Agrippas II., die aufgebrachte Bevölkerung zu beruhigen, scheiterten.

Menachem, der Sohn Judas' des Galiläers, erschien mit seinen Kriegern in Jerusalem, nachdem er sich der Festung Masada und ihres Waffenlagers versichert hatte, und Eleasar, der Sohn des Hohenpriesters Ananias (Hananja), gab mit seinem Befehl, die täglichen Opfer für den Kaiser einzustellen, im Tempel das Signal für den Aufstand. Die Rebellen eroberten eine Festung nach der anderen, und im Monat August war ganz Jerusalem in ihren Händen. Menachem wurde zwar von den pharisäischen Rivalen ermordet, aber der Aufstand ging weiter. Die Juden eroberten nun die Festungen Kypros und Machaerus, und der Aufruhr breitete sich im ganzen Lande aus. Als sie aber die griechischen Städte in der Nachbarschaft von Judäa angriffen, veranstalteten die Griechen unter den in ihrer Mitte lebenden Juden ein fürchterliches Blutbad. Am grausamsten waren die Einwohner von Skythopolis, die den Angriff der Zeloten mit Hilfe ihrer jüdischen Mitbürger abwehrten und diese nachher kaltblütig abschlachteten. Von allen Städten schützten nur die Leute von Gerasa ihre jüdischen Mitbewohner.

Als Cestius Gallus, der auch für Judäa zuständige Statthalter Syriens, vom Aufstand in Jerusalem hörte, beschloß er einzugreifen, weil der Procurator Jerusalems keine Legionäre zur Verfügung hatte. Er marschierte mit der Zwölften Legion *Fulminata* (die »Blitze Tragende«) die Küste entlang bis nach Antipatris und versuchte durch Raub- und Beutezüge die Juden in Galiläa und Joppe einzuschüchtern. Über Lydda, Bet-Horon und Gabaon erreichte er schließlich Jerusalem. Zwar drang er in die Stadt ein, doch vor dem Tempelbezirk machte er kehrt und zog sich zurück. Beim Abstieg wurden die Römer an der »Steige von Bet-Horon« angegriffen und erlitten große Verluste. Die Zwölfte Legion kam um ihr Feldzeichen und um die gesamte Belagerungsausrüstung, die später den Verteidigern gute Dienste erwies. Die Tatsache, daß die römischen Streitkräfte nur knapp der völligen Vernichtung entgangen waren, machte aus dem Aufstand einen Volkskrieg. Die von der unmittelbaren Drohung römischen Einschreitens befreiten Zeloten setzten in Jerusalem eine Regierung ein, prägten Silbermünzen und teilten das Land in sieben Militärbezirke, von denen jeder einen eigenen Befehlshaber hatte. Das Kommando über Galiläa – den vorgeschobensten Posten – wurde ausgerechnet einem jungen Priester erteilt, Joseph, dem Sohn des Mattatias, dem jegliche militärische Erfahrung abging.

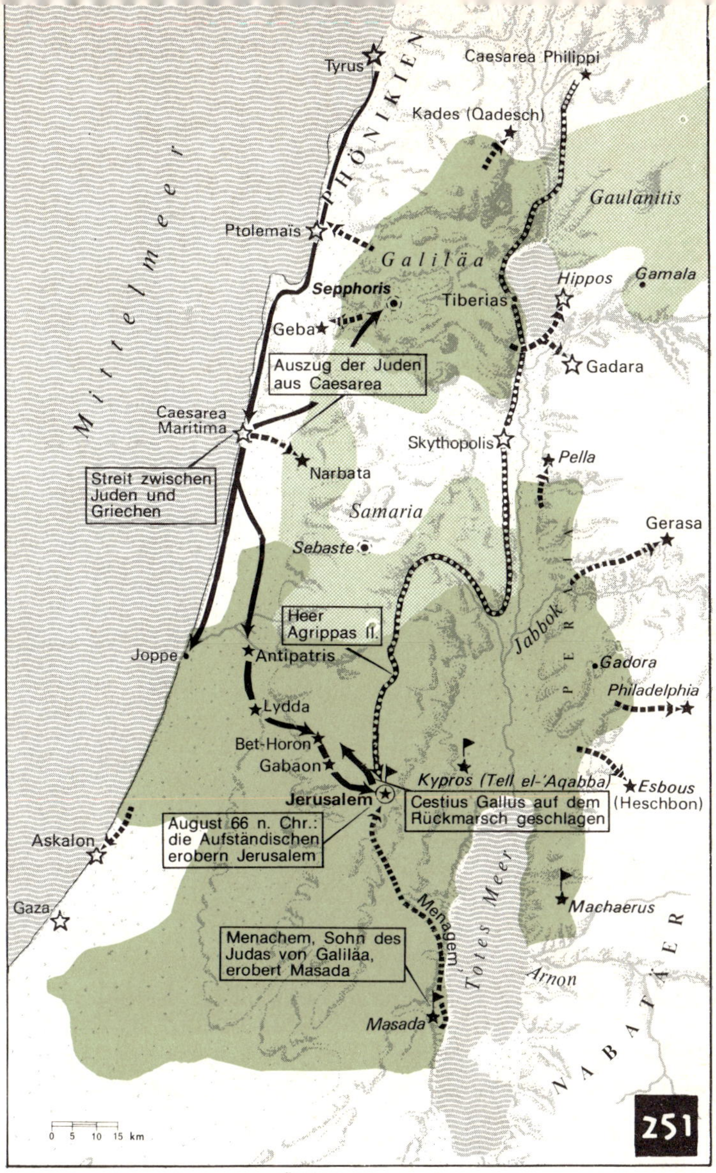

FLAVIUS JOSEPHUS: "DER JÜDISCHE KRIEG" (*BELLUM IUDAICUM*) 2, 278–486

von den Aufständischen erobert
Stadt, deren jüdische Bewohner angegriffen wurden
jüdische Streitkräfte
Heer Agrippas II.
Heer des Cestius Gallus
Gebiet des Aufstandes
Gebiet mit örtlich begrenzten Unruhen

Römischer Legionsadler
Weihinschrift am Titusbogen in Rom

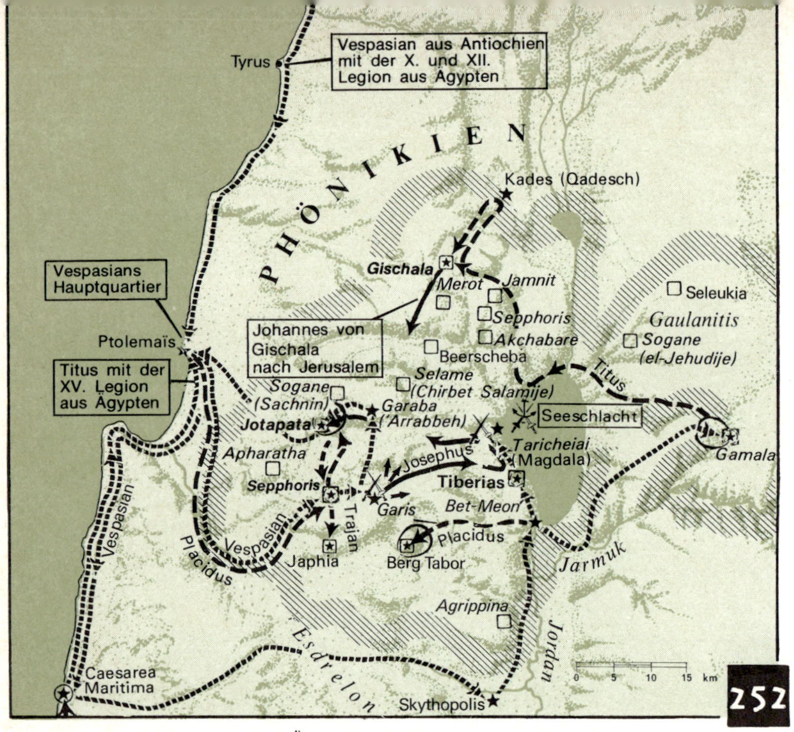

FLAVIUS JOSEPHUS: "DER JÜDISCHE KRIEG" (*BELLUM IUDAICUM*) 3, 29–34; 3, 59–69; 3, 110–115; 3, 127–134; 3, 289; 3, 409–413; 3, 443–505; 3, 522–542; 4, 1–120

"Galiläa war nun völlig unterworfen. Die harten Erfahrungen, die sie hier gesammelt hatten, konnten die Römer beim Feldzug gegen Jerusalem verwenden, der bevorstand" (Flavius Josephus: "Der Jüdische Krieg" [*Bellum Iudaicum*] 4, 120).

VESPASIANS OPERATIONEN IN GALILÄA 67 N. CHR.

Der Priester Joseph – der künftige Historiker Flavius Josephus – brachte als Oberkommandierender die meiste Zeit damit zu, den Parteienzwist zu bekämpfen. Allerdings traf er auch einige Vorbereitungen für die zu erwartende römische Strafexpedition, hob Truppen aus, bildete sie nach römischem Vorbild aus und zog eine Kette befestigter Posten um Galiläa. Seine Anstrengungen wurden aber dadurch zunichte, daß sich die Stadt Sepphoris kategorisch weigerte, von Rom abzufallen. Unterdessen hatte man Kaiser Nero den Ernst der Lage klargemacht, und er schickte Titus Flavius Vespasianus, seinen fähigsten General, mit drei Legionen nach Judäa. Nachdem Vespasian sein Hauptquartier bei Ptolemaïs aufgeschlagen hatte, überraschte er Josephus' Verteidigungsanlagen und gelangte nach Sepphoris.

Die galiläischen Streitkräfte leisteten keinen nennenswerten Widerstand, und Josephus zog sich in die Festung Jotapata zurück, wo er sich tapfer verteidigte. Erst nach 47 Tagen sah er sich gezwungen, sich zu ergeben. Er rettete sein Leben durch eine List und geriet in römische Kriegsgefangenschaft. Nach kurzer Ruhepause eroberte Vespasian ganz Galiläa. Er kam von Süden durchs Jordantal, nahm kampflos Tiberias und schlug die restlichen Aufständischen bei Taricheiai am See Gennesaret (Genezareth). Mehr Mühe machte ihm Gamala, das er erst nach schwieriger Belagerung einnehmen konnte. Damit war den Aufständischen die Lebensader, der Weg nach Babylonien, abgeschnitten. Kleine Festungen wie Japhia waren gefallen, und der Berg Tabor war besetzt worden. Bevor er nach Caesarea zurückkehrte, schickte Vespasian seinen Sohn Titus gegen den Zeloten Johannes von Gischala, der sich aber nicht fangen ließ und unversehrt in Jerusalem eintraf. Doch war nun ganz Galiläa in römischer Hand.

"Warum wurde der Zweite Tempel zerstört? Aus blindem Haß" (Joma 9b).

VESPASIANS OPERATIONEN IN JUDÄA

Während der Kampf in Galiläa weiterging, sandte Vespasian Cerialis nach Samaria, um die Samariter, die sich in der Gegend des Berges Garizim gesammelt hatten, zu zerstreuen. Nachdem Galiläa besetzt war, wurden die römischen Truppen zu Lande und zur See nach Joppa verfrachtet. Sie nahmen die Stadt ein und zerstörten in einem Überraschungsangriff die dort vor Anker liegenden jüdischen Schiffe, die den römischen Nachschub sehr stark behindert hatten. Durch die Einnahme von Jamnia und Azotus sicherten sich die Römer ferner die Bewegungsfreiheit entlang der Küste. Die Juden waren inzwischen in blutige Parteienkämpfe verwickelt und konnten infolgedessen nichts gegen den Vormarsch der Römer unternehmen. Wie eh und je kämpften Pharisäer gegen die Zeloten, die diesmal von den Idumäern unterstützt wurden. Ein Beispiel für die außerordentliche Erbitterung, mit der dieser Parteienzwist ausgefochten wurde, ist der Überfall auf das Dorf En-Gedi, den extremistische Zeloten aus Masada ausgerechnet am Vorabend des Passahfestes unternahmen.

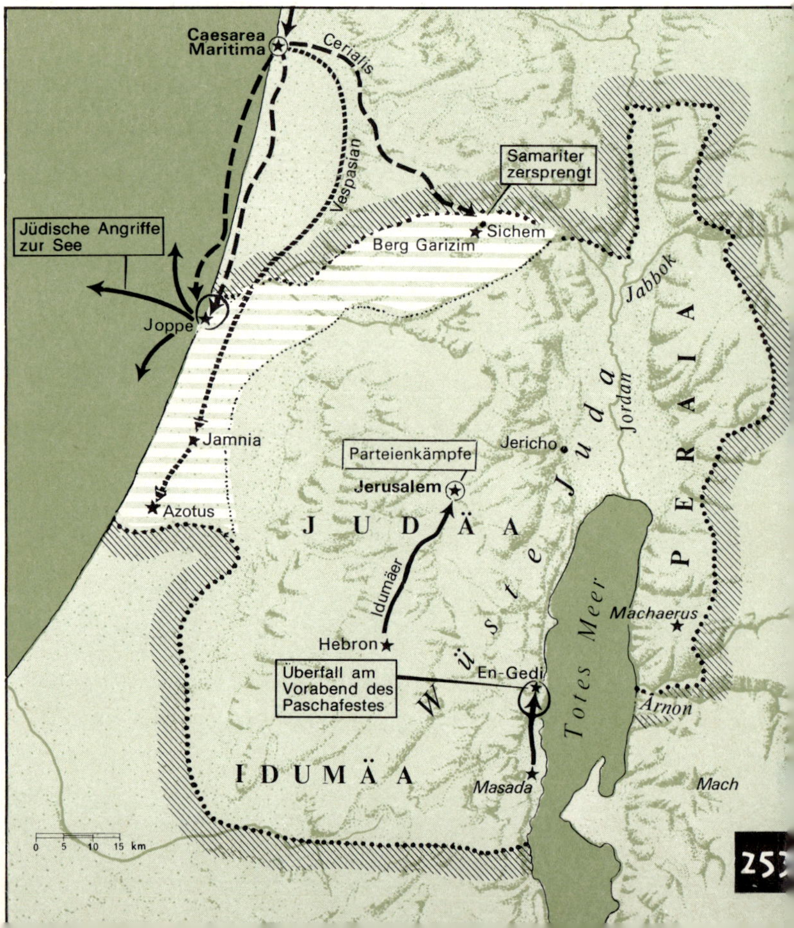

FLAVIUS JOSEPHUS: "DER JÜDISCHE KRIEG" (*BELLUM IUDAICUM*) 3, 307–315; 3, 414–427; 4, 130; 4, 233–305; 4, 399–405

"In der Absicht, Jerusalem von allen Seiten einzukreisen, errichtete Vespasian nun Lager in Jericho und Adida" (Flavius Josephus: "Der Jüdische Krieg" [*Bellum Iudaicum*] 4, 486).

DER FELDZUG DES JAHRES 68 N. CHR.

Im Frühjahr des Jahres 68 begann Vespasian mit der systematischen Zerstückelung Judäas. Er unterwarf Bezirk auf Bezirk. Zuerst wandte er sich gegen Peraia. Gadora ergab sich, und der Großteil des römischen Heeres kehrte nach Caesarea zurück. Die Zeloten unter den Einwohnern Gadoras zogen sich hinter den Jordan zurück. Die Römer unter dem Tribun Placidus nahmen zuerst Bethennabris ein und metzelten hierauf die Flüchtlinge an den Ufern des Jordans nieder. Dann besetzten sie Abila, Julias und Besimoth. Vor ganz Peraia blieb nur die Festung Machaerus und deren Umgebung in jüdischen Händen.

Etwas später im Jahr unternahm Vespasian einen zweiten Feldzug. Von Caesarea marschierte er nach Antipatris, unterwarf die Bezirke Thamna und Lydda und zog weiter nach Emmaus, wo er die Fünfte Legion stationierte. Von Emmaus wandte er sich südwärts und eroberte Betogabris und Kaphartoba. Nachdem er Truppen mit dem Befehl zurückgelassen hatte, im östlichen Idumäa Störaktionen zu unternehmen, wandte er sich nun nach Norden, zog vorbei an Emmaus und Adida, wo er eine Einheit einquartierte, und dann durch Samaria nach Mabartha, einer Ortschaft zwischen den Bergen Garizim und Ebal, aus der später die Stadt Neapolis wurde. Hierauf stieg er über Koreai ins Jordantal hinunter, eroberte Jericho und stieß bis zum Ufer des Toten Meeres vor. Es scheint, daß damals auch Meṣad Chassidim (Chirbet Qumran), das Zentrum der Sekte vom Toten Meer, endgültig zerstört wurde. Trajan, der Vater des gleichnamigen Kaisers, vereinigte sich mit der Hauptmacht des römischen Heeres bei Jericho und stationierte dort seine Zehnte Legion.

Nun beorderte Vespasian ein Kavallerieregiment unter dem Befehl des Lucius Annaeus in den Bezirk Akrabeta, um Gerasa, den Geburtsort des Simon bar Giora, zu zerstören. Das Unternehmen sollte den wachsenden Einfluß dieses Zelotenführers eindämmen. Simon war von seinen Parteigegnern gezwungen worden, seine Heimat zu verlassen. Er war hierauf nach Masada gegangen, wo man ihn nach einigem Zögern aufgenommen hatte. Allerdings blieb er nicht in der Wüste, sondern verlegte sein Hauptquartier nach Phara bei Jerusalem, von wo aus er in Idumäa zu operieren begann. Er nahm Herodeion ein, schlug seine Gegner in der Nähe von Tekoa und schloß bei Alulus Frieden mit ihnen. Nachdem er Hebron eingenommen hatte, kehrte er nach Jerusalem zurück, wo er einer der Zelotenführer wurde und sich die ganze Zeit mit der Regierung sowie mit seinem Hauptrivalen, Johannes von Gischala, herumstritt.

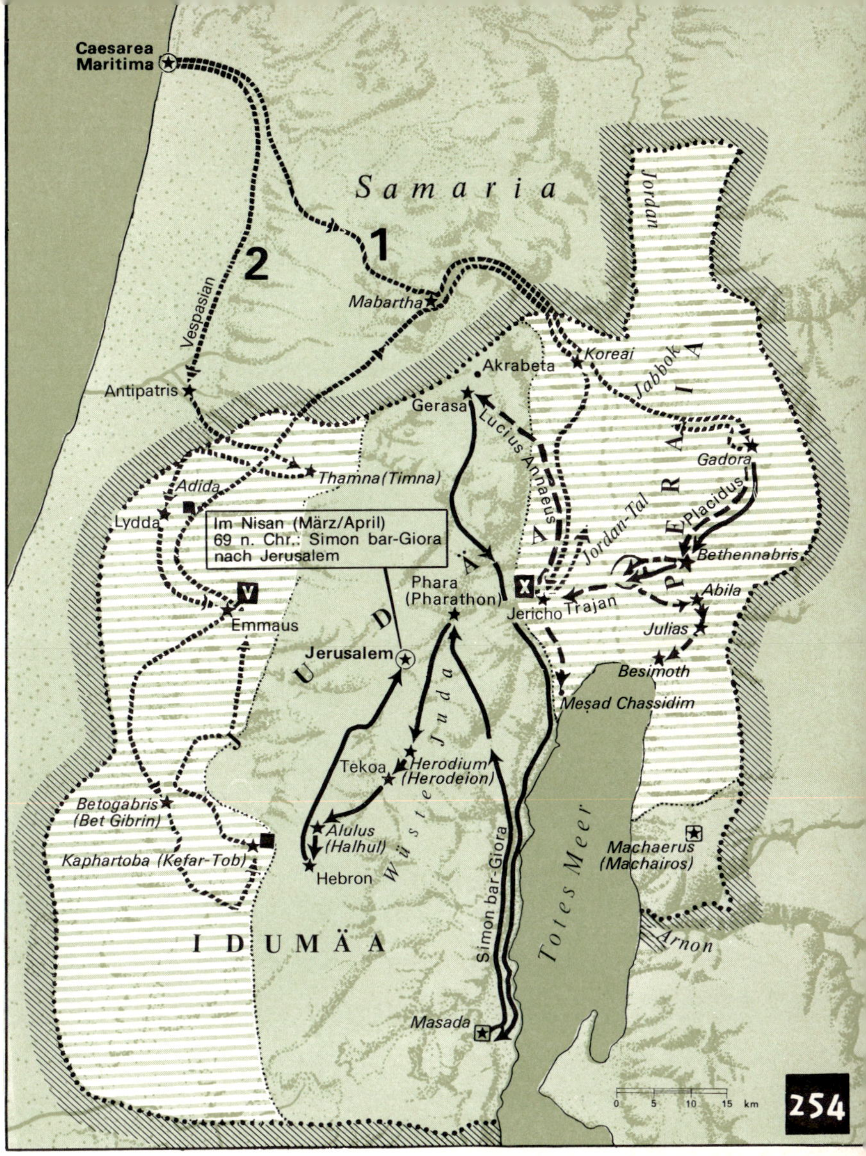

FLAVIUS JOSEPHUS: "DER JÜDISCHE KRIEG" (*BELLUM IUDAICUM*) 4, 410–439; 4, 443–450; 4, 486–490; 4, 503–544

V Legionsstandort mit Legionsnummer
■ römische Garnison
Jüdische Streitkräfte
Hauptmacht der Römer
römische Truppenbewegungen von zweitrangiger Bedeutung
Grenze des in Aufruhr befindlichen Gebietes Anfang 68 n. Chr.
Grenze des in Aufruhr befindlichen Gebietes Ende 68 n. Chr.
jüdischer Gebietsverlust 68 n. Chr.

"Der Senat und das römische Volk dem göttlichen Titus Vespasianus Augustus, dem Sohn des göttlichen Vespasianus..."

DAS KAMPFGESCHEHEN 69–73 N. CHR.

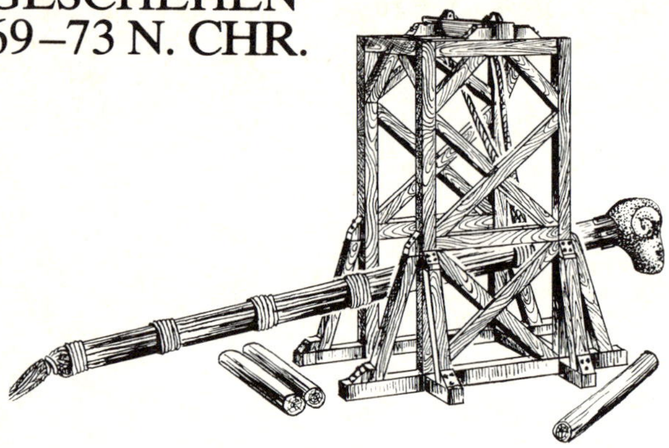

Römische Belagerungsmaschine (Rammbock [sogenannter "Widder"])

"Er sandte seinen Sohn Titus mit ausgewählten Streitkräften, um Jerusalem dem Erdboden gleich zu machen" (Flavius Josephus: "Der Jüdische Krieg" [*Bellum Iudaicum*] 4, 658).

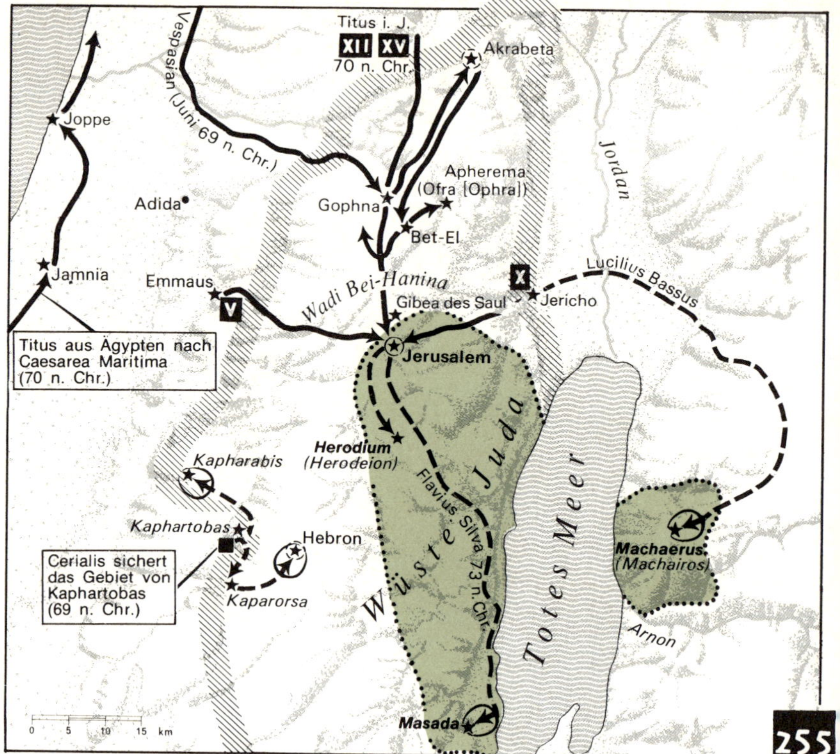

255

FLAVIUS JOSEPHUS: "DER JÜDISCHE KRIEG" (*BELLUM IUDAICUM*) 4, 550–555; 4, 566–584; 4, 658–663; 5, 39–53; 5, 67–69; 7, 17–20; 7, 23–40; 7, 163–177; 7, 190–215

- V römische Legion
- ■ römische Garnison
- ← römische Hauptstreitmacht
- ← – – weniger bedeutendes römisches Truppenkontingent
- //// Gebiet der Aufständischen Anfang 69 n. Chr.
- ······· Verbreitungsgebiet des Aufstandes Ende 69 n. Chr.

Im Jahre 68 n. Chr. brach in Spanien eine Revolte aus, und als Kaiser Nero sah, daß seine Sache verloren war, beging er Selbstmord. Während der Nachfolgestreitigkeiten unterbrach Vespasian vorsichtigerweise seine Operationen in Judäa. Drei Kaiser – Galba, Otho und Vitellius – folgten einander im Zeitraum von nur einem Jahr. Aber schon vor der Unterbrechung des Krieges war es Vespasian gelungen, Jerusalem, die Hauptstadt des Auftandes, völlig zu isolieren. Im Frühjahr 69 besetzte er die Bezirke Akrabeta und Gophna, und sein General Cerialis besetzte Kapharabis und Hebron. Im Sommer 69 war nur noch das Dreieck Jerusalem – Herodium (Herodeion) – Masada in jüdischer Hand, dazu Machaerus (Machairos) am gegenüberliegenden Ufer des Toten Meeres. Im Juli 69 riefen die römischen Truppen in Alexandrien und Caesarea Vespasian zum Kaiser aus. Zusammen mit der pannonischen Armee schlug er seinen Rivalen Vitellius. Im Frühjahr 70 n. Chr. bestieg Vespasian in Rom den Kaiserthron. Er sandte seinen ältesten Sohn Titus aus Alexandrien nach Judäa, um den Krieg fortzusetzen. Titus versammelte zwei Legionen bei Caesarea und näherte sich dann Jerusalem von Norden her. Vor den Toren der Stadt stieß die Zehnte Legion zu ihm, die aus Jericho heranmarschiert war. Kurz darauf folgte aus Emmaus die Fünfte (vgl. Karte 256). Nach dem Fall Jerusalems eroberte der römische Legat Lucilius Bassus Herodium (Herodeion) und Machaerus (Machairos), und seinem Nachfolger Silva gelang es sogar, die Festung Masada zu bezwingen (vgl. Karte 257), wo die letzten Aufständischen 73 n. Chr. den Tod fanden.

JERUSALEMS BELAGERUNG 70 N. CHR.

Triumphzug mit Jerusalemer Tempelgefäßen (Relief am Titusbogen, Rom)

Als sich die Römer der Stadt näherten, hörte der Streit der Zeloten endlich auf, und deren Führer Simon bar Giora und Johannes von Gischala teilten sich in den Oberbefehl. Johannes verteidigte die östliche Mauer, während Simon bar Giora den Abschnitt von der Mauerecke im Nordosten bis zum Teich Siloah verteidigte. In einem späteren Stadium des Kampfes kämpfte Johannes im Tempelbezirk, und Simon verteidigte die Oberstadt. Ihre beiden Heere zählten zusammen nicht mehr als 25 000 Mann. Gegen sie traten vier Legionen an (die Fünfte, Zehnte, Zwölfte und Vierzehnte) und eine große Zahl von Hilfstruppen, zusammen ungefähr 80 000 Mann.

Nach einleitendem Vorgeplänkel in den Gärten außerhalb des Frauentores (1 auf der Karte) schlugen die Römer ihr Hauptlager im Westen auf. Ihr zweites Lager, das der Zehnten Legion, befand sich auf dem Ölberg (2). Etwa am 25. Mai durchbrachen sie die dritte Mauer (3) und etwa fünf Tage später die zweite (4). Das Hauptlager wurde nun in die Stadt hinein verlegt. Um den 16. Juni unternahmen die Römer dann einen Sturmangriff auf die Türme nördlich des Herodespalastes und auf die Festung Antonia (5). Die Verteidiger schlugen jedoch den Angriff ab und beschädigten den Schutzwall und die Belagerungsmaschinen.

Anfang Juli befahl Titus die Errichtung eines Belagerungswalls, in der Absicht, die Stadt einzuschließen und auszuhungern (6). Die ersten Er-

"Man brannte das Haus Gottes nieder, riß die Mauern von Jerusalem ein und legte Feuer an alle seine Paläste" (2. Chronik 36, 19).

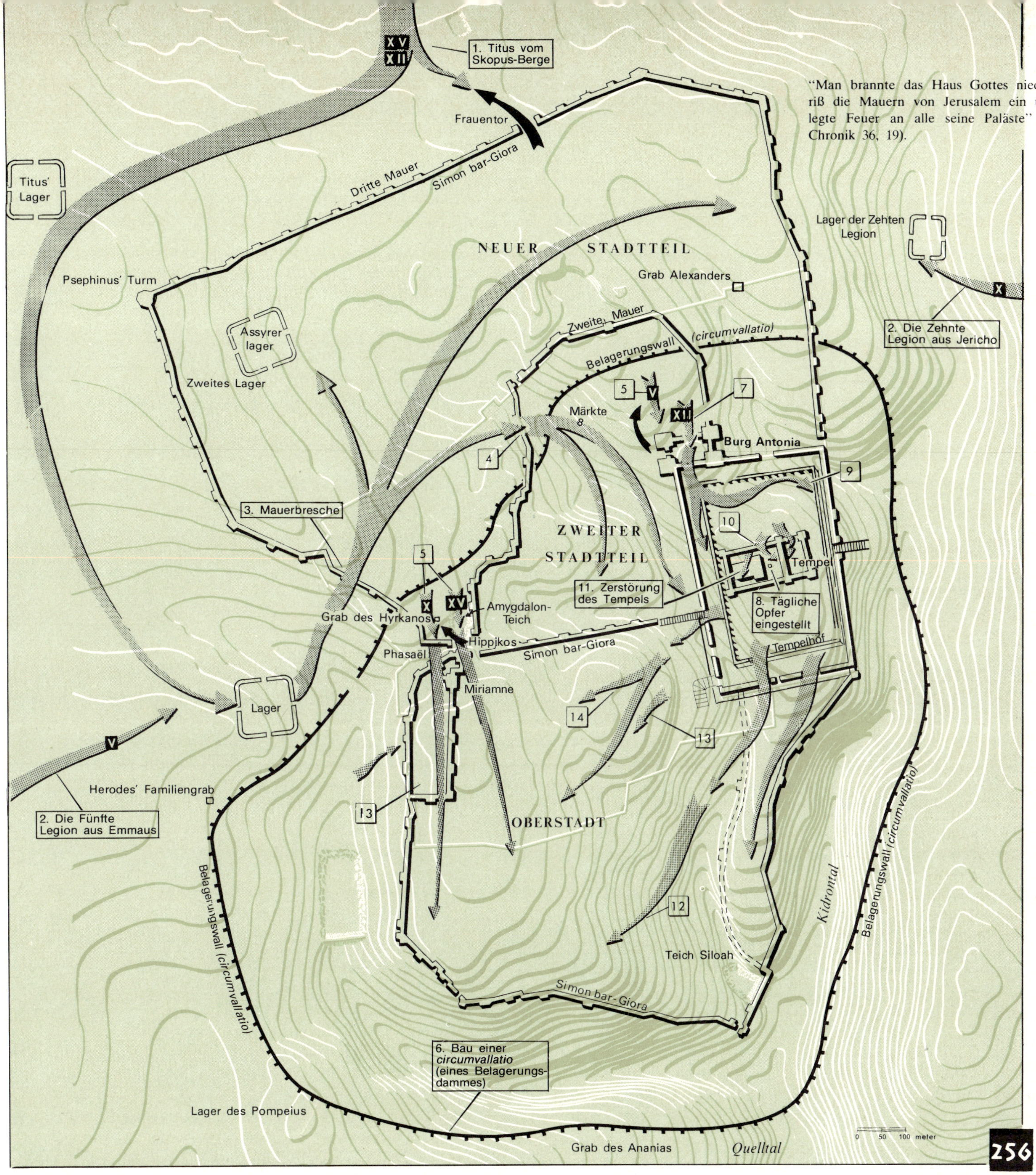

256

gebnisse zeigten sich schon bald, denn viele Vorräte waren während der Zelotenkämpfe in Flammen aufgegangen. Vom 20. bis 22. Juli machten die Römer erneut einen Sturmangriff (7), dem Simon bar Giora standhielt. Die von Johannes von Gischala verteidigte Festung Antonia jedoch fiel und wurde zerstört. Am 6. August wurde das tägliche Opfer im Tempel eingestellt (8), und vom 17. bis zum 19. August brannte der Portikus ab (9). Mit Hilfe einer Rampe überwanden die Römer schließlich die innere Mauer, betraten den Tempel (10) und brannten ihn ungefähr am 28. August nieder (11).

Am 30. August besetzten sie die Unterstadt (12). Aber selbst jetzt ergaben sich die Verteidiger der Oberstadt nicht. Der Kampf dauerte noch einen vollen Monat, bis es den Römern gelang, die Oberstadt und den Palast des Herodes zu erobern (13/14). Jetzt erst hörte aller Widerstand auf. Titus erklärte alle Bewohner Jerusalems für Gefangene und befahl die restlose Zerstörung der Stadt. Nur die drei Türme, bei denen die Zehnte Legion kampiert hatte, ließ man stehen, und die römische Besatzung schlug dort ihr Quartier auf.

FLAVIUS JOSEPHUS: "DER JÜDISCHE KRIEG" (*BELLUM IUDAICUM*) 5, 1–38; 5, 52–66; 5, 71–135; 5, 248–361; 5, 420–572; 6, 1–95; 6, 112–287; 6, 316–317; 6, 353–434

"Wir sind entschlossen, weder den Römern noch sonst irgendwem zu dienen außer Gott" (Flavius Josephus: "Der Jüdische Krieg" [*Bellum Iudaicum*] 7, 323).

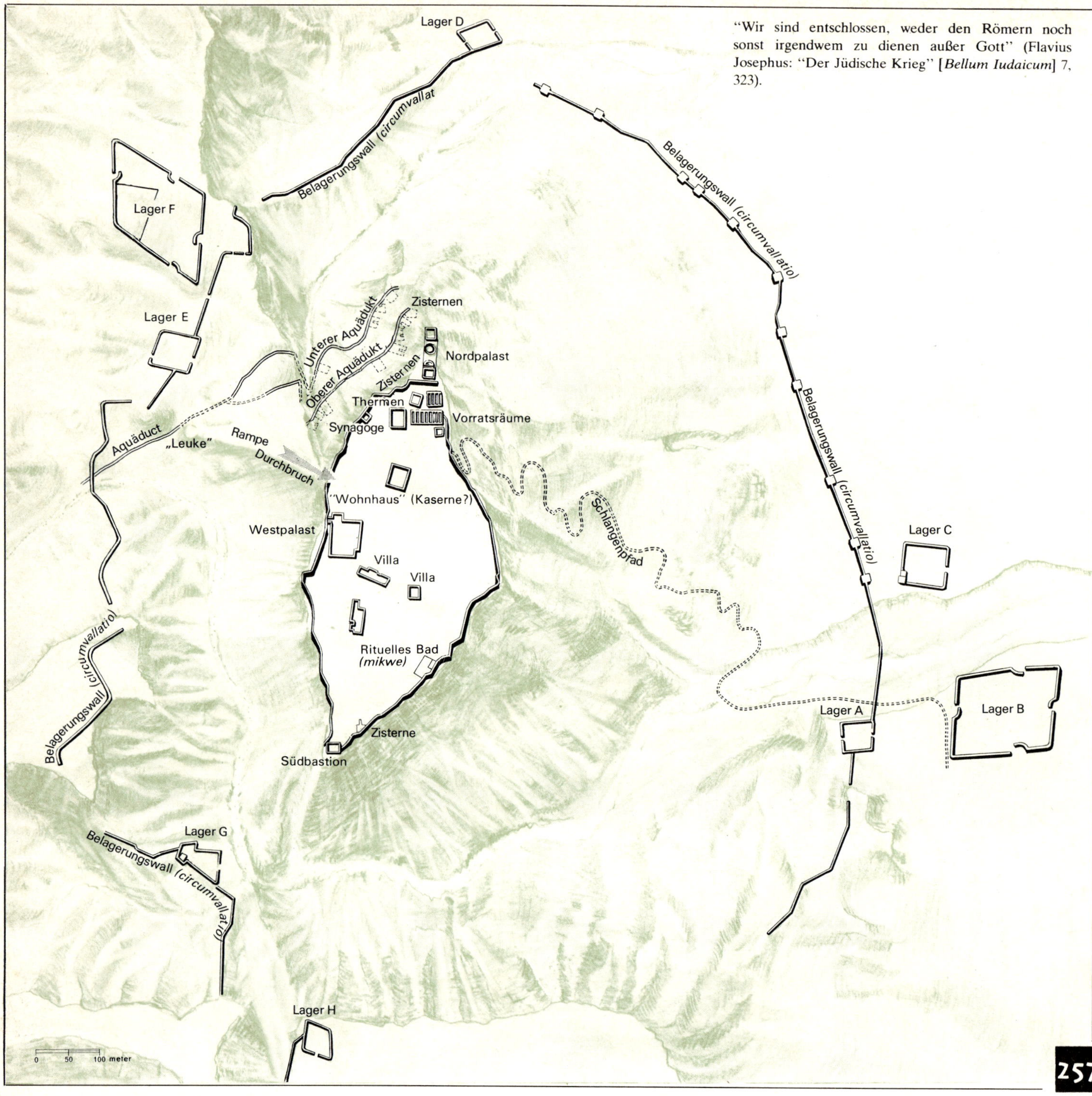

257

FLAVIUS JOSEPHUS: "DER JÜDISCHE KRIEG"
(*BELLUM IUDAICUM*) 7, 252–259; 7, 275–406

DER FALL DER FESTUNG MASADA

Die Festung Masada erhob sich hoch auf einem Felsengipfel, dessen Wände ziemlich steil nach allen Seiten hin abfallen. Die römische Belagerungsarmee wurde in ein unteres Lager (B) und ein oberes Lager (F) geteilt, in letzterem befand sich auch das Hauptquartier. Die Römer standen vor dem Problem, ihre Belagerungstürme an die Mauern der Felsenburg heranzubringen. Zuerst bauten sie einen Belagerungswall, der den Felsen fast völlig einschloß. Dieser mit Wurfmaschinen versehene Wall isolierte die Verteidiger vollständig, aber die Aussicht, sie durch Hunger und Durst schnell zu besiegen, war gering, denn die Festung war mit Vorräten reichlich versehen. Silva entschied sich dafür, an der Westseite von Masada auf relativ günstigem Gelände zwischen zwei Schluchten eine Rampe anlegen zu lassen, die vom sogenannten Weißen Felsen (Leuke) angeblich 300 Ellen hinauf zur Burgmauer der Verteidiger reichte (so Josephus, in Wirklichkeit waren es nur 260 Ellen). Als die Rampe 200 Ellen hoch war, errichteten die Römer eine 50 Ellen hohe Plattform aus Holz und Eisen, auf die Silva einen Belagerungsturm stellte, der 60 Ellen maß, so daß dessen Spitze die Mauer von Masada um 20 Ellen überragte. Am 1. Mai schlug ein Rammbock eine Bresche in die Mauer. Die Verteidiger errichteten rasch eine Holzbarrikade, die aber von den Römern sofort in Brand gesteckt wurde. Zuerst wehte der Wind gegen die Belagerer, aber im Laufe des Tages drehte er, die Barrikade fing Feuer und verbrannte.

Da den Römern nun der Sieg sicher war, warteten sie mit dem Schlußangriff bis zum folgenden Tag. Aber während der Nacht begingen die 960 Verteidiger von Masada – Männer, Frauen und Kinder – Selbstmord. Damit erlosch der letzte offene Widerstand gegen Rom im Ersten Jüdischen Krieg.

"Nicht du trägst die Wurzel, sondern die Wurzel trägt dich" (Römer 11, 18).

NACH DEM ERSTEN JÜDISCHEN AUFSTAND: CHRISTEN UND JUDEN IN PALÄSTINA 73–131 N. CHR.

258

APOSTELGESCHICHTE; FLAVIUS JOSEPHUS; TALMUD

Sogenannte "Bundeslade" (transportables Heiligtum, Tempelchen auf Rädern; Relief aus der Synagoge von Kapernaum/Kafarnaum)

Obwohl der Krieg der Jahre 66–70 sowohl in Galiläa als auch in Judäa mit großer Erbitterung geführt worden war, von Jerusalem und einigen Gebieten ganz zu schweigen, wo die Kampfeswut alles Maß überstiegen hatte, blieb die jüdische Bevölkerung insgesamt intakt. Allerdings gingen einige vordem jüdische Gebiete in römischen Besitz über. Der Aufstand des Bar Kochba (s. die Karten 259–262) ist ein Beweis dafür, daß Judäa zu Beginn des zweiten Jahrhunderts noch mit Juden besiedelt war. Die Tatsache, daß jüdische Sitten und Gebräuche noch viele Jahrhunderte in Galiläa weiterlebten, ist ein zweiter Beweis. Auch nach der Zerstörung des Tempels und der Ausmerzung der jüdischen Führungsschicht blieben noch immer Juden in Jerusalem zurück. In Jamnia (Jabne) konstituierte sich ein neues Synhedrion, die dort amtierenden 72 Ältesten legten das Gesetz aus und fällten Entscheidungen, die im ganzen Lande anerkannt wurden.

Die Katastrophe des Jüdischen Krieges scheint eine Entfremdung zwischen Juden und Judenchristen mit sich gebracht zu haben. Die christliche Gemeinde Jerusalems hatte die Heilige Stadt am Vorabend der Belagerung verlassen und in Pella jenseits des Jordans Zuflucht gesucht. Einige ihrer Mitglieder kehrten später nach Jerusalem zurück, wo sie weiterwirkten, andere blieben in Pella. Die von den Aposteln in den Küstenstädten gegründeten Gemeinden bestanden weiter, ebenso einige jüdisch-christliche Gruppen in Kapernaum, Rimmon in Galiläa und Kochaba in der Gaulanitis, aber für die Tausende von Bekehrten, von denen frühchristliche Quellen sprechen, gibt es wenig Beweise. Der Bruch mit dem Judentum war noch nicht offiziell vollzogen, aber infolge des Traditionsbewußtseins der meisten Juden und anderer Faktoren sahen sich die christlichen Glaubensboten mehr und mehr darauf verwiesen, in Palästina und anderswo den Heiden ihre neue Lehre zu verkünden.

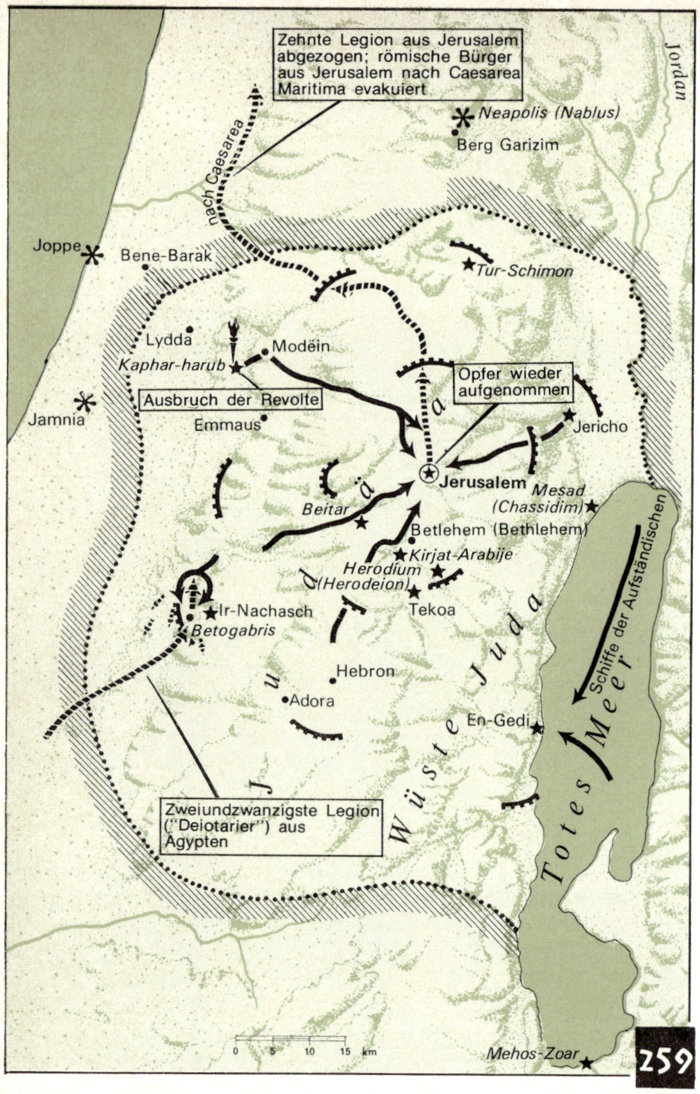

259

"Wenn Rabbi Akiba den Sohn Kosibas sah, pflegte er zu sagen: 'Dieser ist der Gesalbte'" (Palästinensischer Talmud, Taanit 84, 68d).

DIE ANFÄNGE DES BAR-KOCHBA-AUFSTANDS 131–132 N. CHR.

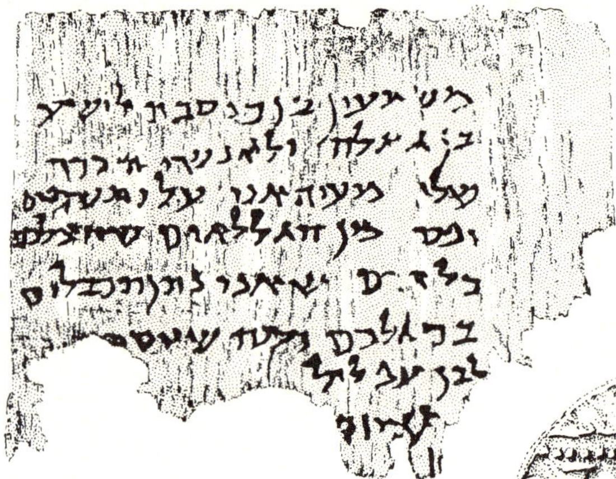

Bar-Kochba-Brief (Fragment einer Schriftrolle aus dem 1952 in einer Höhle im Wadi Murabba'at in der Wüste Juda [unweit vom Toten Meer] entdeckten Archiv der Anhänger Bar Kochbas)

jüdische Streitkräfte
bedeutendere römische Truppenbewegungen
jüdische Festungsanlagen
Stadt in Händen der Römer
Ausbreitung des Aufstandes

Münze Bar Kochbas

TALMUD; FASTENROLLE; CASSIUS DIO; EUSEBIUS; MÜNZEN; SCHRIFTENFUNDE IN DEN HÖHLEN DER JUDÄISCHEN WÜSTE

Hadrians Plan, in der Stadt Jerusalem eine römische Kolonie samt dazugehörigem Jupiterheiligtum zu gründen, womit alle Hoffnungen, den Tempel wieder aufzubauen, geschwunden wären, rief den Zorn der Juden hervor. Sie hatten aus dem Ersten Aufstand, dem gründliche Vorbereitung und Koordination gefehlt hatten, eine Lehre gezogen. Diesmal wählten sie den geeignetsten Augenblick. Als der Kaiser fern von Judäa war, schlugen sie los. Sie errichteten auf dem Lande befestigte Stellungen, damit man sie nicht in befestigten Städten umzingeln konnte, richteten Waffenlager ein und mobilisierten die gesamte Bevölkerung. Ein Oberkommando der vereinigten Streitkräfte leitete die Operationen bis zum Kriegsende. Rabbi Akiba, der geistige Vater des Aufstandes, hatte weite Reisen in die jüdische Diaspora unternommen. Über die Grenzen des Römischen Reiches hinaus war er im Westen bis nach Gallien und Afrika, im Nordosten bis Babylonien und Medien gezogen, um Unterstützung zu erbitten.

Da uns für den Aufstand des Bar Kochba ein Chronist vom Format des Josephus fehlt, sind wir gezwungen, unsere Informationen aus dem Talmud und anderen Quellen zusammenzutragen. Sehr interessant sind auch die Dokumente und archäologischen Funde, die in den Felshöhlen der Wüste Juda gemacht wurden. Wir wissen durch sie, daß Bar Kochba (Bar Kosiba) derselbe Mann war wie jener »Simeon, Fürst von Israel« der Aufstandsmünzen und daß sein voller Titel »Simeon, Sohn des Kosiba, Fürst von Israel« lautete. Dieser Simeon, der messianische Hoffnungen zu erfüllen schien, stammte vermutlich vom Hause David ab.

Der Aufstand brach im Herbst 131 n. Chr. in Kaphar-harub bei Modeïn aus. Die präzisen Vorbereitungen brachten Früchte: Die judäischen Krieger sammelten sich bei Jerusalem, wo die Zehnte Legion stationiert war. Der Aufstand erfaßte ganz Judäa bis hinab zur Küstenebene. Es gibt Beweise dafür, daß sich auch Samariter den Leuten Bar Kochbas anschlossen, ja manches weist darauf hin, daß sogar Nichtjuden, vor allem aus den unteren Schichten der Bevölkerung, den Weg ins Lager der Aufständischen fanden und der »Bruderschaft« der Krieger beitraten. Der neue Führer, der vom Synhedrion unterstützt wurde, sah in seiner Herrschaft die einzige gesetzliche Regierung im Heiligen Land. Wer sich seinen Befehlen widersetzte, wurde von der Regierung der Aufständischen verfolgt. Dies traf vor allem auf die Christen jüdischer Abstammung zu, die natürlich Bar Kochba nicht als »Messias« betrachten konnten.

Der Aufstand war so genau vorbereitet und brach so plötzlich los, daß dem römischen Statthalter Tinius Rufus keine andere Wahl blieb, als Jerusalem evakuieren zu lassen. Die Zehnte Legion und die nichtjüdischen Einwohner gingen nach Caesarea, und die Juden hatten ihre ehemalige Hauptstadt wieder. Sie führten eine neue Verwaltung und einen neuen Kalender ein. Das erste Jahr des Aufstandes (131/132 n. Chr.) wurde als »Jahr Eins der Erlösung Israels« bezeichnet, die Folgejahre jeweils als »Jahr ... der Unabhängigkeit Israels«. Die in den Felshöhlen der Wüste Juda gefundenen Schriftstücke beweisen die Effizienz der neuen Landerfassung. Die ehemals kaiserlichen Gebiete wurden verpachtet. Die neue Regierung ernannte Bezirkskommandeure und prägte eigene Silber- und Bronzemünzen, das heißt: Sie überprägte römische Münzen und die der Provinzstädte mit hebräischen Aufschriften.

Nach dem Erfolg des Aufstands in Judäa versuchte Bar Kochba, Galiläa für seine Sache zu gewinnen. Wir wissen von Kämpfen in der Gegend von Skythopolis, in Sepphoris wurde Schaden angerichtet, und einige Olivenhaine in der Umgebung wurden verwüstet, aber es steht fest, daß sich der Großteil der Juden Galiläas der Erhebung fernhielt. Die Römer hingegen machten alle erdenklichen Anstrengungen, den Aufstand niederzuwerfen, da er ihnen außerordentlich gefährlich erschien. Der Proconsul Julius Severus wurde aus Britannien zurückbefohlen, und der Kaiser selbst traf sich mit ihm in Palästina. Zu den schon in Judäa stationierten Legionen, der Sechsten und der Zehnten, stießen Truppen aus Syrien, Arabien, Mysien an der Donau und Ägypten nebst kleineren Kavallerie- und Infanterieeinheiten aus Pannonien, Rätien und anderen Gegenden. Von allen Richtungen wurde auf Bar Kochba und seine Anhänger Druck ausgeübt.

Julius Severus entschied sich für ein langsames und systematisches Vorgehen. Er eroberte Stellung um Stellung, Ortschaft um Ortschaft und ließ den Aufständischen keine Ruhe. Der Grund für dieses Vorgehen war das Schicksal der Zweiundzwanzigsten Legion, die tollkühn ins Land eingefallen war, aber völlig aufgerieben wurde, so daß ihr Name seither nicht mehr auf der römischen Armeeliste erschien.

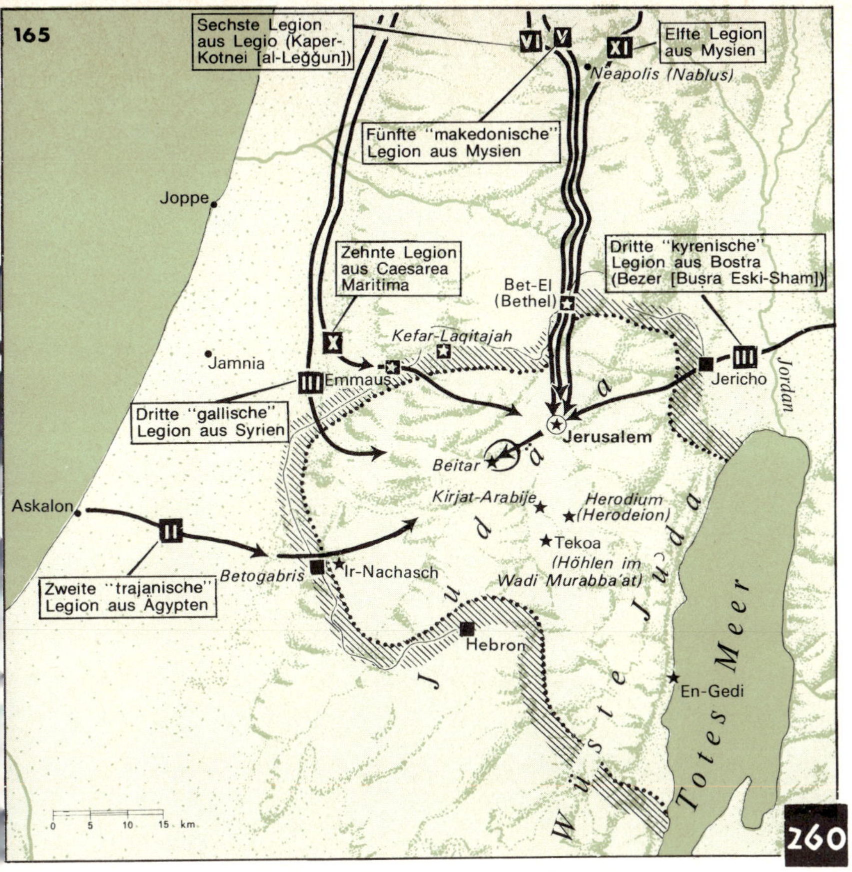

CASSIUS DIO; EUSEBIUS; SCHRIFTENFUNDE IN DER WÜSTE JUDA

"Hadrian, dieser abscheuliche Wicht, ließ drei Kontingente Wachstellung beziehen: eines in Emmaus, eines in Kefar-Laqitajah, eines in Bet-El" (Klagelieder Rabba 81).

DAS DRITTE UND VIERTE JAHR DES BAR-KOCHBA-AUFSTANDS 133–134 N. CHR.

Schließlich siegte die römische Strategie, und im dritten Jahr des Aufstandes sah sich Bar Kochba gezwungen, Jerusalem zu verlassen. Die Römer umzingelten die Aufständischen und stellten entlang der Straße Kontrollposten auf, die ein Ausbrechen der Eingeschlossenen verhinderten. Die Kämpfe waren mörderisch. Bei dem Historiker Cassius Dio lesen wir, daß die Römer im Verlauf des Bar-Kochba-Aufstandes 50 Festungen einnahmen, 985 Ortschaften zerstörten und über eine Million Menschen töteten. Allerdings mußte auch das römische Heer große Verluste hinnehmen, und Hadrian sah sich bei Kriegsende gezwungen, in seiner Rede vor dem Senat auf die gebräuchliche Formel »Der Kaiser und die Armee befinden sich wohl« zu verzichten.

Trotz der schweren Verluste verloren Bar Kochba und seine Anhänger nichts von ihrem Mut und Kampfgeist. Dokumente aus dem »Jahr drei«, ja selbst noch solche aus dem »Jahr vier« des Aufstands lassen erkennen, daß das zivile und kommerzielle Leben seinen normalen Gang ging. In Bar Kochbas Briefen an seine Truppenführer spüren wir neben der Spannung die Sorge des Oberkommandos um die Erfüllung der religiösen Gebote. Neben Anordnungen, bei denen es um die Beschlagnahme von Lebensmitteln, den Transport von Nachschub aus dem Hafen von En-Gedi und die Unterdrückung oppositioneller Elemente geht, lesen wir Anweisungen für das Sammeln von Palmzweigen und Zitrusfrüchten zum Laubhüttenfest.

DIE BELAGERUNG VON BEITAR 135 N. CHR.

Im vierten Jahr des Aufstandes (135 n. Chr.) wurde Bar Kochba mit seinen Anhängern in die Festung Beitar südwestlich von Jerusalem gedrängt, wo Severus und seine Legionen sofort mit der Belagerung begannen. (Hadrian hatte nach der Wiederherstellung der römischen Herrschaft in Jerusalem Judäa verlassen.) Die Festung liegt hoch oben auf einer Felsenhöhe und war im Süden durch einen Graben geschützt. Obwohl sie keine sichere Wasserzufuhr hatte, war sie schwer einzunehmen. Die Römer schlossen sie durch eine *circumvallatio* (Belagerungswall) ein und überwanden im Verlaufe der Belagerung den Graben durch einen Damm. Ende des Sommers 135 n. Chr. brachen sie in die Festung ein und metzelten die Überlebenden samt Bar Kochba nieder.

"Sechzig Mann steigen über die Wälle von Beitar hinab, und keiner kehrte je wieder" (Tosephta Yebamoth).

TALMUDISCHE SCHRIFTEN; EUSEBIUS

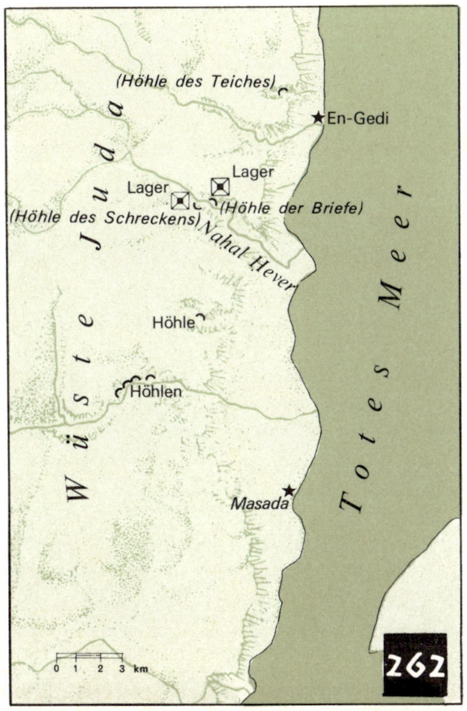

"Und sie saßen in der Höhle und hörten über der Höhle ein Geräusch" (Babylonischer Talmud, Šabbath 60a).

BAR KOCHBAS ANHÄNGER IN DEN HÖHLEN DER WÜSTE JUDA 135 N. CHR.

Als es den Anhängern Bar Kochbas in En-Gedi klargeworden war, daß die Römer die Oberhand behalten hatten, flohen sie in Felsenhöhlen am Toten Meer. Die einzelnen Gruppen erlitten ganz unterschiedliche Schicksale: In der »Höhle des Teichs«, östlich von En-Gedi, war die Wasserzufuhr im voraus gesichert, und offensichtlich überlebten die Flüchtlinge dort. Im Nahal Hever dienten zwei durch eine Schlucht getrennte Höhlen als Verstecke. Da die Römer die Höhlen nicht direkt angreifen konnten, errichteten sie über ihnen je ein Lager und warteten, bis Hunger und Durst ihr Werk getan hatten. Das Schicksal der Flüchtlinge in der »Höhle der Briefe« (wo auch einer der Anführer aus En-Gedi, Babatha, aus der Familie des Johanan bar Bajan, und vermutlich Johanan selbst Zuflucht gefunden hatten) ist ungewiß. Wir wissen jedoch, daß die Flüchtlinge in der »Höhle des Schreckens« (vierzig Männer und eine Frau) sich weigerten zu kapitulieren und – als sich herausstellte, daß für sie keinerlei Hoffnung mehr bestand – all ihre Habseligkeiten verbrannten und in der Höhle zugrunde gingen.

SCHRIFTENFUNDE IN DER WÜSTE JUDA

Kaiser Nero (54–68 n. Chr.)

DIE KIRCHE IM ERSTEN JAHRHUNDERT NACH CHRISTUS

Die geographische Verteilung der Christengemeinden im Römischen Reich spiegelt die Missionarstätigkeit des Paulus und der anderen Apostel. Diese wiederum wurde nur durch die Existenz jüdischer Diasporagemeinden ermöglicht. Als geborene Juden hatten die Apostel freien Zugang zu den Synagogen, in denen ihre Lehren oft Streit in der Gemeinde hervorriefen. Nach der Vertreibung oder der Abreise der Apostel blieb in der Regel eine kleine Gruppe von Christen zurück, die das Fortbestehen der Kirche sicherte. Wie aus den Paulusbriefen klar hervorgeht, förderten er und seine Stellvertreter das Wachstum dieser kleinen Gemeinden. Die christliche Heilslehre zog nach und nach eine wachsende Zahl von Nichtjuden an, die die Judenchristen langsam absorbierten. Abgesehen von Edessa jenseits des Euphrat, blieb die Ausdehnung der Kirche im ersten Jahrhundert n. Chr. auf das römische Imperium beschränkt. Die meisten Christen gab es anfangs wohl in Kleinasien, wo alteingesessene jüdische Gemeinden jeweils einen Kreis von zum Judentum übergetretenen »gottesfürchtigen« Heiden um sich geschart hatten. In diesen Proselytenkreisen konnte die christliche Botschaft, die ja auf einer Neudeutung des altehrwürdigen Alten Testaments fußte, sehr gut Wurzel schlagen. Im Westen gab es zu dieser Zeit nur in Rom und Umgebung sowie vielleicht noch in Spanien christliche Gemeinden. Die erste Christenverfolgung (unter Nero) war von kurzer Dauer und tat dem Wachstum des Christentums keinerlei Abbruch.

APOSTELGESCHICHTE; TACITUS: ANNALEN 15, 44; SUETON: NERO 16

"Nun erkenne ich in Wahrheit, daß Gott nicht auf die Person sieht, sondern ihm in jedem Volk wohlgefällig ist, wer ihn fürchtet und recht tut" (Apostelgeschichte 10, 34–35).

KIRCHENVÄTER; EUSEBIUS' KIRCHENGESCHICHTE;
PLINIUS DER JÜNGERE: BRIEF AN TRAJAN; PAPYRI

DIE KIRCHE IM ZWEITEN JAHRHUNDERT NACH CHRISTUS

Im zweiten Jahrhundert, speziell zur Zeit des Bar-Kochba-Aufstandes (s. Karten 259–262), zeichnete sich die Trennung von Juden- und Christentum immer klarer ab. Die Zerstörung Jerusalems nach dem Bar-Kochba-Aufstand und die Vertreibung der Juden aus Judäa (von der Übertragung der Jerusalemer Bischofswürde an einen Nichtjuden ganz zu schweigen), machte sie endgültig. Zu jener Zeit war die Mehrzahl der Christen schon nichtjüdischer Abstammung. Die Tragödie des jüdischen Volkes verhinderte eine jüdische Missionarstätigkeit bei den Heiden, und das Christentum profitierte außerordentlich davon. Die christlichen Gemeinden verbreiteten sich im Westen und im Norden, in Gallien und in Germanien. Viele Gruppen bildeten sich in Afrika, wo sie den Grundstein für eine starke afrikanische Kirche legten, die im folgenden Jahrhundert blühte. Auch in Ägypten breitete sich das Christentum über Alexandrien hinaus aus. Christengemeinden entstanden ebenso in Mesopotamien, und in Kleinasien erreichte die Kirche die nördlichen und östlichen Teile der Halbinsel. Da die Christen unter den Antoninen in Frieden gelassen und nicht ständig von den Behörden schikaniert wurden, konnte sich ihre Religion ungestört im ganzen Kaiserreich ausbreiten.

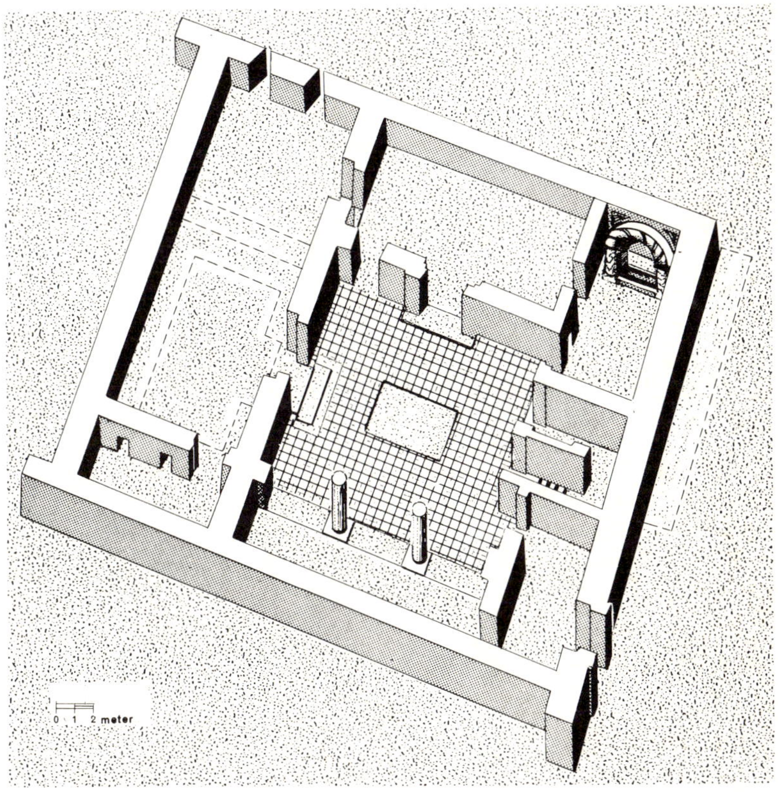

Modell einer Kirche in Dura Europos

Register

Die Seitenzahlen verweisen auf die Personennamen im Text.

A

B

C

D

E

F

G

H

I, J

K

L

M

T

U

V

W

X

Z